吉林大学哲学社会科学银龄著述资助计划

潘石◎著

潘石文集

发展私营经济的理论与对策研究

第四卷

中国社会科学出版社

  潘 石，1944年4月出生于黑龙江省五常市，1964年8月考入吉林大学经济系政治经济学专业，1969年8月毕业后留校任教。1987年、1990年因教学科研成果优异分别破格晋升副教授、教授；1992年起享受国务院政府特殊津贴，并获宝钢优秀教师奖；1993年被国务院学位委员会审批为博士生导师；1998年被评为吉林省有突出贡献中青年专家。曾长期担任吉林大学经济研究所所长、教授、博士生导师，兼任中国民营经济研究会理事、吉林省工商业联合会执委、吉林省政治经济学会副理事长、长春市社会科学界联合会副主席。

  主要从事政治经济学、社会主义经济理论与实践研究、《资本论》研究、制度经济学研究等课程教学工作，培养硕士研究生70余名、博士研究生59名。

  科研方向为社会主义经济理论与实践研究。主持国家社科基金项目2项、教育部哲学社会科学研究重大课题2项、教育部博士点基金项目2项、省级课题十余项。在《经济研究》《中国社会科学》《管理世界》《世界经济》《财贸经济》等刊物上发表论文300余篇，多篇被《新华文摘》《社会科学文摘》《经济学文摘》及中国人民大学复印报刊资料转载；出版著作（含独著、合著）十余部。获全国高等学校首届人文社会科学研究优秀成果奖二等奖一项，获吉林省人民政府设立的优秀论文一等奖七项、优秀著作二等奖一项。

目　录

（第四卷）

发展个体私营经济的重大理论创新 …………………………… （1）
个体私营经济对我国经济社会发展的战略意义 ………………… （5）
中国私营经济性质管窥 …………………………………………… （8）
加速发展个体私营经济亟待解决的几个问题 …………………… （13）
发展私营经济的几个基本问题的认识 …………………………… （16）
产权创新：中国私营资本企业可持续发展的基础与关键 …… （24）
科学对待私有制与剥削 …………………………………………… （32）
试论我国私有制经济存在的长期性 ……………………………… （45）
非公股份合作金融组织和私营银行进入银行业问题研究 …… （49）
中国私营经济呈现八大态势 ……………………………………… （60）
吉林省个体私营经济的发展现状及对策研究 …………………… （65）
关于发展私营经济的几个理论问题探讨 ………………………… （83）
农村私营经济推动农村工业化 …………………………………… （94）
关于私营企业发展的几个理论和现实问题 ……………………… （101）
中国"混合经济"论 ……………………………………………… （108）
毫不动摇地坚持和发展个体私营经济的新方针 ………………… （119）
我国私营企业主收入属性探析
　　——与刘成碧同志讨论与商榷 …………………………… （121）

吉林省民营经济发展水平比较与对策研究……………………（133）

东北老工业基地私营经济加快发展的路径选择………………（147）

中国私营企业制度：特征、影响及创新…………………………（157）

吉林省私营经济发展滞后的原因及对策…………………………（167）

加速我国私营经济发展的对策……………………………………（173）

当代中国私营资本原始积累的历史必然性及现实基础………（177）

论当代中国私营资本原始积累的社会功效………………………（188）

关于放手发展吉林省私营经济的几个问题………………………（202）

论对私营经济消极作用的限制……………………………………（212）

我国私营经济发展的新态势………………………………………（221）

论私营经济在农村社会经济发展中的地位和作用………………（230）

发展个体私营经济与强化税收调节………………………………（237）

论私营经济与诸种相关经济形式的关系…………………………（244）

中国国情与私营经济的产生………………………………………（252）

吉林省非公有制经济发展研究……………………………………（263）

个私经济，税源充沛………………………………………………（280）

个私单干何如联手大干……………………………………………（284）

"挂靠"之道行不通…………………………………………………（287）

工业化与城镇化进程中吉林省民营企业发展模式选择…………（290）

我国民营企业信用文化体系建设的对策研究……………………（298）

吉林省民营科技企业管理体制与制度创新的
　　目标及对策建议………………………………………………（304）

吉林省民营科技企业发展滞后的法律政策因素分析……………（315）

关于民营科技企业股份制改造的若干问题思考…………………（326）

私营企业"挂靠"的成因及对策 …………………………（342）

马克思、恩格斯：科学对待私有制…………………………（347）

关于加速发展个体私营经济的几个理论认识问题…………（358）

私营经济：地位·作用·对策………………………………（369）

改革开放：中国私营资本原始积累的大环境………………（384）

中国私营资本原始积累"原罪"说辨析 ……………………（395）

发展个体私营经济的重大理论创新

党的十五大报告对发展个体私营经济问题论述不多,但内涵却十分丰富、深刻。报告指出:"非公有制经济是我国社会主义市场经济的重要组成部分。对个体、私营等非公有制经济要继续鼓励、引导,使之健康发展。这对满足人们多样化的需要、增加就业、促进国民经济的发展有重要作用。"这段十分凝练精辟的论述,创造性地丰富和发展了马克思主义的所有制理论,尤其是对发展我国的个体私营经济问题有重大的理论突破与创新。

一 新定性

个体、私营经济(尤其是私营经济)到底属于什么性质的经济?这个问题一直是理论界争论的焦点,也是困扰各级领导不敢大胆放手发展个体私营经济的理论难题。有的人认为它姓"资",有的人认为它姓"社",有的人干脆认为"不要问它姓'社'姓'资'",反对给个体私营经济定性。

党的十五大报告毫不回避矛盾,从社会主义初级阶段这个中国最大的实际出发,扬弃了传统的"公=社会主义性质""私=资本主义性质"的定性方法,站在市场经济的高度,明确地将我国个体私营经济界定为"社会主义市场经济的重要组成部分"。这是对传统经济理论的重大突破与创新。

传统的经济理论视私有制为仇敌,认为它是"万恶之源"。

"文化大革命"对私有制经济的批判,可以说达到了绝对化的极点,横扫私有制经济残余,大割"私有制经济尾巴"。受这种极"左"的思想理论影响,人们陷入了一种理论误区:公有制＝社会主义,私有制＝资本主义,私有制是社会主义的对立物和异己力量,它与社会主义是绝对不相容的。党的十五大报告冲破了这个误区,明确指出社会主义初级阶段需要发展多种所有制经济,包括发展个体私营经济。个体私营经济虽然从所有制关系上看是属于私有制范畴的,但它们也是"符合'三个有利于'的所有制形式",是可以"用来为社会主义服务"的。从市场经济角度看,社会主义市场经济同任何市场经济一样,它不仅包括公有制经济,也包括个体私营经济等非公有制经济。把个体私营经济从社会主义市场经济之外纳入社会主义市场经济体系之内;把个体私营经济从社会主义市场经济的对立物转变为社会主义市场经济的同化物与统一体,这无疑是个重大的认识飞跃与理论创新。

这种创新,不仅符合中国实际,而且也有科学的理论依据。毛泽东同志在分析我国过渡时期的国家资本主义时指出:"中国现在的资本主义经济其绝大部分是在人民政府管理之下的,用各种形式和国营社会主义经济联系着的,并受工人监督的资本主义经济。"[①]它是一种特殊的资本主义经济,即新式的国家资本主义经济。"它主要地不是为了资本家的利润而存在,而是为了供应人民和国家的需要而存在。……因此,这种新式国家资本主义经济是带着很大的社会主义性质的"。[②] 个体私营经济虽然与国家资本主义有许多不同之处,但其道理与原则是相通的。连国家资本主义经济都可以定性为社会主义性质的,个体私营经济为什么不可以定性为社会主义市场经济的组成部分呢?

[①]《建国以来重要文献选编》第四册,中央文献出版社1993年版,第312页。
[②]《建国以来重要文献选编》第四册,中央文献出版社1993年版,第312页。

二　新地位

由"拾遗补阙"的"补充"地位提升到平等竞争、共同发展的地位，从"制度外"提升到"制度内"，这是党的十五大报告对发展个体私营经济的又一个重大理论突破与创新。

党和国家对个体私营经济在国民经济中的地位与作用的认识，是随着时间的推移和改革实践的发展而逐步深化和提高的。党的十三大报告认为，个体私营经济是社会主义公有制经济的必要的有益的补充，在国民经济发展中起"拾遗补阙"的作用。党的十四大报告从发展市场经济角度，强调了多种经济成分平等竞争、长期共同发展，但仍讲个体私营经济居辅助地位，是公有制经济的"补充"。所谓"补充"，即是公有制经济干不了的或不愿干的经济活动，国民经济发展过程中的各种"空缺"由个体私营经济来"补充"。实际上，自党的十三大以来，尤其是邓小平南方谈话发表之后，个体私营经济的地位与作用随着它们实力的扩大与增强而日益提高和增大。在增加社会财富、满足人们需要、扩大就业、增加税收、出口创汇等方面发挥愈来愈大的作用，对国民经济发展作出了巨大贡献。据统计，1986—1996年个体私营经济累计上缴国家税收2400多亿元。到1997年年底，全国登记注册的个体工商户达2850万户，从业人员5442万人，总产值4553亿元，营业额14200亿元；私营企业已达96万户，从业人员1349万人，总产值3923亿元，营业额3087亿元。仅1997年全国个体私营经济就为国家纳税540亿元。可见，个体私营经济已不再是简单地起辅助与"补充"作用的"小字辈"了，它已成长为同公有制经济平等竞争、并驾齐驱、共同发展的一支生力军，构成我国社会主义初级阶段基本经济制度的不可缺少的重要组成部分。

三　新方针

贯彻执行这一方针时，往往对其中的"限制"一词发生误解，认为是限制私营经济发展。具体表现是：不仅限制私营企业的发展规模和雇工人数，而且在经营领域、经营范围、土地占用、企业兼并、进出口经营权、人员流动、选先评优、职称评定等方面，都存在一些不必要的限制。实践证明，这束缚和阻碍了个体私营经济的健康快速发展。

为了从根本上避免对发展个体私营经济方针内容上的误解，党的十五大报告中一改既往，取消了"限制"的提法，明确把我国发展个体私营经济的根本方针概括为六个字"继续鼓励、引导"。这样做，不仅在理论上更严谨、更科学，而且在实践中更有利于个体私营经济的健康、快速发展。这里，不提"限制"一词，绝不是对个体私营经济发展过程中出现的"不利于社会主义经济发展的消极作用"闻不问，听之任之，而是要加强管理与引导。"引导"，就是引导个体私营经济为社会主义服务，这其中自然也包含着对个体私营经济发展过程中出现的种种问题及消极作用加以规范和纠正。只有全面科学地理解"继续鼓励、引导"这个新方针，才能卓有成效地促进个体私营经济沿着为社会主义服务的方向快步前进。

（本文发表于《经济学动态》1998年第10期）

个体私营经济对我国经济社会发展的战略意义

要加速发展个体私营经济，必须充分认识它对我国经济社会发展的战略意义。所谓从战略高度即从整个社会主义历史阶段和中国经济发展长远目标来看，发展个体私营经济的功效确属深远重大。具体来说，主要有以下几点。

第一，它已经成为中国新的经济增长点，并将成为中国四大经济支柱之一。当今中国有四种主要经济成分：一是国有经济；二是集体经济（包括合作经济）；三是外资及中外合资经济；四是个体私营经济。前两种为公有制经济，后两种为私有制经济；前者在国民经济中占主体，比重达80%左右；而后者是国民经济中的新军，占20%左右。改革开放以来，个体私营经济从小到大，现已成为当今中国新的经济增长点和发展社会主义市场经济的一支生力军。随着我国个体私营经济的发展壮大，它所创造的产值、为国家提供的税收将愈来愈多，将成为国家财政收入的一个主要来源，成为支撑共和国经济大厦的一个重要支柱。

第二，促进公有制经济改革体制，转换机制，提高效率。个体私营经济体制与市场经济有天然的统一性、融合性，是一种追求效率与效益的体制，因为这种体制的财产关切度大。由于其完全自主经营决策，因而营运机制十分灵活，在同公有制经济竞争中有一定的优势。个体私营经济作为公有制经济的强有力的竞争对手，无时无刻不在同公有制经济争原材料、争能源、争市场、争技术、争人才等，这在客观上就对公有制经济造成一种巨大压力。公有制经济再也不能墨守成规、僵化保守、技术几十年不改进、产品几十年一贯制,若要求得生存与发展,就必须加速改革体制、转换机制、推动技术进步和产品更新、提高效率、降低成本、提高效益。个体私营经济的这种促进作用,是公有制经济自身无法具备的,对于搞活整个国民经济是带有战略意义的。

第三,它已经成为并将继续是中国今后一个相当长历史时期扩大就业的一个主渠道,对中国社会的稳定起着极其重要的作用。个体私营经济具有巨大的吸纳就业功能,这在当今大批国企职工下岗、大量人员失业的条件下已得到充分显示。放手让下岗职工和失业人员从事个体私营经济,既促进了我国经济总量的增加,又保证了社会的安定。可以肯定,今后一个历史时期内个体私营经济将成为中国扩大就业的主渠道之一,个体私营经济对稳定我国经济社会的功效将日益增大。

第四,对中国资本重组、产业结构调整与优化也有重大的积极作用。个体私营经济配合及参与国有企业改革,对一些国企进行参股,尤其是收购、兼并、破产的国有中小企业,不仅可以改变原来畸形的资本结构,还可以有效利用社会资源,优化产业结构、产品结构,提高社会资源利用效率。私有资本与公有资本的混合与融合,将大大加快中国产业结构调整与优化的步伐,有助于产业结构的合理化、新型化、现代化。

第五,发展个体私营经济对于巩固我国社会主义初级阶段的基本经济制度,具有重大的特殊作用。首先,个体私营经济是我国社会主义初级阶段基本经济制度的构成要素,它们的规模扩大与质量提高,可以使我国社会主义初级阶段基本经济制度得到巩固与加强。其次,个体私营经济发展直接增加了我国的综合国力,这也为我国社会主义初级阶段基本经济制度的巩固奠定和创造了日益强大的物质基础。最后,更为重要的是,个体私营经济的发展,不仅不会破坏公有制经济的主体地位,反而会更有助于公有制经济主体地位的巩固与发展。邓小平指出:"我们吸收外资,允许个体经济发展,不会影响以公有制经济为主体这一基本点。相反地,吸收外资也好，允许个体经济的存在和发展也好，归根到底，是要更有力地发展社会生产力，加强公有制经济。"① 任何把发展个体私营经济同公有制经济主体地位对立起来的做法都是不对的。实践也证明，担心发展个体私营经济会削弱公有制经济，是不必要的，也是错误的。

（本文发表于《中国经济快讯》1999年第6期）

---

① 《邓小平文选》第三卷，人民出版社1993年版，第149页。

中国私营经济性质管窥

一 私营经济与个体经济要严格区别

私营经济与个体经济是两种不同的经济形式。私营经济以雇佣劳动为基础，而个体经济则是以个体劳动为基础。二者存在的前提和基础虽然都是生产资料的私有制，但其具体形式却是截然不同的：前者是生产资料的资本主义私有制，而后者则是劳动者的个体私有制；前者体现资本主义剥削关系，而后者不体现剥削关系，只体现小商品生产者之间的互换劳动关系。

私营经济虽然大多数或基本上是从个体经济演变而来，但它毕竟不同于更不等于个体经济。除了前面讲的区别以外，它们二者之间还有一点重要差别，即个体经济不是独立的社会经济形式，它总是要依附于占主导地位的社会经济形式。在资本主义制度下，它从属于资本主义经济，成为资本主义经济的补充。在社会主义条件下，它依附于社会主义公有制经济，成为社会主义公有制经济的"有益的必要补充"。然而，私营经济却不同。根据马克思《资本论》和《雇佣劳动与资本》等著作所阐明的基本原理，雇佣劳动制度就是资本主义剥削制度，这一点不会由于社会形式不同而有根本性的改变。党的十三大报告在谈到私营经济时明确指出：私营经济是存在雇佣关系的经济形式。这里需要进一步说明的是：由于私营经济属于资本主义经济形式的范畴，因而它就必然是一种独立的社会经济形式。在我国，虽然它在外部受到社会主义公有制经济的巨大影响，但这种影响并不会也没有改变其自身的本质属性。尽管它与社会主义公有制经济之间还存在一定的联系，但从本质属性来讲，它仍然是一种与社会主义公有制经济相矛盾、相对立的体现剥削关系的经济形式。

二　中国私营经济同资本主义国家中私人资本主义经济的区别

（一）在社会经济形态中所处的地位和在社会经济结构中所起的作用不同

资本主义国家的私人资本主义经济在社会居主导地位，在资本主义社会经济结构中起支配作用。而中国的私营经济在社会中不居主导地位，在所有制结构中仅处于辅助的必要补充的地位，并对社会主义经济的发展不起支配作用。

（二）面临的市场环境不同

资本主义国家中的私营经济面临的是资本主义市场，是全方位开放的自由市场，在这个市场上盲目竞争和无政府状态占统治和支配地位。而中国的私营经济面临的是社会主义统一市场，是国家计划指导下的市场，市场的主体基本上是社会主义企业，这就使得中国的私营经济脱离不开社会主义经济的影响与制约，不能像资本主义国家私营经济那样操纵和控制市场。

（三）竞争对手和竞争关系有所不同

资本主义国家中的私营经济，竞争中的对手主要是私人资本主义企业，是私人利害关系的角逐与争夺。社会主义国家中的私营经济除了存在上述关系以外，更大量、更主要的是同社会主义公有制企业发生竞争关系，体现"公"与"私"的对立。当然，针对这种对立，社会主义国家可以采取适当的手段加以解决。

（四）雇佣劳动力的来源及其地位不同

在资本主义国家的私营经济中，雇佣劳动者来源于自发形成的劳动力市场，他们已完全丧失生产资料，不得不靠出卖劳动力维持生活。并且，在政治上没有任何地位，完全是一个被压迫者。而在我国的私营经济中，劳动者是经过劳动部门批准、由私营企业主按国家有关规定以招工方式雇佣的。私营企业主不能像资本家那样在自发的劳动力市场上如挑选"活牲畜"一样对待劳动者。受雇于私营企业的劳动者，并没有丧失生产资料所有权，仍保留着到全民所有制经济中就业的权利，同时，也并非是穷得"一无所有"。为了获取较多收入，生活得更好，并保持自由择业、自由流动的权利，许多人自愿受雇于私营企业主，这里不存在资本主义条件下的那种"生存压力的强制"。再说，受雇于私营企业的劳动者在社会上的政治地位没有丝毫变化，仍然是国家和社会的主人，同其他劳动者一样，享有社会主义的民主权利。

（五）面临的宏观调控者不同

资本主义国家中私营经济面临的宏观调控者是资产阶级国家，它通过对私营经济发展的调控，协调各个资本家或资本家集团之间的利益，避免剧烈的冲突。在调控过程中，私营企业不可避免地与国家发生利益上的矛盾与冲突，但由于资本主义国家是"总资本家"，是资本家阶级利益的集中代表，所以矛盾的冲突总是在维护资产阶级的根本利益的范围内得以解决。中国的私营经济所面临的宏观调控者是社会主义的国家，它不是私营企业主利益的集中代表，而是人民利益的集中代表。社会主义国家通过对私营经济发展的调控，发挥其有利于国计民生的积极作用，限制其不利于社会主义经济发展的消极作用，以使其更好地为社会主义服务。社会主义国家之所以要承认和维护私营企业主的合法利益，目的在于促进其更好地沿着为社会主义服务的方向前进。在调控过程中，私营企业同国家发生矛盾和利益冲突时，不是国家服从企业，不是公共利益服从私人利益，而是企业服从国家，私人利益服从公共利益，这是由社会主义国家的本质属性所决定的。

由于上述不同，因而两种不同制度的国家对私营经济的政策导向不同。资本主义国家对私营经济的政策，是引导其沿着资本主义道路发展。政策导向的核心是维护资本家的利益。私营经济的利益趋向同国家政策的利益导向是一致的。我国对私营经济的政策，是引导其沿着社会主义方向、充分发挥社会主义公有制经济的必要的有益补充作用，在国家允许的范围内积极发展。中国私营经济发展的自发趋向是资本主义，所以这就不可避免地同国家的政策导向发生尖锐的冲突和矛盾。正因为如此，社会主义国家必须强化对私营经济的政策引导，以确保其为社会主义服务的正确方向。

三　中国私营经济会不会产生"中产阶级"

有的同志十分肯定地回答：不会。认为"目前和今后，由于我们国家的具体条件和政策，个体劳动者和私营企业者都没有也不可能发展成为一个独立的阶级，更不会形成一个资产阶级"[①]。这个断语恐怕过于绝对化了。由于我国具体条件的制约及党的路线、方针、政策的正确，是可以防止私营企业主阶层演变为独立的资产阶级的。但是，无论如何不能彻底地、绝对地否认其可能性。实际上，在一个社会主义国家（当然也包括中国），由于私营经济的迅速发展而使私营企业主阶层演变为一个独立的资产阶级，并不是绝对没有可能的。在这方面，东欧一些国家的重大变化，不能不引起我们的思考。波兰和匈牙利在改革中，一再放宽私营经济政策，对私营经济的消极作用及其发展范围、规模等丝毫不加以限制，致使私营企业主迅猛增长。匈牙利科学院院长，著名经济学家伦德·伊万指出，匈目前各种私营企业分别占农业产值的1/3、服务业收入的50%以上、建筑业收入的80%、国民收入的1/3。这两个国家存在较大比重的私营经济和私营企业主，无疑是这两个国家政治多元化得以施行的一个重要经济基础和社会原因。在我国当前出现了一

---

① 何建章：《论个体经济和私营经济的两面性》，《光明日报》1990年1月15日第3版。

些十万富翁、百万富翁、千万富翁，拥有几万元资产的私营企业主已不足挂齿了。私营企业主的出现，是由私营经济本身的特定性质所决定的。但它与资本主义国家中的资本主义经济成分又有许多区别，尤其是在社会主义国家控制与管理之下，只要政策准确，管理得当，也可在一定程度上避免其消极方面。问题的关键在于政策是否准确，管理是否得当。直至1987年冬以前，我国对私营经济的发展基本上是采取放任自流态度的。从1978年到1987年的9年时间，私营经济有了长足发展。据统计，1987年年底，私营企业的工业总产值已占全国工业总产值的1%，雇佣8人以上的私营企业达11.5万户，从业人员达184.7万人。1987年冬，党的十三大第一次明确承认私营经济的合法存在与发展，接着1988年召开七届人大一次会议又通过修改宪法进一步肯定了私营经济的合法地位与发展。这都是符合全国人民根本利益的，也是正确的。问题在于：我们在这一期间对私营经济采取的仅是单纯鼓励的政策，导致私营经济迅猛扩张和膨胀。据统计，1988年我国雇用8人以上的私人企业已增至23.5万户，雇工人数达360万人，仅一年时间增长了一倍多。在这种超常规迅猛增长的势头下，如果不保持清醒的头脑，仍单纯片面地对私营经济一味鼓励而丝毫不加以规范，对其消极作用不加限制，任其自由发展，那么私营企业主这个阶层发展演变为一个独立的资产阶级，恐怕就不仅仅是可能的了。一旦私营企业主阶层演变成独立的资产阶级，东欧一些国家政治多元化的局面，就有可能在中国重演。这绝不是危言耸听，也不是杞人忧天，而是世界上社会主义国家改革实践向我们亮出的一道"黄牌"。

由是观之，党中央提出对私营经济的消极作用加以限制的问题，是高瞻远瞩的，不仅非常及时，适合我国现阶段的国情，而且对于我国坚持走中国特色社会主义道路、巩固和发展社会主义制度都具有极其深远的历史意义和重大的战略意义。

(本文发表于《经济纵横》1990年第6期)

加速发展个体私营经济亟待
解决的几个问题

目前,我国个体私营经济已基本走出初始的原始积累阶段,进入快速成长时期,迫切需要上规模、上档次、上水平、上质量。为使我国个体私营经济发展再跃上一个新台阶,必须着力解决以下实际问题。

一 个体私营经企业贷款难的问题

信贷条件不平等、对个体私营企业的信贷歧视,一直是影响和制约个体私营经济发展的重要因素。许多个体户和私营企业主有好的发展项目,由于得不到银行贷款的支持而废弃。许多银行宁肯将钱贷给濒临破产、还款无望的公有制企业,也绝不沾私企之边;宁肯国家的钱"打水漂",也不贷给私企发挥效益。这种状况必须改变。择优扶持的信贷原则,对个体私营经济也应适用。对那些经营好、符合国家产业发展方向的个体私营企业,尤其对那些从事高新技术产业的私营企业,一定要予以信贷支持,可以搞担保贷款及抵押贷款,实现公、私经济信贷平等,这是市场经济的本质要求,也应成为我国银行业的一条行为准则。

二 切实取消各种不合理的收费及滥摊派

这是各地个体户和私营企业主反映最强烈、呼声最大的一个问题。目前,各级政府或有关部门巧立名目,变换花样,向个体户和私营企业滥收费、滥摊派，屡禁不止，且有增加之势。据长春市统计，有关部门向个体户和私营企业的收费高达40多种，除了戴黑袖标者外，各种"戴袖标的""戴大盖帽的"都收钱，还有各种各样的"名为自愿，实为强迫"的赞助和捐款，搞得个体户和私营业主苦不堪言。更有甚者，一些管理部门的人员以种种借口，吃、拿、卡、要，不给钱就"罚款""贴封条"。建议各地政府认真清理各种收费制度，该收的定收，不该收的一定取消，坚决制止滥收费和滥摊派，为发展个体私营经济清除障碍。

三　提高业主的纳税意识

偷税漏税是个体私营经济中普遍存在的问题，每年由此流失的国家税收高达几百亿元。这固然与我国税制不健全、执法不严、管理不善都有很大关系，但私营企业主纳税意识不强也是一个十分重要的原因。许多私营企业主直言不讳："赚什么钱？就是赚税钱！"违法赚税成了他们发家致富的手段，可见依法纳税的意识是何等缺乏。建议各地有关管理部门对个体户和私营企业主定期进行税法教育，举办各种讲座和培训班，组织个体户和私营企业主学习税法及各种法律知识，表彰纳税先进私营企业主，营造一种"纳税光荣，不纳税可耻"的氛围，使个体户和私营企业主的纳税意识提高到一个新水平。

四　切实解决私营企业戴"红帽子"挂靠问题

私营企业戴"红帽子"挂靠的原因主要有三个：一是在政治上找"避风港"，怕日后政策有变，被戴"资本家"帽子，挂靠公有制单位，可掩盖其私营企业主身份；二是为了捞取经济利益，享受一定的免减税优惠；三是许多公有制单位接收挂靠有利可图，收取挂靠费。这种挂靠掩盖企业真实性质，模糊产权关系，造成国家大量税款流失，不利于国家对经济运行真实状况的了解与判断，影响国家对经济的宏观指导与调控，还容易产生大量产权纠纷，影响社会经济的稳定。因此，必须认真研究对策，着力加以解决。现在有些地方已制订有关政策开始进行清理，值得重视。我认为，采用行政手段进行清理是必要的，但更重要的是运用经济手段，以利益机制诱导他们从挂靠单位走出来。特别是要创造一个宽松的政治经济环境，使他们有安全感、公平感、平等感、光荣感，他们就会自动摘下"红帽子"，从挂靠单位走出来。这是十分艰巨、细微的工作，但必须努力认真去做。

（本文发表于《中国经济快讯》1996年第7期）

发展私营经济的几个基本问题的认识

我国现阶段的私营经济与所有制社会主义改造基本完成之前的民族资本没有内在必然联系，也不同于"民营经济"，把个体经济包含在私营经济内涵之中是不科学的，认为私营经济是"社会主义的有机组成部分"，看不到其固有的资本主义性质，易造成政策偏颇和失误。为了更好地发展私营经济，必须在理论上辩证科学地认识私有制与公有制各自的内涵，进一步适当放宽有关政策，为私营经济的健康、快速发展提供一个较宽松的环境。

一

目前我国学术界和经济界有些同志把私营经济与国营经济直接等同起来，认为私营经济就是民营经济。民营经济也就是私营经济，甚至主张今后不要再提私营经济，而只提民营经济。这种观点是值得商榷的。

我认为，不能用民营经济取代私营经济，民营经济是纯粹从经营方式角度来观察经济形式的，它是相对民营经济而言的，是指某一种经济形式是由民间（包括公民个人和公民团体）经营。而不是由官家（或国家）经营的。从表面上看，从字上来理解，私营经济是相对于公营经济而言的。是说这种经济是由公家经营还是由私人经营。这样认识和理解，似乎二者没有什么区别。实际上，这样认识与理解是很肤浅的。把私营经济只作为经营方式范畴来认识与理解，是不科学的。任何一种经济形式的内在本质属性，都不能由经营方式或由谁来经营所决定。资本主义私有制经济也可以采取"公营"的方式，社会主义公有制经济也不绝对排斥采取"私营"或"民营"的方式。

考察和界定我国现阶段私营经济的内涵，应主要看财产关系归属，从所有制关系上来界定。《中华人民共和国私营企业暂行条例》，就是这样做的。该条例明确指出：私营企业是指"企业资产属于私人所有，雇工8人以上的盈利性的经济组织"。这里明确了三点：第一，从所有制关系上看，企业财产属于业主私人所有，是一种生产资料私有制经济；第二，它以雇佣劳动为基础，雇工必须在8人以上，而不是以业主个人劳动为基础；第三，它是以追求利润为目标的经济组织。赚钱发财是它存在与发展的根本动力。从上可见，私营经济不是经营方式，而是一种内含所有制关系、劳资关系的资本主义私有制经济，把它与民营经济等同起来，无疑会抹杀其内在的归属关系，而抹杀了它的内在本质属性，抹杀了它的财务归属关系，不仅私营企业主们不同意，而且还会在实践中带来许多产权纠纷和麻烦。因此，我们不能回避和否定其固有的资本主义属性。

私营经济不同于个体经济，把个体经济包含在私营经济内涵之中，是不科学的。

我国经济学界有的同志把个体经济包括在私营经济内涵之中，如果仅从经营方式上来理解，是有道理的，但从所有制关系上看，却是悖理的。因为这样做混淆了两种不同的私有制，马克思指出："私有制作为公共的、集体的所有制的对立物，只是在劳动资料和劳动的外部条件属于私人的地方才存在。但是私有制的性质，却依这些私人是劳动者还是非劳动者而有所不同，私有制在最初看来，所表现出的无数色层，只不过反映了这两极间的各种中间状态。"[①] 由此看来，私有制起码有三种形态：一是劳动者的私有制；二是非劳动者的私有制；三是介于二者之间的"中间状态"的私有制。第

---

① 《马克思恩格斯全集》第二十三卷，人民出版社1972年版，第829—830页。

一种私有制就是个体经济，它是以劳动者自己参加劳动为基础的一种私有制；第二种私有制就是私营经济，它是以雇佣劳动力为基础的资本主义私有制；第三种私有制实际就是小业主经济，它是由个体经济向私营经济过渡的并介于二者之间的"中间状态"。

可见，个体经济与私营经济是两种不同的私有制形式。后者是在否定前者的基础上产生与发展起来的。前者的经营目的是劳动者自身消费需要的满足，而后者的生产经营目的则是对最大限度利润的无止境的追求，否定它们二者之间的区别，在实践中是有害的。

不能认为私营经济"是社会主义的有机组成部分"，而只能说"它是我国社会主义初级阶段所有制结构的重要组成部分"。

目前，有人提出私营经济"是我国社会主义经济的有机组成部分"，认为，把私营经济定性为资本主义性质的经济成分，一是没有必要，二是有害的，因为对私营经济可以不问姓"社"姓"资"。如果定为资本主义性质的经济，必然会影响私营经济的发展。这种观点还颇有一定的影响，因而有必要加以分析和说明。

首先，对私营经济要不要问姓"社"姓"资"？我认为，不仅要，而且必须要。邓小平南方谈话中指出："改革开放迈不开步子，不敢闯，说来说去就是怕资本主义的东西多了，走了资本主义道路，要害姓'资'还是姓'社'的问题。判断的标准，应该主要看是否有利于发展社会主义社会的生产力，是否有利于增强社会主义国家的综合国力，是否有利于提高人民的生活水平。"[①] 他还讲："特区姓'社'不姓'资'。"[②] 在这里，我们认为，邓小平强调以下几点：第一，要消除恐"资"症，让人们不要怕资本主义；第二，改革迈不开步子的要害，是怕走资本主义道路；第三，判断改革成败的标准，是"三个有利于"，而不是姓"社"姓"资"问题；第四，不是任何事情都不要问姓"社"姓"资"，他强调"特区姓'社'不姓'资'"就是最好的例证；第五，邓小平根本没讲

---

① 《邓小平文选》第三卷，人民出版社 1993 年版，第 372 页。
② 《邓小平文选》第三卷，人民出版社 1993 年版，第 372 页。

对私营经济的性质可以不研究，可以不问姓"社"姓"资"。我体会，邓小平讲话的核心思想是不管姓"社"姓"资"，只要是"三个有利于"，就要大胆地闯，大胆地干，把改革推向前进。在理论上不把私营经济的性质界定清楚，就无法制定出相应的私营经济法规与政策。私营经济要想得到健康、快速地发展也是不可能的。

其次，为什么私营经济不是我国社会主义经济的有机组成部分？根本原因在于私营经济内部充分体现了资本主义经济关系。具体来说，主要表现表现在以下几个方面：第一，从生产资料所有制关系上看，私营企业的生产资料和财产属于业主个人所有，而雇工却不占有生产资料。他们对私营企业的财产没有任何所有权。这种生产资料占有关系及财产关系的不平等，具有资本主义所有制关系的典型特征。第二，从私营企业内部相互关系看，私营企业主在生产经营过程中居统治和支配地位，是资本所有者和企业的主人，而雇员则是出卖劳动力的工资劳动者，他们在业主的支配与监督下从事生产经营活动，生产经营成果不归他们所有和支配，而归业主所有和支配。这种企业内部相互关系，同资本主义企业内部相互关系别无二致，具有质的同一性。第三，从私营企业的分配关系看，它实行按资分配的原则。业主凭借资本所有权来获取剩余价值，雇员则按照劳动力价格的高低来获取工资收入。这种分配关系必然产生贫富两极分化。据调查，目前我国私营企业主的收入一般都是雇员收入的几十倍，乃至上百倍，已经形成了明显的两极，说明了私营企业的收入分配体现了资本主义的剥削关系。因为，社会主义的按劳分配是无论如何也不会产生如此贫富两极分化的。第四，从企业的生产经营目的来看，私营企业生产什么，生产多少，以及怎样生产完全受剩余价值规律的自发调节和支配，服从于追求最大限度剩余价值或利润的需要。只要能赚钱，什么都干，甚至生产经营伪劣假冒商品。事实表明，我国现阶段私营企业的生产经营目的，从本质上说，与马克思揭示的资本主义企业的生产经营目的，并没有什么根本性的区别。可见，"私营经济是我国社会主义经济的有机组成部分"的提法是很不科学的，也不符合我国的实际。

我们承认私营经济的资本主义性质，并不妨碍我们大力发展它，这不仅有利于社会生产力的发展，有利于综合国力的提高，有利于全体人民生活水平的提高，而且还有助于彻底战胜和清除旧中国遗留下来的那些封建主义残余和余毒。强调发展私营经济，没有必要更不应该否定其资本主义性质，硬把它改为社会主义性质。这实际上还是"恐资症"的一种表现。为什么说"私营经济是我国社会主义初级阶段所有制结构的一个重要组成部分"这个提法更科学？因为这个提法准确地概括和反映了私营经济在我国现阶段的性质和地位。在我国社会主义现阶段，多元化的所有制结构中，私营经济是必不可少的一个组成部分。少了它，所有制的结构就是不完整的、残缺不全的，也是不成体系的，更不能达到合理化。它作为一种资本主义性质的经济成分，同社会主义公有制经济是处于一个所有制结构之中，二者相互联系，相互依存，又互相矛盾，互相争斗。这样才会使社会主义国家的国民经济充满生机和活力。

二

在公有制占主体的条件下，大胆放手发展私营经济，不会改变我国社会主义性质和方向。目前，我国的非公有制经济（包括个体私营经济、三资企业等）在整个国民经济中所占的比重只占15%左右，其中，私营经济占比重更小，不到5%，放手发展私营经济，其比重上升10%，甚至达到15%，也不会从根本上动摇公有制的主体地位，一个国家的社会性质，并不是由多种经济共同决定的，而是由占主体地位的所有制决定的。在我国，只要公有制主体地位不丧失，社会主义社会的性质就不会根本改变。因此，各级政府应进一步放宽政策，消除各种疑虑，放心大胆地发展私营经济。

所谓放宽政策，是针对过去政策偏紧而言的。就是说，要取消现行政策规定中限制私营经济发展的种种条文和措施，打破种种不必要的条条框框，取消那些限制私营经济发展的种种清规戒律，为私营经济的健康、快速发展提供一个宽松的社会环境。当然，放宽政策绝非是宽大无边，更不是让私营经济盲目自发发展。

首先，应适当放宽税收政策。以往我国税收政策的缺陷就在于：税收政策本身过紧，并且空子太多，而执行又过松，因而造成税源减少，税款流失过多。轻税负，严征收，应当成为我国税收政策的基本点，执行这种政策，既有利于鼓励私营企业的发展，又能防止私营企业偷漏税，防止税款流失。

其次，要放宽信贷政策。现在各地私营企业主反映最大的一个问题就是，他们有好的发展项目，由于得不到银行贷款支持而废止。许多银行一听是私营企业申请贷款，便漠然置之。放宽信贷政策，并非是要求对私营企业给多少信贷优惠，而主要是指改变上述信贷不平等状况。对那些经营好、符合国家产业发展方向的私营企业，尤其是对那些从事高技术产业的私营经济，对安置城镇待业青年、残疾人的私营企业、银行应给予必要的信贷支持，可以搞一些担保信贷或抵押贷款。

最后，拆关撤卡，取消各种限制私营经济发展的清规戒律及措施，限制私营企业雇工人数、企业规模，不让私营企业进经济开发区，不让享受经济开发区的同等待遇及优惠，不许私营企业参加新产品展销，不能参加政府的评先选优，私营企业的业主及管理人员不能晋升职称，等等，这些限制措施不予以取消，私营企业的积极性受到压制和束缚，私营经济就不能发展起来。

在现阶段，我国有不少私营企业戴"红帽子"，挂靠在国有企业单位、乡镇企业，甚至挂靠在中小学校工厂里。

私营企业的挂靠问题，是在传统计划经济体制向新的市场经济体制过渡中产生的，具有一定的必然性。具体来说，主要有以下几个方面的原因：第一，在政治上找一个"靠山"和"避风港"。私营企业主怕戴"资本家""新资产阶级分子"帽子，挂靠公有制单位，戴上"红帽子"，可以避免一些不必要的麻烦。第二，享受免税待遇，捞取经济实惠。私营企业挂靠公有制单位的经济目的，在于享受免税优惠，获取"赚税"收入，发财致富。第三，为了求发展，或与外商合资，不得不寻求挂靠单位，在取得法人资格、投资立项、贷款、征地、原材料供应、人才使用、社会保障体系诸方面，私营企业均与公有制单位不平等，受歧视、受排斥。为了谋求发展，宁肯支付相当的挂靠费用，有些和私营企业为了进入国际市场，取得与外商合资合作的资格，也往往主动寻求挂靠公有制单位。第四，公有制单位愿意接受挂靠，其根本原因在于许多公有制单位财政拨款减少，经费拮据，收入不足。为了弥补经费不足，提高本单位的收入和职工的福利，不得不从事"创收"，接受私营企业挂靠。收取挂靠费用，是它们"创收"的重要来源之一。

私营企业挂靠公有制单位，戴"红帽子"，所产生的弊端越来越多，对国民经济发展带来的消极作用愈来愈大。第一，它模糊了企业的经济性质，真私营，假集体，掩盖了私营经济的客观属性和真实面貌。不仅削弱了私营经济的稳定性，也干扰了国家的正常经济秩序，给国家对不同经济成分的有效管理与调控带来极大的困难。第二，模糊了产权关系。私营企业挂靠公有单位的直接结果，导致企业产权关系不明或者扭曲，这不仅使政府有关部门的统计数据不能真实反映客观存在的经济结构及其运行状况，妨碍国家对经济结构的正确判断及合理调整，导致国家经济监控部门无法实施正确的指导和有效的调控。甚至导致国家宏观政策失误，造成宏观经济运行失控、失衡，而且还会因产权归属不清、法律责任不明而产生大量产权纠纷案，使企业陷入"产权官司"陷阱，企业生产经营无法正常运作，经济上蒙受重大损失不说，还要迫使业主为重新明晰产权关系、争得个人合法产权而奔波。这不仅消耗人力、物力、财力，还要消耗大量的精力和宝贵的时间。第三，产生巨大的黑洞，致使大量税款从中漏掉、流失，每年全国挂靠公有制单位的私营企业所逃避的税款，少则几十亿元，多则几百亿元。第四，私营企业利益受损，不能随意支配自己的资本和财产。有些私营公司的董事长说，私营企业挂靠"主管单位"，挂集体经济牌子后，自己的财产不能由自己自由支配，自己赚的钱自己不能花，如果买私人住宅、私人汽车等，就会被算为贪污、侵占公款、受到起诉和控告。第五，为滋生腐败现象提供了土壤和温床。私营企业主为了达到挂靠目的，往往自觉不自觉地请客、送礼，甚至搞行贿，而一些机构或单位则通过卖图章、卖发票，接受挂靠而获利，并将获得的钱款放入单位小金库，或为小团体谋"福利"，或被某些人私分，或供某些人吃喝玩乐及挥霍，这就不可避免地滋生腐败现象。

私营企业的挂靠已经严重损害改革开放，危及国民经济的健康运行与发展，阻碍传统计划经济体制向社会主义市场经济新体制的过渡与转变，到了非解决不可的时候了。如何解决？这是一个比较棘手的、政策性很强的问题。我认为，应在运用法律手段、行政手段的基础上，主要采用经济手段进行清理。具体地说，在私营企业初创时期，可以把挂靠取得的利益的相当部分公开让给他们，用法律条文或政策限定他们必须将这笔钱用到企业扩大再生产上，用经济利益机制诱导他们从挂靠单位自动走出来，大大方方地干私营企业。同时，还应废止对不同所有制的差别政策，鼓励私营企业与公有制企业平等竞争，使私营企业主真正有公平感、平等感，这样他们就不会再费劲去谋求"红帽子"戴了。此外，国家还应制定一个关于私营经济长期稳定发展的政策，指明私营企业及其业主的发展前途，使他们能掌握自己的前途命运，从而免除后顾之忧，自己摘下"红帽子"。

（本文发表于《经济学家》1995年第3期，被《经济研究资料》1995年第8期摘发观点）

产权创新：中国私营资本企业可持续发展的基础与关键

在当代中国私营资本企业发展过程中，存在一个所谓"3·5·8"现象，即有相当一部分私营资本企业为富不过三五载，至多也不过8年便衰败。有的学者把这种快速暴富、快速衰败的过程称作私营资本企业的"生命周期"。虽然这不能说是当代中国私营资本企业发展的一条必然规律，但却昭示了一个不容争辩的事实：当今中国私营资本企业正面临一个十分严峻的问题——如何避免"3·5·8"短命周期，实现自身健康快速的可持续发展？

造成当代中国私营资本企业短命周期的原因固然很多，有国家政策变化方面的原因，也有经营环境方面的原因，有企业决策失误上的原因，也有管理不善、产品老化、缺乏竞争力等原因。但我认为最根本的原因在于缺乏企业产权制度创新。

江泽民同志在党的十六大报告中指出："创新是一个民族进步的灵魂，是一个国家兴旺发达的不竭动力。"这个论断对当代中国私营资本企业无疑也完全适用。可以肯定地讲，创新是当代中国私营资本企业实现可持续发展的不竭动力与源泉。世界级私营资本巨头比尔·盖茨在总结他的发家史时深有体会地讲："企业繁荣中孕育着毁灭自身的种子，要防止这种毁灭的唯一对策就是坚持不懈地创新。"[①] 按照熊彼特的创新理论，创新是一个体系或系统，它主

---

① 王天义、申振东：《经济学热门话题的争论》，中国经济出版社2002年版，第189页。

要包括制度创新、技术创新、产品创新、观念创新等。中国私营资本企业的创新,无疑是上述诸种创新的结合与统一。技术创新、产品创新以及观念创新均是中国私营资本企业可持续发展的重要条件,但对目前中国私营资本企业来说,产权制度的创新已经成为制约企业可持续发展的决定性因素。产权制度创新问题不解决,其他诸如技术创新、产品创新等便无从谈起。

一些私营企业主及一部分经济学家不赞成或否定私营资本企业产权制度创新的必要性。在他们看来,中国私营资本企业的一切生产资料和财产属于业主私人所有,相对于公有制企业的财产关系,其产权关系是明确、明晰的。依据科斯定理,明确、明晰的产权是一种有效率的产权,也是一种较优越的产权。因此,没有必要进行变革与创新。

但事实并非如此。当代中国私营资本企业在产权制度上不仅存在许多缺欠与局限,而且有些缺欠与局限相当明显、严重,与市场经济和社会生产力发展之间存在尖锐的矛盾。这主要表现在:一是产权主体具有浓重的家族宗法性;二是产权界区不清晰,具有严重的模糊性;三是产权结构不合理,具有严重的封闭性。这"三性"严重地阻滞与妨碍了私营资本企业的可持续发展。

一 当代中国私营资本企业要实现可持续发展,必须破除产权主体上的家族宗法性

当代中国私营资本企业产权主体上的家族宗法关系是"与生俱来"的,即是伴随私营资本企业的产生而自然产生的,因为私营资本企业的最初创办者,除本人外基本上都是家庭或家族成员,尤其是在农村家庭承包制基础上发展演变而来的私营资本企业更是如此。创办企业的资金,在家庭成员或家族内部最容易筹集;创办企业的目标与企业生产经营目标,在家庭成员及家族内部也容易达成共识;由于家庭成员之间及家族内部的诚信度较高,道德风险及其成本较低,且家长或族长又有一定的威望,因而在市场经济发育程

度不是很高的情况下，私营资本企业采取家族企业形式就具有了一定的客观必然性。

从严格意义上讲，家族与家庭概念的含义是不同的。家族在广义上是指具有同一血亲关系的几代人所形成的生活共同体。它包括直系和旁系两种血缘关系。直系关系指具有父母、子女关系的亲属；旁系关系指直系以外的其他亲属，如叔、姑、姨、舅等。但在传统上，人们只是把以男性为中轴而组成的具有直系和旁系血缘关系的家庭群体叫作家族。一般说来，社会学只把具有直系血缘联系的生活共同体称为家庭。无论是家族或家庭均是以血缘及姻亲关系为基础的，它们均带有浓重的宗法关系色彩。因为中国的家族与家庭也如恩格斯所说是私有制的产物，历经几千年封建社会的浸染，至今仍残留许多封建主义的伦理与道德关系。因此，家族与家庭成员作为私营资本企业产权主体，不能不带有封建宗法关系及伦理道德关系的烙印，如妻从夫、子从父、女从母等；在同族中族长或长辈具有很大的权威及号召力，在家庭中家长"说了算"，所有这些，都会对企业财产所有权的运营产生重大影响。

一般说来，私营资本企业产权主体上的家族宗法关系在企业初创时期，是具有一定积极意义和作用的。因为这个时期，企业规模不大，生产社会化程度还不高，大家都热衷于创业，利益矛盾还没有充分显现，所以家族成员和家庭成员之间能够精诚团结、努力奋斗。家族、家庭依靠家族与亲缘关系的合力对私营资本原始积累的形成与初步发展无疑起了一种积极的推动作用。但是，由于这种家族宗法关系是一种超经济关系，在本质上是与社会主义市场经济相矛盾的，因此它必然成为私营资本可持续发展的严重阻碍。私营资本企业发展一旦越过初创时期，进入常规发展阶段，企业规模扩大、资产总量扩张、经营范围拓展、企业管理复杂程度提高，这时企业所有权与经营权仍集中于族长或家长一人手中，或集中于家族与家庭成员手中，势必难以快速做出适应市场变化的决策，从而导致决策失误，给企业发展造成巨大损失。再说，企业规模一旦扩大，企业收益剧增，在企业利润的分享或分割上家族或家庭成员的矛盾也会日益凸显出来，这种利益矛盾往往导致兄弟反目、父子分家、夫妻离散，重新分割财产的产权纠纷便会接连发生。而这种家族或家庭成员之间的产权纠纷又往往难以调解，对簿公堂不仅耗财、费力、费心，更重要的是将给企业发展带来实质性损害，甚至使企业破产，导致整个资本原始积累失败。可见，私营资本企业产权主体上的家族宗法关系是与市场经济的自由契约关系的要求、与民主竞争精神相违背的，更与市场经济产权运行规则——所有权与经营权相分离的原则背道而驰的。所以，不克服或消除私营资本企业产权主体上的家族宗法关系，是不可能实现私营资本原始积累的可持续发展的。

二 当代中国私营资本企业要实现可持续发展，必须解决其产权界区模糊不清的问题，使产权界区明晰化

当代中国私营资本企业的原始产权界区模糊不清主要表现在三个方面。

一是企业内部家族或家庭成员之间的产权边界不清。私营资本企业就其产权属性来讲，其产权界区或产权边界应该是清晰的，即产权私有。但当代中国私营资本企业的家族宗法性造成了企业产权边界不清的问题。家族或家庭成员在创办企业之初，由于基于血缘关系及亲缘关系的忠诚与信任，往往疏于对初始产权的明确界定。家长或某一家庭成员把企业办起来了，在亟须补充资本、人力或物资时，家族或家庭的其他成员便很快、很自然进入企业。这种家族或家庭私营资本企业实际上就是一种以家族或家庭成员之间的血缘和亲缘关系为基础结成的"利益共同体"，这种"利益共同体"本身就掩盖和模糊了家族或家庭成员之间的私人资本产权边界。马克思指出：任何经济关系归根结底总是表现为利益关系。家族或家庭私营资本企业内部关系说到底也是一种利益关系，客观上存在着

"你""我"利益之分,家族或家庭成员之间在"利益共同体"内总有一天要明确各自的利益占有关系,这就必然要求划定他们各自的产权边界。

二是家族或家庭企业与外界的产权关系不清。这主要表现为"私冒公",即私营企业冒充公有制企业,也就是人们常说的"戴红帽子"企业。就企业的资本所有制性质而言,私营资本企业的产权本来就是属于私人性质的,但在法律上却戴了一顶"红帽子",注册为集体所有制或其他公有制形式。尽管有相当一部分是为形势与环境所迫,但"戴红帽子"本身却往往都是他们自己愿意的。因为这样做不仅在政治上可以躲避风险与各种麻烦,更重要的是可以带来巨大的经济收益。但付出的代价却是企业产权关系不清,私人财产容易被"公"有化埋下产权纠纷的隐患。这种典型事例经常见诸报端和媒体。

三是由于缺乏严格明确的出资人而造成产权边界不清。在全国的"办公司热"中,各地都有一些部门或单位赶浪头,稀里糊涂地办了一些产权不清的公司。单位里几个志同道合的人一合计,便辞职下海创办了个公司。单位没有出,创业者自身也无资可出,因而通过向银行借款启动了企业。由于商机抓得好,再加上几个创业者的勤奋努力、苦干实干,公司营运良好,业绩攀升,很快返还了银行借款。等到决定对企业获取的丰厚收益进行分配时,创业者们才发现企业的产权需要明晰和明确。这方面比较典型的例子就是北京四通公司。创业者单位宣称公司产权属于单位。但单位并未对公司出资,几个创业者也已离开单位,所以单位不能对公司拥有所有权及产权。银行称,公司产权属于银行,这更无道理,因为创办企业的资本是几个创业者从银行借贷的,并已如期还本付息,贷款不同于投资,不能凭借贷款对企业享有产权。创业者们称,公司产权是自己的。虽然他们每个人都没有自掏腰包,但从银行借款等于他们向银行欠了债,这笔钱投向企业等于他们是企业投资人,并且企业的发展完全是他们努力的结果,所以理应享有企业所有权和产权。但欠缺的是在创办企业之初,他们并未实际界定每个创业者的实际投资（即由银行贷款转为投资）的份额，因而他们之间的个人产权是模糊不清的。① 这种模糊的产权关系，妨碍了创业者之间利益的合理分割，不利于企业的可持续发展，所以必须重新界定每个创业者的产权边界。

三 当代中国私营资本企业要实现可持续发展，必须打破其产权结构的封闭性

产权结构封闭是家族或家庭私营资本企业的典型产权特征。家族或家庭私营资本企业的产权，不仅结构单一，高度集中在家族或家庭成员手中，而且具有严重的封闭性。这主要表现在：第一，资本封闭，排斥家族和家庭外资本即社会资本进入。这是同现代企业制度的根本要求相矛盾的。在现代企业制度下，企业的产权安排绝不可以是单一结构的，而必须是多元化的。即在企业产权构成中，不再是家族和家庭成员作为单一的产权主体，而是有众多的家族和家庭外的社会资本所有者成为企业产权主体。这时企业的资金来源完全突破了家族和家庭的限制与束缚，并且由于投资主体多元化、社会化，分散了责任与风险，这就为企业在短时期集聚巨额资金、迅速扩大再生产、实现规模经营奠定了基础。然而，家族和家庭私营资本企业由于产权结构单一、产权主体单一、企业资金来源单一，即资金来源只局限于家族和家庭内部，限制了家族外和家庭外社会投资的进入，这在短时期内就无法集聚巨额资本，因而难以达到规模经济并取得规模效益。第二，人才封闭，排斥家族和家庭外即社会上的高素质人才进入企业。这直接导致私营资本企业所有者及经营者整体水平低下，素质不高。这从私营资本企业与其他类型企业的文化知识水平的差异上可以体现出来（见下表）。

---

① 刘伟：《中国私营资本》，中国经济出版社2000年版，第45—46页。

不同类型企业所有者及经营者学历状况比较 （单位:%）

文化程度	企业所有制性质				
	国有	集体	私营	外商投资	港台投资
初中及以下	0.6	3.9	8.2	3.4	3.3
高中及中专	7.4	25.7	34.1	13.4	18.5
大专	39.7	48.2	48.1	31.5	40.7
大学	45.2	18.6	9.9	40.1	31.0
研究生	7.1	3.6	4.7	1.6	6.5

资料来源：《迎接知识经济的挑战：世纪之交的中国企业经营者》，《管理世界》1999年第1期。

从上表可见，与其他所有制类型企业经营者文化程度相比，家族和家庭私营企业经营者的文化水平是比较低的，中学及中学以下文化水平者所占的比例最高，达42.3%；而大学水平以上者比例最小，仅占14.6%。虽然文化程度高低并不完全等于企业经营者能力大小，但它毕竟是衡量企业经营者水平高低的一个重要标志。一般来说，文化程度高是能力大、水平高的基础与条件。

可以肯定地讲，我国家族和家庭私营资本企业的上述文化程度较低的状况，是由其产权封闭进而实行"人才封闭"、排斥社会上优秀企业家或高素质人才进入企业导致的一个必然后果。这种状况如果不加以根本改变，必然会严重地束缚和阻碍今后我国私营资本企业的可持续发展。

综上所述，中国私营资本企业产权的家族宗法性、界区的模糊性及结构的单一封闭性，集中归结为产权结构的不合理性及陈旧落后性，其带来的结果必然是效率低下。产权上的家族宗法性必然使企业首先遵从血缘与亲情的规则，而不可能首先遵从市场规则，血缘亲情规则起主导作用，市场就不可能成为配置资源的基本力量与因素，这样就不会取得市场竞争的高效率。产权界区（或边界）的模糊性，使产权主体之间没有了"你""我"的界限，混淆了他们之间的利益差异，破坏了责、权、利的相适应及对称关系，使产权纠纷接连不断，不仅加大了企业成本，而且耗费更多的人力、物力、财力与精力，造成社会效率损失。产权结构单一封闭更是阻碍社会资本及人力资源的优化配置与利用，不利于聚集巨额资本扩大再生产，实现规模经济，获取规模效益。所以对中国私营资本企业的产权必须进行改革与创新，构建符合市场经济要求的现代企业制度。

那么，当代中国私营资本企业如何进行产权制度改革与创新，构建符合市场经济要求的现代企业制度呢？最根本的办法是变封闭的产权结构为开放的产权结构，变一元化的产权主体为多元化的产权主体，逐步摒弃家族和家庭制产权模式。为此，家族和家庭私营资本企业要主动进行企业股权改造，积极吸引社会资本入股，由家族和家庭控股企业逐渐发展为非家族和家庭控股企业，最后建立产权多元化的股份制企业。一些有远见的当代中国私营企业家，已经开始实施改造家族和家庭企业的具有决定性意义的步骤，即通过上市融资扩股的途径，改变公司的产权结构，向现代企业制度迈进。2001年1月18日，浙江著名的家族企业"浙江天通股份"在上交所上市，潘广通父子只对该公司控股21.48%，社会股已占到该公司总股本的绝大部分。同年3月1日"康美药业"在上交所上市，老板马兴田家族控股66.38%，尽管家族控股比重仍很高，但毕竟向社会公众开放了股权，迈出了股权公众化、多元化的实质性步伐。还有一些家族和家庭私营资本企业通过股份制改造上市融资，已经不再是纯粹意义上的家族和家庭企业了，有的甚至可以称为较规范的现代企业。当然，全国众多的家族和家庭私营资本企业都通过上市融资实现股份制改造也是不可能的。上市融资仅是一个渠道，绝非唯一的渠道。家族和家庭私营资本企业实现股份制改造的渠道是多元化的，完全可以通过多种方式建立适应市场经济要求的股份制企业。

(本文发表于《天津社会科学》2003年第6期)

科学对待私有制与剥削

党的十六大明确提出:"毫不动摇地鼓励、支持和引导非公有制经济发展。"这是指导我国个体私营经济长期健康发展的根本方针。要提高贯彻执行这个方针的主动性、自觉性,必须从理论根基上解决如何科学理性地审视和对待私有制问题,否则的话,一旦形势或情况发生变化,势必发生"扭秧歌"、左右摇摆的现象,难以做到"毫不动摇"。

一 科学地认识和对待资本主义私有制的历史功绩

当代中国私营资本原始积累过程是中国社会主义初级阶段私营经济的产生与发展过程。中国社会主义初级阶段的私营经济,从所有制上说,是一种私有制经济,严格来说是一种具有资本主义性质的经济,即社会主义国家的资本主义私有制经济。正因如此,若要对当代中国私营资本原始积累的社会功效有一个正确的估价与认识,必须从理论根基上解决如何科学地认识和对待私有制问题。不然,一旦形势或情况发生变化,对这个问题就会发生左右摇摆或"扭秧歌",难以做到党的十六大报告讲的"毫不动摇"。

在历史上,私有制本身就是生产力发展到一定阶段的产物,它的产生可以说是经济社会的一个进步。因为有了私有制,才有了商品交换。商品交换的发展形成商品经济,促进了原始公社制度的解体。此后,人类社会的更替,封建社会代替奴隶社会,资本主义社会代替封建社会，均是用一种新的私有制取代另一种旧的私有制。在这里，每一种新的私有制均是先进生产关系的代表，不仅适合生产力发展的要求，而且都促进了社会生产力的发展。所以，先进的新的私有制在人类经济社会发展中是起了重大的积极作用的。私有制曾是推动人类社会前进的进步力量。

然而，长时期以来，我国盛行一种"私有制偏恶论"。这种理论往往凭借主观好恶来理解和看待私有制，认为它是世间"万恶之源"，一切丑的、坏的、恶的东西，盖出自私有制，或与私有制有着密切的关系。这是一种绝对化、片面性。从哲学上讲，是十足的唯心主义和形而上学，所以是不科学的。

马克思是科学对待资本主义私有制的典范。马克思在《资本论》中分析了资本主义积累的历史趋势，指出了资本主义私有制必然被社会主义公有制所取代的历史必然性，但马克思从没有把资本主义私有制看作是"万恶之源"，没有把它看作绝对的恶、绝对的坏，只是认为它在不适应生产社会化，成为社会生产力发展桎梏的时候，才会被社会主义公有制所取代。马克思一直认为，资本主义私有制在历史上曾是一种进步的生产关系，对人类社会的发展与进步起过十分巨大的作用。这主要表现在以下方面。

（一）它创造了无比巨大的社会生产力

马克思和恩格斯指出："资产阶级在它的不到一百年的阶级统治中所创造的生产力，比过去一切世代创造的全部生产力还要多，还要大。"[①] 自然力的征服，机器的采用，化学在工业和农业中的应用，轮船的行驶，铁路的运行，电报的使用，整个大陆的开垦，河川的远航，仿佛用法术从地下呼唤出来的大量人口，潜伏在社会劳动里的生产力被奇迹般地创造和释放出来，这可以说是资本主义私有制最大的历史功绩。

[①]《马克思恩格斯选集》第一卷，人民出版社1972年版，第256页。

(二) 它破除了一切封建宗法关系

马克思和恩格斯指出:"资产阶级在它已经取得了统治的地方把一切封建的、宗法的和田园诗般的关系都破坏了。它无情地斩断了把人们束缚于天然首长的形形色色的封建羁绊,它使人和人之间除了赤裸裸的利害关系,除了冷酷无情的'现金交易',就再也没有任何别的联系了。"① 用资本主义的利害关系和金钱关系取代封建主义的宗法关系,这是顺应历史发展的一种进步,是人类社会关系史上的伟大变革。中国正是由于没有经历彻底的资产阶级革命,没有确立资本主义私有制度,因而至今城乡封建主义宗法关系仍广泛存在,并且根深蒂固。

(三) 它不断地推动生产关系和社会关系革命化

马克思和恩格斯指出:"资产阶级除非使生产工具,从而使生产关系,从而使全部社会关系不断地革命化,否则就不能生存下去。反之,原封不动地保持旧的生产方式,却是过去的一切工业阶级生存的首要条件。生产的不断变革,一切社会关系不停的动荡,永远的不安定和变动,这就是资产阶级时代不同于过去一切时代的地方。"② 资本主义私有制是促使生产工具不断变革的一种制度,从而也是促使生产关系和全部社会关系发生革命性变化的力量,这是它内在的本质所规定的,因为它如果不是如此"就不能生存下去"。

(四) 开拓了国际市场,使生产与消费国际化

马克思和恩格斯指出:"不断扩大产品销路的需要,驱使资产阶级奔走于全球各地。它必须到处落户,到处创业,到处建立联系。资产阶级,由于开拓了世界市场,使一切国家的生产和消费都

---

① 《马克思恩格斯选集》第一卷,人民出版社1972年版,第253页。
② 《马克思恩格斯选集》第一卷,人民出版社1972年版,第254页。

成为世界性的了。"① 在资本主义私有制在西方各主要国家确立之前，世界各国基本上是处于闭关锁国和相互封闭状态。是资本主义商品经济的发展，资本跃出了国界，商品交换与贸易日益发展，使世界市场得以形成。世界市场的形成，使全球经济发生了根本性变化，"过去那种地方的和民族的自给自足和闭关自守状态，被各民族的各方面的互相往来和各方面的互相依赖所代替了"②。

（五）资本主义私有制在开拓了国际市场的同时，也创造了世界文学

世界市场突破了地区和民族的界限，使各国的精神产品的生产与消费也成为国际性的了。"各民族的精神产品成了公共的财产。民族的片面性和局限性日益成为不可能，于是由许多种民族的和地方的文学形成了一种世界的文学。"③ 世界文学的产生，标志着人类社会精神产品的生产进入了一个新时代。

（六）它创造了世界文明

马克思恩格斯指出："资产阶级，由于一切生产工具的迅速改进，由于交通的极其便利，把一切民族甚至最野蛮的民族都卷到文明中来了。它的商品的低廉价格，是它用来摧毁一切万里长城、征服野蛮人最顽强的仇外心理的重炮。它迫使一切民族——如果它们不想灭亡的话——采用资产阶级的生产方式；它迫使它们在自己那里推行所谓文明制度，即变成资产者。一句话，它按照自己的面貌为自己创造出一个世界。"④ 资本主义私有制不仅创造了资本主义的物质文明，也创造了资本主义的精神文明。对资本主义的物质文明，社会主义国家不仅不能排斥，而且还要很好地接受并加以掌握和运用起来；对资本主义的精神文明（如前面提出世界文学、艺

---

① 《马克思恩格斯选集》第一卷，人民出版社1972年版，第254页。
② 《马克思恩格斯选集》第一卷，人民出版社1972年版，第255页。
③ 《马克思恩格斯选集》第一卷，人民出版社1972年版，第255页。
④ 《马克思恩格斯选集》第一卷，人民出版社1972年版，第255页。

术、科学成果等），也要加以批判地继承与发扬。因为它们是人类创造的共同财富，是世界人民共同智慧的结晶。

（七）它造成了人口与财富的集中，形成政治的集中与统一的国家

马克思和恩格斯指出："资产阶级日甚一日地消灭生产资料、财产和人口的分散状态。它使人口密集起来，使生产资料集中起来，使财产聚集在少数人的手里。由此必然产生的后果就是政治的集中。各自独立的、几乎只有同盟关系的、各有不同利益、不同法律、不同政府、不同关税的各个地区，现在已经结合为一个拥有统一的政府、统一的法律、统一的民族阶级利益和统一的关税的国家了。"①

总之，马克思和恩格斯认为，资本主义私有制依靠自身内在的优越性战胜了陈旧腐朽的封建主义所有制关系，同样又创造了自身无法驾驭的生产力，即"用符咒呼唤出来的魔鬼了"②。他们十分深刻生动地写道："资产阶级的生产关系和交换关系，资产阶级的所有制关系，这个曾经仿佛用法术创造了如此庞大的生产资料和交换手段的现代资产阶级社会，现在象一个巫师那样不能再支配自己用符咒呼唤出来的魔鬼了。几十年来的工业和商业的历史，只不过是现代生产力反抗现代生产关系、反抗作为资产阶级及其统治的存在条件的所有制关系的历史。"③ 正是由于资本主义私有制创造了它自身难以"再支配"的现代生产力，因而其自身的存在才受到了威胁。这是历史发展的辩证法，也是生产力决定生产关系、生产关系必须适应生产力要求规律的作用结果，并非资本主义私有制本身的"罪过"，而恰恰是它的一个历史功劳，用马克思的话讲是"非常革命的作用"④。

---

① 《马克思恩格斯选集》第一卷，人民出版社1972年版，第255—256页。
② 《马克思恩格斯选集》第二卷，人民出版社1972年版，第256页。
③ 《马克思恩格斯选集》第一卷，人民出版社1972年版，第256页。
④ 《马克思恩格斯选集》第一卷，人民出版社1972年版，第253页。

二 科学地对待资本主义私有制：优越性及弊端

经济学家应该是最具理性的科学家。经济学家一旦缺少理性，就容易犯非科学的错误。一个时期以来，我国的一些经济学家对公有制、私有制以及社会主义公有制、资本主义私有制等客观经济范畴就缺少科学家应有的理性，偏好于公有制、社会主义公有制，认为它们具有天然的合理性及优越性；同时偏恶于私有制、资本主义私有制，认为它们是世上"万恶之源"，不要说其有什么"优越性"，就连其存在也不具合理性。这种非理性不仅背离实事求是的科学原则，也不符合唯物辩证法，是一种典型的绝对化与形而上学。所以，现在有必要呼唤经济学家的理性，克服或抛弃非理性。

理性地对待公有制、社会主义公有制和私有制、资本主义私有制等经济范畴，必须打破所有制问题上的"唯成分论"，破除所谓"公有制绝对的好，私有制绝对的坏"的先验的思维定式。因为按照这种"唯成分论"和先验的思维定式，对私有制、资本主义私有制，只能承认并且只能讲其种种弊端，而不能承认或讲其优越性，谁若承认并且讲了其优越性，那就大逆不道，就是"反马克思主义"；对公有制、社会主义公有制，只能认为并且只能讲其种种优越性，而不承认也不能讲其还有某些弊端，若谁承认并讲其弊端，那就是触犯"天条"，就是"反对社会主义"。长期以来，我国正是在这种"唯成分论"和先验的思维定式支配下形成了否定私有制经济的单一畸形的公有制一统天下的所有制结构，造成了国民经济的停滞与僵化。因此，坚持与完善我国公有制为主体、多种所有制经济共同发展的基本经济制度，调整与优化所有制结构，是非破除所有制问题上的唯成份论和先验的思维定式不可。否则，中国的基本经济制度难以从根本上得到完善与巩固、发展，社会主义经济也难以彻底摆脱停滞与僵化，走上健康、快速发展的轨道。

有理性的经济学家及经济管理层应当实事求是地看到并老老实实地承认：在当今世界，私有制、资本主义私有制也有一定的优越性；公有制、社会主义公有制也有一定的弊端。私有制、资本主义私有制是绝对的坏，公有制、社会主义公有制是绝对的好，这仅是一种非理性的主观偏好而已。

事实上，私有制也好，公有制也好，资本主义私有制也好，社会主义公有制也好，评价它们的优劣好坏，绝不能使用主观标准，也不能采用道德标准（即有无剥削、剥削是道德还是非道德），而只能用生产力标准。离开这个标准，或采用其他标准，必然导致失误。

私有制，尤其是资本主义私有制，其显著特征和优越性在于财产关切度大，营运效率高。私有制，包括资本主义私有制，由于其生产资料和财产归私人所有，占有关系直接，没有中介，因此所有者对生产资料和财产的关切度大。生产资料和财产是其所有者安身立命之本，与其切身利益直接息息相关。其经营好坏关系到其所有者的兴衰存亡，因此所有者对其所有的生产资料和财产倍加关心与爱护，千方百计地提高其营运效率，以获取最大的收益。由于财产主体明晰，占有关系又直接，其生产资料和财产经营体制与机制又能有效地保障所有者最大利益的实现，因而，能够调动所有者、经营者及生产者的积极性，适应和促进社会生产力的发展。

更为重要的是，私有制是商品经济产生的一个必要前提，资本主义私有制是市场经济产生与发展的一个必需条件。它们与商品经济、市场经济的要求有着天然的适应性、融合性和一致性，因此它们会使商品经济、市场经济产生持久的动力与活力。私有制，尤其是资本主义私有制高度重视并追求个人近期利益，能充分调动个人的积极性，唤起人们为追求个人利益最大化而拼搏与奋斗。可以说这是私有制包括资本主义私有制内在的最大优越性。同时，其种种弊端也由此而生。只顾个人赚钱发财，否定公共利益和长远利益，见利忘义，见利枉法，这些又都是私有制包括资本主义私有制自身难以克服的痼疾。

公有制，尤其是社会主义公有制，由于其生产资料和财产为劳动者共同所有，适应社会化大生产的要求，能够直接为广大劳动者的共同利益和长远利益服务，有利于国民经济整体按比例发展，可以在全国范围内统一调配各种资源上大项目、干大工程、办大事等，这是私有制包括资本主义私有制无可比拟的优越性。但由于公有制尤其是社会主义公有制的财产占有关系是间接的，即劳动者对生产资料和财产的占有，一般要经过中介，每个劳动者都不能实现对生产资料和财产的直接所有与占有，必须经过中介或代理，不仅加大了中介费用和代理成本，更主要的是使劳动者对企业财产的关切度大大降低。代理者接受所有者的委托经营与管理大家的或劳动者共同所有的资产，往往追求的是自身收入的最大化，偏离于所有者追求利润最大化的目标，这两种目标的错位及矛盾，必然导致企业资产营运效率低下，从根本上影响所有者权益最大化的实现。这可以说是社会主义公有制体制难以克服的弊端。

更为重要的是，社会主义公有制同市场经济还存在一定的难以兼容的矛盾。这主要表现在：作为社会主义公有制的重要形式和组成部分的社会主义国有制，不仅存在严重的政企不分，而且政资也不分，财产关系不明晰，企业财产主体缺位，无人真正对国有资产负有实际责任。这些同市场经济的要求是根本不相符的，也是无法兼容的。政企分开，政资分开，产权明晰，权责明确，企业拥有独立产权，对企业盈亏负有实际责任，这是市场经济正常运作的必要条件。20多年的国有企业改革力图在政企关系和政资关系上有所突破，使尽了种种办法和招数企图将政企和政资分开，但不能不承认收效甚微，企业仍没有成为拥有独立产权的市场竞争主体。这表明社会主义公有制并非是万能的、任何商品经济和市场经济都能顺利适应的，它也有一定的客观局限性，为一定的客观物质经济条件所制约和限制。

综上可见，私有制包括资本主义私有制和公有制包括社会主义公有制在既定的生产力水平下各有比较优势，又各有自身的局限和缺陷。私有制包括资本主义私有制并非绝对的坏，公有制包括社会主义公有制也并非绝对的好。当私有制包括资本主义私有制适应社会生产力发展要求时，其优越和优势便明显表现出来，这时其局限性和缺陷也存在，只不过不像其优越性和优势那样占主导方面。公有制包括社会主义公有制也并不是永远自动地适应社会生产力发展水平与要求的，当它们与社会生产力发展水平与要求不相适应时，其固有的局限性和缺陷便凸显出来，形成体制及制度弊端与缺陷，对社会生产力发展起束缚和阻碍作用。

西方一些有见识的经济学家早就看到了这个问题，因而极力主张"公""私"互补，实行混合所有制经济。在中国实行改革开放之前，西方不少学者就主张实行资本主义自由市场经济与社会主义计划经济相结合的混合经济。在他们看来，建立在资本主义私有制基础上的市场经济，自由太多了，容易发生混乱与无政府状态；而建立在社会主义公有制基础上的计划经济，又管得过严过死，自由太少了，容易造成经济停滞与僵化。只要资本主义经济加入一些计划机制，社会主义经济加入市场机制，社会主义和资本主义就会趋同与融合。这种"趋同论"与"融合论"，可以说是世界经济一体化的重要经济基础。中国从计划经济走向市场经济，并且加入WTO，融入世界经济体系，尽管在所有制形式上仍保持社会主义公有制，但已经开始与西方市场经济趋同与相融合。

再从国内改革后的实际看，私有制经济与公有制经济也是可以同时并存、相互兼容、相互融合的。国有企业推行现代企业制度，搞股份制改造，建立公有制与私有制兼容的股份公司。如一些国家控股的上市公司，国有股占60%，私营企业法人股占20%，这类公司从所有制结构上看，就是公有制与私有制、社会主义公有制与资本主义私有制相互兼容、相互融合的"混合经济"。再如，由社会主义公有制经济与私营经济合资创办的股份制银行或股份制企业，也都是一种"混合经济"形式。随着中国经济改革的深入，市场竞争进一步激化，所有制观念日益被淡化，公有制经济与私有制经济互相参股、互相交错、互相融合现象日益增多。这样，可以实现两种所有制经济的优势互补，即以公有制经济之长补私有制经济之短，以私有制经济之长补公有制经济之短，同时又可以达到缺陷互克，从而形成综合的所有制最佳组合效应，促进社会生产力更快地发展。正如党的十六大报告所说:"坚持公有制为主体,促进非公有制经济发展,统一于社会主义现代化建设的进程中,不能把两者对立起来。各种所有制经济可以在市场竞争中发挥各自优势、互相促进、共同发展。"为什么会是这样的呢?最根本的原因在于,"在建设中国特色的社会主义的进程中,全国人民的根本利益是一致的"。从事国有经济也好,从事集体或合作经济也好,从事个体私营经济也好,都是中国特色社会主义的建设者,虽然各自的具体经济利益关系有所不同,但根本目标却是一致的,即在中国建设一个富裕的小康社会,从长远来说把中国建设成具有高度民主和文明的社会主义现代化强国,实现全体人民共同富裕,这种根本利益的一致性就决定公有制经济与私有制经济是可以统一起来的,可以实现相互促进,共同发展。

至此,我们完全可以理直气壮地说:公有制包括社会主义公有制的"偏好论"与私有制包括资本主义私有制的"偏恶论"可以休矣!但也要防止走上另一个极端:偏好于私有制和资本主义私有制,偏恶于公有制和社会主义公有制。总之,我认为,对待私有制、公有制以及资本主义私有制、社会主义公有制这样的经济范畴,一定要用科学家的理性来对待,切忌主观偏好和随意性。

三 科学正确地对待剥削问题

如何对待剥削问题,是研究当代中国私营资本原始积累不可回避的一个焦点问题。什么是剥削?当代中国私营资本原始积累过程中存在不存在剥削?剥削对发展市场经济、发展社会生产力是有利还是有害?加速资本原始积累,如何对待剥削的扩大与加重?这些问题不从理论与实践的结合上予以科学的回答和解释,势必影响资本原始积累的健康快速发展。

我认为,剥削是一个经济范畴,它是社会上一部分人凭借生产资料或资本的私人占有来无偿地获取他人劳动成果的经济现象,反映社会生产与再生产中一种不平等的生产关系。在马克思看来,剥削是伴随私有制的产生而出现的，奴隶主的剥削是建立在奴隶主私有制基础上的；封建地主的剥削是建立在封建主义私有制基础上的；资本家的剥削是建立资本主义私有制基础上的，因此，离开生产资料私有制，离开生产关系是不可能正确认识剥削范畴的，也不可能正确判别剥削的。

有的同志认为："区分是否属于剥削的标准不应是收入所得的主体是什么人，是否拥有资产、是否雇用了工人，而应是通过什么手段取得收入，应通过对收入主体获得收入的行为进行分析来判断是否属于剥削。而对行为合理性的判断只能依据法律。获取收入的行为是合法行为，就不是剥削，非法行为就是剥削。""在社会主义初级阶段，任何行为主体的收入，只要是合法收入，不论是来自按劳分配，还是来自按要素分配，再多也不是剥削所得；任何行为主体的收入，只要是非法收入，不论通过什么形式得到的，再少也是剥削所得。"[①] 这种观点，是令人难以苟同的。

首先，剥削作为一个客观经济范畴，它是依一定客观经济条件的产生而产生的，并依一定的经济条件的变化而变化，它的内在本质是由客观经济条件所规定的，并不依法律的变化而变化。而法律是由人们规定的，是人们主观意志即统治阶级意志的产物，它只能判定剥削现象是否合法，而不能规定剥削范畴内在本质是什么。用法律作为标准来判定是否剥削，是一种主观判别方式，容易使剥削的判定失去客观标准。用法律作为剥削判别的标准，超越了经济学的范畴，也违背了存在与意识、经济基础与上层建筑的关系，大有意识决定存在、上层建筑决定经济基础之嫌。

其次，以法律作为是否剥削的判别标准，必然导致标准多元化，必然陷入矛盾与混乱之中。不同的社会有不同的法律，而不同的法律对同一剥削现象必然会有不同的判别。对封建主义剥削，封建主义国家的法律判定为合理合法的"非剥削"，而资本主义法律则认为是不合理、不合法的剥削；对资本主义剥削（即资本家凭借

---

① 石康：《判别剥削标准刍议》，《经济学动态》1999 年第 8 期。

生产资料的私人占有无偿获取雇佣劳动者创造的劳动成果或剩余价值），资本主义国家法律代表资本家的意志不认为也不可能认为是"剥削"；但社会主义国家的法律代表劳动人民的意志，肯定并应该认为这是一种"剥削"。法律认可不认可它都是一种客观存在的剥削，不能因为你不承认、不认可它就不存在。剥削一般在任何社会都是一样的，而法律在各个社会都是极不相同的、经常变化的。用经常变化的极不相同、极不统一的法律做标准或尺度，如何能准确判别"剥削一般"呢？结果必然导致判别的混乱与失误。

最后，合法收入≠剥削所得，非法收入=剥削所得，这两个公式或命题也有失偏颇。人所共知，在我国生产资料所有制方面的社会主义改造基本完成之后，民族资本家在一个时期里还拿定息，这个定息就是合法收入，但它却无可否认的是一种剥削所得。改革开放后，外国资本家在中国创办独资企业、合资企业，只要依法照章纳税，企业所得的利润均为合法收入，这难道不是剥削所得吗？党的十六大报告中提出的"合法的非劳动收入"包括了合法的剥削所得或剥削收入。此外还包括股息、利息收入等。在我国社会主义初级阶段，由于中国私营资本和外国私营资本的存在具有合法性，因而这些资本经营的企业所取得的剥削收入就具有合法性。因此，我认为前一个公式难以成立。后一个公式"非法收入=剥削所得"，显然把"剥削"概念的内涵搞得太宽泛了。拦路抢劫、盗窃、绑票、打家劫舍、逼良为娼等这些犯罪行为，虽然目的在于获取钱财，但显然这些非法收入不能简单等同于经济学意义上的剥削所得。以设租寻租、以权谋私、索贿受贿、贪污公款等方式获取非法收入，明显是经济犯罪行为，同样不能简单等同于经济学意义上的"剥削所得"。既然剥削是一个经济行为，属经济学范畴，那就不应把它同社会暴力行为、犯罪行为相混同，而应严格区分开来。把社会暴力行为和犯罪行为纳入"剥削行为"概念之中，实在是混淆了罪与非罪、非法与合法的界限，十分不利于中国私营资本积累的健康、快速发展。

对于剥削功过与作用的评价，只能依照客观的生产力标准，而不能采用道德标准。因为，从社会道德的角度看，任何形式的剥削，哪怕是最文明的剥削，也是不道德的。不付出任何劳动，仅仅凭借对生产资料或财产的私人占有无偿地占有他人或共同劳动的成果，无论在哪个社会，都是不道德的。但是，依照社会生产力发展的标准来看，凡是符合社会生产力发展要求，有利于社会生产力发展的一切剥削行为，都是进步的，对社会发展有功的。反过来，凡是不符合社会生产力发展要求，不利于社会生产力发展的一切剥削行为，都是反动的，对社会发展是有害的。如果采用道德标准，任何剥削行为都必须坚决反对和否定。但按照生产力标准，对我国社会主义初级阶段的剥削行为，不仅不能坚决反对和否定，反而要坚决支持和鼓励。因为它不仅适合我国社会主义初级阶段社会生产力发展的要求，更有利于促进我国社会生产力的快速发展，推动我国社会的进步。

（本文发表于《当代经济研究》2005年第6期，被中国人民大学复印报刊资料《社会主义经济理论与实践》2005年第9期全文转载）

试论我国私有制经济存在的长期性

就社会经济成分、经济发展道路和发展方式而言，任何社会都不可能纯而又纯，也不可能全社会在任何时候、任何地方都处于同一发展水平上。在社会经济制度方面，除了占主体地位的所有制外，还会有前一社会形态所有制的残余和后一社会形态所有制的萌芽，社会主义阶段也不例外。过去由于意识形态的错误观念，我们将私有制经济视为人民幸福的祸患而予以斩草除根。实践证明，这是一个历史性的错误，人民为之付出了惨痛的代价。改革开放后，私有制经济成为"大力发展的对象"，这是新中国对待私有制经济政策的重大转变，也是新中国经济发展实践经验教训的总结，更是对马克思主义私有制理论的创新和发展。经过二十多年的探索，我们对私有制经济的地位和作用问题已经形成了共识，然而，在私有制经济究竟应该存在多长时间等问题上仍有不同的认识。对这些问题进行深入探讨，有利于推动非公有制经济和整个国民经济的发展。

在关于私有制问题上，许多人认为私有制经济将仅仅存在于社会主义初级阶段。我们认为，发展私有制经济绝非权宜之计，而是整个社会主义历史阶段的重要任务。马克思的"消灭私有制"，是一种理论抽象，是指要消灭作为资本主义社会制度基础的、占统治地位的资本主义私有制，而不是指一般的私有制，也不是指非占统治地位的资本主义私有制。因此，我们当前要大力发展的私有制经济与马克思"消灭私有制"的理论并不冲突，社会主义初级阶段只是社会主义的一个不发达阶段，到21世纪中叶基本实现现代化以后，就要进入更高的发展阶段。因此，如果私有制经济仅与这一阶段相联系，其存在时间就不会很长。党的十四大的一个重要理论贡献就在于，把私有制经济与整个社会主义市场经济相联系。党的十五大进一步提出："非公有制经济是我国社会主义市场经济的重要组成部分。对个体、私营等非公有制经济要继续鼓励、引导，使之健康发展。"这一提法不再将非公有制经济的发展期局限于社会主义初级阶段。党的十六大再次强调："必须毫不动摇地鼓励、支持和引导非公有制经济的发展。个体、私营等各种形式的非公有制经济是社会主义市场经济的重要组成部分。"这说明在私有制经济存在时间的问题上，我们党更理智了。对于私有制经济的存在和发展仅仅用社会主义初级阶段理论来解释已经不够了，因为随着改革实践的不断深入，社会主义理论已有很大发展，其中包括对私有制经济的存在和发展的一些规律的认识。用这种发展了的理论来观察私有制经济，就更具有前瞻性和指导性，从而有利于社会主义改革事业的推进。

私有制经济的存在时间究竟有多长？我们认为，社会主义历史阶段有多长，私有制就存在多长。邓小平指出："巩固和发展社会主义制度，还需要一个很长的历史阶段，需要我们几代人、十几代人，甚至于几十代人坚持不懈地努力奋斗。"[①] 党的十五大重申了这一论断。马克思主义者不是算命先生，不能断定它存在几十年、几百年，更不能断定它"长命百岁"，但可以依据唯物史观及生产力决定生产关系的规律断定：只要私有制经济存在与发展的客观条件依然存在，它就不会灭亡。

也许会有人问，这种论断有理论根据吗？马克思、恩格斯在预测未来社会要"消灭私有制"时，早就为此设定了严格的条件：一方面，生产力要发展到"给社会提供足够的产品以满足所有人的需要"[②]，从而使阶级的存在、物质财富的占有成为多余、成为时代

[①] 《邓小平文选》第三卷，人民出版社1993年版，第379—380页。
[②] 《马克思恩格斯选集》第一卷，人民出版社1995年版，第242页。

的错误；另一方面，社会的发展，要达到使生产的无政府状态为全社会的"有计划的自觉的组织所替代"，使人们不仅成为自然界的主人，而且"成为自身的社会结合的主人"。这时，私有制才会同阶级、国家一起走向消亡。正如恩格斯所指出的，当一切条件具备之后，私有制将自行消亡。显然，具备这一切条件的不是作为共产主义初级阶段的社会主义时代，而是未来真正的共产主义时代。

整个社会主义时代私有制经济有其存在的客观基础，其大力发展也是我国现实的必然选择。首先，资源的日益稀缺与人们物质文化需求的日益多样化，都使发展私有制经济成为现实的选择。财产所有制度只是一种社会工具，是一种为人类繁荣进步服务的制度安排，它本身并不是目的。现实世界的诸多现象已经证明，权利的非排他性是产生"外部性"和"搭便车"的主要根源。一般而论，私有权利的排他性较强，而社团产权的排他性较弱。产权的排他性激励着拥有财产的人将之用于最高价值的用途，而非排他性的公有产权似乎对人人都有利，结果导致过多的人使用资源的"拥挤"现象，造成"公地的悲剧"。在人类社会可用资源相对于人们的需求日益贫乏的今天，特别是在我们这个人口大国，没有理由拒绝世界历史证明了的一种高效率与高节约的所有权制度安排。其次，生产力状况是决定所有制及其结构的客观基础。我国将长期处于社会主义发展的初级阶段，一个重要特点就是生产力不发达，而且多层次、不平衡，即使初级阶段结束后，生产力高度发达，但生产力发展的多层次、不平衡也是必然存在的。根据生产关系一定要适应生产力发展状况规律的要求，与这种多层次、不平衡的生产力状况相适应，只能建立以社会主义公有制为主体、多种所有制共同发展的所有制结构。再次，在任何社会，私有制经济的存在发展，必须同时具备两个条件：其一，在少数人手中积累了一定数量的货币资本，能够用来购买生产资料和劳动力；其二，社会上存在一定数量的可供私有者购买的剩余劳动力，即存在着劳动力商品。这两个条件在我国现阶段是客观存在的。因为，在社会主义初级阶段，一部分先富起来的人手中积累了较大数量的货币资本。同时，我国目前以及将来还存在着大量亟须就业的劳动者，农村有大批剩余劳动力亟须转移，城市有大量下岗职工和新增劳动力需要安排。这样，少数人手中大量的货币资本同大量亟须就业的劳动者通过劳动力市场的结合，促进了各种私有制经济在我国的发展。最后，社会主义市场经济的发展，客观上要求以公有制为主体的多种所有制形式共同发展。社会经济的繁荣依赖于市场经济，市场经济的基础是商品交换，而这种交换的实质是不同所有者、不同利益主体的所有权的交换。因此，国家要强盛、人民要富裕，只有发展市场经济，而市场经济就必须以不同所有者、不同利益主体并存的多元所有制结构为基础。在我国坚持走社会主义市场经济道路，就是要在坚持社会主义公有制主体地位的前提下，实行多种经济成分并存的所有制结构。况且，以个体、私营经济为代表的私有制经济机制灵活、竞争性强，非常适应市场经济发展的需要。

当前，尽管我国的私有制经济有了较大发展，但与社会主义经济的发展要求相比、与私有制经济的潜能和作用的发挥程度相比还有很大差距。为此，我们必须进一步解放思想、更新观念，制定各种优惠政策，采取得力措施，改善和调整所有制结构，促进和推动私有制经济长期稳定发展。

（本文与李相合合写，发表于《天津社会科学》2006 年第 4 期）

非公股份合作金融组织和私营银行进入银行业问题研究

邓小平在谈到中国金融改革时曾明确指出:"金融改革的步子要迈大一些。要把银行真正办成银行。我们过去的银行是货币发行公司,是金库,不是真正的银行。"① 要把中国的银行办成真正的银行,关键在于构建一个健全合理的银行体系。但到目前为止,中国的银行体系仍是不健全、不合理的,其主要表现是国有银行及国有企业控股的股份制银行垄断了银行业,非公股份合作金融组织和私营银行被排斥在外。构建健全合理的银行体系,必须允许非公股份合作金融组织和私营银行进入银行业,这是社会主义市场经济发展的必然要求。

一 非公经济进入银行业的前提:打破国家垄断

国家对银行业的垄断是非公有制经济进入银行业最大的障碍。如果不从根本上破除国家对银行业的垄断,那么非公有制经济进入银行业从事各种金融活动是根本不可能的。

众所周知,中国目前已形成了以工、农、中、建国有四大商业银行为主体,以交行、招行等股份制银行及福建兴业、上海浦发等地方银行为辅助的银行体系。表面上看,中国银行的数目不少,体系似乎也"健全",但银行业的垄断程度是相当高的。其显著特点

---

① 《邓小平文选》第三卷,人民出版社1993年版,第193页。

就是四大国有商业银行在银行业占有垄断地位，银行业的国家垄断虽然带来一些垄断利润，有利于国家行政机关对金融业的控制，但它的负面效应也值得我们重视和研究。

从微观上看，其负面效应主要有以下三个方面。

第一，直接降低了银行的经济效益。就资产利润率、人均利润、人均资产、人均存款等效益指标看，四大国有商业银行低于公有制股份银行，而公有制股份银行又低于私营股份制银行。

四大国有商业银行平均资产利润率仅为17.29%，人均利润为2.27万元，人均资产1105.65万元，人均存款77.5万元，远远低于10家股份制商业银行的平均水平；平均资产利润率仅为10家股份制商业银行的1/3，人均利润、人均资产和人均存款也分别为10家股份制商业银行的1/7、1/3、1/34。私营企业联合组成的股份银行——民生银行，在上述四个方面的绩效，尤其是人均利润、人均资产及人均存款都明显好于公有股份制商业银行。

第二，导致巨额不良资产。在国家垄断银行的条件下，必然要动用银行资金力量来对国有企业进行支持与保护，即使是国有企业大量亏损、濒临破产，也能得到资金支持。国有企业与银行是同一个"父亲"，在"不借白不借，借了也不用还"的机制作用下成了银行最大的"赖账户""呆账户""死账户"。银行的大量不良资产，多半是国有企业与国有商业银行之间的不良信贷造成的。2002年3月，时任央行行长的戴相龙在全国人大新闻发布会指出：国有商业银行不良资产比率为25.3%，总额为1.3万亿人民币。2004年3月，时任总理温家宝又指出：四家国有商业银行的不良资产高达20%，总额接近2万亿元。①

第三，窒息、扼杀商业银行的自主创新能力。改革开放前，由于计划经济体制束缚，中国银行业对世界金融创新风潮几乎是排斥的；而改革开放后，由于国门大开，银行业逐渐对外开放，因而也陆续接受了西方发达国家银行业的金融创新成果——银行电子网络

---

① 杨大光：《中国银行业反垄断问题研究》，经济科学出版社2004年版，第27页。

交易系统、金融工具及衍生工具创新等。但商业银行的自主创新能力却很弱，主要表现为自主创新意识不强，创新规模小、水平低，不要说走在世界银行业创新前列，连世界银行业创新的潮流也跟不上，其主要原因在于中国银行业自主创新的动力不足，而这又源于银行业的垄断。

从宏观上看，银行业垄断的负效应也是相当明显的，主要有以下三方面。

第一，大大降低了金融资源的配置效率。国家垄断了银行业的绝大部分资源，又把绝大部分（75%以上）的金融资源投向了国有企业，已占据国民经济半壁江山的非国有经济却得不到25%的金融资源。国有企业经济效率低，甚至严重亏损或濒临破产却能得到金融资源支持，而非国有企业尤其是民营中小企业往往很难贷款。国家对金融资源的垄断，阻碍了金融资源的市场配置与合理流动，扭曲了合理的资源配置，降低了金融资源的配置效率，造成了严重的资金浪费与损失。有专家估计，1992—1997年，中国因金融垄断所引致的资金漏损高达25795.83亿元，这个数字还不包括金融机构臃肿、管理不善等原因导致的低效率成本及部分固定资产贷款回扣，也不包括金融机构从事投机的得失，若加上这些资金漏损将更大[1]。

第二，衰减了货币政策的传导效果。货币政策主要是通过利率机制传导来发挥作用的，而利率机制要正常发挥传导作用，就必须有健康的微观金融主体存在。健康的微观金融主体能够对金融市场利率变动信号进行灵敏正确的判断，并以此做出资金流向的决策。资金合理流动从而调节资金市场的供需平衡。然而，金融主体为垄断者所束缚和影响，使利率传导机制作用的正常发挥受到制约与限制，甚至出现扭曲现象，这就不可避免地衰减了货币政策的效果和功能。

第三，抑制货币对经济增长的促进作用。货币的规模及使用效

---

[1] 周业安：《金融抑制对中国金融业融资能力影响的实证研究》，《经济研究》1999年第2期。

果是反映宏观金融效率的重要指标，它直接影响到一国的经济增长。同等的货币规模使用效果可带来更多的经济总量（GDP），则表明货币的宏观效率高，对经济增长的促进作用大；反之则小。1993 年，美国用 3275 亿美元的通货实现 63779 亿美元的 GDP，通货与 GDP 之比为 1∶19.5；中国实现 41381 亿人民币的 GDP 却用 35864.7 亿人民币的流通量，通货与 GDP 之比为 1∶7.06，这反映出中国货币对经济增长的促进作用与美元对美国经济增长促进作用相差 1.8 倍。这种货币宏观效率的低下很大程度上是由于国家金融垄断引致金融市场压抑所造成的后果。

二　非公股份合作银行：非公经济进入银行业的根本路径

打破国家对银行业垄断的根本路径在于建立非公经济股份合作银行。这种股份合作银行与公有制企业组建的股份银行最根本的不同点在于股东的性质不同，前者是一种私有性质股东的联合与合作，是私营资本的金融投资行为，而后者则是一种公有制特别是国有性质股东的联合与合作，是公有资本特别是国有资本的金融投资行为。正是股东性质及金融投资主体不同，决定了两种股份合作银行在金融市场上的地位与作用根本不同，前者可以成为同国有商业银行利益完全独立的金融市场主体，可以同国有商业银行形成实质性的有效竞争；而后者由于从本质上说同属于一个所有者，并非是严格意义上独立的金融市场主体，不能同国有商业银行形成实质性的有效竞争。因此，建立非公经济股份合作银行，是构建独立的金融市场主体的需要，是打破国家对银行业垄断的必然选择。

尽管非公经济股份合作银行参与者都是非公经济成分，是私有性质的股东，但这种银行的性质都不是私有性质的，而是合作性质的，是一种公有制银行，属合作金融性质。正像股份制不专属资本主义所有、不是资本主义性质的经济形式一样，这种股份合作银行的性质也不能认定为资本主义性质的。

改革开放后，随着经济的发展，尤其是适应城乡个体私营经济发展的需要，各地自发涌现出一批合作金融组织。这些合作金融组织自主性强，机制灵活，适时地满足了农民及城镇工商业者对资金的需要，有力地支持与促进了农村经济及城镇个体私营经济的发展。它所起的作用，不仅是国有商业银行不可替代的，并且对国有商业银行的改革起到了积极促进作用。

在城镇，比较典型的案例是浙江台州的"银座"和"泰隆"。"银座"信用合作社成立于1988年6月，成立之初股本只有10万元，营业场所30多平方米。到2000年，存款余额达24.9亿元，贷款16.8亿元，实现利润2958万元，不良贷款率仅为1.0%。"泰隆"信用合作社成立于1993年6月，当时自有资本金仅100万元，由30余位私人股东按股份制形式组建起来。到2000年，存款余额达14.23亿元，贷款余额为9.31亿元，实现利润903万元，不良贷款率为3.0%。这两个按股份制组建的合作金融组织，对当地的个体私营经济发展起到重大推进作用。它们所在的台州市路桥区，在改革开放初期是一个贫困落后的地区，人均产值仅有全省平均水平的42.1%。改革开放后，乡镇企业异军突起，商品贸易迅猛增长，对资金的要求急剧扩大。国有商业银行及国有企业控股的股份银行，其信贷活动主要面向国有企业及公有制单位，个体私营企业主遭受"非国民待遇"，根本无法得到银行贷款，并且依靠亲友之间的互助式借贷已无法满足日益增大的资金需求，还常常引发借贷纠纷。于是，在政府有关部门的协调帮助下，由非公经济人士自发组织的金融合作组织"银座""泰隆"便应运而生。可以说，台州乃至整个浙江个体私营经济的长足发展、形成"浙江模式"，非公合作金融是功不可没的。中小合作金融组织及金融机构，对浙江的腾飞起到重大的推动作用，这是无可争辩的事实。然而，令人十分遗憾的是，浙江关于非公股份合作金融组织及金融机构的经验，并没有在全国得到普遍推广，许多地区至今还很少有像"银座""泰隆"那样的合作金融组织，国有银行及国有企业控股的股份制银行垄断的局面并没有什么实质性改变，银行业的有效竞争根本没有得以形成。

在农村，非公股份制合作金融组织发展更为滞后。农业银行、农业发展银行是国有的商业银行和政策性银行，农民要直接从这两个银行获得贷款支持是十分困难的，甚至是不可能的。直接为农民服务的农村信用社，也是"公办"的金融机构，对农民来说，到农村信用社贷款也是像进"金融衙门"一样，"脸难看，门难进，款难贷"。可以说，广大农村真正起主流金融作用的是民间"高利贷"。按法律规定、高出银行贷款利率4倍以上者即为高利贷。实际上农村借款（"抬钱"）利息一般为二分利，高者达三分利，远远高出法定标准。正是由于农民从事生产经营活动得不到国有银行及公有制股份银行的贷款支持，无奈之下只好求助于高利贷。在农村，一些人依靠放高利贷而发家，相当一部分农民因高利贷缠身而陷入贫困，高利贷已成为当今中国农村重要的非法金融活动，并有越来越猖獗的趋势。为什么会这样？一个重要原因在于，"公办"合作金融机构——农村信用社在许多地区经营状况不佳，而非公股份合作金融组织又不允许存在与发展。因此，大力建设并发展非公股份合作金融组织，就成为完善和发展中国农村金融市场的一个必然抉择，也是发展农村市场经济、建设社会主义新农村的迫切需要。

三 当前应规范"私人钱庄"，创办私营银行

美国建设与发展私营银行的经验，对中国有重要的启示与借鉴价值。美国地域广阔，人口众多，各州经济发展很不平衡，经济财政体制的自由度与分散度均比较大，但美国的银行业却相对来讲集中度比较高，大银行与大金融机构在整个金融体系中起骨干作用。"大而有信""大而不倒"，是人们崇尚的银行理念。大银行和大金融机构不仅可以防止银行由于规模过小而缺乏规模效益和恶性竞

争,更重要的是可以带给公众更大的安全感与信心。但美国坚决反对金融寡头和银行巨头垄断,因为它会妨碍金融市场的自由竞争,不利于金融资源的优化配置,降低银行业运营效率。因此,在美国的金融体系中,中小私营银行占绝大多数。据资料显示,1997年年底美国商业银行数达9000多家,其中95%属于资产不足5亿美元的小银行。这些小银行通常设在社区,主要为中小企业和个人提供融资及信贷服务。可以说,美国是当今世界私营中小银行业最发达的国家,也是金融自由化程度较高的国家。尽管在激烈的竞争中不可避免地使一些中小银行破产倒闭,但并没有引发金融震荡和危机,美联储一直卓有成效地控制国家金融命脉,保持了国民经济的稳定持久增长。美国的经验告诉我们,中国作为一个发展中大国,必须牢牢控制金融命脉,把国有银行做大做强,使其在金融体系中充分发挥骨干主导作用;同时允许各种非公中小银行及金融机构存在和适当发展,完善金融市场结构,促进各类金融主体之间展开合理有效竞争。只有这样,才能真正使中国银行业摆脱垄断所造成的困境,走上健康良性的发展轨道。

在中国创办私营银行,必须正确认识和对待各地事实上已经存在的"私人钱庄"。改革开放以来,随着个体私营经济的兴起与发展,在经济较发达的东南沿海地区出现了一些各种名目的"私人钱庄"。政府曾把它们作为"非法金融组织"予以取缔并加以打击,但就像当年打击个体商贩及"五小工业"一样,这些"私人钱庄"屡打不止,打重了便转入"地下",照样存在与发展。为什么打不掉、止不住?事实表明,它的存在具有客观必然性。它是市场经济发展的必然要求与必然产物,不以人们的主观意志为转移。科学正确的态度就是"依法加以确认和规范,不应再强行取缔"①。首先,要确认它存在的合法性,由"地下"引到"地上",由"非法"转为"合法",不再叫"地下钱庄",可确认为地上合法的私营小银行。其次,要对它进行治理与规范,对现存所有的"私人钱庄"按

---

① 潘石:《中国私营资本原始积累》,清华大学出版社2005年版,第205页。

照国家法定的私营银行的要求进行整治，建立各种必要的规章制度，纳入国家金融监控体系。对现存所有"私人钱庄"的借贷行为及其他的金融活动依法进行规范，坚决取缔和禁止从事各种高利贷及其他的非法金融活动，如非法集资、高息揽储等，打击走私、洗钱等不法活动。笔者认为，将其放在地上，置于"阳光"之下，实施法制、舆论、公众、媒体等各种监督，总比其在"地下活动"较为有利，禁莫如疏，止莫如导。

四 非公股份合作金融组织和私营银行进入银行业的风险及对策

任何经济行为与活动都存在风险，零风险的经济行为与活动是不存在的。同时，任何风险都有化解的对策及办法，因此，风险并不可怕。

应当承认，非公股份合作金融组织和私营银行进入银行业，确实存在一定风险，甚至可以说风险还是很大的。但是笔者认为，经过改革开放30年的建设与发展，非公股份合作金融组织和私营银行的进入条件已经基本成熟，主要表现在以下方面。

第一，中国经济快速增长，经济实力大大增强。从1978年到2005年国内生产总值（GDP）年均增长9%以上，2005年达到18.4万亿元，跃升为世界前列。外贸进出口总额由1978年的206亿美元，提高到2004年的1.1万亿美元，在世界贸易中的位次由第32位上升到第5位，这为非公金融组织和私营银行进入银行业奠定了坚实强大的国力基础。

第二，市场化改革取得重大成功，社会主义市场经济体制框架基本建立。中国的市场化改革，从狭义上讲，就是要实现产品与要素的市场化。经过30年的改革，中国产品市场化的改革已基本完成，90%以上的产品进入市场，由市场调节供求及流通，全国不仅形成统一的商品市场，而且还进入国际市场。国际市场已经国内化，国内市场国际化。同时，要素市场化进程也取得重大进展，产权、土地等许多要素也进入市场,由市场调节其供给与需求。随着市场主体的多元化,市场结构日益完善,市场体系基本形成,维护市场经济正常运行的社会保障系统已经建立并日益完善,社会主义市场经济体制的框架已基本建成。这是非公股份合作金融组织和私营银行进入银行业的良好的体制环境与条件。

第三,作为非公股份合作金融组织和私营银行进入银行业主要力量的个体私营经济获得迅猛发展。2003年,全国个体工商户为2298万户,从业人员4513万,注册资本3868亿元;私营企业达270.36万户,投资者人数为693万,从业人员为3562万,注册资本达29492亿元。个体私营企业主既是非公股份合作金融组织和私营银行进入银行业的积极要求者、大力推进者及积极参与者,同时也是非公股份合作金融组织和私营银行的信贷主要对象,所以,个体私营经济的发展、个体私营资本的增长,可以说为非公股份合作金融组织和私营银行进入银行业准备了充足的资本力量。

第四,国家外汇储备增加,应对金融突发事件及金融危机的能力大大提高。1978年,中国的外汇储备仅有1.67亿美元,到2002年增加到2864亿美元,现已突破9000亿美元大关,达9411亿美元。有了这笔雄厚的外汇储备,即使是非公股份合作金融组织和私营银行进入银行业发生金融风险,也可以泰然处之,不会发生金融危机。

第五,稳健的人民币汇率制度可以有效抵御外来金融风险的冲击。近些年来,中国加大了人民币汇率制度改革的力度,人民币汇率改革取得了重大成功,以市场供求为基础、参考"一揽子"货币调节汇率,浮动汇率制度基本成型,这就为有效抵御外来金融危机的冲击提供了可靠的保障。上述有利条件的存在,无疑可以大大降低和抵御非公股份合作金融组织和私营银行的进入风险。

在大力推进非公股份合作金融组织和私营银行进入银行业的过程中,必须对可能发生的种种风险有充分的认识、估计,以便及时采取有效措施加以防范。银行业是一个高负债、高风险、高诚信度的行业,一旦诚信缺失,便会产生道德风险。一个债务环节出现问题，就可殃及整个金融链条。一家银行倒闭，很可能引起公众对其他银行的信心发生动摇，进而引发"多米诺骨牌"效应，出现金融风暴与金融危机，对整个经济社会发展造成巨大冲击与不良影响。还有非公股份合作金融组织和私营银行内控机制不健全而引发的风险，如经理人员窃款出逃、违规借贷等。当然，还可能有现在未知的潜在风险，在其发展过程中会逐步显现出来。因此，应采取以下风险防范对策与措施。

第一，非公股份合作金融组织和私营银行对银行业的进入，切不可一哄而起，盲目进行，而一定要加强领导，有组织、有计划、合理有序地进行。①

第二，要严格审查进入主体的资格及条件，坚决把好"进入关"，绝不可"关口"大开。要实行"进入关"主审机构及主审人责任制出了问题要追究相关责任人的责任。

第三，非公股份合作金融组织和私营银行一旦进入银行业，就必须逐步建立和健全法人治理结构，完善内控机制与制度。私营家族企业可能是有效的企业组织形式，但非公股份合作金融组织和私营银行都绝不可采用家族模式，因为家族模式所带来的金融风险几乎是不可控制的。要真正实行所有权与经营权的分离，实现由真正的银行家及金融专家来经营与管理，处理好股东及银行家之间的矛盾及各种利益关系，使法人治理结构不断合理化。

第四，加强国家对非公股份合作金融组织和私营银行的依法监管。要把对非公股份合作金融组织和私营银行的一切经营活动纳入国家的监控体系，依法进行全方位监控。银保监会不只是国有银行和公有制股份银行的监管机构，也是非公股份合作金融组织和私营银行的监管机构。银监会要设立专门机构具体负责对非公股份合作金融组织和私营银行的监管，对其任何违法违规活动进行追究与查处。

---

① 马凯：《总结经验，与时俱进　谱写新时期改革的新篇章》，《中国改革》2003年第11期。

第五，建立非公股份合作金融组织和私营银行进入银行业的风险基金。该基金可由非公股份合作金融组织和私营银行创办者以其总资本的一定比例提取和缴纳，由其推选出一个风险基金管理委员会专门负责管理。一旦非公股份合作金融组织和私营银行发生经营风险，可报请该委员会批准，动用风险基金化解风险。

(本文发表于《学习与探索》2008年第5期)

中国私营经济呈现八大态势

我国私营经济是20世纪70年代末、80年代初新产生的一种经济形式。它同旧中国的民族资本没有内在的必然联系，是我国改革开放的产物。近15年来，它虽然几经曲折，但它以其特有的机制与功能顽强地生长，并获得了长足的发展，呈现出良好的态势。

一 走出徘徊阶段，出现超常规增长

1987年年底召开的党的十三大，承认私营经济，并允许它与其他经济成分同时存在、共同发展。1988年召开的全国人大七届一次会议，又通过修改宪法的形式，进一步肯定了私营经济的合法地位、合法权益及合法发展。同年年底，由国家工商行政管理部门在全国开始对私营企业进行登记注册工作。从此，私营经济进入了公开合法发展的阶段。到1993年年底，全国私营企业达到23.8万户，从业人员共372.6万人，无论是户数还是从业人员数量，均比1991年增长1倍多。可以说，这是私营经济登记以来发展最快的一个时期，并且各地普遍增长。

二 资产规模扩大，总体实力增强

近年来，私营企业一改过去积累率低、规模小、经营分散的模式，出现了积累率高、上规模、上档次、集中管理与经营的新格局。不少企业已经完成了"原始资本积累"过程，进入了快速发展阶段，有的企业资产已达到大中型企业规模。企业总资产超百万元的，由1992年底的85户增长到1993年6月的4072户、有些地区还出现了资产规模达千万元以上的大户。1993年12月底、全国私营企业注册总资本已增至680.5亿元，与1992年同期比较，户均注册资本由12.6万元猛增到24.6万元，增长了95%。注册总资本增长和户均注册资本的增长，从两个侧面说明了私营经济实力在快速增强，它已经成为发展我国市场经济的一支不可忽视的力量。

三 产业结构趋向合理，开始向科技产业、高新技术产业发展

由于私营经济是在公有制经济的缝隙中产生，同时又作为公有制经济的补充形式出现的，因而它从产生那一天起就有一个结构是否合理的问题。

从区域结构来说，南北差距、东西差距、沿海与内地的差距正在改变与缩小。从动态来看，各地区私营经济的发展正趋向合理化。从城乡结构来看，农村私营经济占绝对优势的状况正在改变，城镇私营经济大幅度增长。再从三大产业结构来看，第三产业私营经济比重大幅度上升。这也是私营经济结构趋向合理的一个重要标志与表现。在第三产业中，私营科技咨询发展更快，已由上年同期的1209户发展到3871户，增长了220%。不少私营企业开始涉足科技产业和高新技术领域，创造出许多名牌产品，如周林的频谱仪等。私营科技研究机构也如雨后春笋，遍布全国各地。

四 由家族式管理向现代企业管理方式转变或过渡

处于初创时期的私营企业，尤其乡镇中的私营企业，大多数是在家庭经济的基础上吸收亲朋好友入股创办发展起来的。雇工们也大都与业者有千丝万缕的联系。血缘、亲缘、地缘关系是维系私营企业内部人与人之间相互关系的重要纽带。这种状况是同我国生产

力水平低、商品经济不发达以及封建传统与封建文化观念影响较重分不开的。随着商品经济的发展，一些有文化、有头脑、有现代市场经济意识的私营企业家开始摒弃家族式管理，大胆推行现代企业管理方式，聘用专业人员充当自己企业管理人员。

五　敢于公开兼并中小型企业或与公有制经济联合经营，扬长避短，优势互补

私营企业从它产生的那一天起，就同公有制经济存在着矛盾统一的关系。它作为公有制经济的有益、必要的补充，与公有制经济共行共荣；同时，它不能离开占主体地位的公有制经济而孤立存在与发展，也无法摆脱公有制经济的支配与影响；而且，它的存在与发展对公有制经济的发展也有一定的促进作用。但是不可否认，私营企业同公有制经济是存在着矛盾的，这表现为它们之间的关系是激烈的竞争关系。当竞争达到一定程度，便会发生优胜劣汰，出现企业破产与兼并。它是改革开放以来，多种经济成分公开平等竞争的产物……

随着改革的进一步深入，尤其是国有企业产权制度改革的全面展开，大量中小型国有企业将被较有实力的私营企业购买和兼并。或者采取联合经营的形式，扬长避短，优势互补。所以有关领导部门要因势利导，加强调节与管理，以促进我国的社会资产合理流动，促进社会经济结构的优化。

六　业主队伍构成趋向青年化，人员素质明显提高

我国私营企业主队伍的人员构成是比较复杂的。他们来自社会各个阶层，绝大多数原来都是社会主义的普通劳动者。起初，他们干私营企业的目的与动机并不完全明确，自然也不一致。但私营经济发展到今天，我们必然肯定：私营企业主开办私营企业的根本目的与动机是一致的，也是明确的，即赚钱、发财、致富。这个根本

目的与动机，使他们从各个行业走来，聚集成私营企业队伍，形成一个特殊利益阶层。在20世纪90年代以前，在这私营企业主队伍构成中，中年人居多数，青年人所占比重很小，但是进入90年代以后，却发生了明显变化，大批年轻人走进私营企业主队伍。这主要是因为党和国家的政策变得宽松，取消了种种不必要的限制。可以肯定，随着私营经济的进一步发展，将会有更多的年轻人加入私营企业主队伍，私营企业主阶层的年轻化趋向将愈来愈明显。

七 摘掉"红帽子"从挂靠单位走出来，名正言顺，大显身手干一场

戴"红帽子"，挂靠公有制单位，是我国私营经济发展中普遍存在的一种现象。挂靠的原因是多方面的。从政治上说，是怕党和国家的路线、方针和政策改变。挂靠公有制单位，找到一个政治靠山，不仅可以避免许多政治麻烦，而且还能捞取政治荣誉与政策优惠。从经济上说，可以享受各种免减税待遇，获取大量经济利益。另外，还可以利用人们对公有制单位的信任感进行欺骗活动，牟取暴利。所以，私营企业戴"红帽子"，挂靠公有制单位，弊端很多，它不仅模糊了企业产权关系，混淆了企业本来的性质与面貌，不利于国家进行有效的监管与调控，而且还会造成大量产权纠纷案件，影响私营经济的正常发展。自邓小平南方谈话发表以后，全国各地纷纷解放思想，放宽政策，为私营经济发展创造宽松的环境。尤其是一些鼓励个体私营经济发展政策的不断出台，不少有见识的私营企业主纷纷主动摘掉"红帽子"，从挂靠单位大大方方走出来。

八 走出国门，参与国际市场竞争，发展外向型经济，为国家多出口创汇

20世纪80年代，我国的私企基本上是内向型的。进入90年代以后，许多私营企业不仅引进外资，与外资联合创办出口导向企

业，而且大胆走出国门，或创办跨国公司。或在国外设置分支机构，直接参与国际市场竞争和国际经济循环。据统计，到1992年年底，我国出口创汇的私营企业达2230家、出口创汇95722万元，分别比1991年同期增长78.3%和77%。与外商合资、合作的私营企业有300多家。

上述八大变化，表明我国私营经济已进入了一个新的发展阶段。它已被纳入社会主义市场经济体系建设的范畴，进入了持续、健康、快速发展的轨道。再想否定它、消灭它，已成为不可能的了。因为谁这样做，谁就是违背历史潮流，谁就要受到历史的惩罚。认识我国私营经济发展的新变化和新态势，不仅有助于我们认识和揭示我国社会主义初级阶段私营经济发展运行的规律，掌握它的基本走向和发展趋势，而且便于我们制定行之有效的各种政策及法规，引导、调节和监督它沿着为社会主义市场经济服务的方向发展。

（本文发表于《东亚经贸新闻》1994年6月13日）

吉林省个体私营经济的发展现状及对策研究

一 吉林省个体私营经济的发展现状

(一) 发展概况及基本特点

吉林省的个体私营经济在经历了20世纪80年代初期的恢复发展、中期的快速发展和中后期的低速徘徊三个阶段后,终于在90年代初期驶入了快车道,进入了一个新的发展时期。在1992年、1993年连续两年较快增长的基础上,吉林省个体私营经济的增长幅度第一次在全国位居前列,截至1994年年底,全省个体工商户发展到73.3万户,从业人员108万人;私营企业户数首次突破万户大关,发展到1.28万户,从业人员12万多人。这在吉林省个体私营经济发展历史上是前所未有的。1995年,全省个体工商户和私营企业的户数及从业人员数继续以较快速度增长,均比1994年同期增长2.8%以上。1996年作为"九五"计划开局年,全省个体私营经济呈现出健康、稳定、快速发展之势。据统计,截至1996年年底,全省个体工商户已达到106.5万户,新发展10.7万户,比1995年同期增长11.3%;从业人员达159万人,新发展11.9万人,比1995年同期增长14.1%;私营企业达1.9万户,从业人员22.8万人,均比1995年同期增长了18.5%和14.1%。另外,在吉林省工商行政管理局注册的由自然人出资设立的有限责任公司也已达722户,新发展264户,比1995年同期增长57.6%;1996年还发展专业村屯 3577 个。

吉林省个体私营经济的发展,主要呈现出以下几个特点。

1. 规模档次有所提高,经济实力明显增强

个体经营者在完成原始积累的基础上,向高层次迈进。至 1996 年年底,个体工商户超万户县已达 22 个,个体私营经济小区由 1995 年的 40 个发展到 1996 年的 96 个;生产型企业由 1995 年的 4823 家发展到 6987 家;科技型企业则由 1995 年的 224 个发展到 354 个,外向型企业发展到 54 家,长春市的大型企业集团也已发展到 15 家。这充分显示了吉林省个体私营经济开始由小到大、由低到高、由弱变强的一个新突破。个体私营企业经多年积累,总产值和销售额在 1996 年也已超历史最好水平。1996 年年底,全省个体私营经济注册资金总额达 103 亿元,与 1995 年相比增长了 9.2%,总产值达 13.7 亿元,销售额(营业收入)达 476 亿元,商品零售额达 320 亿元,分别比 1995 年同期增长 19.8%、14.1% 和 8.4%。全省个体私营经济 1996 年共纳税 7 亿多元。

2. 行业与范围明显增加与扩大

吉林省个体私营经济发展初期,主要从事商业、饮食业、修理业、服务业、建筑业以及交通运输业等。由于形势的发展、市场范围的扩大和政策的进一步改善,个体私营经济所从事的行业也随之有所变化。过去未曾从事过的行业如房地产开发、经纪人、律师业务、加油站、广告制作、个体行医、托儿所、家政服务、科技咨询以及各种行业等纷纷出现。

对个体私营经济的生产经营范围,由于过去限制得比较狭窄,只能兼营相近商品,近年来在经营范围上放宽了政策,生产经营者也跳出了狭小的生产经营圈子。现在除国家明令禁止生产经营的商品之外,其余皆可经营,这更加发挥了个体私营经济"船小调头快"的特点。

3. 农村个体私营经济发展加快,尤其是农村种养业异军突起

进入 90 年代以来,吉林省农村个体私营经济的发展速度加快。1994 年全国农村个体私营企业达 178%,比城镇高出 143 个百分

点,发展速度首次超过城镇,在农村个体私营经济快速发展的同时,农村种养业异军突起。快速发展农村种业是农民脱贫致富奔小康的必经之路。按国家的核定标准,全省种养业专业户1996年年底已发展到21万户,从业人员发展到27.6万人,分别比1995年增长了131.4%和103.1%;专业村屯由1995年的2824个发展到3577个,较上年增长了26.7%,目前这一比例已占全省自然村屯总数的12%。农村中大批剩余劳动力依托当地自然资源发展商品经济,扩大了吉林省个体私营经济的队伍。

4. 个体私营经济的发展与国计民生的关联度更加密切

1995、1996两年,吉林省个体私营经济在城镇的发展,紧紧围绕着政府关心的难点、社会关注的热点,把吸纳国有集体企业下岗职工再就业作为发展个体私营经济的一条现实路子。目前,全省已有14万多待岗和下岗职工加入了个体私营经济的队伍,减轻了政府的压力,缓解了社会负担。在农村,则积极引导剩余劳动力就地转移,以缓解农村劳动力进城打工给城市增加的压力。个体私营经济的发展已经成为区域经济新的增长点。个体私营经济紧紧围绕着第三产业发展,方便了人们的衣、食、住、行,提供了更多的就业机会,为社会创造了财富。全省多数城区的个体私营企业的税收占到了当地财政收入的30%,有的与国有集体企业平分天下,这对推动经济发展、促进社会稳定,起到了不可替代的作用。

个体私营经济从业人员的构成发生了大变化,素质不断提高。近年来,随着经济体制改革的不断深入和人们对私营经济认识的不断提高,一些企业的富余人员,停产半停产企业的职工,开办第二职业的科技人员,离退休机关干部,国有企业的厂长、经理、高级知识分子及高等学校毕业生,复员退伍军人等,他们都积极地选择了个体私营经济的职业,从业人员趋向年轻化、知识化和专业化。个体私营企业各单位的整体素质有了较大改善,经营管理水平有了明显的提高。

（二）发展趋势

20世纪90年代上半期，在加快建立社会主义市场经济体制的新形势下，我国个体私营企业的增长幅度几乎超过了其他任何一种经济成分，已经成为国民经济主要的增长点，而且蕴藏着巨大的发展潜力。可以预见，90年代下半期，个体私营经济仍会以较快的速度增长，其增长率仍将继续高于公有制经济，今天党和国家发展个体私营经济的方针和目标明确，宪法中有关条文的修改和国务院的有关条例，把个体私营经济发展和管理纳入法治轨道。从政策方面看，随着个体私营经济的作用日益被重视，中央和各级地方政府都采取了一系列鼓励和保护措施，把个体私营经济适度发展变为放手发展，从自由发展步入规划发展，从软任务变成硬指标，真正作为一件大事被摆上工作日程。

从吉林省个体私营经济的发展来看，"九五"期间至21世纪初，随着国民经济水平的不断提高，政策法规的进一步落实和完善，吉林省个体工商户户数将在基数上要再上一个台阶，同时，随着个体经济从数量到整体实力的增强，会有一批善于经营、资本雄厚的个体户扩大生产经营规模，发展成私营企业，一些经营不善、亏损严重、资不抵债的小型国营集体企业，将会被私人租赁、购买或兼并，加入私营企业的行列；现在挂着集体企业牌子的私营企业，随着法规的健全和政策的调整，也将逐步摘掉不必要的"红帽子"，大大方方地挂起私营企业的牌子。另外，随着我国政治体制、科技体制以及政府机构改革的深入，会有更多的人流向社会，一些人将进入个体私营经济领域；农村的专业户迅速发展，其中有些人将成为私营企业主；改革开放以来，留学、旅居海外的人员中，有一部分人掌握技术和市场信息，拥有一定的自有资金，这些人有可能回国办企业、建立私人企业。所有这些都将使吉林省的个体私营经济在今后这段时间内有一个迅速的发展。

（三）存在的问题

经过改革开放十几年的发展，吉林省的个体私营经济在国民经济中的地位和作用越来越明显。它不仅在搞活市场流通、方便人民生活、扩大就业渠道、稳定社会等方面发挥了积极作用，而且作为国民经济的重要组成部分，成为建立社会主义市场经济体制、发展社会生产力不可缺少的力量。然而，由于吉林省国民经济的整体发展水平还很低，客观上造成了个体私营经济无论在质量、规模、结构和发展水平上，与发达省份相比还存在很大的差距，亟待解决的问题还很多。吉林省个体私营经济发展中存在的问题突出表现在以下几方面。

1. 对个体私营经济的认识仍然存在偏见

在人们的思想观念上，对各种不同的经济形式的认识，很难改变过去的老印象，在国营、集体、个体、三资企业中，个体私营经济给人们的印象最差。人们往往把目前的假冒伪劣、缺斤少两现象与个体私营经济联系起来。事实上，这些不道德行为也确为一些经营规模较小的个体工商户所为，但却给个体私营经营者体形象抹上了黑，使人们对个体私营经济的发展产生了偏见，也妨碍了个体私营经济的发展。

2. 吉林省个体私营经济的发展存在着"两低两小"的问题

"两低"即个体私营经济发展的结构水平低、发育程度低。结构水平低，是指个体工商户和私营企业的比例，无论是在农村还是城镇，个体经济的比重虽大，而私营企业的发展则明显不足；发育程度低，主要是指私营企业的组织形式还比较落后，独资和合伙企业所占比重大，而有限责任公司虽在近两年内有一定程度的发展，但所占比重还很低。"两小"则是指个体私营经济与经济发达省份比发展的总量小、规模小。从个体私营经济的户数、从业人员数和注册资金来看，在全国只处于中下游水平。

3. 资金短缺、筹资困难是吉林省发展个体私营经济的突出问题之一

个体私营经济发展的资金来源，只靠民间筹集和原始积累是很不够的。资金短缺、筹资困难是阻碍个体私营经济发展壮大的一个重要原因。据个体私营企业反映，个体私营企业贷款相当难。

如要贷款，银行要求以与贷款数额相等的有价证券作抵押；有的业户讲，有了有价证券，也就无须贷款了；有的个体私营企业即使够贷款条件，银行从自身利益出发，也不愿意贷款。银行对个体私营企业在资金供给上的硬约束使个体私营经济的发展困难重重。

4. 竞争环境不平等，挂靠现象严重

在市场经济条件下，政府应力图使各种经济成分在平等的环境中开展公平竞争。但由于诸多因素，对出台的政策都未能完全到位，还没形成一视同仁、公平竞争的宽松环境。如贷款难，办理增值税发票难；个体私营企业发票同国有企业发票不一样，有些单位规定购买个体私营企业物品的收据不予报销，在项目审批、场地安排、土地征用、资源供给、出口贸易等方面难以办理，这些都极大地制约了个体私营经济的快速发展。另外，由于竞争环境的不平等又使许多个体私营企业挂靠在国营集体企业中，挂靠的个体私营企业大多是为了逃避税收和把非法经营变为合法化。这些名为国营集体企业实为个体的挂靠户极大地扰乱了正常的市场秩序，也妨碍了个体私营经济的健康发展。挂靠户在吉林省个体私营企业中为数不少，仅 1996 年全省整顿的管理挂靠户就达 8330 户。

5. 有关管理部门管理不协调，"三乱"问题屡禁不止

管理个体私营经济的部门很多，涉及银行、税务、工商、公安、卫生、城建、交通、文化、教育等。这些部门对发展个体私营经济的许多规定仅从本部门的利益出发，往往以部门规定代替政府规定，管理起来矛盾重重。而目前，个体私营经济又是无主管行业，因此管理起来很难相互协调与配合。正是由于多头管理而实际上又无人管理的局面，致使"三乱"问题有增无减，愈演愈烈。"三乱"现象主要表现为证照多、收费部门多、收费项目多、集资摊派多；利用职权乱收费、强行收费、重复收费、超标准收费和扩大范围收费。"三乱"现象最突出的是省以下各级政府从地方、部门的利益出发，擅自出台集资、捐款等收费项目，这在乱收费中占了很大比重。这些行为不仅给个体私营企业增加了负担，制约其发

展，同时也给党和政府的形象带来了恶劣的影响。

吉林省个体私营经济发展中存在的问题，原因是多方面的，既有客观上起步较晚、国民经济基础较差的问题，也有主观上政策不落实、管理不妥的问题。困难与机遇并存，吉林省个体私营经济的发展，如何在20世纪的最后几年以及21世纪初争取以较快的速度发展，缩小同发达地区的差距，是摆在吉林省经济建设中的重大问题。为此，应结合吉林省的实际情况，制定出切实可行的政策及措施，以使吉林省个体私营经济的发展跃上一个新台阶。

二 吉林省个体私营经济发展战略研究

（一）对发展个体私营经济的理论认识

我国发展个体私营经济是对传统的社会主义经济理论的一个很大的突破。实践已经证明，经过改革开放十几年的发展，我国个体私营经济的发展对于实现广大人民群众的共同富裕，对于国家综合国力的提高、对于社会主义市场经济体制的建立和完善以及对于社会主义制度本身的发展完善，都是功不可没的。

个体私营经济作为发展社会生产力的一种主要手段，它是我国经济发展过程中一个阶段性的历史现象。其中有两层含义：第一，缺乏这种经济形式充分发展的历史时期，因而单纯就经济原因分析，我国建立社会主义制度的历史前提不是完全充分的，但由于历史发展有一贯性与跳跃性相统一的特点，已经建立的社会主义制度本身有其自身的合理性，它在自我发展过程中必然自觉或不自觉地创造完善这一历史前提。第二，对我国社会主义而言，个体私营经济这种经济形式的发展应当仅限于社会主义初级阶段，一旦这种经济形式完成了自己对自己的否定，那么社会主义就超越初级阶段，或者说社会主义进入更高级的阶段是以这种经济形态的充分发展为特征和基本前提的。从这个意义上说，目前发展个体私营经济有着充分的合理性因素。就整个人类历史的发展而言，个体私营经济本身的发展并不重要，主要是它带来的后果，即对生产力发展巨大的促进作用。也正是从这一点来看，个体私营经济的发展对于我国超越社会主义初级阶段是有着积极意义的。吉林省个体私营经济的发展已有了一定的基础，但在社会上，人们对发展个体私营经济在认识上并未达成共识。在许多问题上，特别是某些敏感问题，诸如个体私营经济的性质、地位、作用；私营企业主的高收入以及社会贡献等问题有着截然相反的看法。作为个体私营企业主，他们希望得到社会的理解与支持。为此，应在理论认识上，尽快就一些基本问题达成共识。

第一，私营经济与社会主义市场经济的关系。私有制与社会主义并不矛盾，私有制经济的发展并不会侵蚀社会主义政权，并不会削弱公有制经济的实力，问题关键在于公有制经济能否在市场竞争中成长壮大。在市场竞争活动中，公有制经济的腐败现象，反映的正是公有制企业活力不足，而不是私有制经济的非合理性。反过来，私有经济行为主体的一些不正当行为，只是反映了其盲目性的一面，并不能说明私营经济天生劣质，不可救药，最终只有被取缔。应当认识到，既然要搞市场经济，就应当允许多种所有制经济形式并存，允许私营经济进入市场获取利润。只有这样，市场才能充满活力和竞争，才能更好地满足人们的消费，从而弥补公有制经济的不足。

第二，私营经济的性质。私营经济是存在雇佣劳动关系的经济成分。在私营企业中，企业主以生产资料的所有者、占有者与支配者的身份出现，无论从生产过程还是经济关系上看，企业主与雇工都是支配与被支配的关系。在企业主的经济收入中，有一部分来自雇工的剩余劳动，利用雇佣关系占有剩余劳动就是剥削，而剥削是资本主义性质的。我们不能因为私营经济有利于发展社会生产力而否定这种剥削关系，必须重视这种关系可能带来的社会后果，防止收入悬殊可能带来的两极分化。私营经济是现阶段我国国民经济的重要组成部分，但不能说它本身就是社会主义性质的。

第三，个体私营经济与公有制经济的关系。坚持以公有制经济为主体，是社会主义市场经济的根本保证。这种主体地位，主要表现在社会总产值中占优势、控制国民经济的命脉和主导行业。国有经济和集体经济作为我国国民经济的主体部分，占有绝对优势，个体私营经济即使有了相当程度的发展，也难以操纵国民经济的重要命脉部门，只能处于公有制经济的补充地位，其经济活动受到公有制经济的巨大影响，自觉或不自觉地服从于国民经济发展的需要，成为国民经济的有机组成部分。个体私营经济在对公有制经济起补充作用的同时，也具有"示范"作用，个体私营经济富有活力的机制经过竞争的考验已获得了人们的认同，它们在市场经济的率先探索中形成了一些成功的经营模式和管理模式，为国有企业转换经营机制建立现代企业制度提供了参照和导向作用。

个体私营经济的发展，是社会主义市场经济中不可缺少的有机组成部分。个体私营经济交易直接，方式灵活，随行就市，能充分发挥和体现价值规律、供求规律和竞争规律的作用，是市场经济的典型和先导。公有制主体地位与个体私营经济的补充作用是辩证统一的关系，二者相互补充、相互制约，共同发展。从理论上认识了这些问题，在实际的发展过程中，就不应限制个体私营经济的发展，而应加快其发展的步伐。目前吉林省个体私营经济的发展不是太快，而是太慢，即使是加快发展，赶上经济发达地区也需一段时间；如果发展速度稍慢一点，就可能永远落在后头。因此，必须清醒地看到面临的机遇和挑战，在"九五"期间争取以较快的发展速度缩小差距，在21世纪的前十年赶上发达地区。

(二) 指导思想与战略重点

个体私营经济在我国必然有一个长期的发展，因此，必须增强超前意识，树立长期发展的战略思想，规避发展个体私营经济中存在的权宜之计和短期行为。吉林省个体私营经济的发展必须从实际出发，进一步克服"左"的思想障碍，解放思想，把发展个体私营经济作为振兴吉林经济的重要一环纳入整体规划，进行认真的思考和运筹，制定长期发展战略。把个体私营经济发展的总体规划与全国和吉林省的社会经济长期规划目标统一起来，相互协调发展，避免个体私营经济发展的短期行为和盲目性。

根据党的方针政策、吉林省社会生产力发展的现实水平和"九五"时期经济发展规划的要求以及吉林省个体私营经济的发展现状,在"九五"期间,发展吉林省个体私营经济的指导思想应该是:充分调动一切积极因素,动员全社会各界力量,积极鼓励、支持个体私营经济的发展,坚持放宽政策,扩大发展领域,加快发展速度,加强监督管理,提高整体素质,尽快增加个体私营经济在全省国民经济中的份额,使个体私营经济与公有制经济在合理的比例下相互促进,共同发展。

按照这一指导思想,结合吉林省的实际情况,"九五"期间,个体私营经济的发展重点应紧紧围绕以下几个方面。

第一,吉林省是农业大省,发展农村个体私营经济是吉林省今后发展个体私营经济的重点之一。随着农村社会劳动力的逐年增加,农村剩余劳动力的转移只能是"离土不离乡",就地转移,因此,除调整农村产业结构发展乡镇企业外,重点就是发展农村的个体私营经济。可喜的是,吉林省自从1994年开始,农村个体工商户的发展已经超过了城镇,尤其是种养业和专业村屯的发展,使吉林省广大农民加快了致富奔小康的步伐。

第二,向有利于国民经济全局的方向引导发展。根据省情,在今后一段较长时期,城镇个体私营经济的发展,要把国有、集体企业待岗、下岗职工的安置和其他人员的就业作为发展的重点,积极创造条件加大发展引导力度,使这些群体能够服务于再就业工程。

第三,生产型、科技型和外向型是吉林省个体私营经济今后发展的重点。从全省个体私营经济的行业结构看,商业、饮食服务业已处于饱和状态,进一步发展的余地不大。因此,应充分利用自然资源优势、科技教育优势,大力发展生产型、科技型个体私营企业,并根据国家的经贸发展战略,鼓励和支持个体私营企业向外向型方向发展。

第四,抓住全省"放小"机遇,继续引导个体私营企业购买、兼并、租赁、承包、联合国有集体中小型企业，并扶持和鼓励更多的个体工商户扩大个体私营经济的生产经营规模和经济实力。

第五，资金短缺、筹资困难是发展个体私营经济的最大问题之一，也是进一步发展个体私营经济需重点解决的问题之一。

第六，为放手发展个体私营经济营造一个宽松的大环境。省委、省政府根据国家的有关法律、法规，先后出台了一系列政策及规定，但尚未受到全社会的关注，有的职能部门对个体私营经济的发展仍存有"左"的偏见，在处理经济问题时未能做到一视同仁。因此，吉林省在今后较长时期内发展个体私营经济的重点就是政策落实到位，强化依法监督管理，优化个体私营经济的发展环境。

（三）战略目标及步骤

"九五"计划至2010年，吉林省个体私营经济发展有以下战略目标。

1. 总量目标

吉林省个体私营企业到2000年发展的总量目标是：争取在"九五"末期，全省个体工商户和私营企业总户数达到150万户，在1995年的基础上，平均每年递增10%，从业人员达到230万人，占当时总人数的8%以上。"九五"以后，随着基数的增大，户数和从业人数每年可争取继续保持在5%—7%左右的增长速度。

2. 增加值和社会商品零售额指标

"九五"期间，全省个体私营企业实现的增加值应争取平均每年以20%左右的速度增长，到"九五"末期占同期全省国内生产总值的10%以上；到2000年实现的社会商品零售总额占同期全省社会商品零售总额的55%。

实现全省个体私营经济发展战略目标的步骤可以分三步走：即与我国1996—2000年、2000—2005年、2005—2010年的第九、第十、第十一这三个五年计划期相一致，这样可使个体私营经济长期发展规划与国家和省的经济社会远景发展规划目标统一起来，便于全省在执行国家的每个五年计划中充分考虑到个体私营经济的发展，并将其纳入全省经济科技社会发展战略中来。

（四）战略对策与措施

"九五"期间，要实现上述目标，没有新的思路，不开辟新的发展领域和渠道是很困难的。必须用改革的精神，用市场经济的办法去解决个体私营经济发展中存在的问题，既重视量的增加，又注重质的提高，在发展途径上争取有所突破。

1. *吉林省个体私营经济发展的重点是广大农村地区，为促进农村个体私营经济的发展，应采取以下措施*

第一，加快开发各类市场，促进各种生产要素的合理流动和组合，实现经济资源的优化配置。在农村，特别是在农户小规模分散生产的条件下积极培育农村市场，既是搞活经济的龙头，又是脱贫致富的必由之路。应该立足于当地的资源优势和产业优势，并考虑历史传统，先开发后建设，从小到大，一步步地发展。有了市场，农民从学会摆摊设点开始，就会逐步以市场为导向进行生产和经营，拓宽致富门路。"九五"期间，在继续开发建设各具特色的农副产品市场的同时，还要在培育贸工农连体市场上下功夫。在今后一段时间里，针对吉林省的实际，应重点发展一批以资源优势为依托，具有地方经济特色的专业批发市场。通过培育市场，增强农民的市场经济意识，把农民和市场连接起来，促进农村中的专业分工，以此来带动农村个体私营经济的发展。

第二，建设与发展小城镇，促进农村市场发育，为农村个体私营经济的快速发展创建良好的外部环境。小城镇以市场为支撑点，引导当地经济按市场需求进行发展，按市场需求进行产业、产品结构调整，从而形成一个各具特色的经济区域；小城镇对周围乡村又具有辐射作用，通过优惠的政策，良好的环境，把各地的客商、信息和技术项目吸引到小城镇上来，并通过小城镇这个中介把信息技术辐射到周边农村；农村个体私营经济的分散经营受到交通、厂房、水电等基础设施的制约，不利于规模发展，而小城镇一般交通比较便利，信息比较灵活，又便于统一供电、供水、排污，应创造条件吸引个体私营经济集中到小城镇办企业。在条件较好的小城镇建个体私营工业小区，为个体私营经济的发展创造良好的环境。目前，吉林省的小城镇建设速度不快，规模不大，成气候的也不多，在"九五"乃至更长的时间里，应以市场为纽带，以农村工业化、农业现代化、乡镇城市化及城乡一体化为目标来推进城镇的建设。

第三，搞好农业的综合开发，促进农村专业村屯的建设。根据全省各地区农村自然条件，自然资源的不同特点，充分发挥各地发展个体私营经济的潜力，加快发展专业户、专业村、专业屯、专业乡。在农村，由生产经营专业户聚居而成的专业村屯、专业乡镇大都具有很强的关联带动作用。在市场的引导下，邻带邻，村带村，一户带全村，一家联千家，有利于向专业化、规模化方向发展，可大大加快农村个体私营经济发展的速度。因此，"九五"期间，应鼓励发展各种家庭加工业和"一村一业""一镇一业"，逐步形成配套成龙的社会化、专业化的生产经营群体，同时实行更优惠的政策，鼓励农民购买和承包农村的荒山、荒坡、荒土、荒水、荒原，实现农村"农林牧副渔"全面发展，掀起一个农民大办种植业、养殖业、加工业以及与之相关联的商业、交通运输业和各类服务业的新热潮。

2. 发展个体私营经济与国有企业改革结合起来，一方面鼓励个体私营经济的购买、租赁承包，联合国有、集体中小型企业，另一方面引导国有集体企业下岗职工从事个体私营经济

吉林省由于历史原因，所有制结构过于单一，国有企业比重过大。改革开放以来，为了适应市场经济发展的要求，虽进行过一些调整，但变化不大，尤其是大量的中小型国有企业，这种中小型国有企业在吉林省目前有近万家。这些中小企业由于生产设备工艺陈旧，产品落后，管理不善，经营困难，在深化企业改革、转换企业经营机制的过程中，通过直接向社会拍卖、招标、租赁、承包、联合等形式转由个体私营经营。这样可以进一步扩大个体私营经济的

总体规模，壮大个体私营经营者的经济实力。"九五"期间，中小型国营企业转型经营的重点应放在县（区）乡两级政府，因为，在县（区）乡经济中，多是小型国有企业及乡镇企业，它们在市场竞争中面临种种危机。而县（区）乡政府的财政收入，个体私营企业税收已占40%—60%，成为这些地方的财政支柱。因此，县乡两级政府要把个体私营经济作为振兴地方经济的重要增长点，抓住机遇，主动调整结构，推动当地经济的发展。

大批中小型国有企业通过承包、租赁等方式由个体私营企业经营，既挽救了这些濒临危机的国有中小企业，为国有企业改革扫除了障碍，同时个体私营经济也为国有企业在转换经营机制、建立现代企业制度的过程中解决大批下岗职工的再就业问题提供了一条现实之路。目前，全省已有14万多待岗和下岗职工加入了个体私营经济队伍，减轻了政府的压力，缓解了企业负担。到1996年年底，全省尚有60多万下岗职工没有再就业。在"九五"期间，城镇个体私营经济的发展就是要把国有、集体企业待岗、下岗职工的安置就业当成发展的重点，为下岗职工开辟专门的市场，制定优惠政策，加大引导发展力度，使个体私营经济的发展服务于再就业工程。

3. 个体私营经济的发展作为国民经济新的增长点，财政金融部门应多渠道全方位地筹集资金支持个体私营经济的发展

个体私营经济具有产权明晰、风险自担、运转灵活、介入市场能力强等特点，它已从拾遗补阙的地位走向经济改革的新潮头，成为国民经济的新增长点，而资金短缺、贷款困难是目前困扰个体私营经济扩大生产规模和进一步发展的最迫切问题之一。为此，财政金融部门应从政策及资金等方面，加大支持力度，为个体私营经济更好地开辟新的增长点服务。

财政部门要建立财政政策导向体系，为发展个体私营经济创造宽松环境，打破所有制界限，制定扶持和促进各种经济成分快速发展的政策和措施。由于吉林省长期以来生产低速运行，企业经济效益不高，财政状况持续紧张，社会资金初始积累不足，增加财政资

金投入的数额有限。因此，财政部门在对个体私营经济加大投资时，应把有限的资金用于市场前景好、生产建设周期短、经济效益显著、财政确实增收的项目上。各级财政部门在资金投放的管理上，要坚持搞好项目管理，发挥财政资金的导向作用，注重拉动社会资金投入，尽可能多地为企业筹集资金，扩大产业规模，提高经济效益。

银行作为维系整个市场体系、影响经济运行的关键部门，应充分运用信贷杠杆，积极支持和引导个体私营经济的快速健康发展。目前个体私营企业贷款难的主要原因就是银行没有把对支持个体私营经济发展的信贷投入摆在应有的位置上，而是摆在"补充"和"次要"的位置上，加之银行信贷资金紧张，个体私营企业要想得到贷款支持就更是难上加难。为了解决这一问题，为个体私营经济的发展营造良好的融资环境，银行等金融部门应深化认识，端正思想，把发展个体私营经济作为培植新的增长点战略目标纳入银行系统的工作议程，在遵循"自力更生为主，国家支持为辅"的前提下，重塑银行与个体私营企业间的信用关系，重新布局信贷结构，专门拿出一块资金用于支持个体私营经济发展，瞄准市场，把握支持的重点，并主动搞好服务监督，以促进个体私营经济的健康发展，使企业效益和银行效益同步提高。

4. 鼓励扶持生产型、科技型和外向型私营企业的发展，使个体私营经济向更高层次迈进

吉林省个体私营企业的数量近几年增长幅度较大，但绝大多数个体私营业户目前还主要以单业主和合伙经营为主，而且大多数从事商品流通和饮食服务业。即使是生产和科技型企业，绝大多数使用的是国有集体企业淘汰的旧设备从事简单加工，与市场经济的要求很不适应，真正能够做到经营上规模、品种有特色、效益上有档次、走向国际市场的业户还不多。"九五"期间，根据吉林省的实际，发展个体私营经济的一个重要任务就是要在注意量的增长的同时，要鼓励和扶持一批上规模、上档次、上水平的个体私营企业，带动吉林省个体私营企业向更高层次发展。

按照国家的产业政策和吉林省经济发展的需要，积极引导个体私营企业的投资方向，根据本地区的自然资源优势大力发展生产型个体私营企业，利用全省科技教育在全国处于优势的条件，大力发展科技企业，提高产品的科技含量，使其产品在省内外、国内外的竞争中处于有利地位；根据国家的经贸发展战略，并随着国际经济发展的区域化、集团化的趋势，必将有更多产品、技术进入国际市场，因此，应鼓励和扶持个体私营企业向外向型发展。

为促进私营企业向规模化、现代化企业方向发展，要解决私营企业的"家庭化"经营模式问题。从长期来看，"家庭化"经营利少弊多，难以适应市场经济的激烈竞争。对有条件的私营企业，要按自愿、互补、平等的原则，通过联合、参股、兼并等形式组建一批重点骨干企业，形成龙头企业与支柱产业。"九五"期间乃至今后更长时期，必须通过各种政策和措施积极鼓励引导个体私营经济不断借鉴现代管理方法，提高经营管理水平，吸收和利用先进技术和设备，提高产品的质量和档次，向大规模、高档次、能参与目标市场竞争的现代化企业方向发展。

同时，要积极创造良好的外部条件，鼓励个体私营企业向外向型方向发展，对发展外向型的个体私营企业，应享有同类国有企业的一切待遇，在政策上积极扶持。一个国家或地区对民族私营经济的政策，是显示这个国家和地区对于外国私人投资保护诚意的重要测量计。对国内私营经济发展采取什么政策，会直接影响国外资本对国内投资环境的评估。因此，改善吸引外资环境最重要的就是改善对国内私营经济的政策。

5. 完善和落实有关政策，进一步加强对个体私营经济的监督和管理

对于个体私营经济的快速发展，政策性的因素是一个根本的原因。近几年来，吉林省鼓励个体私营经济发展的政策已经出台了很多，对于推动个体私营经济的发展起了重要作用。目前，主要的问题已经不是制定政策，关键是使这些政策落实到位和完善配套政

策，特别是一些保护、扶持性政策更有待于进一步的放开和落实，实行政策引导发展，是"九五"期间实施个体私营经济工作的重点。"九五"期间，在贷款、土地使用、税收等方面，本着一视同仁和效益原则，要尽快制定具体的措施和办法。同时根据形势的发展、情况的变化，及时研究新问题、新矛盾、新趋势。如：新形势下的劳资关系，个体私营企业从业人员的社会保障问题；国有企业破产时，如何清理与个体私营企业的债务关系；对个体私营经济的同行业过度竞争，如何疏导和加强行业管理，等等，应及时研究，及时出台新政策、新规定；对那些做表面文章、强调部门利益、人为设置关卡、不给好处不办事的政府机关人员，各级党委和政府应认真处理，当作勤政廉政工作的大事来抓，哪级不执行就查哪级责任，谁制造矛盾就处理谁，保证政令通畅。

目前，个体私营经济的发展中忽视监督管理的问题十分严重。为此，必须强化监督管理。把监督管理提到与发展同等重要的位置，依据政策法规，强化监督管理力度，以管理带发展，以发展促管理，把发展和管理纳入法律轨道。鉴于目前管理体制不顺的情况，成立各级个体私营经济领导小组十分必要。各级政府由一位主管领导负责，各有关职能部门和综合部门参加，下设办公室，及时研究解决个体私营经济发展中的有关问题。加强综合协调，对政策落实情况进行督促检查。各级政府应创造条件成立个体私营企业管理局（可试运行），在实践中逐步探索科学的个体私营经济管理体制。

个体私营经济的健康发展，既需有政策上的积极引导和管理上的逐步完善，也需有个体私营经济业主对自身行为的自我约束和自我改善。但从根本上说，还是取决于市场经济的逐步成熟和市场规则的不断完善。对个体私营经济的管理，应逐步走向依法监督管理的轨道，抓紧制订和完善相应地方性法规。明确私营业主同雇工之间的关系，保护双方的合法权益，健全养老保险、医疗保险、工资分配、劳动保护、女工保护等一系列社会保障制度。加强对个体私营企业的生产经营，产品技术质量，财务制度的监督管理，对违反法律法规的生产经营活动依法进行处理。下决心制止各种名目的"三乱"现象，抓好清理无照经营和挂靠企业工作，整顿规范重点行业，制止侵害个体私营企业合法权益的行为，切实保护个体私营企业的合法权益，为个体私营经济的持续、快速、健康发展创造一个良好的社会环境。

参与本课题研究者有：孙晔伟、张继业、杨冬梅、龙海峰

(本文发表于《社会科学战线》1998 年第 5 期)

关于发展私营经济的几个理论问题探讨

一　私营经济的内涵及其性质界定

（一）我国现阶段的私营经济与生产资料所有制改造基本完成之前的私营经济（尤其是旧中国的私营经济）没有内在的必然联系

旧中国的私营经济，亦即资本主义经济，它包括官僚买办资本主义经济和民族资本主义经济两部分。随着中国人民解放战争的胜利，官僚买办资本被无偿剥夺和没收。中华人民共和国成立不久，官僚买办资本主义经济便彻底消灭了。1956年年底，随着我国生产资料所有制方面的社会主义改造基本完成，民族资本主义经济也被消灭了。其后，民族资本企业的业主虽然在社会上仍存在一段时期，但他们绝大多数都已被改造成为自食其力的劳动者。旧中国的民族资本家已成为历史概念，在现阶段的中国不复存在。我国现阶段的私营经济，绝不是中国的民族资本主义经济"死灰复燃"，也不是旧中国民族资本主义经济的"再生"，它是在20世纪年代末80年代初我国实行改革开放政策，允许和鼓励多种经济成分共同存在与发展的产物，是在全国城乡个体经济得到恢复与发展的基础上新生长出来的一种经济形式。尤其是它与社会主义公有制经济相联系，受社会主义公有制经济的制约和支配，不是社会上占主导地位的经济形式，这与旧中国的私营经济是有很大区别的。旧中国的私营经济（尤其是官僚买办资本主义经济）还是控制国民经济命脉的主导经济形式。再说，我国现阶段的私营企业主，也不直接等同于旧中国的资本家，他们原来都是劳动者，有的是待业青年、个体户、工人、农民，也有离退休干部、辞退职的国家机关工作人员、科技工作者、人民教师等，他们当中不乏共青团员和共产党员。有人估计，目前我国私营企业主队伍中有共产党员约 20 万人，共青团员更多了，他们不同于旧中国的资本家，不仅仅在于他们的出身不同，还在于他们的原始资本积累过程不是靠血腥的暴力掠夺与残酷的经济剥削进行与实现的，绝大部分是依靠自己的劳动、技术、智力、经营、风险投资等方式完成的（当然也不排除少数人靠巧取豪夺、非法经营与剥削完成原始资本积累）。因此，我们必须把我国现阶段的私营经济、私营企业主与旧中国的私营经济、私营企业主严格区别开来，这是科学界定我国私营经济范畴内涵的一个重要先决条件。否则的话，混淆新旧两种私营经济，就会导致理论的偏颇与政策的失误。

（二）私营经济不同于"民营经济"

目前我国学术界和经济界有些同志把私营经济与民营经济直接等同起来，认为私营经济就是民营经济，民营经济也就是私营经济，甚至主张以后不要再提私营经济而只提民营经济，这种观点是值得商榷的。

我认为，私营经济与民营经济还是有区别的，不能用民营经济取代私营经济。民营经济，是纯粹从经营方式角度来观察经济形式的。它是相对于官营经济而言的，是说某一种经济形式是由民间（包括公民个人和公民团体）经营，而不是由官家（或国家）经营的。从表面上看，从字义上理解，私营经济是相对于公营经济而言的。是说这种经济是由公家经营还是由私人经营的。这样认识和理解，似乎二者没有什么区别。实际上，这样认识与理解是很肤浅的。把私营经济只作为经营方式范畴来认识与理解，是不科学的，因为这样做，是只见表象，不见本质，任何一种经济形式的内在本质属性都不能由经营方式或由谁来经营所决定，资本主义私有制也可以采取"公营"的方式，社会主义公有制经济也不绝对不采取"私营"或"民营"的方式。

考察和界定我国现阶段私营经济的内涵，应主要看财产关系归属，要从所有制关系上来界定。《中华人民共和国私营企业暂行条例》就是这样做的，该条例明确指出，私营企业是"指企业资产属于私人所有。雇工8人以上的营利性的经济组织"这里明确了三点：第一，从所有制关系上看。企业财产属于业主私人所有。是一种生产资料私有制经济；第二，它以雇佣劳动为基础，雇工必须在8人以上，而不是以业主个人劳动为基础；第三，它是以追求利润为目标的经济组织。赚钱发财是它存在与发展的根本动力，从上可见，私营经济不是经营方式，而是一种内含所有制关系——劳资关系的资本主义私有制经济，把它与民营经济等同起来，无疑会抹杀其内在的本质属性，而抹杀了它的内在本质属性，抹杀了它的财富归属关系，不仅私营企业主们不同意，而且还会在实践中带来许多产权纠纷和麻烦，因此，我们不能回避和否定其固有的资本主义属性。

（三）私营经济不同于个体经济，把个体经济包含在私营经济内涵之中，是不科学的

我国经济学界有的同志把个体经济包括在私营经济内涵之中，如果仅从经营方式上来理解，是有道理的，但从所有制关系上看，却是悖理的。因为这样做混淆了两种不同的私有制。马克思指出："私有制作为公共的、集体的所有制的对立物，只是在劳动资料和劳动的外部条件属于私人的地方才存在。但是私有制的性质，却依这些私人是劳动者还是非劳动者而有所不同，私有制在最初看来所表现出的无数色层，只不过反映了这两极间的各种中间状态。"[①] 由此看来，私有制起码有三种形态：一是劳动者的私有制；二是非劳动者的私有制；三是介于二者之间的"中间状态"的

---

① 《资本论》第一卷，人民出版社1975年版，第829—830页。

私有制。第一种私有制就是个体经济，它是以劳动者自己参加劳动为基础的一种私有制；第二种私有制就是私营经济，它是以雇佣劳动为基础的资本主义私有制；第三种私有制实际就是小业主经济，它是由个体经济向私营经济过渡的并介于二者之间的"中间状态"。

由上可见，个体经济与私营经济是两种不同的私营形式。前者以个体劳动为基础，后者以雇佣劳动为基础；前者基本上不存在剥削问题，而后者是以剥削为基础的，并且后者是在否定前者的基础上产生与发展起来的。前者的生产经营目的是劳动者自身消费需要的满足，而后者的生产经营目的则是对最大限度利润的无止境的追求。否定它们二者之间的区别，把个体经济包含在私营经济之中，显然是混淆了两种不同私有制的具体性质，这不仅不利于对个体经济与私营经济的专门管理，而且还容易造成在经济实践工作中政策的混淆和失误。因此说，把个体经济同私营经济混同起来，不仅在理论上是错误的，而且在实践中是有害的。

（四）不能认为私营经济"是社会主义经济的有机组成部分"，而只能说"它是我国社会主义初级阶段所有制结构的重要组成部分"

目前，我国有的理论工作者和一些从事经济领导工作的同志，为了突出并强调私营经济在我国国民经济中的地位和作用，竟公开提出私营经济"是我国社会主义经济的有机组成部分"，他们认为，把私营经济定性为资本主义性质的经济成分，一是没有必要，二是有害的，因为对私营经济可以不问姓"社"姓"资"。如果定为资本主义性质的经济，必然会影响私营经济的发展，这种观点还颇有一定的影响。因而有必要加以分析和说明。

首先，对私营经济要不要问姓"社"姓"资"？我认为，不仅要，而且必须要。邓小平南方谈话中讲："改革开放迈不开步子，不敢闯，说来说去就是怕资本主义的东西多了，走了资本主义道路，要害姓'资'还是姓'社'的问题。判断的标准，应该主要看是否有利于发展社会主义社会的生产力，是否有利于增强社会主义国家的综合国力,是否有利于提高人民的生活水平。"① 他还讲:"特区姓'社'不姓'资'。"② 在这里,我们认为,邓小平强调以下几点:第一,要消除恐"资"症,让人们不要怕资本主义;第二,改革迈不开步子的要害,是怕走资本主义道路;第三,判断改革成败的标准,是"三个有利于",而不是姓"社"姓"资"问题;第四,不是任何事情都不要问姓"社"姓"资"。他强调"特区姓'社'不姓'资'",就是最好的例证。第五,邓小平根本没讲对私营经济的性质可以不研究,可以不问姓"社"姓"资"。我体会,邓小平讲话的核心思想是不管姓"社"姓"资",只要符合"三个有利于"思想,就要大胆地闯,大胆地干,把改革推向前进,他的讲话不能成为反对给私营经济定性的根据,在理论上不把私营经济的性质界定清楚,就无法制定出相应的私营经济法规与政策,私营经济要想得到健康、快速的发展也是不可能的。

其次,为什么私营经济不是我国社会主义经济的有机组成部分?根本原因在于私营经济内部充分体现了资本主义经济关系,具体来说,主要表现在以下几个方面。第一,从生产资料所有制关系上看,私营企业的生产资料和财产属于业主个人所有,而雇工却不占有生产资料,他们对私营企业的财产没有任何所有权,这种生产资料占有关系及财产关系的不平等,具有资本主义所有制关系的典型特征。第二,从私营企业内部相互关系来看,私营企业主在生产经营过程中居于统治和支配地位,是资本所有者和企业的主人,而雇员则是出卖劳动力的工资劳动者,他们在业主的支配与监督下从事生产经营活动,生产经营成果不归他们所有和支配,而归业主所有和支配,这种企业内部相互关系,同资本主义企业内部相互关系别无二致,具有质的同一性。第三,从私营企业的分配关系来看,它实行按资分配的原则,业主凭借资本

---

① 《邓小平文选》第三卷,人民出版社1993年版,第372页。
② 《邓小平文选》第三卷,人民出版社1993年版,第372页。

所有权来获取剩余价值，雇员则按照劳动力价格的高低来获取工资收入，这种分配关系必然产生贫富两极分化。据调查，目前我国私营企业主的收入一般都是雇员收入的几十倍乃至上百倍，已经形成了明显的两极：一极是勉强维持温饱的雇员，另一极是百万富翁、千万富翁，甚至亿万富翁，这再生动不过地说明了私营企业的收入分配体现了资本主义的剥削关系，因为，社会主义的按劳分配是无论如何也不会产生如此贫富两极分化的。第四，从企业的生产经营目的来看，私营企业生产什么，生产多少以及怎样生产，完全受剩余价值规律的自发调节和支配，服从于追求最大限度剩余价值或利润的需要，只要能赚钱，什么都干，甚至生产经营伪劣假冒商品，干图财害命的勾当，生产经营符合市场需要的使用价值，完全是为了获取最大限度的剩余价值或利润。事实表明，我国现阶段私营企业的生产经营目的，从本质上来说，与马克思所揭示的资本主义企业的生产经营目的并没有什么根本性的区别。从上可见，关于"私营经济是我国社会主义经济的有机组成部分"的提法，是很不科学的，也不符合我国的实际，因为它抹杀了私营经济所固有的资本主义性质。

我们承认私营经济的资本主义性质，并不妨碍我们大力发展它。在我国社会主义初级阶段，发展一点资本主义，具有客观的必然性，不仅有利于社会生产力的发展，有利于综合国力的提高，有利于全体人民生活水平的提高，而且还有助于彻底战胜和清除中国遗留下来的那些封建主义残余和余毒。对付封建主义的东西，资本主义可能比社会主义更有效，这正如"卤水点豆腐，一物降一物"。强调发展私营经济，没有必要更不应该否定其资本主义性质，硬把它改为社会主义性质，这实际上还是"恐资病"的一种表现。

为什么说"私营经济是我国社会主义初级阶段所有制结构的一个重要组成部分"这个提法更科学？因为这个提法准确地概括和反映了私营经济在我国现阶段的性质与地位。在我国社会主义初级阶段，必须实行多种经济成分，所有制的结构必须是多元化，这是不以人们的主观意志为转移的，是由生产力发展水平低、多层次所决定的。在多元化的所有制结构中，私营经济是必不可少的一个组成部分，少了它，社会主义初级阶段所有制的结构是不完整的、残缺不全的，也是不成体系的，更不能达到合理化。它作为一种资本主义性质的经济成分，同社会主义公有制经济是处于一个所有制结构之中，二者互相联系，互相依存；又互相矛盾，互相斗争，这样才会使社会主义国家的国民经济充满生机与活力，而不像原有经济体制造成的"公天下"所带来的停滞与僵化。

二　辩证地科学地认识私有制和公有制

（一）私有制既非是"万恶之源"，也不是"永恒合理"

长期以来，人们对私有制往往凭着主观好恶来看待和理解，认为它是"万恶之源"；一切丑的、坏的、恶的东西，盖出自私有制，或与私有制有着密切的关系，这是一种绝对化、片面性。在哲学上讲，是唯心主义＋形而上学，所以是不科学的。

私有制是一个历史范畴，必须历史地看。在历史上，私有制的产生是社会生产力发展的产物。在原始社会，生产力水平极其低下，十分简单的生产工具（生产资料）只有公共占有，才能维持简单的物质资料生产，生产出来的成果大家共同所有，平均分配，勉强维持氏族成员的生活，基本没有剩余产品可供某些人独占。进入原始社会末期，随着社会生产力的发展，剩余产品开始出现，部落之间的商品交换逐渐扩大，一些部落首领在交换过程中便将交换来的商品据为己有，于是私有制便应运而生，私有制取代原始公有制，这是一个巨大的历史进步，它标志人类社会开始摆脱野蛮、蒙昧期，走向开化与文明。因此，从历史上看，私有制的产生不是作恶，而是社会的发展与进步。私有制产生以后，一直是奴隶社会、封建社会、资本主义社会的主导所有制形式，尽管其采取的具体形态有所不同，在这漫长的历史时期中，私有制的具体形态虽然不断更迭和交替（例如封建主义私有制取代奴隶主私有制，资本主义私有制又取代封建主义私有制等），但总的来说还是适应和促进生产力发展的。一种旧的私有制阻碍与破坏生产力发展了，另一种新的适应并能促进生产力发展的私有制便取而代之，在人类社会的几千年发展史上，私有制曾是推动社会前进的进步力量，其历史功绩是不可泯灭的。

至此，也许有的同志会说："我们说私有制是万恶之源，是特指资本主义私有制。"这种说法，就更失之偏颇了。诚然，资本主义私有制有种种弊端，也带来诸多难以克服的社会问题，但它在历史上曾是一种进步的生产关系，对人类社会的发展与进步起过重大的促进作用。对此，马克思曾予以高度评价：第一，创造了巨大的社会生产力。马克思和恩格斯讲："资产阶级在它的不到一百年的阶级统治中所创造的生产力，比过去一切时代创造的全部生产力还要多，还要大。"① 这可以说是资本主义私有制最大的历史功绩。第二，创造了世界文明。马克思和恩格斯讲："资产阶级，由于一切生产工具的迅速改进，由于交通的极其便利，把一切民族甚至最野蛮的民族都卷到文明中来。"② 对资本主义创造的物质文明，我们不仅不能排斥，而且要全部接受并很好地掌握起来；对资本主义创造的精神文明，也要批判、分析、借鉴和吸收。第三，开拓国际市场，促进生产国际化。马克思和恩格斯讲："不断扩大产品销路的需要，驱使资产阶级奔走于世界各地，它必须到处落户，到处创业，到处建立联系，资产阶级，由于开拓了世界市场，使一切国家的生产和消费都成为世界性的了。"③

资本主义私有制是私有制中最先进的所有制形式，它比封建主义私有制和奴隶主私有制更进步得多，优越得多。至今，世界上许多国家选择了这种所有制形式并使经济获得了突飞猛进的发展，这就是一个很好的证明。

---

① 《马克思恩格斯选集》第一卷，人民出版社1972年版，第256页。
② 《马克思恩格斯选集》第一卷，人民出版社1972年版，第255页。
③ 《马克思恩格斯选集》第一卷，人民出版社1972年版，第254页。

当然，私有制，尤其是资本主义私有制，也并非"永恒合理"的，并非人类最理想的社会经济制度。它使生产高度社会化，而高度的生产社会化又要求打破资本主义私有制，它锻造了置自身于死地的物质武器，当资本主义私有制成为社会化生产的严重阻碍时，它的行将灭亡或被社会主义公有制所取代，就成为一种历史的必然。资产阶级经济学家们宣扬和标榜的资本主义私有制是永恒合理的制度，既不科学，也不符合实际，其根本目的在于为资本主义制度辩护。

（二）私有制也有优越性，公有制也有弊端

我们这样讲意在打破所有制理论上长期形成的一种绝对化和形而上学，即认为私有制是绝对的坏，公有制绝对的好，对私有制，只能讲其种种弊端，谁若讲了其优越性，那就大逆不道，就是"反马克思主义"；对公有制，只能讲其种种优越性；谁若讲其还有某些弊端，那就触犯"天条"，就是"反对社会主义"。

私有制也好，公有制也好，评价其优劣好坏，不能使用主观标准，也不能采取道德标准，而只能用生产力标准。私有制，不管其采取哪一种具体形式，只要它是适合并能促进社会生产力发展的，它就是一种优越的所有制形式；公有制，不管它是社会主义全民所有制还是社会主义集体所有制或其他形式，只要它不符合生产力发展要求并阻碍生产力发展，就不能认为它是一种优越的所有制形式；反过来，道理也一样，任何一种所有制都不能脱离客观物质条件而凭空存在，都不能离开一定社会生产力水平的制约，因此客观评价所有制的优劣好坏，只能看其是否适应和促进生产力的发展，这是马克思主义的一条基本原理。但在实际经济工作中并不是每一个同志都准确把握并科学地运用这个原理，而往往凭主观好恶行事，或按道德标准办事。

私有制由于生产资料和财产归私人所有，占有关系直接，没有中介，因此所有者对生产资料和财产的关切度大，生产资料和财产的经营效益与所有者的利益直接相关，其经营体制与经营机制能有效地保障资本与财产所有者的利益的实现。私有制还是商品经济、市场经济产生与发展的一个必要条件，它与商品经济、市场经济的要求有着天然的融合性、适应性、一致性，因此，它会使商品经济、市场经济产生持久的动力与活力。尤其是私有制高度重视个人近期利益，能充分调动个人的积极性，驱使他们为获取个人利益最大化而奋斗，这是私有制内在的最大的优越性。同时，其种种弊端也由此而生，只顾个人赚钱发财，否定公共和长远利益，见利忘义，见利枉法，这都是私有制难以克服的痼疾。

公有制由于生产资料和财产为劳动者共同所有，适应社会化大生产的要求，能够直接为广大的共同利益和长远利益服务，有利于国民经济整体按比例发展，这是私有制无可比拟的巨大优越性。但由于公有制的资产占有关系是间接的，即劳动者对生产资料和财产的占有，一般要经过中介，每个劳动者都不能实现直接的个人占有权，所以劳动者对资产的关切度很低，经营管理者经营与管理的是大家的资产，并且资产主体又缺位，因而资产的营运效率低下，这可以说是公有制资产体制的一个大弊端。

综上可见，私有制与公有制在既定的生产力水平下各有比较优势，又各有自身的局限与缺陷，私有制并非绝对的坏，公有制也并非绝对的好。当私有制适应生产力发展要求时，其优势便明显表现出来，其局限性和缺陷也存在，只不过不像优势那样占主导方面。公有制也并不是永远自动地适应社会生产力发展水平的，当它与社会生产力发展要求不适应时，其固有的局限与缺陷便突出地表现出来，形成体制弊端，对社会生产力发展产生束缚和阻碍作用。西方有见识的经济学家早就看清楚这个问题，因而主张"公""私"互补，实行混合经济。我国由于长期在理论上偏好于公有制，偏恶于私有制，因而在实践中总是力图消灭私有制，搞"公天下"实行清一色的公有制经济，结果造成经济社会的僵化与停滞。改革开放以后，我国打破了公有制的"一统天下"。实行多种经济成分共存共荣，这实际上也是搞"公""私"互补的"混合经济"，再有，国有企业推行现代企业制度，搞股份制改造，建立私有制与公有制兼容的股份公司,这又是一种混合经济。

中外实践表明,实行"公""私"互补的混合经济,可以实现两种所有制的优势互补,即以公有制之长补私有制之短,以私有制之长补公有制之短,这样又可达到缺陷互克,从而形成综合所有制最佳合力效应,促进社会生产力迅速发展。

(本文发表于《学理论》1994年第11期)

农村私营经济推动农村工业化

我国工业化的关键在于农村工业化。然而,长期以来,农村工业化在我国是一片空白。改革开放以来,包括农村私营企业在内的非农部分的乡镇企业在我国如雨后春笋般地发展壮大起来,吹响了我国农村工业化的号角,开始了我国农村工业化的进程。私营经济作为我国农村经济的一支生力军,在我国农村工业化过程中起什么作用?有哪些特点?存在哪些问题及如何解决?亟待研究和探讨。本文试图做出回答。

一 农村私营经济在我国农村工业化过程中的作用

农村私营经济对我国农村工业化建设起着越来越重要的作用。

第一,发展私营经济是解决农村剩余劳动力向非农产业转移的主要途径之一。农村工业化的意义在于能够吸纳农民就业,改变我国的二元经济结构,增加农民收入,提高农业的商品化和现代化水平。其中,农村剩余劳动力向非农产业转移是农村工业化的中心问题。按刘易斯"无限供给劳动力发展模型",工业发展是吸纳农业剩余劳动力的唯一出路,而传统农业部门的任务就是为工业发展提供剩余产品和劳动力,其本身不具备吸纳劳动力和投资的能力。可这一模型与我国的实际国情存在偏差。由于我国特殊的历史发展,决定了我国已有的城市工业不可能完成吸纳农村剩余劳动力的任务。但是,农业剩余劳动力必须依靠非农产业来解决。在这两难抉择中,我国农村剩余劳动力的转移,主要不是从农村流向城市,而是被农村非农产业部门吸收,在农村就地消化,离土不离乡。由于我国私营经济80%散落在农村,因此,农村私营经济成为吸纳农业剩余劳动力的重要部门。据有关资料统计,在1958年,我国从农业中转移的劳动力只有1800万人。到1991年年底,全国农村私营经济吸纳的农业劳动力达1亿多人。

第二,农村私营经济的发展,使产业结构得到合理调整,资源得到合理配置。由于我国过去长期实行重工化的工业化政策,使农业的产业结构单一化。农村大部分地区均以粮食生产为重点,农业以外的其他生产部门都很薄弱。各种生产要素很少流动,农业劳动力长期被束缚在土地上,生产品种也十分单一。农村私营经济的发展,使这种单一的产品结构被打破,私营经济以其特有的优势在农村产业结构的调整中、在资源合理配置上,发挥着越来越重要的作用。这主要表现在私营经济的发展,加速了农村的分工、分业,促进了农村由种植业为主的单一产业结构向多元化产业结构的转化。私营经济的发展使大批农民从土地中解脱出来,投入商品经济大潮,加速了农村剩余劳动力向第二、第三产业的转移。

第三,农村私营经济的发展,加速了小城镇的建设过程,出现了城市化的新趋势。主要表现三方面:一是农村私营经济的发展,为一些集镇、中心村发展成为新兴的现代化小城镇打下了经济基础。据1989年的统计资料,在镇一级工农业产值中,工业产值占94%,农业仅占6%。二是散落在农村的私营企业要求形成农村区域中心,为其发展提供必要的公共设施和服务。三是私营经济的发展使农村商品交换的数量和范围扩大,带动了商业、交通、邮电、银行和服务业的发展。可以说,小城镇孕育了私营经济,私营经济的发展又促进了农村小城镇的建设。改革开放以来,出现的江苏无锡、浙江温州等地的一些小城镇就是随私营经济的发展而兴起的。

第四,农村私营企业的发展加快了乡镇企业的崛起。改革开放以来,乡镇企业已成为农村经济的重要支柱。乡镇企业的发展,对于增加农民收入、吸收剩余劳动力、繁荣农村经济、实现农业现代化等都具有十分重要的意义。但是,目前农村乡镇企业发展面临的最突出问题，一是资金不足，二是人才缺乏。从资金来看，单靠集体经济，一般积累不足，吃了上顿愁下顿，有的只是空壳子。要发展，资金从哪来，靠国家贷款不太现实，而发展私营经济、发展股份合作企业是最好的筹资形式。它既不靠国家，也不需集体投资，而是自己省吃俭用，逐渐积累资金。这样，既弥补了乡镇企业发展的资金不足，又使大量的闲置资金、消费资金投入到商品生产中去，促进了消费结构的转变和经济的发展。再从人才来讲，通过私营经济的发展，可以使各种人才脱颖而出，这无疑为乡镇企业的发展奠定了人才基础。同时，私营经济与其他所有制企业联合、竞争，才能达到携手共进、共同推动工业化的进程。

二 农村私营经济在促进我国农村工业化过程中的特点

与发达国家农村工业化和我国城市工业化相比，私营经济在促进我国农村工业化过程中显现出以下特点。

第一，早发性。中国农村工业化与经济发达国家不同。发达国家的农村工业化，是在城市化和工业化进入成熟增长阶段后逐步发展起来的。首先，它是城市经济扩散的产物。随着工业化和城市化的高度发展，发达国家城乡之间及大城市和小城镇之间的差距逐渐缩小，出现了城市工业向周围地区扩散和城市人口向郊区及小城镇和农村地区的倒流，这就推动了农村地区工业的发展。其次，发达国家农村工业化的发展是农业现代化的农村居民生活现代化程度不断提高的产物。农业现代化程度的提高，促进了各种与农业相关联的工业的发展。农村人民生活水平的提高，则促进了各种消费品工业及相关产业的发展。可见，发达国家农村工业化是经济发展到一定阶段的产物。而我国农村私营经济对农村工业化的推动，是在城市化和工业化的成长阶段、只为解决城市工业化畸形发展所遗留的历史性难题而发展起来的，与发达国家相比，具有早发性特点。

第二，自发性。我国农村私营经济是在国家没有投入一分钱，依靠农村民间的社会力量自发地产生和发展起来的。农村私营经济在产生和发展过程中的这种自发性，决定了它对农村工业化的推动也是自发的。

第三，劳动密集性。我国目前由私营经济推动的农村工业化，由于受历史条件、自然条件、技术条件、设备水平、劳动力素质和自我积累能力较低现状的限制，只能主要进行劳动密集型产业为主的工业化，而很难进行资金密集型产业和知识技术密集型产业的工业化。

第四，竞争性。由私营经济推动的我国农村工业化因为形成于城市工业体系健全和多种所有制形式并存的环境中，因而受到了来自城市工业、农村中除私营工业外的其他乡镇工业差别，此外，随着改革开放的不断深化，外资向农村的大量涌入，农村私营企业和城乡公有制企业联营的发展，农村私营经济自我积累、自我发展能力的增强，农村私营企业将会朝着规模化、水平化、现代化、联合化、国际化方向发展，由私营经济推动的农村工业化也必然会呈现出规模化、现代化、联合化、国际化的特征。

三　农村私营经济在我国农村工业化过程中存在的问题及对策

农村私营经济在促进我国农村工业化过程中虽然取得了很大成绩，但也存在许多问题，主要表现在以下方面。

第一，企业素质较低。农村私营企业的员工主要是刚放下锄头的农民和社会闲散人员，受文化教育较少，缺少科学技术知识和务工经商的经验，因而素质普遍偏低。农村私营企业主要靠自筹和自我积累资本发展，技改资本普遍不足，许多企业的设备、工艺、技术水平比较落后，大多数企业的管理还处于粗放阶段。因此，农村私营企业产品质量不高，经济效益也不是很理想。

第二，企业内部管理混乱，生产经营水平较低。由于对私营企业的前途存在着种种顾虑，业主们普遍对企业生产经营缺乏长期规划和打算，导致企业基础工作水平较低，缺乏规范化的经营管理。很多企业无规章制度，财务上不建账或建假账；业主一个人说了算；厂容厂貌大多低矮破旧；劳动条件较差；生产基本上以手工劳动和简单技术为主；许多产品生产流程不符合环保和保健要求；雇佣工人无论在生活上、工作上，还是在安全上均无制度保障，他们劳动强度大、时间长、条件差，安全系数低，伤亡事故不断发生。

第三，产业结构同构化和重复建设问题严重。主要表现在三个方面：一是农村私营企业低水平地重复城市的产业结构，如工业结构相似系数高达0.83；二是各个地区农村之间的私营企业产业结构同构化和低水平重复问题严重；三是同一地区内部农村私营企业之间重复建设问题严重，这种情况造成资金浪费、严重的能源、原料矛盾和销售市场矛盾，使农村私营企业在产业结构调整和市场选择过程中付出了巨大代价，对我国产业结构调整和资源充分利用产生了不利影响。出现这种情况的原因，一是国家在农村私营工业发展一开始就缺乏整体规划，在产业结构上没有进行必要的调整；二是农村私营企业在依靠市场进行自我调节时信息不够灵通，视野不够开阔，三是农村私营经济属于社区性经济，加上小农经济思想的影响，一成众效的问题经常发生。

第四，企业分布比较分散，为农村工业发展带来了诸多弊端。农村私营企业基本上都采取分散设厂的形式，就地办厂，就地吸收劳动力，使各种私营企业星罗棋布地分散于广大农村的自然村落中。这种分散格局，既有政策上的原因，也有自然因素；既适应了农民依恋土地的心理，也符合充分利用季节剩余时间的要求。但农村私营企业这种分散设厂的情况，也带来诸多弊端：能源动力保障程度较低；企业间的分工协作水平低，迫使许多企业不得不办成全能厂，农村城市化进程缓慢，企业很难得到城市化带来的聚集效应和综合效益；企业形成的污染无法集中处理等。

第五，对农业的发展产生了不利影响。随着包括农村私营企业在内的乡镇企业的迅速发展，广大农民在比较利益和工农业产品价格剪刀差的驱使下，离农现象日益严重、给农业的发展带来了许多不利影响。其表现有三个方面：一是对从事农业的劳动力和人才的争夺，因为从农业人口转移到包括农村私营企业在内的乡镇企业中的劳动力是素质较高的，这样造成最需要人才的农业只能依靠老弱病残和没有文化的一批人去发展；二是包括农村私营企业在内的乡镇企业的迅速发展，挤占了发展农业所需的资金；三是包括农村私营企业在内的乡镇企业的迅速发展，不仅挤占了农业用地，而且使一些农民弃农从工从商，造成了土地闲置和责任田抛荒。

此外，农村私营经济在推动农村工业化过程中所带来的污染、生态平衡遭到破坏的问题也比较严重。

针对上述农村私营经济在促进我国农村工业化过程中出现的问题，我们必须采取以下措施加以解决。

第一，调整企业组织结构，加强企业内部管理。农村私营企业在促进农村工业化的发展过程中，要不断调整企业组织结构，把符合条件的企业改建为有限责任公司；积极发展横向联合，大力发展工商、工农、工贸联合，朝着小而专、高水平、小商品、大市场方向，推动专业化、社会化协作生产，建立各种形式的企业集团和群体。同时，要不断提高农村私营企业家和员工素质，加强企业基础工作，制定并实施各种规章制度，建立符合《会计法》要求的企业财务制度，进一步规范企业内部管理。

第二，重视工业园区建设，优化企业布局。各级政府应以现有乡镇所在地和农村集镇为中心，建立工业开发园区，鼓励农村私营企业主到开发园区设厂，避免村村办企业的老路，使企业获得应有的聚集效益；鼓励和采取切实可行措施，把污染较重的农村私营企业迁入工业园区，以便使工业污染得到集中处理；政府积极参与投资，提供必要的基础设施，加快工业园区的建设。

第三，发挥农村私营企业的优势，不断调整和优化产业结构。今后农村私营企业发展应充分利用靠近原料产地优势，大力发展农副产品加工业，提高加工深度，使自己的产品升级升值；立足于农业现代化，发展农用机械、农药、饲料等农用工业；依靠城市大工业发展配套工业，为城市大中型企业生产零件、部件或部分产品，分享专业化分工协作带来的好处，避免相互间的过度竞争；利用农村廉价劳动力的优势，发展一些劳动密集型工业，包括一些有特色的传统手工工业；继续承接城市工业现代化过程中所淘汰的却仍有销售市场的某些产品，丰富和活跃市场的有效供应。

第四，调整农村工业发展速度，保持农村工农业的平衡发展。据有关专家研究，我国农村工业与农业适宜的增长率之比为2∶1，保持这个比例，农村经济就能平衡发展，大于或小于这个比例，农村经济就可能失去平衡。① 1984年以来，我国农村工业与农业增长率一直保持在5∶1以上。这是造成农业发展受到削弱的主要原因。因此，我们必须控制包括农村私营企业在内的乡镇企业的发展速度，处理好农村私营企业与其他非私营乡镇企业之间的比例关系，促进农业发展，保持农村经济的良性状态。

（本文与薛有志、崔春植合写，发表于《中国经济问题》1996年第3期）

---

① 张春富、王宝琦、梁中凯编著：《中国农村经济变革》，北京出版社1991年版，第165页。

关于私营企业发展的几个理论和现实问题

改革开放以来，私营企业发展迅速，已经成为我国国民经济建设的一股不可缺少的重要力量，对于促进我国经济和社会发展起了重要作用。但是目前在理论上和现实中存在的一些问题却严重制约了私营企业的发展，使私营企业没有发挥出其应有的作用，因此，本文将对制约我国私营企业发展的这些理论和现实问题进行研究和探讨。

一 私营企业定义的界定问题

对于私营企业的认识，目前人们仍然主要依据国务院于1988年颁布的《中华人民共和国私营企业暂行条例》给出的定义，即私营企业是指企业资产属于私人所有、雇工8人以上的营利性组织。我们认为，这一定义既有其科学性的一面，又有其不科学性的一面。其科学的一面是，它揭示了私营企业的性质，把私营企业与其他所有制形式的企业区别开来。其不科学的一面是，它把"雇工8人以上"作为衡量私营企业的一个标准，在现实中为私营企业的产生和发展创造了障碍，并对私营经济和整个国民经济的发展产生了不利影响。

首先，它限制了个体户向私营企业的转化。我国私营企业基本上都是在个体经营基础上发展起来的，没有个体经营就没有我国私营企业今天这样的发展规模。但是目前却有一些在资金、技术、设备、经营等方面具备私营企业条件的个体业主，宁愿继续充当个体户而不愿成为私营企业主。出现这种情况的原因虽然主要源于个体业主对国家政策、私营企业前途等问题在思想认识上的顾虑，但其客观依据却是"雇工8人以上"这一衡量私营企业的标准，现实中在个体业主中普遍存在的"七上八下"的思想和行为就是这种情况的真实写照。很显然，这一标准在一定程度上制约了个体户向私营企业的转化，延缓了私营企业的发展速度。

其次，它不利于资源的优化配置。个体户是以劳动者个体私有制为基础的，因而它只在个体劳动这一极其狭小的范围内实现了资金、技术、劳动力等生产要素的优化组合，而私营企业是以非劳动者私有制为基础的，因而它突破了个体劳动的限制，可以把聚集在单个劳动者手中的资金、技术等生产要素集中在企业手中，在更大范围内实现生产要素的优化组合。由于个体业主不愿转化为私营企业主，使私营企业在资源配置方面超过个体户的优势没有发挥出来，这在一定程度上是不利于资源优化配置的。

最后，它制约了私营经济规模的扩大。个体户和私营企业都是以追求利润最大化为目的的。但个体户追求利润最大化是为了满足自身及其家庭消费的需要，而私营企业则主要是为了不断聚集和增大资本、扩大企业的生产经营规模。现实中由于个体户不愿意转化为私营企业，决定了个体户赚取的利润只能是吃光、用光或顶多把钱存入银行，而不是用于扩大生产经营规模，这在一定程度上制约了私营企业总量的增加和私营经济规模的扩大。

可见，现有的私营企业定义已不利于私营企业的发展，必须进行重新界定。我们认为，可以对私营企业进行如下定义：私营企业是指企业资产属于私人所有并存在雇工的营利性组织。这一定义的好处是，可以促进个体户向私营企业转化，使资源得到进一步优化配置，私营经济规模得到进一步扩大，进而推动我国整个国民经济快速发展。因为这一定义不是把私营企业和个体户的区别规定在雇工多少上，而是规定在是否存在雇工上。如果存在雇工就属于私营企业，如果不存在雇工就属于个体户。这样就迫使目前存在着雇工情况但雇工人数没超过8人的个体户自动转化为私营企业，进而促使原来的个体业主节制消费，把赚取的利润转化为资本，不断扩大企业的生产经营规模。很显然，把是否存在雇工作为划分私营企业和个体户的依据更科学。

二　私营企业产权明晰、财产保护及收益去向限制问题

目前，在私营企业财产中也存在着许多需要引起我们重视并亟须解决的问题。

（一）产权明晰问题

我国私营企业因生产资料的私有性决定了其产权应是明晰的。但在现实经济生活中，许多私营企业的产权却变得模糊起来。主要表现在以下方面。

第一，一些私营企业因发展的需要而吸收其他股东或合伙人的资金进入企业，由于事前没有进行严格的清产核资，使企业原有资产和新吸收的资产在现在企业资产中的比例没有界定清楚。随着企业规模的扩大、资产的增加和盈余的增多，股东或合伙人之间应享有的企业资产数额和应分得的盈余额的多少失去了客观依据，产权纠纷也由此发生，一些企业因此而变得亏损，甚至倒闭。所以，明晰这些企业的产权已变得十分必要。

第二，一些私营企业通过挂靠形式而变成了行政机构、社会团体、社会福利机构、学校等下属的集体所有制性质企业，使本来明晰的产权变得不明晰起来，造成挂靠企业和挂靠单位之间的产权纠纷增多。据统计，私营企业搞挂靠经营的数量是登记为私营企业数量的2—10倍。所以，明晰这些挂靠经营的私营企业的产权已经成为发展我国私营经济必须解决的现实问题。

明晰私营企业产权的途径，一是国家通过制定相应的法规、条例的形式规定那些要吸收新股东或新合伙人的企业在事前必须进行严格的清产核资，避免此类问题的发生；二是通过认定事实、协商

等形式对产权模糊的企业进行产权明晰；三是给予私营企业和公有制企业相同的待遇和同等的条件；四是对已经挂靠的私营企业进行清理，摘除挂靠关系，恢复本来面目。

（二）财产保护问题

目前私营企业财产受到侵犯的情况比较突出。一是一些私营企业的雇员通过贪污、挪用、侵占等形式把私营企业的财产转为个人所有，但却因为没有相关的法律、法规条文规定，执法部门没有执法依据或执法不积极，使这些不法雇员得不到应有惩罚，使私营企业的私有财产得不到应有的保护。二是一些政府机构对私营企业乱收费、乱摊派、乱罚款的老"三乱"问题仍然十分严重，一些政府机构的工作人员利用职务之便到私营企业乱吃、乱拿、乱占的新"三乱"问题突出。

解决这些问题，一要制定保护私营企业和私营企业主财产的法规，执法部门严格执法；二要规范政府机构及其工作人员的行为，坚决制止"三乱"情况的发生。

（三）财产收益去向的限制问题

目前私营企业财产收益去向极不合理，主要用在了业主和家庭的高消费上。其结果是不利于企业的积累和扩大再生产，损害了私营企业的健康发展。因此，国家有必要对私营企业财产收益去向进行合理引导和采取一定的限制措施。主要途径是采取税收差别对待政策。对于那些把财产收益主要用于消费的业主，通过制定较高的所得税率进行限制；对于那些把财产收益主要用于企业积累和扩大再生产的业主，通过制定低税率、减免税的形式进行鼓励。

三 私营企业的资本原始积累问题

目前，我国私营企业正在经历一场资本原始积累过程。我们应辩证地看待私营企业的资本原始积累，既要看到其积极的一面；又要看到其消极的一面；既要对其积极作用进行鼓励，又要对其消极作用进行限制。

私营企业的资本原始积累，对我国社会经济发展来看起一定的积极作用。首先，它把我国城乡剩余劳动力和分散的没有得到较好利用的资金、技术等生产要素组合在一起，形成了现实的社会生产力，促进了我国经济发展，增加了国家财政收入。其次，它把个体经济的小生产转化为较大规模的、生产经营较为先进的企业生产，这是历史的进步，对我国社会发展起了巨大的推动作用。最后，它为我国城乡剩余劳动力提供了就业渠道，增加了就业者收入，活跃了市场，繁荣了经济，加速了我国工业化和城市化进程。

在我国私营企业的资本原始积累过程中，确实也出现了不少问题，给我国社会经济发展带来一些消极作用，主要表现在以下方面。第一，我国私营企业主收入过高，一般都是雇工收入的几倍乃至上百倍，与广大员工低收入形成巨大反差，容易造成社会两极分化严重的局面，成为社会分配不公的重要表现之一。第二，法制观念淡薄，违法经营屡屡发生，例如，企业偷税漏税、制造假冒伪劣商品。第三，一些私营企业主在赚了钱之后，挥霍浪费、超前消费问题严重，在一定程度上对社会风气产生了不良影响；还有一些私营企业主为富不仁，胡作非为，败坏了社会风气。第四，许多私营企业劳动条件差，劳动强度大，劳动时间长，有的甚至违法雇用童工；职工劳动安全系数低，伤亡比较严重；还有一些私营企业主对女工的性骚扰问题突出；等等。

我们认为，在上述私营企业资本原始积累的积极作用和消极作用中，积极作用是主要的，消极作用是次要的，是可以通过政府强化管理、合理引导以及加强立法和执法工作逐步加以克服的。

从目前情况看，我国私营企业资本原始积累总的趋势是，企业资本积累规模扩大，积累率较高。据中国社会科学院和中国工商联对全国30个省、自治区、直辖市回收的1432份调查问卷得知，到1992年底，私营企业的户有注册资本已达31万元，比私营企业开办时平均增加5倍，平均每年增长31%。据浙江省调查，温州地区的私营企业年资本积累率高达56%。

在总趋势下，私营企业资本原始积累又表现为两种具体趋势，一种是消极的趋势，一种是积极的趋势。消极趋势主要表现为一些私营企业主在赚了钱之后，不是把利润用在企业扩大再生产上，而是用在了建豪华住宅、修坟造墓、狂嫖滥赌、休妻养妾等畸形消费方面。对于这些消极的趋势，政府应在立法、税收、政策、管理上加强引导，变害为利。积极趋势主要表现为一些私营企业主在赚了钱之后，节制自己和家庭的消费，而把利润的很大一部分拿出来投入企业的生产，积聚自己的资本，使自己的资本额增大；还有一些私营企业由于受市场竞争的压力以及受自身条件的限制，主动与其他企业合并，组建有限责任公司和企业集团，以使自己的资本有更大的增加，但目前这种资本集中的情况还不普遍。可以预言，在不久的将来，私营企业在不断进行资本积累的同时，资本集中将会有更大发展，形式也会更加多样化。对于这种积极的趋势，政府应积极支持和鼓励，促进我国私营经济跃上一个新台阶。

四 私营企业的家族关系问题

目前，我国私营企业中普遍存在着主要以家庭、血缘为纽带的家族关系。

私营企业中家族关系的存在首先有一定的积极作用：有利于减少企业的内耗，避免互相扯皮现象，做到令行禁止；企业凝聚力较强，能最大限度地减少业主与员工之间的冲突；能充分地协调家族成员的行动，最大限度地利用时间，节省原材料，降低成本，提高工作效率。

私营企业中家族关系的存在在具有积极作用的同时，还存在许多消极作用：第一，企业的家族围墙使非家族的员工既难以参与企业的核心决策，因而影响了员工的进取心和对企业的向心力，不利于人才的流入。第二，由于企业的所有者和管理人员都是血缘相近的家族成员，其成长过程、生活环境、经历和经验极为相似，缺乏信息源和知识结构的丰富性，在解决问题时易于陷入孤陋寡闻、如出一辙的盲区，影响了企业决策的质量和科学性。第三，不利于在企业内部实行铁面无情的现代科学组织原则。第四，在企业扩大时，容易产生家族成员在财产和权利方面的矛盾，如果处理不好，会导致家族关系的破裂，最终导致企业倒闭。

私营企业中的家族关系随着私营企业的发展会出现进一步加强的趋势，企业的所有权尤其是经营权会从家族的第一代成员传承给第二代成员并顺延下去，这是由根深蒂固的中国传统的家族文化和家族观念决定的。这种趋势对我国私营企业的发展是非常不利的。海外华人企业的兴衰史已经证明，这种家族关系的发展趋势往往会使企业传不过第三代，第一代人凭艰苦创业而成功，第二代人有些还能继承第一代人的经验和威望守业，从第三代人起，许多企业开始衰败，甚至崩溃。因此，对于私营企业中的家族关系，我们不能任其自然发展，而应进行正确的引导与调节。一是鼓励和提倡私营企业的所有权和经营权分离，经营权和管理权尽可能不在家族成员范围内传递和继承，使企业的经营活动逐步由亲情化转为理性化。二是逐步在私营企业中建立和完善科层制，净化企业的人文环境，采用举贤任能的用人标准，逐步克服企业中用人唯亲的弊端。

（本文与薛有志合写，发表于《当代经济研究》1996年第3期）

中国"混合经济"论

党的十五大报告指出:"公有制为主体,多种所有制经济共同发展,是我国社会主义初级阶段的一项基本经济制度。"在党的重要文献上首次把"混合经济"作为我国社会主义初级阶段的基本经济制度,可以说是对马克思主义所有制理论的一个重大突破与创新。多种所有制经济就是"混合经济",它是社会经济发展的常态。自原始公社解体以来,它一直是各个社会形态经济运行所采取的一种基本形态。世间万物色彩缤纷,从来都不是单一色调;人类社会的经济关系错综复杂,更不会简单划一,"混合经济"本是题中应有之义。

长期以来,我国追求"单一公有制经济",搞"一大二公三纯",否定社会主义阶段经济是"混合经济"。从实践上看,这是受苏联社会主义经济模式影响的结果;从理论上说,这是斯大林机械搬用马克思主义关于社会主义理论模式的产物。当今,我们冷静总结社会主义运动的历史经验不难看出:社会主义在苏联的失败,一个极为重要的原因在于斯大林的理论失误,即:他机械地理解和套用马克思和恩格斯关于社会主义的理论构想和理论模式,脱离苏联的实际,追求纯而又纯的"单一公有制"主宰的"社会主义"。随着我国改革开放的深入,人们对社会主义的认识越来越接近科学,日益认识到从理论与实践的结合上探讨社会主义初级阶段实行"混合经济"制度的必要性及迫切性。正是基于这个原因,本文试图探讨以下三个问题:一是运用发展及辩证的观点,科学阐述马克思和恩格斯关于社会主义社会经济模式的构想,说明我国社会主义初级阶段实行"混合经济"制度的理论依据及合理性;二是结合中外社会主义的实践,分析中国社会主义初级阶段的基本国情,阐明中国在社会主义初级阶段实行"混合经济"制度的必然性,指明它是生产关系必须适合生产力性质与要求规律作用的必然结果;三是论证"混合经济"制度的优越性及其在我国今后一个较长时期的发展趋向,以便进一步完善与发展我国的"混合经济"制度。

一 社会主义社会"单一经济"论是对马克思和恩格斯理论的误解

在我国学术界,有一种颇为流行的观点认为,马克思和恩格斯预见的社会主义社会是单一所有制结构的社会,不存在多种所有制形式即多种经济成分问题。我认为,这种社会主义社会"单一经济"论是对马克思和恩格斯的科学社会主义理论体系的一种误解。误解的根本原因在于:不是用辩证的、发展的观念,而是用静止的、凝固的、僵化的观点去对待马克思和恩格斯的科学社会主义理论体系。

不可否认,马克思和恩格斯都曾经认为未来的社会主义社会只存在一种所有制形式即社会所有制。这与他们的社会主义必须在发达资本主义国家同时取得胜利的理论有密切关系。马克思和恩格斯都曾经设想社会主义革命不能单独在某个国家内发生,"而将在一切文明国家里,即至少在英国、美国、法国、德国同时发生"。[①]因为在这些国家中,生产与资本集中都达到高度社会化程度,无产阶级取得政权后可以把整个社会的生产资料和资本收归社会所有,建立单一的社会所有制。对此,我们必须明确以下几点。

第一,这是马克思和恩格斯早期(19世纪40年代)的思想和观点。这种思想和观点是正确的,因为它符合当时资本主义发展的实际。当时,资本主义处在自由竞争、平稳上升时期,各国经济政

---

① 《马克思恩格斯选集》第一卷,人民出版社1972年版,第221页。

治发展不平衡问题尚没有明显突出地显现出来。马克思和恩格斯当时的主要注意力是放在研究资本主义基本矛盾、工人阶级状况及其与资产阶级的矛盾与对立，研究工业生产的集中和农业地租问题，还没有注意研究这些国家中小农的命运问题。这样，他们依据当时资本主义各国生产社会化状况作出社会主义在主要资本主义国家同时胜利的论断，并由此而设想社会主义是"单一经济"，是情有可原的。后人不能苛求前人。每个时代的科学研究都只能作出符合本时代的结论，否则就是脱离实际的空想。

第二，必须看到马克思和恩格斯的思想理论观点的变化。不承认和看不到这个变化，就不是唯物主义者，也正是我们长期以来误解或曲解马克思和恩格斯的科学社会主义理论体系的一个重要原因。19世纪70年代以后，马克思和恩格斯都已注意到资本主义发展的不平衡，认识到社会主义革命"不是到处同时到来，也不一定在同一发展阶段上到来"①。可见，马克思和恩格斯在客观上，事实上已经修正了原来社会主义革命在主要发达资本主义国家同时发生的思想。这样，在不同国家社会主义革命胜利后建立起来的社会主义社会就不必定是"单一所有制"了。

第三，19世纪70年代以后，马克思和恩格斯都注意到了法国的农民问题。马克思在1872年写的《论土地国有化》一文中谈到了法国农民所有制，指出这种依靠自己劳动和自己家属劳动的土地所有制，即个体农民所有制，"排斥了采用现代农业改良措施的任何可能性"②。恩格斯更是关注法国革命的特殊性，指出法国农民问题的根本出路。早在1870年，他就明确指出："农业工人，也只有当首先把作为他们主要劳动对象的土地从大农民和更大的封建主私人占有中夺取过来，而变作由农业工人的合作团体集体耕种的社会财产时，他们才能摆脱可怕的贫困。"③ 1874—1875年，马克思

---

① 《马克思恩格斯选集》第二卷，人民出版社1972年版，第292页。
② 《马克思恩格斯选集》第二卷，人民出版社1972年版，第453页。
③ 《马克思恩格斯选集》第二卷，人民出版社1972年版，第295页。

直接谈到农业土地私有制向集体所有制过渡问题，明确指出："凡是农民作为土地私有者大批存在的地方，凡是象在西欧大陆各国那样农民甚至多少还占居多数的地方……无产阶级将以政府的身份采取措施……一开始就应当促进土地私有制向集体所有制的过渡，让农民自己通过经济的道路来实现这种过渡。"① 恩格斯在他逝世前一年（1894年）发表的《法德农民问题》，更是详尽具体地论述了把农民私有制变成合作社集体所有制的原则和方法，他说："当我们掌握了国家权力的时候，我们绝不会用暴力去剥夺小农（不论有无报偿，都是一样），像我们将不得不如此对待大土地占有者那样。我们对于小农的任务，首先是把他们的私人生产和私人占有变为合作社的生产和占有，但不是采用暴力，而是通过示范和为此提供社会帮助。"还指出"这里主要的任务是使农民明白地看到，我们要挽救和保全他们的房屋和土地，只有把它们变成合作社的占有和合作社的生产才能做到"②。由上可见，马克思和恩格斯自19世纪70年代以后都观察到了法国分散的农民个体所有制问题，都强调无产阶级革命胜利后不能用暴力剥夺小农，而只能用示范与社会帮助的办法让农民走合作化的道路。这样，他们在事实上已经承认社会主义社会不可避免地存在农民个体所有制和合作社的集体所有制。

综括以上三点，我们可以清楚地看到，马克思和恩格斯对社会主义革命的发生及社会主义社会的认识是不断深化的，由原来的设想和预见变为越来越切近现实，越来越符合科学。由社会主义革命同时爆发和同时胜利转为社会主义革命不是同时或同一阶段到来，这是个重大的认识上的飞跃与转变，由此必然带来如下认识上的转变与飞跃：由社会主义社会"单一经济"论转变为社会主义社会"多元经济"论。从马克思和恩格斯19世纪70年代以后的有关论

---

① 《马克思恩格斯选集》第二卷，人民出版社1972年版，第634—635页。着重号为引者所加。

② 《马克思恩格斯选集》第四卷，人民出版社1972年版，第310、311、312页。

述无可置疑地看到，他们已经意识到社会主义社会起码会有三种所有制形式，即社会所有制、农民个体所有制、农民的合作社所有制。如果是把马克思和恩格斯关于社会主义的论述作为一个发展的完整的科学体系来理解的话，得出社会主义社会"多元经济"论的结论，的确是顺理成章、天经地义的。

造成对马克思和恩格斯理论的误解，提出所谓社会主义社会"单一经济"论的主要责任者是斯大林及其主持编写的《政治经济学教科书》。斯大林对马克思和恩格斯的科学社会主义理论体系的认识，有如下几点失误：一是缺乏辩证唯物的观点，往往进行机械的理解与盲目照搬；二是对社会主义社会认识过"左"，往往超越生产力发展水平及社会正常发展阶段；三是追求纯而又纯的"社会主义"，力求过早地实现和建成"社会主义"。他的上述思想及失误在苏联《政治经济学教科书》有较充分的体现。如该教科书第二十三章讲："在从资本主义到社会主义的过渡时期，消灭了多成分经济，建成了城市和农村的社会主义国民经济体系，确立了社会主义生产方式。在苏联，由多成分经济过渡到单一的社会主义经济体系，是在全国生产关系和生产力的根本改变的基础上进行的。"①

由于中国长期受斯大林理论和苏联《政治经济学教科书》的影响，不断地脱离生产力发展水平和超越社会发展阶段，过急过早地消灭非公有制经济成分，搞了单一公有制的社会主义模式，并且不断进行集体所有制到全民所有制的"穷过渡"，追求单一全民所有制的"真正社会主义"，因而违背了社会发展规律，使我国的社会主义建设蒙受了巨大的损失。直到党的十三大提出了社会主义初级阶段理论，才从根本上纠正了我国在社会主义发展阶段问题上"左"的错误。江泽民同志代表党中央做的党的十五大报告，全面系统地阐述了社会主义初级阶段理论，并把公有制为主体、多种所有制经济共同发展作为我国社会主义初级阶段的基本经济制度，这

---

① 苏联科学院经济研究所编：《政治经济学》（修改第三版）下册，人民出版社1959年版，第406页。

不仅创造性地丰富和发展了马克思和恩格斯的科学社会主义理论体系，而且能从根本上保证我国不再重蹈追求"单一公有制"的社会主义模式，从而沿着中国特色社会主义道路阔步前进。

二 社会主义初级阶段实行"混合经济制度"的必然性

应当指出，我们这里讲的"混合经济"同萨缪尔森讲的"混合经济"有所不同。萨缪尔森在其《经济学》讲的"混合经济"是指私人组织和政府机构都实施经济控制的经济①，它是以私人经济为主导的一种经济，而我们的"混合经济"是以公有制为主导的，所以不能等同起来。

中国社会主义的初级阶段，不是泛指或等同于其他任何国家进入社会主义都会经历的起始阶段，而是特指在生产力落后、商品经济不发达、封建主义影响较多条件下建设社会主义所必然要经历的特殊历史阶段。这个命题本身就蕴含着实行"混合经济制度"的必然性。

（一）多层次、总体水平低下落后的社会生产力是实行"混合经济制度"的决定性因素

中国生产力水平低下落后，既有"先天"的原因，也有"后天"的因素；既有历史的原因，也有现实的因素；既有"外部"的原因，也有"内部"的因素。旧中国长期战乱，经济凋敝，民不聊生，生产力发展"先天"不足；新中国成立以后，虽然有些发展，但由于受"左"的路线干扰，大搞"阶级斗争为纲"，尤其是"文化大革命"期间，把发展生产力当作"修正主义"来批判，鼓吹"卫星上天，红旗必然落地"，因而致使我国社会生产力发展特别是

---

① ［美］保罗·A. 萨缪尔森、［美］威廉·D. 诺德豪斯：《经济学》（第12版），高鸿业等译，中国发展出版社1992年版，第65—66页。

科学技术这个第一生产力长期停滞不前。从外部因素来看，中国长期受帝国主义侵略掠夺，上万亿的资源和财富被帝国主义列强搜刮而去，直到新中国成立后很长一个时期帝国主义还对我国进行禁运和经济封锁，这也是造成中国社会生产力水平落后的一个重要原因。当然，主要还在于我国长时期脱离中国国情，超越社会主义初级阶段，经济发展战略过"左"的失误所致。我国生产力总体水平低下落后，并不是说我国社会生产力一点先进性都没有了。事实上，我国各个地区、各个部门和各个行业的生产力状况还是参差不齐、存在较大水平差距的，既有先进的机械化、自动化的大机器生产，也有落后简单的手工生产。这种多层次、总体水平低下落后的社会生产力决定与其相适应的所有制关系不可能是单一的，而必须或只能是多元化的。生产力的性质及状况决定生产关系，生产关系必须适合生产力的性质和状况，这是任何时候都不能违背和否定的规律。

（二）我国社会主义初级阶段实行"混合经济"制度，是发展商品经济的客观要求

商品经济不发达，是社会主义初级阶段的一个重要特征。社会主义的根本任务是发展生产力，发展商品经济。而要大力发展商品经济，就必须实行多元化的经济，即推行"混合经济制度"。因为商品经济是以社会分工为基础、以商品所有者独立化、多元化为条件的一种经济形式。同一所有者或商品所有者不独立，没有独立的产权，是不可能搞商品经济的。不同所有制的企业，由于它们各自都是独立的产权主体，拥有独立的产权，因而它们才能以独立商品生产者和经营者的身份互相对待。我国全民所有制经济内部各企业之间之所以难以发展商品经济，根本的原因在于它们是同一所有者各企业没有独立的产权关系，无法形成各自独立利益。只有进行产权制度改革，使企业真正拥有独立的法人财产权，即产权独立化，各企业之间才能在事实上作为独立的商品生产者和经营者来对待，从而形成商品经济关系。否则，至多是同一所有者的物资及产品调配而已。还应看到，商品经济是一种竞争型经济，竞争使商品经济

充满生机与活力，使价值规律得到贯彻。只有所有制形式多元化，各种经济"混合竞争"，才更适合商品经济发展的需要，也才能更有力地促进商品经济的发展。

（三）社会主义革命的特点也使社会主义初级阶段必然存在多种经济形式，实行"混合经济制度"

恩格斯指出："我们无须等到资本主义生产发展的后果到处都以极端形式表现出来的时候，等到最后一个小手工业者和最后一个小农都变成资本主义大生产的牺牲品的时候，才来实现这个变革。"[1] 中国的社会主义革命就是在资本主义不发达条件下发生的，是在半殖民地半封建社会的基础上建立社会主义社会的，这样建立起来的社会主义社会必然要保留大量小手工业者和小农，私有制经济不可能在短期内消灭。我国于20世纪50年代中期过急过早地消灭私有制经济，消灭小手工业者和小农的个体所有制经济，实际上是对中国社会主义革命的特点及中国社会主义社会性质的误读。没有清楚认识到中国社会主义革命是在资本主义不发达条件下发生的，对中国社会主义是从半殖民地半封建社会直接脱胎而来、刚刚迈入社会主义门槛这一重大问题认识不足，以为依靠无产阶级政权就可以随意变革和废除私有制经济。权力是不能长久支撑单一公有制的社会主义的。社会主义初级阶段实行多元化的"混合经济制度"完全是社会发展运动规律作用的结果和产物，没有什么权力可以长久地阻止它的实行。

（四）从"公"与"私"的矛盾统一角度看，我国社会主义初级阶段实行"混合经济制度"也是必然的

"公"与"私"是相对立的，也是一个矛盾统一体。从所有制上看，公有制与私有制既是相矛盾、相对立的，又是相互联系、相互依赖的。自私有制产生以来，奴隶社会、封建社会和资本主义社

---

[1] 《马克思恩格斯选集》第四卷，人民出版社1972年版，第312页。

会都没有消灭私有制，一种社会形态取代另一种社会形态只是以一种新的私有制取代原来旧的私有制。当然，在上述社会形态中，私有制也从未孤立存在，每一个社会形态中都有其特定意义的"公有制"。比如资本主义社会里也存在劳动者的合作经济，它实际上也是一种"公有制"；再比如资本主义国家所有制，实际上也是他们国家的一种"公有制"。以往乃至现在资本主义国家所有制不包括劳动人民、一点儿也不代表劳动人民利益的说法，这实在是有些绝对化与形而上学。传统的经济学把公有制与私有制看作绝对对立、根本不相容的，不仅在理论上违背辩证法，实践上也是站不住脚的。在现实经济生活中，私有制经济的存在，作为公有制经济的一个强有力的竞争对手，不可以更有效地促进公有制经济改革体制、转换机制、提高效率吗？同样，公有制经济的存在，作为私有制经济的强有力的竞争对手，不也会使私有制经济有巨大的外在压力，从而加速自己的发展，提高自身的素质和竞争能力吗？可见，二者是可以互相促进、"和平共处"、实现共同发展与繁荣的。公与私的混合或融合，进而公有制与私有制的混合或融合，这正是混合经济制度的哲学基础。

（五）从社会主义发展的实践上看，凡是推行单一公有制社会主义模式的国家，均遭受挫折与失败，这以铁的事实向我们证明：实行多元化的"混合经济制度"，是社会主义国家唯一正确的选择

苏联、东欧社会主义国家几十年推行单一公有制社会主义模式，否定多种经济形式，消灭非公有制经济，搞纯而又纯的社会主义，结果国民经济长期停滞不前，人民生活水平得不到明显改善和提高，最后被资本主义所战胜并取代。幸亏邓小平审时度势，及时地领导中国人民进行改革开放，在大胆引进外资的同时，对原有的单一公有制社会主义模式进行改革，恢复个体经济，发展私营经济，出现了多种所有制经济共同发展的新格局。正是这样做的结果，才使得中国没有像苏联、东欧国家那样发生"社会主义失败"。是改革开放挽救了社会主义中国；也是改革开放使中国抛弃了传统的单一公有制社会主义模式，走上了"混合经济"型社会主义道路；更是改革开放使中国走向振兴与腾飞。

三 充分认识和发挥"混合经济制度"的优越性

"混合经济制度"比起单一公有制度来，要有许多无可比拟的优越性。充分认识和发挥它的优越性，对于加快我国的改革开放和现代化建设步伐，具有重要的现实意义。

第一，"混合经济制度"能够适应和促进不同领域、不同层次生产力的发展，提高生产力总体水平，增强综合国力。一般来说，全民所有制适应社会化大生产的需要，可以打破行业和地区的界限，在全国范围按照国家总体要求统一配置各种资源，达到资源利用效率最大化，实现最佳的产出效益。集体所有制及合作经济适应机械化、半机械化生产，许多劳动密集型行业采取这两种经济形式，能更有效地发挥劳动者积极性，把我国劳动资源丰富的潜在优势变为现实生产力优势。同时也应注意到，这两种经济形式，也适应于知识密集型行业。它有助于智能型人才的联合与合作，发挥人才的群体智慧与科技优势，加速发展知识经济。一般来讲，个体与私营经济适应于城乡个体手工业、农业、商业等领域的生产经营，它们与较低的生产力状况相适应。当私营经济达到一定规模和档次后，也可以与高层次的生产社会化相适应。实现跨行业、跨地区生产与经营，甚至走出国门，从事跨国生产与经营。以上各种经济制度的混合交叉，基本上与不同层次的生产力状况相适应，促进不同水平的生产力向前发展，从总体上达到增强综合国力的目的。

第二，"混合经济制度"能够有效地促进竞争，提高经济运行质量，增强国民经济的生机与活力。列宁有句名言：任何垄断都必然产生停滞和腐朽。单一的公有制垄断也不例外。改革开放之前，我国的国民经济完全被公有制经济所垄断，是公有制的"一统天下"，结果企业之间没有竞争，没有外在压力，更无生机与活力，导致国民经济停滞，如"死水一潭"。多种经济制度由于是经济主体多元化、利益主体多元化，它们都要实现自身利益最大化，为此就难免发生利益矛盾和竞争。竞争就要比数量、比质量、比价格、比服务等，谁的数量多、质量高、价格低、服务好，谁就会占有更多的市场份额，谁就会夺取竞争优势，获得迅速发展。否则，就会被竞争所淘汰。所以说，多种经济制度的竞争是增强国民经济生机与活力、推动国民经济快速发展的一个强有力的杠杆和实效助长剂。

第三，"混合经济制度"有助于公有制经济主体地位的巩固与发展，提高其对国民经济命脉的控制力。公有制经济在国民经济中的主体地位绝不是人封的，它是在多种经济制度的竞争中形成和发展的。离开了竞争，它的主体地位是僵化的、没有生命力的，更无战斗力。公有制经济同其他经济制度竞争，有优势也有劣势。劣势是：其管理体制的改革尚未完成，经营机制还没实现根本转变，企业法人所有权还没有确立，独立的市场竞争主体还未形成，因而达不到与其他经济制度站在同一起跑线上展开平等竞争。其优势是拥有现代化的生产设备，物质技术基础先进且很雄厚，掌握先进的科学技术和发达的信息网络系统，还拥有庞大先进的科技人才队伍，尤其是还有国家政策及资金上的支持，等等。优势与劣势相比，优势大于劣势。况且，经过深化企业改革，实现改制转机，公有制经济的一些劣势完全可以克服，甚至转变为一定的优势。因此，那种认为在不同经济制度之间的竞争中公有制经济会失败、主体地位会丧失的观点，是站不住脚的，担心也是没有必要的。但是有一点是至关重要的，即公有制经济必须深化改革，改制转机。舍此，其主体地位要想不丧失并获得巩固与发展，恐怕难以做到。所以，改革关系到我国公有制经济的地位、前途与命运，必须坚定不移地深入下去。

(本文发表于《当代经济研究》1999年第9期)

毫不动摇地坚持和发展个体私营经济的新方针

党的十六大报告，站在坚持和完善社会主义基本经济制度的高度明确指出："必须毫不动摇地鼓励、支持和引导非公有制经济发展。"这是21世纪我国发展个体私营经济的方针，这个方针进一步丰富和完善了党的十五大提出的发展个体和私营经济的方针。党的十六大报告加大了促进个体私营经济发展的力度，不仅在理论上更严谨、更完善、更科学，而且在实践上会更有利于个体和私营经济的快速健康发展。毫不动摇地坚持党的十六大提出的发展个体私营经济的新方针，必须正确认识和处理好以下两个关系。

第一，主体与非主体的统一关系。党的十六大报告指出："坚持公有制为主体，促进非公有制经济发展，统一于社会主义现代化建设的进程中，不能把这两者对立起来。"这是对现实中存在的将坚持公有制为主体与促进非公有制经济发展对立起来的观点的纠正。在社会主义现代化进程中，公有制经济与非公有制经济都是社会主义市场经济的组成部分，二者的根本目的都是实现现代化，强国富民。大力发展非公有制经济不仅不会损伤公有制的主体地位，反而会促进社会生产力的发展，提高我国综合国力从而使社会主义公有制建立在更雄厚的物质基础和强大的国力基础之上，而公有制主体地位越巩固和发展，就越可以放开手脚发展非公有制经济，使二者进入互相统一、互相促进的良性循环。

第二，公有制经济与私有制经济的优势互补关系。传统经济学认为，公有制经济与私有制经济是根本对立的，只有公有制经济有优越性，实际上，这是错误的。公有制经济具有与社会化大生产相适应、可以在全社会范围实行国家计划调节，拥有资源、资本、信息、交通、人才及科技等方面的优势，但也不可否认在既定的生产力水平下，私有制经济也具有一定的优势。私有经济经营方式多样，运行机制灵活，利益驱动力强，有着不可替代的作用，能够促进生产力的发展，巩固和发展公有制经济的主体地位。党的十六大报告中指出的："各种所有制经济完全可以在市场竞争中发挥各自优势，相互促进，共同发展。"这是非常正确、科学的，必将促进我国经济的发展与繁荣。

(本文发表于《长春日报》2002 年 1 月 25 日第 3 版)

我国私营企业主收入属性探析

——与刘成碧同志讨论与商榷

现阶段我国私营企业主的收入是否属于剥削收入？其收入中有无剥削收入？刘成碧同志发表于《江汉论坛》2006年第6期上的《走出剥削悖论》（以下简称《悖文》）一文明确回答是否定的。他认为："正确把握我国现阶段私营企业主的收入属性"，必须"走出剥削悖论"，只有这样才是"与时俱进的观点"。由于该文被中国人民大学复印报刊资料全文转载，不仅在社会上产生较大影响，而且颇具代表性，所以有必要提出来与刘成碧同志讨论与商榷。

一 关于"两个有别"的"悖论"问题

刘成碧同志认为，判定现阶段我国私营企业主收入是否属于剥削收入，"答案取决于对资本利润性质的如何认定"，这无疑是正确的，但作者却没有循着这一思路进一步深入分析资本利润的性质，而却提出"两个有别"——"内外有别"与"公私有别"是"剥削悖论"来加批判，这就难免得出不恰当的判断与结论。

先看所谓"内外有别"的"悖论"。国内学术界有一种颇具代表性的意见认为，资本主义国家私营企业主所获取的利润属于剥削收入，而我国现阶段私营企业主所获取的利润不属于剥削收入。《悖文》认为，这明显违反"逻辑的同一律"，即无论是中国的还是外国的私营企业，其资本利润的性质是同一的，"不存在着本质区别"。笔者认为这种本质同一是正确的,即它们均是剩余价值的转化形式,都具有剥削收入的属性。

然而,刘成碧的"内外同一"却不同。按照他的"内外同一"的观点,无论外国私营企业还是现阶段中国私营企业,其利润均"是由资本自身创造的,不属于剥削",这显然是从所谓"内外有别"的"悖论"即外有剥削内无剥削的"悖论"走向"内外同一"的"无剥削"的"悖论"。这种从根本上否定中外私营企业雇佣劳动关系进而否定中外私营企业主收入具有剥削属性的观点,不仅理论上站不住脚,也不符合中外私营企业的实际。这绝不是什么"与时俱进的观点",而是倒退到早已被马克思无情批判了的资产阶级庸俗经济学的陈词滥调。作者连资本主义制度是资本家阶级对雇佣劳动者剥削的制度都不承认,这叫哪家的"与时俱进"?

再看所谓"公私有别"的"悖论"。公有制企业所获得的利润不属于剥削收入,私营企业所获得的利润属于剥削收入,这种"公私有别"的观点,《悖文》认为"是我国正统的主流看法",虽然它在"严格条件下"是"正确的",但在我国现阶段与"公有制企业也存在着剥削"这一事实明显不符。《悖文》认为,社会主义国家的国有企业在海外办厂投资所获取的利润不仅是对当地劳动者的剥削,而且在国内"公有制企业也不能排除剥削"。概括起来讲,无论公有制企业还是私营企业,其资本利润收入都属于剥削,只有如此才符合"逻辑的同一律",否则就不能"自圆其说"。我认为这从根本上抹杀了社会主义公有制与资本主义私有制的不同性质或属性,混淆了公有资本与私营资本的本质区别。公有制企业的资本所带来的利润,虽然也来源于剩余劳动,但它归国家所有或劳动者集体共同所有,不存在凭借生产资料私有权无偿占有他人劳动成果的剥削关系。而现阶段我国的私营企业,其生产资料是归私营企业主私人所有的,业主与雇工之间是雇佣劳动关系,业主凭借生产资料的私人占有及雇佣劳动关系,无偿占有劳动者所创造的利润,这显然是一种剥削关系。抽掉公有资本与私营资本的所有制属性，孤立纯粹考察它们所带来的利润，是不能科学揭示与说明其利润本质属性的。公有制企业里谁剥削谁呢？厂长、经理剥削工人吗？管理者剥削受管理者吗？我国国有企业在海外办厂投资，固然要获取利润，说这种收入也是对当地劳动者的一种剥削，这又是抹杀了社会主义国有资本与资本主义国有资本的根本属性与区别。

综上所述，我认为第一，"内外有别"——外国资本主义私营企业所获利润属于剥削收入，而我国私营企业所获利润不属于剥削收入，这确是一种"悖论"，但作者认为它们所获取的利润"都不属于剥削"，我认为更是一种"悖论"。第二，"公私有别"——公有制企业所获得的利润不属于剥削收入，私营企业所获取的利润属于剥削收入，这根本不是什么"悖论"，而是符合客观事实的科学确认与判定。公有制与私有制就是性质上不同的两种所有制形式，本质上不同，为什么非把它们带来的不同性质的利润硬要"同一"为"剥削"呢？"逻辑同一律"可以否定客观事物的内在本质差别吗？

二　"外部条件决定论"还是"内部因素决定论"？

考察现阶段我国私营企业性质乃至私营企业主收入属性，一直存在两种意见分歧与争论：一是"外部条件决定论"，二是"内部因素决定论"。我认为，"外部条件决定论"是不正确的，而科学判定现阶段我国私营企业主收入性质或属性，其基本依据应是"内部因素决定论"。上述"内外有别论"认为，资本主义国家私营企业主所获取的利润属于剥削收入，而我国现阶段私营企业主所获取的利润属于非剥削收入，其根本原因在于我国私营企业所处的外部经济社会环境及条件不同。

"外部条件决定论"的主要理论依据，是"公有制普照之光论"。马克思指出："在一切社会形式中都有一种一定的生产支配着其他一切生产的地位和影响，因而它的关系也支配着其他一切关系的地位和影响。这是一种普照的光，一切其他色彩都隐没其中，它使它们的特点变了样。"① 认为由于"普照之光"的照耀使我国现阶段私营企业的性质或根本属性完全"变了样"，变成了社会主义性质的企业，我认为纯粹是对马克思上述论述的误读与曲解。毋庸置疑，我国现阶段所有制结构中公有制占主体，公有制生产在整个社会生产中"支配着其他一切生产的地位和影响"，从而公有制经济关系也支配其他一切关系（包括私营经济关系）的地位与影响。但必须看到，它相对于私营企业这个独立经济体而言，其支配地位与影响仍然是一种外部力量。由于强大的占主体地位的公有制存在，确实使我国的私营企业"特点变了样"，即与资本主义国家的私营企业具有不同的特点：第一，在社会经济结构中私营经济虽然地位不断上升、作用不断加大，但只能居于非主导地位，难以起主控及导向作用；第二，它所面临的市场不再像资本主义国家那样的盲目竞争和无政府状态占统治地位的市场，而是由国家调节与控制的社会主义统一市场；第三，竞争对手与竞争关系也有所不同。资本主义国家中的私营企业，竞争的对手主要是另外一些私营企业，是私人利益关系的角逐与争夺，虽然是"你死我活"的，但基本上是发生在资产阶级根本利益一致基础上的利益争夺。社会主义国家中的私营企业除了存在上述竞争对手及私营企业主之间利益争夺关系之外，更大量、更主要的是同社会主义公有制企业之间的竞争，这种竞争集中体现了"公"与"私"的矛盾，体现了全体人民共同利益与私营企业主个人利益的矛盾与冲突。这是一种新型的人民内部矛盾，并不表现为阶级对立与斗争。上述特点与变化，并不表明私营企业的性质产生了变异。私营企业作为一个独立的经济实体，其内部经济关系并没有因为占主体地位的社会主义公有制的支配作用及巨大影响而发生本质改变。

私营企业的性质乃至私营企业主的资本所获取的利润是否属于

---

① 《马克思恩格斯选集》第二卷，人民出版社1972年版，第109页。

剥削收入，只能由私营企业内部经济关系的特殊性质来决定。毛泽东明确指出："成为我们认识事物的基础的东西，则是必须注意它的特殊点，就是说，注意它和其他运动形式的质的区别。只有注意了这一点，才有可能区别事物。任何运动形式，其内部都包含着本身特殊的矛盾。这种特殊的矛盾，就构成一事物区别于他事物的特殊本质。这就是世界上诸种事物所以有千差万别的内在的原因，或者叫做根据。"① 所以，确定现阶段我国私营企业的性质，进而判定私营企业主的利润收入是否属于剥削收入，必须研究与考察私营企业内部经济关系的特殊矛盾及其质的规定性。

首先，从生产资料所有制关系上看，私营企业的生产资料属于私营企业主个人所有，具有私营资本主义产权特征。尽管其产权主体多元化，实行各种股份合作制或股份有限公司制，其经营方式也是多元化，但这并不否定与改变其私有产权性质。正如马克思所指出："资本主义经营本质上就是私人经营，即使由联合的资本家代替单个资本家也是如此。"② 在私营企业中，雇工参与企业的生产与经营，对企业的生产资料只有支配权和使用权，没有任何所有权。这种生产资料占有及所有关系上的不平等，同资本主义所有制关系本质上是相同的。

其次，从私营企业内部相互关系上看，私营企业主在生产经营过程中居于统治和支配的地位；企业主是资本所有者，资本的运营与操作从属于企业主的意志与要求，雇工是出卖劳动力的工资劳动者，在企业主支配与监督下从事生产经营活动，为实现企业主的利润最大化目标服务。企业主对雇工的劳动力有支配权与使用权，可以随意支配甚至开除雇工。私营企业内部劳资关系不平等，同公有制企业内部劳资关系的平等形成鲜明的对照。在私营企业内部，劳资关系的不平等使得劳资双方的政治平等也往往大打折扣。

---

① 《毛泽东著作选读》上册，人民出版社1986年版，第147—148页。
② 《马克思恩格斯选集》第二十四卷，人民出版社1972年版，第272页。

最后，从分配关系上看，私营企业的分配原则是按资分配。私营企业主由于拥有资本所有权，因而掌握企业分配的决定权。企业创造的价值如何分配，完全由私营企业主决定。私营企业主按资本的大小及效率高低来获得剩余价值或利润，雇工没有任何分配决定权，他们只能依据劳动力市场供求状况来获取劳动力的价格即工资。由于中国劳动力市场基本上处于供给严重大于需求的格局下，因而雇工总是获得大大低于劳动力价值或价格的工资收入。中国私营企业主的收入是一般雇工收入的几十倍、几百倍、几千倍甚至上万倍。这种由于资本及生产资料占有关系不平等所引致不公平的收入分配关系，比较鲜明地体现甚至超过了资本主义分配关系的典型特征。

从上可见，我国私营企业内部经济关系是一种雇佣劳动关系，这是不争的事实。党的十三大报告以及后来诸多党和国家的文件都做了明确阐述。虽然有共产党的领导、社会主义国家的管理以及占主体地位的社会主义公有制这些外部条件的作用与影响，雇佣劳动关系的形式及特点有了某些新变化，但其内在本质属性并未发生根本性改变。外因是条件，内因是根据。按照这个马克思主义唯物辩证法原理，完全可以认定：我国私营企业主凭借资本所获取的利润收入具有剥削收入的性质或属性。刘成碧同志认为随着时代变迁和社会文明进步，这个利润的性质或属性发生了变化，变成了合理的资本收益、风险收入及投资回报，这仍是一种"外部条件决定论"的研究与分析方法，必然掩盖资本利润的内在本质属性。

三 我国私营企业主多元化收入的属性

不可否认，现阶段我国私营企业主的收入并非完全是剥削收入，而是多元化的。由于我国私营经济与资本主义国家中的私营经济相比具有不同的特点，同时又区别于所有制社会主义改造之前的中国民族资本主义经济，不是旧中国民族资本主义经济的简单再生，而是伴随中国改革开放而产生的一种新经济形式，所以，私营企业主并不等同于外国资本家及旧中国民族资本家。按照《资本论》所揭示的基本原理，这些资本家系资本的人格化，资本来到世间，从头到脚，每个毛孔都滴着血和肮脏的东西，即他们的一切收入和财富均是依靠剥削而来的。然而，现阶段我国的私营企业主却不同，他们原来都是社会主义劳动者，原始资本积累及资本积累也主要是依靠勤奋劳动、科技开发、经营管理、信息咨询、智力投资、资本运营等合法手段实现的。[①] 他们主要是靠劳动起家的。当然，这是中国私营企业主的主体，并不排除有相当一部分私营企业主是靠走私、偷税漏税、以权谋私、制售伪劣假冒、从事"黄色产业"等非法途径来积累资本与财富的。[②] 因此，不能笼统地一概认定中国私营企业主的收入统统为剥削收入，其积累的资本与财富统统是依靠剥削而来的。但无论如何都可以认定：那些依靠上述非法途径积累原始资本和扩大资本积累的私营企业主则是地地道道的剥削者，其任何收入均属于剥削收入，甚至是非法收入。

现在的关键问题是：依靠勤奋劳动、经营管理、信息咨询、智力投资、资本运营等合法手段发家致富的私营企业主，其资本所获取的利润收入是否属于剥削收入？我认为，这需要对私营企业主的各种不同收入进行具体深入的分析来回答。

（一）资本所有权的报酬或收入

它是单纯依靠资本的所有权而获取的一种利润收入，由于其中没有任何劳动元素加入，故称为非劳动收入。它主要包括股息收入、红利收入、利息收入等，这些收入实质上都是资本和生产资料所有权运行或运营的结果。我认为，这些非劳动收入并不完全等于

[①] 潘石：《中国私营资本原始积累》，清华大学出版社2005年版，第173—181、181—201页。

[②] 潘石：《中国私营资本原始积累》，清华大学出版社2005年版，第173—181、181—201页。

剥削收入。实际上，非劳动收入有广义与狭义之分。广义非劳动收入包括两部分：一是剥削收入；二是狭义非劳动收入，即非剥削收入。以往有些学者将广义非劳动收入直接等同于剥削收入，是不恰当的。这不仅扩大了剥削收入的界限与范围，而且更重要的是不能对私营企业主的非劳动收入做出科学的令人信服的阐释。所谓剥削收入，它一定是私营企业主凭借资本的私人所有权与占有权来无偿占有雇佣劳动者所创造的剩余价值或其转化形态——利润。这里的核心有两个：一是资本与生产资料的私人所有权。剥削与资本的私有产权有必然的联系。公有资本或资本的公有产权会带来利润收入，但不会产生并带来剥削收入。二是存在雇佣劳动关系。只要产生雇佣劳动关系，雇主所获取的利润收入就是来源于雇佣劳动者所创造的一部分剩余价值，那就是剥削收入；在不存在雇佣劳动关系的情况下，私营企业主凭借资本所有权所取得的报酬或收入，就属于狭义非劳动收入，即非剥削收入。理解剥削收入与非剥削收入，必须将上述两条结合起来，二者缺一不可。依据这两个前提条件，私营企业主的股息收入及红利收入显然属于剥削收入，因为这两种收入均是私人资本所有权运行或运营与雇佣劳动相结合的结果与产物。而私营企业主的利息收入，即私营企业主将自己的资本存入国家银行所获取的存款利息，就不属于剥削收入，因为他的私人资本并没有发生雇佣劳动关系，其存款利息同一般居民储蓄存款利息一样，属于纯粹的转让使用权的一种所有权收入。但其私人资本用于发放高利贷所取得的高额利息收入却不仅是一种剥削收入，而且还是一种非法收入。

(二) 企业经营管理收入

同经济学界颇为流行的一种观点一样，刘成碧同志也认为，我国私营企业主直接从事企业的经营管理工作，而经营管理工作也是生产劳动，其收入自然属于劳动收入，而不属于剥削收入。我认为不能简单如此论定，而应该依据马克思关于企业管理二重性的论述进行具体分析。马克思指出："一切规模较大的直接社会劳动或共同劳动,都或多或少地需要指挥,以协调个人的活动,并执行生产总体的运动——不同于这一总体的独立器官的运动—所产生的各种一般职能。一个乐队就需要一个乐队指挥。"① 并强调指出:"一旦从属于资本的劳动成为协作劳动,这种管理、监督和调节的职能就成为资本的职能。这种管理的职能作为资本的特殊职能取得了特殊的性质。"② 企业生产经营活动作为共同劳动或协作劳动,需要一般管理职能以协调个人活动,使生产总体得以运行。但在资本主义生产关系条件下,这种生产经营活动的一般管理职能就成为"资本的职能""取得了特殊的性质"。私营企业主执行前一种生产经营管理一般职能,不属于剥削的行为与活动,其所带来的收入不属于剥削收入;而当私营企业主执行特殊的资本经营与管理职能时,是在从事一种"剥削的劳动",它所带来的收入难免不带有剥削性质。在企业所有权与经营管理权"两权合一"的条件下是如此,而在所有权与经营管理权相分离的情况下,企业的经营管理职能就由经理人员承担,经理人员一般不同于企业主,他们是私营企业主的雇员,他们的劳动是生产劳动,其收入系劳动收入。正如马克思所指出:"这种与剥削结合的劳动(这种劳动也可以转给经理),当然就与雇佣工人的劳动一样,是一种加入产品价值的劳动,正如在奴隶制下奴隶监工的劳动,也必须和劳动者本人的劳动一样给予报酬。"③ 中国私营企业绝大部分并没有放弃经营管理职能,尤其是家族型私营企业更是"两权结合",这样,私营企业主的二重身份与职能同时并存,密不可分,其收入属性也是二元的。所以,不能简单地将他所视为剥削者,也不能彻底认定他们毫无剥削收入与剥削行为。党和国家从发展社会主义市场经济角度在政策上将他们界定为"社会主义事业建设者",我认为是恰到好处的,因为这既不否定其收入中包含剥削因素的特殊属性及行为,更有利于调动与发

---

① 《资本论》第一卷,人民出版社2004年版,第384页。
② 《资本论》第一卷,人民出版社2004年版,第384页。
③ 《剩余价值理论》第三册,人民出版社1975年版,第551页。

挥他们发展社会主义市场经济的积极性及主动性。政策界定与科学界定可以不严格一致。科学界定务必严谨、缜密，而政策界定则可以有一定的灵活性与弹性。

（三）科技劳动收入

科学技术是第一生产力，科学技术工作者是生产劳动者科技劳动是一种高级复杂劳动，它所创造的价值是简单劳动所创造的价值的乘数或倍加。我国许多私营企业主原来就是科技工作者，并且随着我国私营经济的迅猛发展，科技型私营企业乃至高科技型的私营企业日益增多，这样科技劳动在私营企业生产经营活动中所占的比重也越来越大，其科技劳动所获取的科技收入必然呈现日益增长的趋势。科技劳动不能因为是私营企业主所从事的就因此改变其性质，成为剥削活动，其收入从而也成为剥削收入，这是不公正的，也是不科学的。

（四）风险收入

在市场经济中，任何投资都是有风险的。私营企业主投资办企业，从事生产经营活动，必须自担风险、自负盈亏，自担企业生产经营失败或破产的责任。因此，风险收入自然包括在私营企业主的生产经营收入之中。不过，它具有明显的机会收入特征。早在20世纪90年代初，笔者在《当代中国私营经济研究》一书中就指出："风险收入和各种损益收入是私营企业运行过程中的机会收入问题。""它与市场风险及私营企业主抗风险能力呈正相关关系。一般来讲，市场风险愈大，风险收入便愈高；私营企业主的抗风险能力越强，其取得的风险收入便会越多。"这种收入与市场机遇及私营企业主对市场机遇的把握能力及水平密切相关。既然风险收入包含在私营企业主的生产经营收入之中，那就没有必要单做一项加以"扣除"。其收入属性自然是劳动收入与"剥削劳动"收入的二重性质。

四 要科学理性地对待剥削

不能科学理性地正视剥削、对待剥削，正是刘成碧同志主张"走出剥削悖论"的基本立足点。由于对剥削心存恐惧、憎恶、仇视等心理，因而要"走出剥削"，远离之。为此，不可避免地要从理论上彻底否定之。而要从理论上否定剥削，马克思关于劳动创造价值的理论及生产条件的分配决定企业收入分配的原理是一道不可逾越的障碍。《悖文》的失误就在于：离开马克思主义劳动价值论及生产条件的分配决定企业收入分配的原理，采用西方经济学的要素价值理论及要素分配理论来解释私营企业主收入，否定资本的公有属性及私有属性区别，否定雇佣劳动关系所引致的收入分配的剥削性质，则必然得出一切外国资本家和中国私营企业主都不存在剥削行为、其收入不是剥削收入的"悖论"来。

当今中国私营企业存在剥削行为，私营企业主收入中有剥削收入，是不可否认的客观事实，你无视之、避之、否认之，它照样存在。与其如此，莫如正视之、承认之、理性对待之。从道义上看，剥削是不人道的，容易引起人们的反感、憎恶与愤怒。然而愤怒，却不能作为经济科学的证据，正如恩格斯所指出："道义上的愤怒，无论多么入情入理，经济科学总不能把它看做证据，而只能看做象征。"① 应当承认，剥削在中国当代及今后一个历史时期的存在，具有必然性、合理性及进步性。正如刘少奇同志所说："在生产力水平低下的历史条件下，剥削是难以避免的。雇佣关系愈发展，可以使更多的人得到就业，更多的产品被生产出来，有利于社会经济的发展，从这个意义上讲，发展雇佣劳动是历史上的一个进步。"条件不成熟时过早消灭剥削，"将会导致生产受到破坏，

---

① 《马克思恩格斯选集》第三卷，人民出版社1972年版，第189页。

工人失业"①。这为我们科学理性地对待剥削及其收入问题树立了光辉的典范。

剥削是一种客观存在,你"走"得"出"去吗?硬要"走出去",有什么好处呢?我看正确的选择还是科学理性地对待它吧!

(本文发表于《当代经济研究》2008年第5期)

---

① 转引自薄一波《若干重大决策和事件的回顾》(修订本上卷),人民出版社1997年版,第56页。

吉林省民营经济发展水平比较与对策研究

一 吉林省与发达省份民营经济发展水平比较

吉林省民营经济发展起步较晚,直到1992年邓小平南方谈话发表之前,一直处于比较缓慢的发展状态。在邓小平南方谈话精神鼓舞下,吉林省的民营经济才真正步入快车道。尽管这一时期企业户数、从业人员、注册资本等增长很快,但与发达省份广东、江苏、浙江等相比仍存在相当大的差距,在全国处于后进状态。到2003年,吉林省民营企业户数不到广东、江苏、浙江、山东四省平均数的1/2,规模企业数不到四省1/6,财政贡献率不到四省的12%。从实现的生产总值看,低于全国平均的35%,在东北三省中,这一数值也低于辽宁、黑龙江两省。

下面,我们截取不同年份的数值,从动态的角度来观察吉林省与发达省份民营经济发展水平的差距。

从表1可以清晰地看出,第一,吉林省民营企业户数大约只是江苏的1/8,从业人员是江苏的1/10,注册资本约是江苏的1/6;第二,吉林省民营企业户数只是广东省的1/7多一点,从业人员是广东的1/8,注册资本是广东的近1/10;第三,吉林省民营企业户数只是浙江的近1/7,从业人员是浙江的1/18,注册资本是浙江的1/6多一点。吉林省民营企业不仅在户数、从业人员和注册资本量上与江苏、广东、浙江等省存在巨大的差距,而且在企业规模、实力等方面也存在明显差距,这从表2中可以清晰地观察到。

表1　2002年吉林省与发达省份私营企业在全国的位次及所占比例比较

	户数(万个)			从业人员(万人)			注册资本(亿元)		
	户数	占比	位次	人数	占比	位次	金额	占比	位次
江苏	28.7	11.8	1	363.7	10.7	2	2170.8	8.8	3
广东	25.9	10.6	2	281.4	8.3	3	3380.1	13.7	1
浙江	24.7	10.1	3	404.0	18	1	2156.0	8.7	4
吉林	3.3	1.4	16	34.0	1.0	17	328.1	1.3	17
全国	243.5	100	—	3409.3	100	—	24756.2	100	—

资料来源:张厚义:《中国私营企业报告(No.5)》,社会科学文献出版社2004年版。

从表2可见,吉林省民营企业在规模与实力与江苏、浙江、广东等省的差距更大,排位在第25位,比户数、从业人员及注册资本的排位更低。

表2　2002年吉林省与发达省份民营经济不同企业规模及其在全国占比的比较

	≥100万元			≥500万元			≥1000万元			民企500强		
	个数	占比	位次	个数	占比	位次	个数	占比	位次	个数	占比	位次
江苏	3713	10.3	3	39103	11.9	1	187	37.4	1	8445	9.9	2
浙江	4058	11.2	2	35647	10.9	2	114	22.8	2	8394	9.8	3
广东	5367	14	1	34162	10.4	3	9	1.8	9	15358	18.1	1
吉林	277	0.8	24	2336	0.7	25	1	0.2	20	530	0.6	25
全国	36116	100	—	327945	100	—	500	100	—	84998	100	—

资料来源:陈顺:《吉林省民营经济症结分析与发展路径研究》,《东北亚论坛》2006年第2期。

从表3可见，2005年，吉林省民营经济与发达省份民营经济的发展差距没有根本性缩小。

表3　　2005年吉林省民营经济与发达省份的户数比较

	私营企业（万户）	个体工商户（万户）	是吉林省的倍数	
			私营企业	个体户
吉林	6	44.75		
江苏	50.7	175.3	8.5	3.9
浙江	35.9	172.67	6	3.8
广东	44.9	227.4	7.5	5
山东	31.5	168.7	5.3	3.8

资料来源：赫宝祺：《吉林省与发达地区民营经济发展比较研究》，《经济纵横》2007年第9期。

2005年，吉林省民营经济实现增加值1231亿元，占全省GDP增长的34.1%，其中规模以上民营工业企业实现增加值15.4亿元；同期广东省民营经济实现增加值8602.5亿元，为吉林省的7倍，占全省GDP的比重为39.6%，其中规模以上民营工业企业实现增加值3184.2亿元，为吉林省的10.1倍。

2005年，吉林省民营经济实缴税金526亿元，而同期江苏民营经济则上缴税金2840.4亿元，为吉林省的5.4倍。①

到2009年年末，吉林省私营企业户数达到10万户，同比增长16.4%，规模以上企业达到8093户，同比增长24.7%；个体工商户达到108万户，同比增长10.7%。至2008年年末，民营经济从业人员达到404万人，占全省职工和城镇个体劳动者总数的72%；至2009年末，全省民营企业新增就业人数占全省城镇新增就业人数的80%以上，从业人员已达440万人，同比增长8.8%。但同期

---

① 郝宝祺：《吉林省与发达地区民营经济发展比较研究》，《经济纵横》2007年第9期。

浙江、江苏、广东等发达省份的民营经济发展更为迅猛，因此吉林省与这些发达省份的民营企业发展差距不仅没有缩小，在很大程度上反而扩大了。资料显示，尽管吉林省民营企业户在 2009 年年末已达 10 万户，但只是浙江的 1/6，比 2007 年的 1/7 提高了一些；是江苏的 1/8，与 2002 年比没有变化；是广东的 1/10，与 2002 年的 1/7 相比反而差距拉大了。

不仅如此，企业规模、经济贡献的差距也进一步拉大。2008 年，吉林省民营经济实现增加值 315.4 亿元，同年广东省民营经济增加值 8602.5 亿元，为吉林省的 7 倍，其中规模以上民营工业企业实现增加值 3184.21 亿元，为吉林省的 10.1 倍。注册资本超亿元以上的民营企业江苏有 370 户，浙江有 283 户，而吉林仅有 11 户，不及发达省份的一个地级市。[①]

到 2011 年年底，江苏、浙江、广东、上海和山东五省市个体私营企业市场主体总数分别为 454.79 万户、305.66 万户、460.32 万户、114.27 万户和 324.99 万户，而吉林省只有 101.7 万户，差距仍然很大，见表 4。

表 4　　2011 年吉林省与五省市个体私营经济总户数比较

省份	户数（万户）	比较
吉林	101.7	—
江苏	454.79	为吉林的 4.5 倍
浙江	305.66	为吉林的 3 倍
广东	460.32	为吉林的 4.6 倍
上海	114.29	略高于吉林
山东	324.99	为吉林的 3.2 倍

资料来源：根据研究报告《江苏个体私营经济发展情况》（2011 年）整理。

---

① 耿传辉、施晓春：《基于制度创新视角的民营企业发展问题研究》，《东北师大学报》（哲学社会科学版）2011 年第 1 期。

从表 5 的户均注册资本的比较中，也可看出差距仍然很大。

表 5　　2011 年吉林省与五省市各类私营市场主体户均注册资本情况比较　　（万元）

类型	地区					
	吉林	江苏	浙江	广东	上海	山东
私营企业	200.48	322.70	313.94	261.20	251.70	288.42
个体工商户	3.95	8.53	5.25	2.14	2.21	3.27
农民专业合作社	122.8	211.86	78.79	103.77	165.65	123.67

资料来源：《吉林日报》2012 年 2 月 18 日。

从表 5 可见，在私营企业户均注册资本上，吉林省是最低的，远低于其他五省市；在个体工商户户均注册资本上，略高于山东、广东和上海，但低于江苏、浙江；在农民专业合作社户均注册资本上，低于江苏、上海和山东，高于浙江与广东。这说明吉林省个体工商户与农民专业合作社的发展水平与上述 5 个发达省市的差距有缩小，私营经济发展差距也有一定程度的缩小，但差距仍比较明显。

二　吉林省民营经济发展水平滞后的因素分析

（一）市场准入门槛偏高、偏严

这主要表现在民营经济科技企业发展方面。目前，全国 80% 以上的科技创新成果是由民营企业（尤其是民营科技企业）承载的，而吉林省的这个比重只有 30% 左右；全国有 65% 的发明专利和 80% 的新产品是由民营企业占绝大多数的中小企业提供的[1]，而吉

---

[1] 黄孟复：《坚定不移走中国特色社会主义道路 努力开创工商联工作新局面》，中华全国工商业联合会，2007 年。

林省上述比重不足40%。

民营科技企业是民营企业的精华部分，代表民营经济发展的标志与方向。从某种意义上讲，吉林省民营经济落后主要在于民营科技企业落后。2003年，全国民营科技企业创造的技工贸总收入39105亿元，而吉林省仅为1087亿元，只占全国的2.8%；2007年，全国民营科技企业创造的技工贸总收入98640亿元，而吉林省只增长到2200亿元，占全国的比重下滑到2.2%，比2003年降0.6个百分点。在民营科技企业的注册资本与市场准入的法律认定上，吉林省政府颁布的《吉林省促进科技企业发展条例》（2004年11月24日实施）明确提出："具有大专以上人员占职工总数的比例不低于30%，直接从事研发科技人员占职工总数的比例不能低于10%。"还规定"资产负债率不超过70%"等，都比江苏和广东偏严、偏紧，门槛设定过高，成为阻碍民营科技企业发展的重要因素。

（二）政策支持力度不到位，政策有盲区

改革开放30年的实践证明：政策效应是无可估量的。"长三角""珠三角"及上海浦东的经济腾飞，一条很重要的经验在于优惠政策的推动。优惠政策有一种比货币乘数效应还要大的效应。吉林省与发达省区民营经济发展水平的差距，很重要的一条在于政策支持力度不到位、效应欠佳。这主要表现在以下三个方面：一是有关"奖励与扶持"政策规定过于一般，无具体操作细则；二是政策本身存在盲区，例如在"非国民待遇"、融资上的"所有制歧视"等；三是政策落实不到位，由于存在政策信息"盲区"，相关政策不能被从事民营企业的人员所掌握，从而影响民营企业的发展。

（三）科研队伍薄弱，创新能力低

吉林省虽然拥有100多家市级以上的科研机构和40多所高等院校，科研与教育资源比较丰富，但他们与民营企业的联系与协作很少，产、学、研一体化水平较低。并且由于种种原因大学毕业生

不愿到民企工作，尤其不愿到中小民企工作，导致中小民企人才缺乏，既懂技术又懂管理的高级复合型人才更是奇缺，企业自主研发力量相当薄弱。国家统计局2004年组织的对吉林省162户民营科技企业的调查发现，在民营科技企业中，拥有本科以上学历的人员仅占企业总人数的8.58%，多数企业从事技术工作的人员学历偏低，初中以下学历的人员占37%。这就必然造成企业创新能力低下，缺乏拳头产品、品牌与名牌产品。目前，拥有中国独立知识产权的驰名商标和中国名牌产品总量最多的是民营经济发达的浙江省，约有驰名商标328件，占全国的14%，是吉林省的10倍左右。[1]

（四）金融环境差，民营企业融资难

金融环境差，民营企业融资难，这在全国都存在，但在吉林省更为突出。吉林省民营经济局调查显示，全省民营企业建设资金和生产资金缺口达60%以上，全省27个县的民营企业因资金不足闲置生产能力达30%以上。但省内国有商业银行在经济不景气的情况下，对贷款控制更加苛刻，90%以上中小型民营企业得不到银行贷款。2000年，吉林省民营企业获得金融贷款只有76亿元，其总额不到一户大型国有企业的一笔贷款，到2003年也只有236亿，众多民营企业由于得不到银行贷款处于停产、半停产状态。融资难可以说是制约吉林省民营经济发展的一个瓶颈。从深层次说，金融机构（银行或其他信贷机构）从思想根源上并没有解决民营企业的"国民待遇"问题；从承担风险层面上说，金融机构认为给民营企业贷款风险大。当然，融资难也有民营企业自身的原因。多数中小型民营企业主素质不高，经营管理水平低，企业经营效益差，偿还贷款的能力较弱。银行为民营企业贷款最为担心的是发生"信用风险"。财产抵押与信用担保确实为民营企业融资走出一条行之有效

---

[1] 耿传辉、施晓春：《基于制度创新视角的民营企业发展问题研究》，《东北师大学报》（哲学社会科学版）2011年第1期。

的路子。吉林省从 1999 年才开始组建担保机构，远比广东、浙江、江苏要晚许多，截至 2007 年，建成各类中小企业信用担保机构 68 家，货币资金达 30 亿元。但由于货币资金不足，资金规模过小，无力应对民营企业过多的资金需求。由于资金补充渠道单一，更缺乏必要的资金补偿机制，因此，风险完全集中于担保机构。由于缺乏风险分散与分担机制，使担保机构也无力从根本上解决民营企业贷款难的问题。

(五) 户均资本利税率低，发展质量差

吉林省民营经济不仅在企业数量、企业规模、发展速度上与江苏、浙江、广东、山东等发达省份存在重大差距，更重要的差距是在发展质量上。这从户均注册资本所实现的利税率及人均资本增加值上可以看得十分清楚，见表 6。

表 6　　　　2003 年吉林省民营企业户均、人均经济指标在
东北与全国的比较　　　　　　　　　　　(单位：万元)

指标	吉林	辽宁	黑龙江	东北地区	全国
户均注册资本	99.4	94.1	90.7	94.2	91.7
人均注册资本	9.6	5.0	7.1	6.0	7.3
人均增加值	3.1	7.3	3.9	4.9	5.0
人均利税	0.21	0.59	0.16	0.34	3.0

资料来源：陈顺：《吉林省民营经济症结分析与发展路径研究》，《东北亚论坛》2006 年第 2 期。

从表 6 可见，吉林省户均注册资本、人均注册资本都高于辽宁、黑龙江及东北、全国水平，但其人均资本增加值和人均利税率均低于东北及全国的平均水平。人均资本所实现的经济增加值及人均资本利税率低，这是吉林省民营企业发展的"内在硬伤"，是吉林省民营企业与发达省份的根本差距。

(六) 制度缺陷及制度供给的差距

新制度经济学代表人物诺斯创造性地发展了熊彼特的创新理论，认为当代经济增长的一个关键因素在于制度创新，制度创新已经成为经济增长的内生变量与持久动力。一个效率较高的制度，即使没有设备与技术，也可以刺激劳动者创造出更多的财富。

从吉林省的实践看，制度上的缺陷与制度供给的差距，是造成吉林省民营经济发展滞后于发达省份的一个重要原因。与国有企业和其他制度化程度比较高的企业相比，民营企业的管理制度表现出更多的主观随意性，缺乏全面的制度化、规范化、程序化，同时缺乏决策的民主制度与程序、必要的劳动契约制度、良好的收入分配制度及有效的激励与约束机制，这些因素共同成为企业运营效率低、阻碍企业健康与可持续发展的客观原因。

三 加速吉林省民营经济发展的对策建议

(一) 在发展模式上要有新突破

目前，吉林省工业化水平已越过初期阶段进入中期阶段，工业化综合指数为40，在全国排位靠前，列第11位，并且，吉林省的城市化水平2010年已达54.8%，高于全国的平均水平49.95%。有鉴于此，我们认为，吉林省民营经济一定要创新发展模式，把民营经济发展与工业化、城市化进程有机结合起来，以工业化、城市化带动民营经济发展，实行工业化、城市化、民营经济三者联动，一体化整体推进，实现跨越式发展。

跨越式发展首先是要避免走"长三角"与"珠三角"发展民营企业的老路，即乡镇企业"先污染，后治理"、遍地开花的路子。应是由政府有计划地组织城市工商资本及城市民营资本，在全省乡镇投资兴办农、工、商企业，使乡镇企业发展一开始就与社会主义新农村建设结合起来，从起步开始就避免传统乡镇企业发展的路子，既可避免乡镇企业没怎么发展好却严重污染了农业生态环境的局面，又使社会主义新农村建设从一开始就与工业化建设相融合。

因此，这种跨越式发展不仅仅是速度上的跨越，更重要的是发展质量的跨越。宁肯乡镇企业的数量少些，也要让其发展质量好些。在2008年国际经济危机的严重冲击下，"长三角"与"珠三角"大批乡镇企业倒闭，就是由于只追求数量型乡镇企业发展的结果。因此，我们一定应汲取上述教训，务必在"质量第一"的理念下，促进吉林省民营乡镇企业更快与可持续发展。

跨越式发展其次是要围绕国有企业尤其是中央直属国有企业集群并辐射式网状发展。与"长三角"与"珠三角"不同，吉林省国民经济中国有企业所占比重较大，尤其是中央国有大企业较多（如一汽、吉化等），这为吉林省民营企业围绕国有大企业配套集群发展提供了可靠的物质基础与生存空间。中央直属国有企业技术装备先进，科技力量雄厚，产品科技含量高。民营企业直接为其主打产品进行零部件的配套生产与协作，技术起点高，产品质量要求高，这就使民营企业一开始起步就立足于较高的物质技术基础之上，避免了手工作坊的低水平工业化，使民营企业的工业化水平实现跨越式发展。围绕中央国有企业实现民营企业配套集群并形成辐射式网状发展，这样以"国"带"民"，以"民"促"国"，形成"国""民"双轮驱动、比翼齐飞的格局，必定能加速吉林经济振兴。

跨越式发展还要高起点切入，大力发展低碳经济与循环经济。低碳经济和循环经济是经济发展的一种高级形态，是经过新中国成立乃至改革开放以来的社会主义经济建设实践逐渐探索的资源节约与强化生态环境保护的新兴经济。从现在起，兴办与创立的一定规模的民营企业，应尽可能投资循环经济、环保产业及从事低碳经济。这样可直接跨越高消耗、高成本、高污染行业的发展过程，抢占全国低碳经济、循环经济发展的先机。

（二）在市场准入上要有新突破

民营经济发展好不好与快不快，在很大程度上取决于能否依法进一步放开市场准入门槛，在市场准入上有新的突破。

凡国家法律、法规没有明令禁止的行业和领域都应允许民营企业进入。允许新办民营企业分期注入注册资本。以高新技术成果作为注册资本的，只要出资各方协议约定，就应不受注册资本比例的限制。积极鼓励投资兴办个人独资企业和合伙企业，实行注册资本申报不受注册资本限制。放宽企业经营场所登记条件，从事软件开发、设计等不影响周围环境和居民生活的企业，取得具有合法使用权的住宅，该住宅经业主委员会同意，可不受物业使用功能的限制，作为企业住所（办公场所）予以登记；持有合法有效房地产证明文件并符合消防、安全、环保和城市规划要求的房屋可以作为生产经营场所；企业住所与生产场所分离的，实行住所和生产场所同时登记。我们认为，在法律许可的范围内放宽条件促进民营经济的发展是可行的。

（三）在税收优惠政策上要有新突破

允许运用国家对东北老工业基地税收扶持政策和国家鼓励民营经济的各项税收政策，支持民营经济的发展。对民营企业从事技术转让、技术开发以及与之相关的技术咨询、技术服务的收入所得，实行免税；新创办独立核算的、主要从事技术咨询和技术服务的科技企业，自确认之日起，两年内免征企业所得税；民营科技企业被认定为高新技术企业的，按政策规定享受国家有关高新技术企业的优惠待遇。对盈利的民营工业类企业研究开发新产品、新技术、新工艺实际发生的各项费用，比上一年度实际发生额增长幅度在10%（含10%）以上的，可再按实际发生额的50%抵扣应税所得额。对新办独立核算的民营企业从事交通运输业、邮电通信业，自开业之日起，第一年免征所得税，第二年减半征收所得税；从事公用事业、商业、物资业、对外贸易业、旅游业、仓储业、居民服务业，饮食业，教育文化业、卫生事业，自申办之日起，报经主管税务机关批准，可减征或免征所得税。对纳入国家农业产业化重点龙头企业的民营企业，从事种植业、养殖业、农林产品初加工所得，免征企业所得税。从某种程度上讲，税收优惠的力度有多大，民营经济发展就有多快。

(四) 在融资渠道上要有新突破

地方政府要积极协调各商业银行,加强银企对接工作,由商业银行为重点民营企业开展财务代理业务,并根据企业资金流量和发展所需资金直接提供贷款服务。加快民营企业信用评价体系建设,深入开展民营业信用信息征集和评价工作。继续开展"诚实守法企业"评定活动,由银行会同有关部门,按照法人客户评价办法和统一授信管理办法,确定民营企业信用等级和贷款授信额度。积极鼓励发展社区性银行和农村股份制、合作制银行,多渠道为发展民营经济筹措资金。各级政府要积极推动设立民营经济资金公司,建立和完善创业投资机制,构建民营经济融资平台。鼓励和引导民营资本按照国家法规、政策兴办各类金融组织,参与银行、证券、保险等各类金融机构的改制改组,发展多种形式的金融中介服务机构;发展投融资代理制,建立投资咨询公司,为投融资机构提供代理服务;开展民营经济股权交易业务,允许民营企业以股权融资方式筹集投资基金,逐步建立起多种募集方式相互补充的多层次资本市场。鼓励民营企业按照有关规定申请国际金融组织、外国政府及国际商业贷款。大力支持具备条件的民营企业在国内外上市融资、发行企业债券。积极搭建产权交易、股份托管、质押典当等地方性资本交易市场,培育非上市股份公司股票经纪人,健全产权交易规则和监管制度,推动产权顺畅流转。积极引导和鼓励资本重组,支持民营经济盘活国有资本及银行不良资产。

(五) 在企业制度创新上要有新突破

吉林省民营企业70%以上是家族企业,传统的家族企业制度存在种种弊端,尤其是家长或族长掌握企业大权,容易造成决策失误,导致企业经营破产,对此必须大胆进行创新。但家族企业制度创新切不可用一个模式,一定要掌握不同的类型及情况,使其创新形式多样化。

一是对占多数的小型家族企业，可以保持财产权利的完全个人所有及亲自实施企业的经营和管理，所有权和经营权合一，实行层次较少的组织制度，以便降低企业的监督成本与协调成本。在保留家族性质的前提下，通过虚拟企业组织、企业集团、企业联盟等中间经济组织形式实现家族企业的发展。这样既可以减少制度变迁的摩擦成本，又可以通过"嫁接移植"，顺利过渡到现代企业制度。

二是对规模较大的家族企业，可以凭借人力、物力、财力和技术等多种不同的生产要素的功能特长与外界融合，形成各种形式的联合经济组织，符合条件的可以改造为股份有限公司或有限责任公司。但应该坚持渐变有效的组织形式，让建立在"家本位"基础上的家族企业发挥其稳定和便于协调的优势。

三是对条件时机成熟的大型家族企业要积极引导，使其尽快走向所有权与经营权分离的现代企业制度。建立和完善企业委托代理机制，在降低摩擦成本与代理成本的前提下，发挥制度的帕累托效率。借鉴西方企业治理机构的成功经验，吉林省民营企业的现代企业治理结构应做到：将委托代理关系中的分离权威向共同权威方向调整，增强代理人与委托人的利益相关性；扩大委托人的网络结构，把与公司相关的利益人纳入委托代理关系治理；利用非执行董事的聘任打破经理对关系资源的运作，非执行董事主要负责决策监督，既提高了工作效率，又降低了管理成本。

应当指出的是，目前对家族企业制度的认识存在一个误区，即将由家族控制董事长职位的企业一律视为实行家族企业制度的企业。这种看法实质上是出于对家族企业的偏见，完全无视家族企业产生的历史背景和历史条件。事实上，某一家族控制着某企业的董事长职位，并不一定意味着企业就一定实行家族制企业制度。据克林—盖尔西克的研究，保守估计，全世界500强企业中有37%的企业由家族控制或经营着，美国60%以上的上市公司由家族控制着。在英国，家族企业占所有企业总数的75%。目前，西方发达国家的众多家族企业早已不是传统式的家族企业，早已演变成后现代家族企业，运用现代经营管理理念和现代管理手段来经营与管理企业。

吉林省民营企业不能盲目崇拜那些与自己实际情况不符合的经营管理理念，关键是结合本地与企业的实际，在适当的时机推动家族企业的社会化，把封闭的家族企业逐步改变为开放的法制企业——现代企业。

（六）在科技创新、提升企业核心竞争力上要有新突破

吉林省民营企业要避免"短命"的现象，走上可持续发展的长寿之路，关键是要不断以科技创新为动力，在提升企业核心竞争力上有新的突破与发展。核心竞争力的实质是拥有核心技术和核心自主知识产权。发挥政府投入对创新的导向和杠杆作用，带动民营企业增加科技投入、开展科技创新、采取有效措施，鼓励创新成果向企业集聚、创新政策向企业倾斜、创新人才向企业流动，积极帮助民营企业提高科技含量，提升产品质量和档次，提高企业的整体素质和核心竞争力。为此，可以采取以下措施。一要实施技术创新战略。培育一批有核心技术、有自主品牌、有优势产品、有发展潜力的重点科技创新型企业。在新产品开发立项、审批、资金支持等工作中，应从吉林省民营企业在新产品、新工艺研发方面比较薄弱的实际出发，给予政策上的扶持和支持。加大对民营企业技术创新的投入，确保财政科技投入的增长幅度高于财政收入的增长幅度。二要实施产学研合作战略。由于大多数民营企业不具备科学创新甚至技术创新阶段的能力，应鼓励和促进其与科研单位合作，引导民营企业通过组建技术联盟、校企联盟，加深产、学、研交流合作，进一步完善创新载体，通过合作实现技术的突破和与成果的对接。三要实施公共技术平台建设战略。通过企业自建、政府和行业协会接头、政府和企业共同投资等多种方法，加快建设一批检测中心、研发中心、工程技术中心和成果转化平台，以便于推进和加速企业的转型升级。

（王子琳、周凯二参与本文的写作，本文发表于
《当代经济研究》2013年第7期）

东北老工业基地私营经济加快发展的路径选择

大力发展私营经济,激活东北整体经济活力已成为当前乃至今后老工业基地重放光彩的一项重要路径选择。改革开放以后,东北与珠三角、长三角等区域经济实力差距的迅速拉大,最重要的原因就是私营经济发展滞后。特别是在当前受全球金融危机影响,实体经济遭受前所未有冲击的严峻形势下,充分认识当前东北私营经济发展面临的主要矛盾,积极谋划应对措施,千方百计推动私营经济发展是扩大内需、增加就业、维护稳定、共克时艰的重要选择。

一 制约东北私营经济发展的主要瓶颈

(一) 东北区域经济市场化程度较低

东北地区市场化程度低,直接制约东北地区私营经济的发展。2000年,珠三角在全国市场化排序为第2位,市场化总指数得分为8.45;长三角在全国市场化排序为第6位,市场化总指数得分为6.93;而东北地区市场化程度总指数远远低于东部沿海地区。2000年辽宁省在内地31个省份中排名第10名,吉林省第18名,黑龙江省第21位。[①] 由于市场化程度低,资源配置效率低下,直接后果就是市场上的交易费用提高,市场垄断因素增加,形成不完善的市场,严重制约东北地区私营经济的发展。中国商务部研究院

---

① 樊纲:《珠三角与长三角比较研究》,www.yewb.com/gb/content/2005-01-10。

产业投资趋势调研课题组新近发布的一份调查报告显示：从选择投资区域企业数分布看，长三角占47%，环渤海经济圈占22%，珠三角经济圈占21%，东北地区仅占9%，与中西部地区占8%基本在一个水平线。

（二）东北私营经济产业结构不合理

珠三角私营经济产业结构以第三产业为重，第三产业所占比重超过七成，信息、咨询、中介、物流等现代服务业较为发达；其次为第二产业。第二产业结构一直以轻工业为主，特别是面向普通消费者的轻工业产品。长三角产业结构发展以第二产业为重，其中又以制造业的比重比较突出。私营经济产业结构基本上呈二、三、一的产业排序。在浙江，不少民营企业的投资兴趣开始向新兴产业集中并形成规模优势，如高科技通信设备及软件产品、市政公用事业、教育、环保、钢材轧制、冶炼、水利工程等领域。江苏省私营企业在制造业、批发和零售业等传统行业继续保持主要发展比重的基础上，逐步进入教育、卫生、文化、体育等社会公共基础设施业，并在一些高科技行业得到较大程度的发展[①]，行业结构进一步优化，现代服务业发展势头强劲。

与珠三角和长三角相比，东北私营经济第三产业比重过大，第二产业发展相对薄弱。东北老工业基地自然条件较好，工业基础雄厚，工业门类齐全，基础设施完善，科技实力较强，文化和教育水平较高，私营企业应该更多地进入制造业领域，第二产业的发展应该比较大。但事实正好相反，东北三省第二产业的比重恰恰低于工业基础薄弱的珠三角和长三角。东北三省第三产业的从业人员比重高达73.4%[②]，而且大都集中在传统的饮食、娱乐、洗浴、商业零售、低水平运输流通等劳动密集型领域，客观上安排了大量就业人

[①] 黄孟复等：《中国民营企业发展报告 No.1 (2006)》，社会科学文献出版社 2005 年版，第 569 页。

[②] 数据来自黑龙江、吉林、辽宁三省相关政府工作报告、三省政府网站。

员，但由于传统第三产业附加值低，其创造的价值并不高。现代服务业发展很不理想，高科技私营企业更是凤毛麟角。当前东北私营经济从技术构成上看，呈现"三多三少"，即低水平重复建设多，科技含量高、附加值高的项目少；粗加工项目多，精深加工项目少；污染环境的多，绿色环保型项目少。大多数民营企业以劳动密集型产业为主，主要依靠廉价劳动力降低生产成本，绝大多数企业产品单一，产品档次低，竞争力不强，亟须通过高新技术改造传统产业加快结构调整和优化，建立电子信息、生物工程、新材料、新能源等高新技术产业和出口创汇产业。

（三）东北私营资本积累和发展的制度环境比较差

东北受国家宏观政策的倾斜较晚。改革开放以来，国家先后把珠三角和长三角作为典型的对外开放型和窗口示范型经济区域和实施特殊政策的试验田。这些区域充分发挥"看不见的手"的作用，强调市场对资源的基础性配置作用，各级政府尽量减少对经济活动的管制。这种放权模式能够迅速调动各种资源大规模制造供给能力，令经济（包括私营经济）在短短十几年时间内，在原本贫乏的基础上崛起到全国的前列位置。而东北是中国改革开放以来优惠政策和中央资金投放最少的区域之一。在改革开放的30多年里，国家对东北基本上没有进行优惠政策投放和设立制度创新试点，更没有巨额的资金注入，致使东北在深层的产权、资本、技术、人力等生产要素上，依然留存着浓厚的计划经济特征。所有制结构单一，非公经济特别是私营经济发展缓慢，造成经济内在活力不足，各项改革举步维艰。直到2003年国家才提出了振兴东北老工业基地的政策，东北私营经济也开始迎来了展翅腾飞的历史性机遇。另外，东北的政府管理在私营资本积累和发展中的作用长期持紧和滞后。在东北，政府在相当长的时期内，对私营经济存有潜意识的疑虑和偏见，对私营企业管束多、扶持少，索取多、投入少，行政命令多、政策引导少，影响了私营资本的积累，制约了私营经济的发展。

二 缩小东北地区同发达省区私营
经济发展差距的对策

（一）进一步解放思想，更新观念，为私营企业快速健康发展扫清认知障碍

由于受计划经济影响较深，东北地区还没有完全适应市场经济的运行规律，新的理念没有完全领会，旧的观念仍然固守[①]。东北就在这一次次的重视喊口号、发文件，轻视贯彻落实的循环中丧失了一次次历史机遇。当前，各级党委、政府及有关经济管理部门要彻底消除对私营企业的歧视，解除对私营经济发展的种种束缚，毫不动摇地鼓励、支持和引导非公有制经济发展。

第一，要观念再造，培养东北人的"逐富"意识。和南方沿海地区的人相比，东北人的逐富意识比较差，小富即安的思想观念根深蒂固。过去东北人往往看不起到东北修鞋的浙江人，看不起在澡堂里搓澡的扬州人，看不起三元钱一碗卖麻辣烫的四川人，但当得知江苏人、浙江人、四川人每年通过邮局寄回家几十亿元的时候惊得目瞪口呆。东北人要观念再造，要树立从小做起、从小做大的观念，不要认为做小买卖丢人，挣钱才是硬道理。东北私营经济能不能跨越式发展，关键在于观念，在于东北人逐富爱财观念的真正树立。

第二，要亲商扶商，助推私企掘第一桶金。实践证明，私营经济的发展离不开政府亲商扶商的观念引导和政策扶持。相当多的中小企业资本数量少，资本、信息不足，在获取市场信息、获得 R&D 等支持方面困难重重。如果中小私营企业得不到政府和社会组织的帮助，将很难克服其弱点，发挥其灵活性高、竞争力强

[①] 鲍振东主编：《2006 年：中国东北地区发展报告》，社会科学文献出版社 2006 年版，第 46 页。

的"鲶鱼效应",提高整个市场的竞争度①。我们要大张旗鼓地引导、支持、鼓励私营经济的发展,不能再以所有制属性论优劣,要在私营企业注册登记、税收、贷款、用地等方面改变禁锢,大胆突破,大力扶持,助推私营企业顺利起步,掘到"第一桶金"。实践证明,私营资本的原始积累是最艰难的,是最需要政府给予引导和扶持的。

第三,要全民创业,点燃东北人的致富激情。要积极营造全民创业的氛围,发挥新闻宣传的舆论导向作用,大力宣传有关鼓励和支持私营经济发展的各项方针政策,教育和引导广大政府官员、党员干部提高对私营经济地位和作用的认识,宣传非公有制经济的先进典型,宣传支持私营经济发展的政策措施,使一切遵纪守法的投资、创业都得到鼓励和支持,一切有益于富民强省的劳动得到承认和尊重,在全社会形成人人关心创业、人人支持创业、人人参与创业的良好氛围,更好地促进私营经济发展。

(二) 切实转变政府职能,增强政府的服务能力

在开放的市场经济体系下,生产要素更多地流向市场环境和政府服务好的地区。地区间的竞争就是政府能力和效率的竞争,是制度和市场环境的竞争。东北各级政府在简政放权、削减审批、取消收费、政务公开、集中服务等方面,还需要进一步改进。

第一,从强势政府向有限政府转变。政府要把工作职能转到宏观指导、政策引导、维护市场秩序、提供公共服务上来,对私营经济少干预、多服务,少限制、多支持。改变过去政府什么都想管、什么都管不好的"越位""错位"做法,让政府回到提供公共服务、充当"守夜人"职能的位置上来。各级政府各部门要切实把加强机关作风建设、强化服务意识作为推进个体私营经济发展的一项重要任务。努力做到多支持不干预、多服务不设卡、多指导不指责、多协调不扯皮、多设路标不设路障。要营造浓厚的亲商、重

---

① 吴敬琏:《当代中国经济改革》,上海远东出版社2004年版,第194页。

商、安商、富商氛围，把解决企业实际问题作为转变作风的突破口，切实为企业排忧解难。

第二，管住"看得见的手"，给私营经济发展松绑。加强发展环境建设，必须管住计划经济体制下形成的各种"吃、拿、卡、要、报"等各种"看得见的手"。全面深入整治经济发展环境，要建立健全整治软环境的组织机构，真正赋予其权力，加大对政府职能部门的执法监察力度，认真解决行政效率不高、"中梗阻""末梢炎"、行政不作为、乱作为、工作作风懒散等问题。

第三，落实诚信承诺，构建信用政府。坚持依法行政，构建信用东北，杜绝严重损害，民（私）营企业利益的不作为和乱作为等违法行为。老百姓曾把政府在招商引资中的不诚信行为形象地称为"JQK"。所谓"JQK"，是指个别地方政府在招商引资发展民（私）营经济中违法操作，存在着恶劣的"损民"现象。"J"是钩进来，对民营企业家承诺大量优惠政策甚至是违法承诺，实现引进来的目的；"Q"即圈住，把引进来的企业牢牢盯住，使企业早日建成；"K"即"砍"，企业建成了，但要投产就难了，一些政府执法部门进到企业不是规划立项不合法，就是环保、消防不合法，民营企业陷入进退两难境地，无法发展甚至想走都无法脱身。政府不诚信无疑给私企发展带来了高风险，落实诚信承诺，构建信用政府已刻不容缓。

（三）拓宽私营资本准入领域，给私营经济发展腾出空间

当前政府应该打破所有制界限，在行业准入方面给予私营投资"国民待遇"。鼓励私营资本参与国有经济的战略调整，逐步收缩国有经济投资领域，给私营资本腾出一定的投资空间。

第一，停止对亚健康国企的低效或无效投资，减少对私营企业的投资"挤出效应"。所谓"亚健康"国企，是指濒临倒闭但没有完全破产的国有企业，或者机制不活、效益不佳、产品不畅、走走歇歇的国有企业。这类国企典型的经营模式是国家给点政策就能维持一阵，银行给点贷款就能风光一时，只要弄到点钱就赶紧大吃大

喝、买房买车、上国外考察，要不就拿点回扣买一堆废铜烂铁三手设备回来，真正能科学决策、敬业经营的不多。国家对这类企业投资是低效的，甚至是无效的。相反，国家对某一行业的重复低效投资还对私营资本的投资产生"挤出效应"，往往造成国有企业做不好、私营资本还难以进入的两难境地。① 所以，国家应该停止对亚健康国企的低效或无效投资，将有限的资金用作民（私）营经济的启动和扶持基金。

第二，降低私营资本市场准入门槛，拓宽私营资本投资领域。目前，我国国有经济、外资经济与私营经济在"市场准入"方面仍存在很大的政策差异，市场的准入顺序依次为国有经济＞外资经济＞私营经济②，这种观念和做法必须改变。凡法律没有禁止的行业和领域都应该允许私营资本投资或者控股经营③。允许非公有资本进入基础设施、公用事业及其他行业和领域。凡是允许外资进入的产业，应该优先或者平等地允许国内私营资本进入，凡是对外资实行优惠政策的领域，对内资私营资本同样要实行优惠，真正实行无歧视的公平竞争，不能再搞"扬外抑内"的政策。要进一步降低注册资本金的限制，让企业先搞起来，不要先憋死；要放宽经营场所的限制，只要符合安全标准和环保要求的私营企业，允许以家庭、住所为经营场所；鼓励个体工商户创办私营企业，在3—5年的过渡期内，其税费可以继续按原来定额征收的办法执行，等等。

第三，工业化自觉：引导私营资本从三产向二产转移。发达的工业化阶段永远是一个国家、一个地区经济腾飞的必经阶段。东三省是新中国的工业摇篮，国家重要的制造业基地，工业门类齐全，技术可靠，基础雄厚，核心竞争力较强。现阶段第二产业的落后是一种悲哀和屈辱，原因有国家产业政策的导向问题，但也是私营企

---

① 中国企业管理研究会、中国社会科学院管理科学研究中心编：《东北老工业基地振兴与管理现代化》，中国财政经济出版社2005年版。
② 潘石：《中国私营资本原始积累》，清华大学出版社2005年版，第250页。
③ 国务院振兴东北办：《关于印发振兴东北地区等老工业基地2004年工作总结和2005年工作要点的通知》（国振办政〔2005〕16号），2005年6月13日。

业忽视比较优势的结果。当前,要充分发挥东北地区良好的装备制造业基础、熟练的产业工人优势和低廉的劳动力成本,敏锐地抓住国际制造业向中国转移的有利时机,积极承接制造产业链落地,努力加入国际制造业循环,重振东北制造业特别是重装备制造业的雄风。①

(四) 积极推进金融体制创新,优化私营企业融资环境

当前,除了少数规模较大、效益较好的私营企业外,融资难是中小私营企业普遍存在的问题,也是制约和困扰私营个体经济发展的重要因素。② 金融资本市场对非公有制经济还存在歧视,突出地表现为对私营企业"不正眼看、不正经办",不愿贷款、不敢贷款的情况是不争的事实。东北要推动民(私)营经济的顺利发展,解决融资瓶颈是关键。

第一,扩大金融体系对私营经济的开放度,改善民营企业的融资环境。银行在经营过程中,应当摒弃"成分论",积极主动地为私营企业提供有效的金融服务。给私营企业"国民待遇",使其以与国有企业平等的市场主体身份进入资本市场。各类金融机构在贷款政策、贷款利率上要将民营企业与其他企业同等对待,在条件审查、办理程序上更加灵活便利。要努力开展票据融资业务,对信誉优良的民营企业开办商业承兑汇票贴现和再贴现业务,支持有条件的民营企业发行民营企业债券;要积极创新金融产品,充分运用个人生产资料、财产所有权、财产使用权、企业经营权、知识产权、持有的股权、承包经营权以及其他可用于担保、抵押质押的财产或权益进行抵(质)押办理贷款。

第二,建立多层次的资本市场,支持私营企业直接融资。大力发展非国家控股的股份制商业银行,改造现有城市商业银行,发展

---

① 刘文成:《振兴东北大视野:第四增长极》,中共中央党校出版社2004年版,第11页。

② 张厚义等主编:《中国私营企业发展报告 No. 6 (2005)》,社会科学文献出版社2005年版。

城乡信用合作社。对城乡合作金融机构提供必要的政策扶持，为其创造有利的外部经营环境。如允许自由参与同业拆借、缴纳中央银行的存款准备金的比率可比国家商业银行适当降低等。要尽快建立存款保险制度，保证城乡合作金融机构吸收存款的安全，增强存款人对城乡合作金融机构的信任度。降低民营企业上市融资的门槛，为民营企业的股票发行和上市提供必需的市场条件。

第三，加快担保体系建设，促进金融信用体系良性运转。政府预算内要安排中小企业专项发展资金，重点支持中小企业信用担保体系建设。鼓励各种投资机构、金融机构吸纳民间资金组建商业担保机构，建立和规范民营企业基本信用制度。完善信用评价体系，探索建立中小企业担保公司的风险机制。引导民营企业参与成立担保公司，政府给予适度支持，为民营企业"输血"。鼓励中小企业成立互助担保机构，为会员企业向银行贷款提供担保，以改变这些中小企业在贷款时由于担保抵押不足而形成的不利地位。

（五）增加政策供给，为私营经济发展创造宽松的制度环境

如果某一区域的制度有利于交易市场的容量最大化、有利于经济的深化，那么就认为该区域具有较低的制度损耗。在振兴东北老工业基地的进程中，必须为促进非公有制经济的发展提供良好的制度环境，促进民营经济腾飞和服务业跨越式发展。

第一，出台并落实扶持政策，助推私营资本腾飞。光有导向性政策还不够，东北脆弱的私营经济还需要细致的配套措施。要建立政策支撑体系、服务体系、信用制度体系，加大财税、金融支持力度，建立健全融资提供担保机制，在投资、税收、土地使用等多方面给予非公有制企业平等的机会。当前实实在在应该解决的重点：一是高新技术产业要全面向私营经济开放，提高私营经济的技术含量；二是加快政府所属经营性事业单位的改革步伐，允许民间资本在交通、通信、生态环保以及供水、供气、环卫、绿化、教育、医疗、体育、文化等领域以独资、合作、合资、参股等方式进入；三是放宽企业注册登记条件，简化相关手续；四是引导鼓励私营企业

寻找南方民营企业发展的"盲区"或者"软肋"以及抑制力较小的产业，加快进入。

第二，强化软环境治理，优化投资环境。一是要营造良好的投资环境，提高外资到位率。要在招商引资的硬环境、软环境、配套环境上下功夫，特别是加强工业配套能力、产业链、企业群、经济圈等配套环境的建设，提高招商引资的竞争能力；二是要大力维护私营企业的合法权益，打击侵犯私营企业权益的各种违纪违法行为；三是要坚决制止和查处乱收费、乱罚款、乱摊派行为，切实减轻私营企业负担；四是要加强对执法部门的监督，对滥用职权、以权谋私、损害私营企业合法权益的部门和个人严肃查处，决不姑息。

第三，落实税收优惠，藏富于企，藏富于民。要把国家在东北推行的税收优惠试点落到实处。牢固树立税收经济观，站在经济工作全局的高度谋划税收工作，正确处理经济与税收的关系，正确处理组织财政收入与落实税收优惠政策的辩证关系，正确处理当前利益与长远利益的关系。绝不能以收入任务紧张为由而影响各项税收政策的落实，绝不能因税务部门工作不到位出现优惠政策落实的"死角"，绝不能以总局没有明确规定为"借口"而不采取积极措施落实省里有关要求和部署。在促进民营经济发展方面要制定切实具体的扶持政策、下放审批权限、营造良好的纳税环境。

[本文与王文汇合写，发表于《东北师大学报》（哲学社会科学版）2009年第3期]

中国私营企业制度：特征、影响及创新

我国的私营企业经过改革开放30年来的不断发展，已经以其极具活力的姿态成为发展社会生产、增加财政收入、活跃商品市场、广开就业门路、方便群众生活、维护社会稳定的重要力量。从2002到2012年的10年间，我国私营企业年均增长率达15.5%，个体工商户年均增长率稳定在4.4%。根据国家工商行政管理总局统计数据表明，到2012年6月为止，我国私营企业数量达到1025.93万户，注册资本（金）28.48亿元；个体工商户数量达到3896.07万户，资金数额1.78万亿元，从业人员8292.06万人。从目前来看，我国企业总数的70%以上是私营企业，国内生产总值的60%以上也由私营企业和个体工商户所贡献，私营企业和个体工商户的从业人员占全国从业人口的80%，私营企业和个体工商户所提供的新增就业岗位占全国新增就业岗位的90%以上，我国流动人口大多数在个体工商户和私营企业就业。①

然而近些年，我们在看到私营企业成长的同时也看到了一些企业表现出来的钝化甚至灭亡的现象，特别是在中国如今这个正在经历蜕变的时代：体制改革、经济腾飞，各种现实的挑战与机遇交融在一起，在这种环境中，一些企业曾经以令人叹为观止的速度崛起，但在经历短暂的三五年繁荣之后又很快衰亡。据2003

---

① 工商总局：《十年来我国私营个体经济发展迅速》，http://www.chinadaily.com.cn/hqgu/jryw/2012-10-03-content_7159314.html。

年"经理世界"年会提供的数据,中国私营企业平均寿命为 8 年,中小企业平均寿命仅有 2.9 年,这个触目惊心的数据不得不引人深思。

传统的主流经济学者认为企业是完全理性人,可以抽象成一个生产函数,追求的是边际成本等于边际收益的短期及长期的最优规模与产量,所以在其他条件一定的情况下,技术进步可以扩展生产可能性曲线,并以此来增加边际收益或减少边际成本,进而企业规模得到扩展而实现成长。然而,新制度经济学者对此进行了严厉的批判,它们认为在现实的经济生活中企业的成长并非如传统经济学理论勾勒得如此简单:仅依靠技术支撑与技术创新即可。在脱离主流经济学理论完全信息、交易成本为零等假设的现实生活中,一个企业的健康成长同样需要如搜寻客户信息、进行企业间的合作、企业内部管理等制度上的支持。由此可见,企业制度也是影响企业成长的关键因素,新制度经济学所强调的制度功能主义和分析方法,对中国经济制度的改革,特别是对中国私营企业制度的创新,具有重要的启示意义。[①]

一 我国私营企业的制度特征

与发达资本主义社会中的企业不同,从古至今中国私营企业经历了特殊的历史洗礼,在备受压力的环境中以顽强的生命力反复出现。随着新中国经济转型的不断深入,私营企业由意识形态引起的政治约束也逐渐被解除,私营企业的社会经济地位也得到了逐步提升,人民群众对私营企业的认识得到了扭转,由原来的排斥逐渐转为接受与认可。正是中国私营企业特有的发展背景与发展历程导致了其具有鲜明的制度特征,集中表现为"三缘性"与家族化。

---

① 刘子瑛:《新制度经济学与经济学范式的未来选择》,《东北师大学报》(哲学社会科学版)2012 年第 1 期。

（一）中国私营企业制度的"三缘性"

1. 血缘性

中国私营企业制度安排的血缘性特征主要集中体现在产权制度上。在当代中国，大多数私营企业在原始资本积累阶段，企业资本所有者多为以家庭血缘关系为纽带结成的家族成员，亲子、夫妻、兄弟姐妹等家庭关系贯穿于企业产权形态之中。尽管随着企业的发展，产权结构渐渐多样化，甚至采用现代的股份有限公司形式，但在本质上仍保留着家族化的产权模式。

2. 亲缘性

中国私营企业制度安排的亲缘性特征，在企业的管理制度与产权制度方面都有所体现。一方面，相当一部分私营企业的产权主体集中在以家族血亲关系为基础的所有者手中，他们掌握企业权利砝码的多少除去其各自对企业的贡献之外，还受其在家族中地位的影响，确切地说受其与企业核心创始人物的血亲关系的影响。另一方面，在企业管理上也采取的是亲缘式管理，主要体现在三方面。首先，企业决策机制缺乏科学民主性，由于影响企业成长的重大决策通常由企业主也就是所谓"大家长"决定，导致其往往带有随意性、主观限制性、易变更性、透明度不高等特点。其次，在企业人力资源管理方面，多数私营企业用亲缘来连接人与人的关系，倾向于从以亲缘关系为纽带的小团体中选拔管理层，致使该群体呈现出近亲繁殖的复杂人际网络状态，缺乏现代企业应有的良性人力资源结构。最后，关于企业的治理形式，即便是采取现代公司制度的私营企业，其董事会、管理层、监事会的设置也不尽系统科学，相互制衡效果由于混入亲缘因素不尽明显。

3. 地缘性

中国私营企业制度安排的地缘性特征体现在企业的产业组织形式上。地缘，指的是企业的创业具有"离土不离乡"或"离乡不离地"的特征。企业是借助了本乡本土的社会关系寻找到的适合发展机会，以致企业在成长发展后也脱离不开本区市省等地方性的社会网络。

(二) 中国私营企业制度的"家族化"

中国私营企业制度安排的家族化与三缘性特征呈现出一种水乳交融的状态,家族化的理念在三缘性特征中都有所体现,具体可以总结为:第一,企业的产权基本为家族或家族中某一家庭所有,具有封闭性与非经济化性;第二,企业中的所有权与管理权及决策权结合紧密,"董事长兼总经理"职位非常常见,企业成员以家族成员为主,并且往往在企业中身居要职。在经营决策方面,权利往往掌握在"族长"手中,具有家长式的个人倾向,具体情况见表1;第三,企业文化以家族式的道德文化为基础,市场经济行为逻辑淡化。

表1　　　　　私营企业管理决策的产生方式　　　　　(单位:%)

决策者	经营决策	一般管理决策	决策平均数
业主本人	58.8	54.7	56.75
业主主要管理者	30.0	34.9	32.45
董事会	11.0	10.0	10.5
其他人	0.2	0.4	0.3

资料来源:张厚义等主编:《中国私营企业发展报告 No.1 (1999)》,社会科学文献出版社2000年版,第132页。

二　中国私营企业制度特征对其成长的辩证影响

(一) 中国私营企业的制度特征在其创业初期对企业成长有一定良性影响

1. 降低交易成本

由于私营企业的制度安排中具有三缘性与家族化的显著特征,这使企业在创业初期借助亲缘、血缘、地缘的关系发展成长,提高了融入当地社会经济环境的效率,减少了企业的内部交易成本与外部交易成本。

首先，中国的私营企业由于受时代经济环境的影响，在发展初期往往规模较小，所需资源不多，此时企业制度安排中的三缘性与家族化特征能够优化企业资源的组织配置，使其能够在较小范围内更好地进行，提高了企业成本的运行效率。

其次，我国私营企业与地方政府一直有着微妙的关系，因其在夹缝中产生并成长的历史背景，使得私营企业的政治弹性较高，即私营企业的生产经营对政府政策的变化非常敏感，而企业制度安排特征中的地缘性因素使企业依托政府创建并发展起来，这在一定程度上可以减少政府政策导向性的经济风险。

2. 提高企业管理效率

家族伦理规则在社会组织中有着先天的良性影响，主要体现在规模性、凝聚力、组织性与较强的自我调节能力上。而这些影响作用于经济单位时突出地表现为所有权和经营权合二为一、劳动和管理合二为一以及消费和生产合二为一，这些本该分离的粘连因素在创业初期可以在一定程度上提高组织内部的管理效率。

第一，家族中的核心人物具有很高威望，奠定了深厚的"人治"基础，创造了良好的"人缘"氛围，受"家庭"化潜在意识的影响，降低了企业中成员可能发生的道德风险，员工往往会自觉服从企业主的权威，提高生产与组织管理的控制效率。

第二，在企业成长的初期也就是企业原始资本积累阶段，基于家庭规模维度的企业管理幅度对企业成长有推动作用，这种管理边界的确立可以使员工与管理者之间信息传递效率高、信息对称、管理层次分明，有利于提高决策的执行效率、体现决策的正确性。

第三，家族中与生俱来的血缘关系能够产生强大的凝聚力，同时也能够使企业激励措施中的正效应最大化。一方面企业的成员受"家族"化的影响，通过长期的共同生活形成了共同的价值观，他们相互了解，在企业成长初期便能够在消耗较低成本的基础上达成共同目标，彼此信任且摩擦较少；另一方面，家族成员在生产经营过程中完成其共同目标的向心力会被家族天然的血缘性无限放大，这在无形当中就能够增强企业的凝聚力。

(二) 中国私营企业的制度特征对企业成长的制约性

1. 产权制度方面

(1) 企业掌握产权的主体过于单一

私营企业产权主体的单一性主要是由于产权制度家族化与亲缘性的特征所决定的，通常情况下，在私营企业建立与成长初期产权关系是以血亲脉络为基础，基本集中于某一家族或家庭中，由家族核心人物掌握。产权主体的单一性容易导致企业管理的集权化，当然这种产权结构在企业创业初期对企业的成长能够释放一定程度的正效应，但伴随着外部市场环境的不断变化以及企业自身规模的不断扩张，它终将成为企业可持续成长的桎梏性因素。

(2) 企业封闭化的产权制度不利于其与社会产权市场交易

私营企业产权制度安排所具有的三缘性与家庭化特征，使得其产权的界定有着天然的封闭性、界区排他性。这不仅增加了私营企业的融资成本，还提高了私营企业产权进入社会交易市场的门槛。当企业的成长需要更多的资金注入时，这种以家庭为中心构筑的封闭系统就难以提供企业进一步发展所需的巨额财源[①]，此时私营企业产权过于封闭化的缺陷就显现出来了。

(3) 企业产权界定的不清晰性不利于产权制度的高效运行

产权界定的不清晰使产权的激励与约束功能随之减弱或消失，进而使企业管理者不能自觉降低资源使用成本，促使无效率的经济活动增加。私营企业产权界定的不清晰性主要可以概括为：第一，在"红帽"企业中，由于其表面名为集体企业实质为私营企业的特殊性，导致了其产权界定的混乱即实际产权私有与法律上产权集体所有的矛盾不可调和，这就为企业后期发展的利益纠纷埋下了隐患。第二，在私营企业中，由于创业初期并没有明晰资本产权在企业成员（通常为家族成员）间的界限，这种产权界限的模糊性直接

[①] 林跃锋：《我国私营企业制度创新研究》，博士学位论文，厦门大学，2007年。

导致了当企业规模扩大、资产愈加丰厚时的利益分割矛盾，不利于企业的可持续成长。第三，人力资本产权没有科学化的制度保障，人力资本运行的效率不高。

2. 组织制度方面

伴随着国内市场竞争的不断加剧以及中国市场与国际市场的日益接轨，私营企业组织制度的诟病在其成长的过程中渐渐凸显，具体表现为：企业组织机构权责划分不科学，权力与责任条件性缺失、权责不对等的现象时有发生；企业监督机构傀儡化，没有体现出监督价值；权力过于集中，基本归于上层所有，下属参与决策的程度低，几乎丧失自主性，不利于释放创造潜能，领导层和非家族员工的天然屏障导致其交流、沟通不畅；企业没有搭建出科学的组织结构，导致信息在传递过程中难以保真。

3. 管理制度方面

中国私营企业独有的制度特征对现代企业管理制度的建立起到了阻碍作用，家族化与三缘性的经营理念渗透在管理制度中使其渐渐走向了集权化的管理模式。不能否认，在企业成立初期，集权化管理的正效应大于负效应，可以提高企业决策和管理效率。但随着企业的成长，其不适应性就渐渐呈现出来。首先，集权会增加决策过程中非理性化的可能性，在这种模式下，企业决策的成功概率往往受企业业主个人资质与理性的限制，缺失科学性。在一些创业初期成长比较快的企业里面，企业主在所取得的辉煌成绩面前往往自信心不断膨胀，从而在决策上容易陷入"经验主义"与"心智模式"等不科学的误区。其次，与企业的组织结构相似，当企业的权力过分集中在业主手中时，难以建立起科学高效的内部治理结构，由于责任与权利的失衡，管理层的决策管理行为易于"失控"。再次，企业个人化。在企业的经营管理过程中，人是最不稳定的因素，如果一个企业只依靠领导者或者几个核心管理者来完成日常生产经营活动，这就是使企业对其中个别个体产生强烈的依赖性，也就无形中提高了企业经营管理的潜在风险，此时企业经营管理的成败往往过于依赖企业家的素质和性格。

4. 中国私营企业依赖性强

当今中国的私营企业在制度安排上存在三缘性与家族化的特征，这致使它们对环境及政策有着很强的依赖性。具体体现在两个方面：第一，私营企业对宏观经济环境的变化敏感度要比其他类型的企业要高。在我国，如果大经济环境步入低迷期，会相应引致多数私营企业陷入生存囹圄。第二，我国私营企业对地方政府支持需求弹性较大，即多数私营企业在发展过程中都一定程度上接受了地方政府的支持与保护，所以一旦在成长道路上失去了地方政府的扶持，就会表现出无所适从的状态。

三　中国私营企业可持续成长的根本出路：制度创新

我们知道，当以"三缘性"与家庭化为特征的企业制度与企业自身发展相适应时，此时的私营企业是有效率的经济组织。但是，随着外部市场环境的变迁与私营企业自身不断的成长，当企业发展到一定规模所必需的资源得不到满足，以三缘性与家庭化为特征的企业制度安排的弊端便显现出来。此时，私营企业的原有制度会突破其适应性边界，产生企业制度创新的需求。制度缺失或制度竞争力弱是阻碍私营企业进一步成长的根本原因，以制度创新促进私营经济的健康发展成为一种必然。①

（一）产权制度创新

首先，在私营企业内部成员之间重新界定产权边界并重新合理分配股权，一来可以消除由产权界定不清产生成员间的利益矛盾，降低企业内耗；二来可以通过高级管理人员、技术人才等企业核心员工持股，进行股权激励，增强主人翁意识，进而增加企业的凝聚

---

① 耿传辉、施晓春：《基于制度创新视角的民营企业发展问题研究——以吉林省为例》，《东北师大学报》（哲学社会科学版）2011年第1期。

力与向心力。

其次，利用外部资本构建现代公司产权制度结构，提升企业活力。私营企业从创建到发展壮大，无疑需要大量生产经营资金的支持，产权结构的单一性在企业创建初期的确能够产生明晰产权的作用，但是这种正效应只是暂时的，随着企业的成长，企业的生产管理日益复杂、专业化，企业内部的资源难以满足其成长的需求，此时就需要企业开放产权，实现产权的流动，这样不仅可以优化企业资源配置，克服企业资本社会化程度低的缺陷，还可以通过产权结构的多元化来进行资本经营，丰富企业资本累积方式，保证企业可持续成长。私营企业现代产权制度的构建主要可以通过以下途径实现：一是引入外部投资入股为企业股东；二是合并、兼并其他企业或通过与其他企业合资合作的形式实现资本社会化；三是业绩好的私营企业可以充分利用社会资本公开上市。

(二) 组织制度创新

第一，合理压缩纵深型企业的组织结构，实现组织结构的横向转型：这样可以减少管理层次和管理人员，从而减少人力成本；削减中间层次，提高信息传递的速度，提高领导决策的效率，促进上下级之间的沟通；加大管理跨度，有利于开发员工潜能和发挥员工的创造性。

第二，充分利用信息时代的科技工具，构建科学的企业内部组织网络平台，使企业组织变成一个由许多结点所组织成的动态网络。电子网络化组织可以在提高组织效率的基础上，既保证员工及时获取外部有效信息又缩短了信息与知识在企业组织内部传递的路径，增进了信息和知识的横向与纵向交流，使工作能够顺利完成。

第三，合理发展企业集团化。在当今市场竞争日趋激烈的大环境下，单个企业很容易淹没在历史的洪流中，而集团型企业在综合实力上更能经得起考验。所以中国的私营企业应进一步发展壮大走集团化道路，增加在与国内外企业竞争对抗中获胜的砝码。

(三) 管理制度创新

1. 引进职业经理人，贯彻企业所有权与经营权分离的科学宏观架构

私营企业对于引进的管理人才，应该给予高度的信任与空间以使人力资本实现其产出最大化；同时建立良好的人事管理制度，设计科学的激励与约束机制，通过合理的薪金结构的奖励安排，激发员工的工作热情，与此同时，这也能够完善职业经理人的职业评价体系，使经理人的素质与能力适应企业发展的需要，另一方面也潜在促进了职业经理人市场的建设，让飞速成长的私营经济板块催生出更多优质的职业经理人。

2. 设置科学的公司内部权力制衡结构

制衡与效率之间存在着一种微妙的关系，或许制衡机制在一定程度上会影响行为效率，但在另一方面，企业的制衡机制会避免由于"独裁化"所衍生的更大损失，因此建立一套系统的制衡组织机构可以在企业面临重大决策时在一定程度上同时遵循盈利原则与避免风险原则，从而保证企业的健康、可持续成长。所以私营企业要本着以上原则以科学的方法合理组织董事会与监事会，划分好董事会、管理层、监事会的权利与责任。

3. 注意构建企业文化，企业文化的建设是从更高层次上来潜移默化地提升管理效率的途径

曾良才说过，企业文化就是管理文化，企业管理一旦融入了企业文化就会在一定程度上补充管理制度的刚性缺陷，提高员工对企业的认同感与归属感。因此，私营企业应该注重对企业文化的建设，根据企业本身的行业特点、产品特点等因素找准定位，塑造高水平的企业价值观，为企业的可持续成长提供优质的软环境建设。

（本文与王子琳合写，发表于《东北师大学报》（哲学社会科学版）2013年第6期）

吉林省私营经济发展滞后的原因及对策

一 吉林省私营经济发展滞后的主要表现

改革开放以来,全国的私营经济获得了长足的发展。到目前为止,私营企业可达 40 万户左右,从业人员有七八百万人之多。与全国相比,吉林省的私营经济发展严重滞后。截至 1991 年 9 月底,吉林省从事个体和私营经济人员占总人口的比重仅为 1.76%,在全国排列第 16 位。吉林省私营经济发展严重滞后,主要表现在以下几个方面。

第一,起步晚,速度慢,总量少。吉林省的私营企业是 1981 年才出现的,比全国一些先进省份平均晚三年左右时间。并且,其发展速度也大大慢于全国。1987 年,党的十三大第一次公开明确承认私营经济的合法存在与发展,并提出党对私营经济的基本政策是鼓励、保护、引导、监督和管理。1888 年全国人大七届一次会议根据党的十三大的建议又在经过修改的宪法中,进一步肯定了私营经济的合法地位、合法权益及合法发展。在党中央的正确方针指引下;在国家法律的承认和保护下,全国私营经济在此期间获得了异常迅猛的发展,吉林省也不例外。到 1989 年年底,吉林省私营企业已达 2505 户,雇工人数达 37616 人,比 1986 年增长 1 倍多。但从全国来讲,吉林省仍然是速度较慢,总量较少的。

第二,农村私营经济发展十分迟缓。在全国,农村私营经济发展比城市更为迅猛，其比重一般都在80%以上。而吉林省农村私营经济的发展规模和水平明显低于全国水平，而且也突出地反映了吉林省农村乡镇企业发展缓慢。

第三，大企业少，规模效益差。1939年，吉林省雇工100—200人的私营企业有13户，占私营企业总数的0.52%，雇工200人以上的私营企业只有6户，只占私营企业总数的0.24%。到1991年年底，吉林省雇工100—400人的私营企业仅达11户，雇工500以上的私营企业也只有2户。1989年，户均雇工15人；1990年户均雇工约13.7人，1991年户均雇工15.1人；明显低于全国平均水平（1989年全国私营企业户均雇工17.8人）户均雇工水平低，不可能形成较高的企业规模效益。

第四，有限责任公司过少。吉林省股份制私营企业与私人独资形式及其他形式相比较，少得可怜。私人股份制企业少，并且发展速度慢，是制约吉林省私营经济发展的一个重要因素。

第五，农村合伙私营企业少。这是我们吉林省农民商品经济观念差、合伙赚钱致富冲动弱的一个鲜明表现，也是受一家一户的自然经济观影响较深、束缚较重的写照。

第六，尤其值得注意的是，近三年吉林省私营经济发展呈停滞下降的趋势。

私营经济发展严重滞后，使得私营经济的积极作用难以充分发挥，给全省的经济发展带来一系列不利的后果。一是影响了总产值的增长和社会财富的增加。二是影响了劳动就业的扩大。三是减少了国家的税收，影响了吉林省财政收入的增长。四是在一定程度上影响吉林省的外汇收入与创汇能力的提高。尤其是，它作为公有制经济的对立面，严重影响了公有制经济的改进与效率的提高。私营经济的较大发展，可以同公有制经济展开激烈竞争，加大公有制经济改革管理体制的外在压力，促使公有制企业改革与完善内部经营机制，增强企业内在动力和活力，提高经济效益。1990年，吉林省国民生产总值从1985年的全国第17位降至第19位，与此有关。

二　吉林省私营经济发展严重滞后的原因

造成吉林省私营经济发展严重滞后的原因是多方面的。它是多种因素综合作用的结果，因此不能片面将它归咎为某一方面的责任，而必须全面客观地探讨和分析。主要有以下几个方面。

第一，"左"的思想理论的束缚和影响。在如何对待私营经济问题上，其主要表现为：一是不少领导干部、经济工作者和群众的头脑中存在严重的"恐资病"，怕私营经济发展起来会导致资本主义复辟，尤其是一些干部，怕犯搞资本主义的错误。对社会主义初级阶段私营经济发展的必然性及利用其作为社会主义经济的补充的必要性认识不足，甚至没有认识。受"宁左勿右"思想的支配，不敢大胆放手发展私营经济。二是在理论上划不清发展私营经济与搞私有化的界限，在实际工作中误以为发展私营经济等于搞私有化。三是片面渲染、扩大私营经济的消极作用。在社会主义初级阶段，私营经济的发展对我们是利大于弊的。应当充分肯定其重要的积极作用，客观地对待其弊端。

第二，对发展私营经济方针的误解和曲解。鼓励私营经济在公有制占主体的条件下积极发展，充分发挥其对社会主义经济的有益补充作用，同时限制它的消极作用，这是党和国家发展私营经济的根本方针。对这个方针的误解和曲解，主要发生在"限制"上。由于我们没有科学准确地理解"限制"的特定含义，妨碍了私营经济的正常发展。这主要表现为：其一，限制私营经济的产生。一些有关管理部门，层层设防，处处设卡，用繁杂的手续和种种清规戒律阻碍私营企业的产生。其二，限制私营企业的规模和发展速度。这主要是由于一些同志怕私营企业发展太大、太快，会影响和动摇社会主义公有制经济的主体地位；同时，还恐怕私营企业主阶层迅速变为新生"资产阶级"。其三，限制雇工人数。限制雇工人数不仅限制了企业发展规模，更为严重的是限制了私营企业吸纳就业功能的发挥，阻止了就业范围和门路的扩大。这在目前我国持业人员增多，就业问题十分尖锐的条件下，是尤为不可取的。其四，限制企业的正常合理收入。只要是私营企业主合法取得的收入，不应一概加以限制和没收。因为只有允许私营企业才取得一定的高收入，才能激发他们不断进行资本积累、扩大生产规模的积极性。当然，对过高、畸高的收入，要依据法律，运用政策和其他经济手段加以调节。吉林省在这方面的问题，主要是该限制的没有限制，而不该限制的却施加限制。私营企业主从事生产经营，不获取比公有制企业高许多的收入（因其无劳动保险和公费医疗，不能分得低租金的住房等），就会歇业关门。这样，影响了私营经济的发展。

第三，政治因素变动的影响。经济的发展受国际国内政治因素变动的影响。私营经济的发展需要宽松的政治环境。私营企业主从产生的那一天起，就惧怕政治气候变化，就怕被戴上"资本家"的帽子。一些私营企业主赚了钱以后，便及时行乐，大肆挥霍，不图资本积累和扩大再生产，主要是由于这方面的原因。影响私营经济正常发展的不利的因素并没有完全消除：如政治歧视、排斥乃至打击私营企业主的事件，在各地仍时有发生。

三 加快吉林省私营经济发展的若干对策建议

加速私营经济发展，扭转私营经济发展严重滞后的局面，已成为我们深化改革、振兴吉林经济的一项重要任务。为了更好地完成这个任务，应主要采取以下对策。

第一，大胆解放思想，对私营经济的思想和理论认识要进一步放开。在思想上要消除"恐资病""惧私症"，肯定社会主义初级阶段利用私营经济为社会主义服务的必要性及重要意义，放手发展私营经济。破除把发展私营经济等同于私有化、等同于搞资本主义复辟的错误观念。发展私营经济是在坚持公有制占主体的条件下，充分发挥私营经济对社会主义经济必要的有益的补充作用，壮大社会主义经济力量。只有思想放开，私营经济才能冲破种种禁锢和障碍，迅速发展起来。当然，放手发展私营经济，绝不是撒手不管，放任自流，而是要在放手发展中加以管理和规范。

第二，适当放宽政策，为全省私营经济的健康发展提供一个较宽松的环境。江泽民同志提出："我们的方针，一是鼓励他们在国家允许的范围内积极发展；二是要运用经济的、行政的、法律的手段，加强管理与引导，做到既发挥它们的积极作用，又限制其不利于社会主义经济发展的消极作用。"这是我们党和国家发展私营经济的根本方针和总政策。各地都应依据鼓励发展第一、发展为主的原则，大胆地制定一些较宽松的具体政策和措施，积极促进私营经济的发展。所谓政策放宽，就是取消现行政策措施中限制私营经济发展的种种规定，打破不必要的条条框框，取消一些束缚私营经济发展的清规戒律，为私营经济的健康发展提供一个良好的经济社会环境。当然，这种政策放宽，只是一种适度的放宽，并不是宽大无边。

第三，健全私营企业法规，保护私营企业的合法权益。前一个时期，由于法制不健全，各地侵犯私营企业权益的现象屡屡发生。一是巧立名目，强行向私营企业摊派；二是向私营企业滥收费，强迫其赞助；三是把私营企业的合法高收入视为非法收入，无端加以罚款或没收；四是有些管理部门和人员凭借职权对私营企业进行卡、拿、索要，甚至公开敲诈勒索。为制止上述侵犯私营企业合法权益现象的发生，必须进一步完善私营企业法规，进一步对其法律地位、法人资格、权利义务、经济责任、生产经营范围、收益分配、雇工制度、劳动保护、生活福利、监督管理等都做出明确规定。保障私营企业的合法权益不受侵犯，私营经济才能获得较快的发展。

第四，对私营企业与公有制企业要坚持政治经济上一视同仁。现阶段，私营企业与公有企业虽然在所有制形式上不同，但它们在我国政治生活中的地位是平等的。虽然私营企业主有些剥削行为，但只要他们在国家法律允许的范围内从事生产经营活动，就仍属人民的范畴，是国家的主人，享有社会主义的民主权利。所以，在政治上对私营企业要同公有制企业一视同仁，不能搞政治歧视、排斥和打击。在经济上，私营企业和公有制企业都是独立的经济实体，二者实行平等竞争与公平竞赛。只要是私营企业合法生产与经营，国家就应在能源、原材料、技术与人才方面予以支持和帮助。

第五，鼓励私营企业主抑制消费、扩大生产。现阶段，我国私营企业主普遍存在消费超前、消费过度的问题。我们要运用法律和行政手段，尤其是要运用经济杠杆，引导私营企业主自动抑制消费，限制私营企业主过多地将企业利润转为个人消费，不仅要实行个人消费调节税，而且还应设立资产转移税，对抽取资本转入个人消费的部分应征收高额累进税，以促进私营企业主扩大资本积累，扩大再生产。

第六，大力促进个体经济向私营经济转变。私营经济比个体经济更适应和促进商品经济的发展。我们应大力促进个体经济向私营经济转变。目前，吉林省个体户数量较大，并且积攒了上百亿存款，有条件促使他们联合投资，成立合伙私营企业或私营股份公司。尤其是在乡村，若干个体户联合成为私营企业，不仅会促进农村私营经济的发展，而且会有力地带动乡镇企业的起飞。因此，鼓励城乡个体户将货币转化为资本、成立私营股份公司，是发展吉林省私营经济的一条有效途径。

目前已经具备加速私营经济发展的宽松的社会经济环境。党中央又号召进一步解放思想，加快经济建设的步伐，使我国经济再上一个新台阶。我们要抓住这个有利契机，坚持在公有制占主体地位的条件下，加速改变吉林省私营经济严重滞后的局面，促进各种经济成分协调发展，实现吉林省经济的全面增长。

（本文发表于《经济纵横》1992 年第 9 期）

加速我国私营经济发展的对策

根据邓小平南方谈话精神，党中央决定，要利用当今的有利时机，进一步扩大改革开放，推动我国国民经济跃上一个新的台阶。为了保证这一重大战略决策顺利实现，我认为必须加速私营经济发展。私营经济已经成为我国国民经济发展的一支重要力量；国民经济要跃上一个新台阶，私营经济发展也必须登上一个新台阶。私营经济发展下降或滞后，不仅会影响国民生产总值的增长和社会财富的增加，也会影响劳动就业的扩大和国家财政收入的增加。

要加速我国私营经济的发展，我认为当前应主要采取以下对策。

第一，要进一步解放思想，不但要大胆利用"外资"，也要大胆利用和发展"内资"。我们承认私营经济是一种具有资本主义性质的经济形式，但并不排斥和否定它在社会主义初级阶段的重大积极作用。现在我国存在一种"怪现象"：一些人敢大胆利用"外资"，却不敢大胆利用和发展"内资"；千方百计地为吸引"外资"提供各种优惠条件，却不敢为利用和发展"内资"创造良好的社会经济环境。利用"外资"也好，利用和发展"内资"也好，虽然都会使资本主义因素在我国有所增加和扩大，但都不会改变我国的社会主义性质。因为一个社会形态的性质，是由这个社会形态中占主导地位的社会经济形式所决定的。我国的社会主义性质，是由以生产资料公有制为基础的社会主义生产关系所决定的，是由在多种经济成分中占主体的社会主义公有制经济决定的。无论是利用"外资"，还是利用发展"内资"，都是在坚持社会主义公有制经济占主体的条件下进行的，所以，它们只会有利于社会生产力的不断发展与社会的不断进步，而根本不会导致资本主义制度在我国的复辟。至此，"恐资病"和"惧私病"应当完全彻底地消除。发展国内的私营经济，不是一项权宜之计，而是我国在社会主义初级阶段的长期既定方式。

第二，适当放宽政策，为私营经济的健康发展提供一个较宽松的环境。江泽民同志指出："我们的方针，一是要鼓励它们在国家允许的范围内积极发展，二是要运用经济的、行政的、法律的手段，加强管理和引导，做到既发挥它们的积极作用，又限制其不利于社会主义经济发展的消极作用。"① 这是我们党和国家发展私营经济的根本方针和总政策。这个总政策的实质是鼓励其积极发展，充分发挥其积极作用，限制其消极作用，目的也是使其更好地发展。如果把"限制"放在第一位，认为这个政策的实质与核心是限制，那就大错特错了。因此，各地都应根据鼓励发展为主的原则，大胆地制定一些较宽松的具体政策和措施，积极促进私营经济的发展。浙江温州、福建晋江、河北廊坊等地经验证明：只有政策进一步放宽，私营经济才能有较大的发展。所谓政策放宽，就是取消现行政策规定中限制私营经济发展的种种条文和措施，打破种种不必要的条条框框，取消那些束缚私营经济发展的种种清规戒律，为私营经济的健康发展提供一个良好的社会经济环境。当然，这种政策放宽，只是一种适度的放宽，并非是宽大无边，更不是任私营经济盲目、自流发展。

第三，健全私营企业法规，保护私营企业的合法权益。《中华人民共和国宪法》和《中华人民共和国私营企业暂行条例》都明确规定，国家允许私营企业合法存在与发展，并保护其合法权益。这就使私营企业的合法权益不受侵犯有了法律依据和保障。但是，仅有这两个母法还是远远不够的，各地政府还必须因地制宜地制定一些关于发展私营经济的子法及其实施细则。否则，法规不健全，

---

① 《十三大以来重要文献选编（中）》，人民出版社1991年版，第622页。

漏洞太多，就难以保证私营企业的合法权益不受侵犯，私营企业也难以依法维护自身的合法权益。前一个时期，由于私营企业法制不健全，各地侵犯私营企业主利益的现象屡屡发生：其一，巧立名目，强行向私营企业摊派；其二，向私；其三，把一私营企业的合法高收入视为非法收入，无端加以罚款或没收；其四，有些管理部门和人员凭借职权对私营企业进行卡、拿、索、要，甚至公开敲诈勒索。为了制止上述侵犯私营企业合法权益现象发生，必须进一步完善和健全私营企业法规，进一步对其法律地位、法人资格、权利义务、雇工制度、劳动保护、生活福利、经济责任、收益分配、管理监督等都做出明确规定。只有真正保障私营企业的合法权益不受侵犯，私营企业主从事生产经营有利可图，才会使私营经济获得长足的发展。

第四，对私营企业同公有制企业要坚持政治经济上一视同仁。现阶段，私营企业同公有制企业虽然在所有制上截然不同，但它们在我国政治生活中的地位是平等的。虽然私营企业主有些剥削行为，但只要他们在国家法律和政策允许的范围内从事生产经营活动，就仍属于人民的范畴，同公有制企业的厂长、经理一样，是国家的主人，享有社会主义的民主权利。所以，我们在政治上对私营企业要同公有制企业一样一视同仁，对私营企业和私营企业主不能搞政治歧视、排斥和打击。在经济上要坚持二者平等竞争、公平竞赛，对私营企业不能采取无情打击、强行摧垮的政策。只要他们从事合法生产与经营，国家就应在能源、技术、原材料等方面，予以必要的帮助与支持。

第五，鼓励私营企业主抑制消费，不断扩大再生产。现阶段，我国私营企业主普遍存在超前消费、过度消费的问题。他们把赚到的钱大量用于奢侈的生活消费，甚至用在修庙、修坟上。我们要运用法律和行政的手段，尤其是要善于运用经济杠杆，引导私营企业主自动抑制消费，进行资本积累，增加投资，扩大企业生产。为了限制私营企业主过多地将企业利润转为个人消费，不仅要严格实行个人收入调节税，而且还应设立个人资产转移税，对抽取资本转入个人消费的部分征收高额累进税，以促进私营企业主不断进行资本积累，扩大企业再生产。

大力促进个体经济向私营经济转变。个体经济与私营经济是两种不同的经济形式。前者以劳动者自己占有生产资料、自身参加劳动为基础，而后者则以雇佣劳动为基础。从所有制上看，前者是劳动者的个体私有制，后者则是非劳动者的私有制。将二者混淆或直接等同起来，是不对的。在现实生活中，常常碰到人们褒扬个体经济而贬抑私营经济的说法与做法。这是不公正的，更是不科学的。其实私营经济是一种比个体小商经济更先进、更具优越性的经济形式。它突破了个体劳动与家庭经营的限制，可以在较大范围内实行分工与专业化协作，也可以采用先进的技术设备，进行较大规模的生产经营，劳动生产率一般要比个体经济高得多。此外，它也不像小商品经济那样以自身的消费需要为目的，而是以资本的不断增值为目的，追求利润的最大化，是其生产经营的内在动因，也是推动私营经济发展的强大动力机制。可以说，它比个体经济更适合生产社会化的需要，更能促进商品经济的发展。因此，我们应大力促进城乡个体经济向私营经济发展与转变。目前，我国城乡个体户数量巨大，并且积攒了上千亿元的货币，完全有条件促使他们将这笔巨额货币转化为资本，进行联合投资，成立合伙私营企业或股份有限公司，从事生产性建设或大力发展第三产业。尤其是在乡村，若干个体户联合成为私营企业，不仅会吸收大量农村剩余劳动力，加速农村社会化服务体系的建设，而且还会有力地带动乡镇企业的腾飞。可见，鼓励城乡个体户将货币转化为资本，成立私营股份公司与私营合伙企业，实乃是加速发展我国私营经济的一条有效途径。

（本文发表于《中国工商》1992年第8期）

当代中国私营资本原始积累的
历史必然性及现实基础

当代中国私营企业主们从事生产经营的最初资本是怎么来的？要回答这一个问题，就必须研究当代中国私营资本的原始积累问题，研究马克思对资本原始积累的科学定义问题，分析与阐述当代中国私营资本原始积累发生的历史必然性及现实可能性，只有这样，才能揭示当代中国私营资本原始积累发展的一般趋势和规律。

一 何谓资本原始积累

马克思对资本原始积累的分析是全方位、多视角的，因而对资本原始积累的定义有多种论述。

首先，从单个资本形成看，资本原始积累是资本主义生产方式的"前提""历史基础"和"起点"。马克思指出："单个商品生产者手中一定程度的资本积累，是特殊的资本主义的生产方式的前提。因此，在从手工业到资本主义生产的过渡中，我们必须假定已经存在这种积累，这种积累可以叫作原始积累，因为它不是特殊的资本主义的生产的历史结果，而是这种生产的历史基础。这种积累本身是怎样发生的，我们还用不着在这里研究。只要知道它是起点就行了。"[①] 这是马克思在《资本论》第一卷第二十三章讲的。因为马克思在这里讲的是"资本主义积累的一般规律"，重点阐述资

---

① 《资本论》第一卷，人民出版社1975年版，第684—685页。

本积累,但涉及资本原始积累,所以讲了上述这番话。到第二十四章一开头讲"原始积累的秘密"时,又阐明了相同的观点。

其次,从创造资本关系的角度看,它是生产者和生产资料相分离的历史过程。马克思指出:"资本关系以劳动者和劳动实现条件的所有权之间的分离为前提。资本主义生产一旦站稳脚跟,它就不仅保持这种分离,而且以不断扩大的规模再生产这种分离。因此,创造资本关系的过程,只能是劳动者和他的劳动条件的所有权分离的过程,这个过程一方面使社会的生活资料和生产资料转化为资本,另一方面直接使生产者转化为雇佣工人。因此,所谓原始积累只不过是生产者和生产资料分离的历史过程。这个过程所以表现为'原始的',因为它形成资本及与之相适应的生产方式的前史。"①

最后,从资本的历史起源角度看,它是直接生产者的被剥夺,即以自己劳动为基础的私有制的解体过程。马克思指出:"资本的原始积累,即资本的历史起源,究竟是指什么呢?既然它不是奴隶和农奴直接转化为雇佣工人,因而不是单纯的形式变换,那末它就只是意味着直接生产者的被剥夺,即以自己劳动为基础的私有制的解体。"②

以上三个定义中,第二、第三个定义是基本相同的,均是强调资本原始积累是劳动者同生产资料相分离的过程,亦即直接生产者被剥夺的过程。而第一个定义则侧重说明资本原始积累是特殊的资本主义生产方式的历史基础与前提。

研究当代中国私营资本的原始积累问题,采用上述哪个定义呢?我认为,只有采用第一个定义,才能更好地说明当代中国私营资本原始积累的特点、实质及发展规律。因为第一个定义,是资本原始积累一般定义,对当代中国也具有适用性;而第二、第三个定义则是资本原始积累特殊,只适用于资本主义社会,而不适用于社会主义的中国。说穿了,社会主义的当代中国资本原始积累过程并

---

① 《资本论》第一卷,人民出版社 1975 年版,第 782—783 页。
② 《资本论》第一卷,人民出版社 1975 年版,第 829 页。

不存在直接劳动者被剥夺或劳动者同其生产资料所有权相分离的过程。但必须承认，社会主义的当代中国无疑是存在着货币在少数人手中积累并变成资本的过程，而这个过程正是作为资本主义生产方式前提的资本原始积累过程。资本主义生产方式产生必须具备两个前提条件：一是大量的货币财富在少数人手中积累；二是有足够的自由劳动者的存在。这两个条件结合起来就是G—W，尤其是货币购买到特殊商品劳动力即G—A，这时的货币G就变成了资本。上述两个条件的形成及实现过程，实际上就是上述马克思所讲的"资本关系"创造过程，即资本的原始积累过程。当代中国存在上述两个条件的形成与实现过程，是显而易见的。

二 社会主义初级阶段存在资本原始积累的历史必然性

探讨中国私营资本原始积累发生的必然性，离不开对中国基本国情的认识与分析。中国处在社会主义初级阶段——这个中国最基本的国情，既是中国私营资本原始积累发生或存在的历史大背景，又是决定中国私营资本原始积累发生或存在的现实客观基础。

社会主义初级阶段为什么会存在私营资本的原始积累呢？从所有制关系上看，私营资本属于私有制范畴，更具体点说是属于资本主义私有制范畴。生产资料的私有制是私营资本及其原始积累存在的重要经济基础。只要有生产资料私有制的存在，便会有私营资本产生及其原始积累过程发生。然而，现实的社会主义初级阶段，不仅不会消灭生产资料私有制，而且还允许生产资料私有制有一定程度的发展。

马克思和恩格斯设想的社会主义社会是要消灭生产资料私有制的。马克思和恩格斯依据他们所创立的科学社会主义理论，考虑到当时欧美资本主义发展的实际情况，作出以下推论和预见：社会主义革命要在生产力发展到资本主义私有制"外壳"无法容纳的顶点时才发生，因此它要首先在那些资本主义最发达的国家里同时发生并取得胜利。这样，马克思和恩格斯所预见或设想的社会主义社会就是完全消灭了私有制的社会，是生产资料归社会所有、消灭了商品经济、实行高度发达的产品计划经济、全社会统一按劳分配、彻底消灭剥削关系和剥削现象的社会。他们在《共产党宣言》中明确指出："共产党人可以用一句话把自己的理论概括起来：消灭私有制。"[①] 所以，在马克思恩格斯设想的社会主义社会，是不允许私有制经济存在的，因而不可能存在私营资本及其原始积累过程的。

在我们中国建立起来的社会主义社会，虽然也是马克思科学社会主义理论在中国的胜利，但它毕竟与马克思和恩格斯所设想的社会主义不同。因为中国的社会主义社会不是像马克思所说的那样在发达资本主义国家中发生革命取得胜利而建立的，而是从半殖民地半封建社会脱胎而来的，超越了资本主义的发展阶段，其物质技术基础十分落后、薄弱，社会生产力水平低下，商品经济没有得到相应发展。

"社会主义消灭私有制"，对这个命题必须辩证地科学地理解，切不可绝对化、凝固化。从社会主义的根本任务和最终目标来说，它是要消灭私有制的，但它不可能一下子消灭，而只能逐渐地一步一步地消灭，不可能也不存在"毕其功于一役"。并且，私有制的灭亡如同其产生一样，也是一个自然的历史过程。它是随着社会生产力发展到一定阶段而产生的，也必然要在社会生产力水平达到一定高度和水平的时候才能灭亡。对此，马克思恩格斯曾作了一系列深刻精辟的论述和说明。

马克思和恩格斯指出："到现在为止我们都是以生产工具为出发点，这里已经表明了在工业发展的一定阶段上必然会产生私有制。在采掘工业中私有制和劳动还是完全一致的；在小工业中以及到目前为止的各处农业中，所有制是现存生产工具的必然结果；在大工业中，生产工具和私有制之间的矛盾才第一次作为大工业所产

[①] 《马克思恩格斯选集》第一卷，人民出版社1972年版，第265页。

生的结果表现出来；这种矛盾只有在大工业高度发达的情况下才会产生。因此，只有在大工业的条件下才有可能消灭私有制。"①

恩格斯指出："对于手工工场和大工业发展的最初阶段来说，除了私有制，不可能有其他任何所有制形式，除了以私有制为基础的社会制度，不可能有其他任何社会制度。"②

恩格斯还明确地讲："能不能一下子就把私有制废除呢？不，不能，正象不能一下子就把现有的生产力扩大到为建立公有经济所必要的程度一样。因此，征象显著即将来临的无产阶级革命，只能逐步改造现社会，并且只有在废除私有制所必需的大量生产资料创造出来之后才能废除私有制。"③

马克思还强调指出："无论哪一个社会形态，在它们所能容纳的全部生产力发挥出来以前，是决不会灭亡的；而新的更高的生产关系，在它存在的物质条件在旧社会的胎胞里成熟以前，是决不会出现的。"④

从上述论述中，我们可以得到以下几点认识。

第一，任何一种生产关系，在它所容纳全部生产力充分发挥出来以前，是绝不会灭亡的。私有制作为一种生产关系也毫不例外。只要它还适应生产力发展的要求，或者"私有制也还没有成为这些生产力发展的桎梏和障碍"⑤，就还有生命力，就还有存在与发展的必要，自然也就不会灭亡。这不以人们的主观意志为转移，而是由生产力决定生产关系、生产关系要适合生产力性质与要求的规律所决定的。

第二，在"小工业"中，"私有制和劳动还是完全一致的"，即它还是适应小工业的生产力水平的。因而，只要社会上还存在一定数量的小工业，私有制就还有存在与发展的条件。

---

① 《马克思恩格斯选集》第一卷，人民出版社1972年版，第72页。
② 《马克思恩格斯选集》第一卷，人民出版社1972年版，第218页。
③ 《马克思恩格斯选集》第一卷，人民出版社1972年版，第219页。
④ 《马克思恩格斯选集》第二卷，人民出版社1972年版，第83页。
⑤ 《马克思恩格斯选集》第一卷，人民出版社1972年版，第218页。

第三，私有制与手工工场和大工业发展的初级阶段的生产力水平是相适应的。只要国内仍存在工场手工业，并且大工业发展水平尚不很高，私有制就有存在与发展的空间和基础。

第四，私有制是同高度发达的大工业相矛盾的、不相容的。"因此，只有在大工业的条件下才有可能消灭私有制。"

第五，废除私有制，必须具备充足的物质条件。那就是把废除私有制所必需的大量的生产资料都创造出来；把现有的生产力水平提高到建立公有制经济所必要的程度。

在我国社会主义初级阶段，虽然现代大工业有了空前的发展与进步，但广大城乡仍存在大量的"小工业"。我国的工业化由于受到"文化大革命"的影响，直到改革开放后才真正起步。可以肯定地讲，时至今日，我国的工业化水平仍然很低，尤其是农村的工业化程度更低。从全国来看，几乎所有的工业部门以及农业部门中都存在大量的以手工劳动为基础的小企业，即马克思所讲的工场手工业。即使我国的现代大工业，也仍同发达国家的大工业存在相当大的差距，尚没有真正达到马克思所讲的"高度发达"的阶段。以上这些正是我国现阶段私有制经济包括个体经济和私营经济存在与发展的根本物质技术基础与经济条件。超越这个客观物质技术基础与经济条件，企图过早地消灭或废除私有制，都必然要受到客观规律的惩罚。这无论在外国还是在我国都有过深刻的历史教训。

几十年来社会主义的实践也充分证明：在社会主义初级阶段，个体私营经济是铲不掉的，也是消灭不了的。这样，私营资本原始积累过程的发生，亦是不可避免的。"野火"虽然烧掉了原来的个体私营经济，但改革开放的"春风"又催生了新的个体私营经济。根本原因在于，在中国的社会主义初级阶段上，个体私营经济始终具有存在的历史必然性，私营资本原始积累过程的发生亦具有历史必然性。所以，我们再也不能去干"消灭个体私营经济""铲除资本主义"等超越历史发展阶段、违背历史发展必然性的一类蠢事了，而应当老老实实承认并积极顺应个体私营经济发展及私营资本原始积累过程发生的历史必然性，按照它们的要求去自觉地规划自己的行动。

三 社会主义初级阶段私营资本原始积累发生的现实基础

中国社会主义初级阶段的基本经济特征是：生产力落后、商品经济不发达。要从根本上改变这种状况，于2050年基本实现现代化，需要几万亿甚至几十万亿的建设资本（金），如此巨大的资本单靠国家积累是不够的，必须有私营资本积累的支持。因此，加速私营资本的原始积累，也是增加社会主义建设资金（本），加速改变我国生产力落后、商品经济不发达状况的有效途径，对于加速实现我国的社会主义现代化更具有重要的现实意义。

中国私营资本原始积累，不仅是实现社会主义现代化的需要，而且有着深厚的客观经济基础和物质条件。

第一，个体小商品经济的存在与发展，为我国私营资本原始积累的发展提供了重要的经济基础和肥沃的土壤。

在改革开放前的1978年，我国仅存个体劳动者约15万人。当时，迫于国内就业的压力，国务院批准了国家工商管理局关于全国工商管理局长会议报告，提出为了方便人民群众生活和扩大就业，可以恢复与发展一部分个体经济。1980年8月，中央又召开了全国劳动就业会议，指出应恢复与鼓励城镇个体经济发展。在中央和国务院一系列政策的鼓励下，我国个体经济迅速得以恢复和发展。1979年城镇个体劳动者就达31.6万人，比1978年增长1倍多；1980年又增加到81.4万人，比1979年又增长1倍多。到1981年城镇个体经济发展到86.8万户，从业人员113万人；而农村更是增长喜人，达96.1万户，从业人员达121.8万人。改革开放20年后，1999年，全国个体工商户达3160多万户，从业人员达6240多万人，注册资金3439多亿元，创总产值7063多亿元。这个庞大的并日益扩大的工商业者队伍以及实力不断增加的小商品经济，为私营资本的产生及其原始积累过程的发展提供了可靠的基础与条件。

今后,随着我国个体经济的发展,会有越来越多的小商品生产者和经营者积累足够的原始资本,实现小商品生产者和经营者到私营企业主的转变。这个转变对发展我国的个体经济和私营经济均有利,是个"双赢",所以我们应积极促进和推动这个转变,实现二者的互相促进和良性循环。

第二,城乡人民收入水平大幅度提高,大量货币在个人手中积累,为私营资本原始积累提供了可能与条件。

货币本身并不是资本,但它要变成资本必须达到一定的数量。就是说,任何一个人要开办私营企业,首先必须在手中积累足够数量的货币,以便既能购买生产经营所必需的生产资料,又能雇佣足量的工人。不然的话,他(她)的生产经营活动就不能进行。所以,一定数量的货币积累,是资本原始积累的必备条件。

改革开放前,我国人民的人均收入水平是很低的。正如邓小平所说:"我们干革命几十年,搞社会主义三十多年,截止一九七八年,工人的月平均工资只有四五十元,农村的大多数地区仍处于贫困状态。"[1]

改革开放以来,由于我国的 GDP 增长率以年均 9% 以上的速度持续快速增长,城乡居民的收入水平大幅度增长与提高。城镇居民人均可支配收入由 1978 年的 343.3 元提高到 1999 年的 5854 元;农民人均纯收入也由 1978 年的 133.6 元提高到 1999 年的 2210 元。仅用 21 年的时间,就分别增长 17 倍多和 16 倍多。不仅如此,由于允许资本、技术、劳动力等生产要素参与收入分配,居民收入来源也日益多元化。城镇居民收入已打破单一工资收入格局,工资外收入大幅度增加,有的地方甚至超过工资收入。据劳动部的估算,1994 年工资外的货币收入已占到工资(含奖金)总额的 50% 以上。上海市的一些企业、机关单位的正常薪金以外的收入已超过薪金收

---

[1] 《邓小平文选》第三卷,人民出版社 1993 年版,第 10—11 页。

入，二者的比为 1：1.2。① 农村居民的收入也由单一的农业生产收入的格局转变为多元化的收入格局，非农业收入的比重大幅度增加。如江苏、广东、浙江等发达省份农民家庭的工资收入都达到了农村家庭可支配收入的 25% 以上②，这表明农民家庭成员在外打工及经商的情况已经改变了传统的农民家庭收入结构。城乡居民收入来源的多元化，有力地促进了城乡居民收入水平的进一步提高。

正是由于我国城乡居民收入来源多元化，收入水平的大幅度提高，使得大量货币在个人手中积累和储蓄起来。1978 年居民储蓄存款余额仅为 210.6 亿元，人均存款为 21.9 元；到 1994 年年底则达 21518.8 亿元，人均存款达 1795.5 元；到 2001 年年底居民储蓄存款余额已突破 8 万亿元大关，人均存款超过 6000 元，比 1978 年增长 270 倍。到 2004 年 4 月，居民储蓄存款已高达 11.2 万亿元，人均存款近 1 万元。尽管这个巨额存款在城乡之间、地区之间、行业之间以及社会各阶层之间的分布是很不平衡的，甚至差距是很大的，却实实在在地为私营资本的产生及其原始积累的实现准备了足够数量的货币。

第三，大量剩余劳动力的存在，使得货币变为资本及资本原始积累的实现成为可能。

人所共知，单有足量的货币是不能自然而然成为资本的。它只有在劳动力市场上购买到足够的劳动力才能变成现实的资本的。由于改革开放使得我国广大城乡出现了大量的剩余劳动力，因而使得私营企业可以随时雇到生产经营所需要的劳动力。

从农村来说，农业联产承包制的推行，使农户家庭有了生产经营的自主权，农民摆脱了传统的人民公社的劳动体制的束缚，有了自由支配自身劳动力的条件。同时，由于承包制充分调动了农

---

① 张道根：《中国收入分配制度变迁》，江苏人民出版社 1999 年版。
② 李实、张平等：《中国居民收入分配实证分析》，社会科学文献出版社 2000 年版，第 212 页。

民的生产经营的积极性，使劳动生产率大大提高，原来潜在的剩余劳动力开始显性化。我国有近13亿人口，农村占9亿多，而我国的耕地只有14.9亿亩，人均占有耕地不足1.2亩，从事农业生产的劳动力至多只需5亿多，农村二、三业也只能吸纳2个亿，按专家的估算，我国农村每年都要有1.3亿—1.5亿剩余劳动力需要转移。

从城镇来说，由于改革开放的深入与扩大，产业结构的调整、优化及升级，市场竞争的加剧，亏损与破产企业增多，职工下岗失业大量增加。据统计，2002年，下岗职工未能再就业及失业人员将达到1500万人，由农村进入城市务工的劳动力将超过7000万人，这就加大了城市就业的压力。尤其城市工商企业普遍推行减员增效的改革措施，机关、事业单位又大刀阔斧地进行机构改革，使得这些企业、机关和事业单位又剥离出大批冗员，这又进一步扩大了城市下岗、失业者的队伍。

农村大批剩余劳动力的存在，城镇下岗失业队伍的扩大，为我国城乡私营资本的原始积累准备了极为充裕的雇佣劳动力供给。为什么这样讲呢？因为如此巨大规模的农村剩余劳动力和城镇下岗失业人员，完全依靠公有制经济来吸纳就业，根本是不可能的。据统计，依照目前我国的生产力水平，由全民所有制企业安排一个新职工就业，大约需要投资人民币10000元左右，由城镇集体所有制企业安排一个新职工就业，大约需要投资6000元左右。无论从国家的实力来看，还是从集体经济的力量看，都无力安排城乡合计近1.8亿—2亿剩余劳动力就业。更何况近些年来全民所有制的国有企业生产经营困难加大，经济效益逐年下滑，农村集体经济名存实亡，城镇集体经济也有相当大的部分"空壳"化。因此，这数额巨大的剩余劳动力的唯一可行的出路，就是到个体私营经济中去就业。这就为私营资本的原始积累提供了极为丰富廉价的劳动力资源。

以上分析可见，私营资本的原始积累在我国的存在与发展不仅具有深刻的历史必然性，而且具有充足可靠的实现基础与条件。总体来说，它归根到底是由我国社会主义初级阶段的生产力发展水平所决定的。生产力水平低、发展不平衡又呈现多层次，这是我国社会主义初级阶段个体私营经济存在的重要物质原因，也是私营资本原始积累存在与发展的根源所在。

(本文发表于《当代经济研究》2006年第7期)

论当代中国私营资本原始
积累的社会功效

当代中国的私营资本原始积累完全不同于资本主义国家的资本原始积累，它不是劳动者被剥夺、同其生产资料相分离的过程，而是社会主义阶段资本关系的形成与创造过程：一方面是大量货币在少数人手中积累的过程；另一方面同时也是自由的雇佣劳动者形成的过程。在当代中国，这个过程不是血腥的暴力剥夺过程，而基本上是一个和平的"牧歌式"的过程。

当代中国私营资本原始积累的发生发展，对中国的社会主义现代化建设甚至对整个中国经济社会发展都是功不可没的。党的十六大提出"毫不动摇地鼓励、支持和引导非公有制经济发展"的方针，为私营资本原始积累的长期发展指明了方向。可以肯定地讲，随着中国私营经济的健康快速发展，私营资本原始积累对中国经济社会发展的作用及功效会愈来愈大。

一 当代中国私营资本原始积累对
公有制经济的作用与影响

私营资本与公有资本（主要是国有资本）是两种性质不同的资本。中国自20世纪50年代中期所有制方面社会主义改造基本完成，跨入社会主义社会之后，私营资本就被消灭了，中国成了公有资本的"一统天下"，公有资本成为中国社会资本的唯一形态。改革开放后，私营资本及其原始积累的发生打破了公有资本的"一统天下"改变了单一的社会所有制结构，从此形成了私营资本与公有资本、私有制经济同公有制经济的矛盾统一关系。由于我国长时间把公有制等同于社会主义，把私有制等同于资本主义，把公有制与私有制绝对对立起来，认为公有制与私有制像水与火一样是绝对不相容的，因而我们必须首先充分肯定它们二者之间的统一、兼容及融合的关系。但是，只注意到这一面，看不到它们之间仍存在矛盾的方面，也不是实事求是的科学态度，不符合科学的唯物辩证法。

随着私营资本原始积累的扩大与发展，它与公有制经济的矛盾越来越显性化。起初在20世纪80年代，由于私营资本在经济上还受到种种排挤，在政治上也存在种种歧视，其原始积累的规模小，速度慢，资本实力还较弱，在国民经济夹缝中"拾遗补阙"充当公有制经济的"有益补充"，因而它与公有制经济的矛盾并不十分突出。但是，自1992年邓小平南方谈话发表之后，私营资本原始积累由于宽松的经济环境和良好的政治氛围及各种优惠政策的推动而获得了超常规的发展，无论是规模还是实力都空前壮大，成长为一支发展社会主义市场经济的重要生力军。这样私营资本原始积累同社会主义公有制经济之间的矛盾竞争关系也越来越激烈了。其主要表现在以下方面。

第一，争夺好的生产经营项目。赚钱发财是私营资本的根本目的和动机。市场上什么商品价格高，利润大，赚钱多，私营资本便会自动投向这种商品的生产与经营。由于它同公有制经济比较起来具有决策快、机制灵活、善于"攻关"、敢冒风险"打擦边球"等，因而能夺得先机，抢到一些好项目。

第二，争夺原材料和能源。私营企业要进行生产与经营，必须有足够稳定的原材料和能源供应，否则就会停工待料，或因能源短缺而中止生产。不仅如此，原材料和能源的价格也必须适度稳定，如果价格波动剧烈或价格水平过高，无疑会加大企业生产成本，影响企业利润。然而，我国的原材料资源及各种能源基本上为公有制经济所垄断，确切地说主要控制在国有制经济手中。私营企业要合理取得必要的原材料和能源，除了有些要经过国家有关部门批准外，主要通过市场同公有制企业竞争获得。在原材料和能源供应普遍短缺的情况下，私营企业为获取必要的原材料和能源，必然会同公有制企业发生激烈竞争。

第三，争夺廉价、高素质的劳动力和科技人才。私营企业主在资本原始积累期间虽然一般自己也要劳动，但仅靠自己劳动所创造的价值是极其有限的。他只有用较少的可变资本雇用到素质较高的劳动力，才能为自己创造出更多的剩余价值，尽快富裕起来。在劳动力供应十分充裕的中国，尤其农村剩余劳动力大量存在的情况下，私营企业主要雇到一般劳动力是极为容易的，但是要雇用到具有一定专业技能、素质较高而价格又比较低廉的劳动力却是比较困难的。这是因为：其一，中国的专业技术教育一直比较落后，具有一定专业技能的劳动力十分匮乏；其二，这部分劳动力分布很不均衡，主要集中于大中城市，小城镇及农村十分稀缺；其三，劳动力市场没有真正形成并发育起来，劳动力的单位所有制并没有打破，劳动力不能自主自由流动，尤其对具有一定的专业技能的劳动力，所在单位更是严加控制，轻易不允许调动；其四，控制着具有一定专业技能的劳动力的单位，绝大部分为公有制企业或单位，这些单位一般都体制僵化，机制死板，分配上盛行平均主义和"大锅饭"，这些有专业技能的劳动者工资收入一般都比较低。私营企业从公有制企业或单位挖取这些劳动力主要是采取"高工资、高福利、高待遇"的"三高政策"进行"利益牵引"，这个政策是很奏效的。私营资本原始积累进行到一定阶段，对科学技术人才的需求越来越迫切，数量也越来越多。新中国成立以来，国家培养的大批科技人才基本上集中在高校、科研单位、国有大中型企业。私营企业自身并没有人才资源，它要扩大资本原始积累规模，提高资本原始积累的质量与速度，必须提高企业的技术水平。为此，它就必然要千方百计地到高校、科研单位及国有大中型企业挖人才，同公有制经济进行人才争夺。私营企业深知，企业间的竞争不仅是产品的竞争、技术的竞争，从根本上说是人才的竞争。谁拥有了高水平的技术人才，谁就会有好产品，谁就会有高效益，谁就会赚大钱、发大财。

所以有见识的私营企业家纷纷用重金聘用高科技人才。私营企业与公有制经济的"人才争夺战"可以说激战正酣。在这场争夺战中,公有制经济处于守势,私营企业则处于攻势。它有助于我国科技人才的合理利用与优化配置,有助于我国人才市场的健康发育成长。

第四,争夺市场份额或市场占有率。在市场经济条件下,市场在一定意义上就是企业的生命。企业生产经营的产品若没有市场,企业就难以生存和发展。私营企业生产经营的产品如果进入不了市场,或在市场销售中占有很小的份额,其生产经营的耗费便得不到补偿,更赚不到可观的利润,就会面临破产,导致资本原始积累失败。私营企业同公有制经济在商品销售市场上的竞争更是激烈。表面上看主要是价格战;深层面看是体制战、机制战、实力战。当然,这种利益争夺是在促进社会生产力发展、实现社会主义根本目标的大前提下发生的,并非对抗性的矛盾冲突。这种市场争夺战,有利于市场价格水平走低与稳定,更有利于全体人民物质文化生活水平的提高。

第五,争夺有利的投资场所。私营资本追逐利润的动力比公有资本要强烈得多,大得多。这促使它四处奔走,到处寻求有利的投资场所。在改革开放初期,私营资本投资在许多方面受到限制,诸多关系国计民生的重要领域是不允许私营资本涉足的,一些关系国民经济命脉的行业更不允许私营资本染指,大有惧怕私营资本会控制国民经济命脉、导致中国社会主义经济"改姓"变质之势。可经过改革开放一段实践之后,逐渐取消了对私营资本投资领域及场所的限制,结果使私营资本投资迅速增长,而那些公有制经济领域由于私营资本的加入,不仅没有被损害与削弱,反而更强劲增长。实践证明,鼓励私人资本投资,对于加速私人资本原始积累、促进公有制经济发展,会带来一个双赢的结果。所以,在党的十六大以后,全国各个行业和领域(除军品及特种产品的生产经营),已全面开禁,允许私营资本进入从事生产与经营。这样,不仅私营资本原始积累的领域和范围拓宽了,它同公有制经济争夺投资场所的矛盾也扩大了。

综上可见，当代中国私营资本同公有制经济已经形成了全方位、错综复杂的竞争关系。这种竞争关系是一种平等的竞争关系，其形成过程是：一方面表现为私营资本原始积累由小到大，由弱到强，由充当"拾遗补阙"的"小字辈"上升为同公有制经济"同等"的"兄弟"的过程；另一方面则表现为公有制经济由国民经济的"独老大"逐渐从一些领域和行业退出、变成国民经济主体的过程。可以说，这个过程的完成，完全得益于私营资本原始积累过程扩大与发展的推动。在上述平等竞争关系的形成过程中，私营资本对公有制经济一直发挥着革命性的影响和作用。俗话说："自己的刀削不了自己的把。"公有制经济体制与机制的某些弊端依靠自身的力量往往难以改进与克服。私营资本作为一种外在力量直接针对其弊端发生作用，就使问题得到了解决。私营资本对公有制经济的革命性影响和作用的表现是多方面的，其中主要有以下几点。

第一，私营资本原始积累存在与发展本身，就对公有制经济构成了强大的外在压力。这个压力机制确实非同小可，它打破了公有制经济的优越感，使其开始有了危机感。公有制经济在独揽国民经济一统天下时，在国民经济各个部门与行业均无竞争对手，只要维持和凭借垄断独占的地位就可以获取大量垄断利润，过着优越舒坦的日子。现在，私营资本原始积累出现了，无论在生产、交换、分配与消费等领域，还是在国民经济各个部门，私营资本到处在与公有制经济"抢地盘""挖人才""拉生意"，使得公有制经济切身感觉到再也不能只图舒适安逸不求进取了。迫于私营资本原始积累的影响与挑战，尤其是出于维护自己利益和自身生存与发展的需要，公有制经济也必须挺身面对竞争与挑战。可以肯定地说，私营资本原始积累的这种外在压力，其力量作用强度是相当大的，它有效地激发了公有制经济的奋斗和竞争精神，激发了公有制经济的生机与活力。

第二，促进公有制企业重视科技人才，大力推进技术进步。我国的许多国有大中型企业是科技人员成堆的地方，人才积压、闲置、浪费现象十分严重。私营资本到国有企业拉、挖人才的举动，显然是对国有经济不合理的科技人才管理制度的冲击，是对人才浪费行为的一种矫正。但这种"拉挖"行为在全国的蔓延，无疑会影响甚至动摇公有制经济生存与发展的根基。大连小民营机床厂通过拉、挖主要科技人才的办法战胜国有大机床厂的事实就充分地说明了这个问题。因此，出于自身生存与发展的需要，公有制经济对这种"拉""挖"行为也不能无动于衷了，而必须奋起迎战。那就是从根本上改变国有企业不合理的用人制度和分配制度，真正把科学技术是第一生产力的思想落到实处，尊重知识，尊重人才，奖励技术革新，鼓励发明创造，大力推进企业的技术改造与升级，使技术成为企业生产可持续增长与发展的不竭动力。

第三，促进公有制经济加速体制改革与机制转换，提高经济效益与效率。有的学者经过对中国改革开放20多年来国民经济运行的缜密考察与实证研究，得出一条结论：从投入产出比或经济效益看，国有经济不如集体经济或合作经济，集体经济或合作经济又不如个体经济，个体经济又不如私营经济，即所谓国有经济＜集体经济或合作经济＜个体经济＜私营经济。这个不等式并不一定十分科学，但却反映了一个客观现实：中国国有经济的经济效益长期以来一直是下降的，而私营经济的效益与效率却是不断提高的，并且二者相比，私营经济的效益与效率均是明显高于国有经济的，这恐怕是一个不争的事实。私营经济对国有经济这种效益与效率上的优势，客观上逼迫国有经济尽快改革僵化的体制与呆滞的机制，以迅速提高经济效益与效率。不然，国有经济迟早要被私营经济所打败或取代。从这个意义上说，私营经济是国有经济的一个最强有力的竞争对手。国有企业要在这个竞争中取胜，唯一的出路就是加快经济体制改革步伐，彻底摆脱政府的各种不必要的行政干预，实现政企分开，使自己真正成为独立的市场主体。只有这样，才能真正同私营经济进行平等竞争。也只有这样，才能转换经营机制，面向市场灵活地进行生产经营决策，从而提高企业的经济效益和效率。

二 私营资本原始积累对我国经济社会发展的贡献

当代中国私营资本原始积累的产生与发展，不仅对业已僵化呆滞的公有制经济产生革命性的影响，激发起它的生机与活力，而且对我国经济社会的发展作出了巨大的贡献。

第一，增加了国民生产总值，创造了大量社会财富，满足了全体人民日益增长的物质文化需求。这仅从近 12 年的有关资料便看得十分清楚。

从表 1 可见，自 1990 年以来，私营资本贡献的社会总产值迅猛增长，每年增长几百亿乃至上千亿元。社会商品零售额 1990 年仅为 43 亿元，到 2001 年猛增到 6245 亿元，增长 145 倍多。私营资本贡献的总产值在国内生产总值中所占的比重及私营资本的社会商品零售额在全国社会商品零售总额中所占的比重均达 1/7 以上。就是说，到 2001 年，我国所有部门创造的 8 万多亿的国内生产总值中有 1/7 多是由私营资本所创造和提供的，全国 4 万多亿的社会商品零售额中也有 1/7 是由私营资本所实现的。这对增加市场供应、满足人民日益提高并且变化多样的生活需要起了十分重大的作用。客观地说，中国改革开放后仅用 20 年时间把一个严重短缺型经济改变为供给充裕型经济，私营资本的贡献是功不可没的，是立了大功的。尤其是在国有经济发展不景气，增长率下降，许多企业纷纷破产的情况下，私营资本贡献的商品及服务不仅在量上日益增加，而且在品种、类型、规格及质量上日益多样化和提高，满足了人民的多样化需求，对中国的改革与发展起到了重大支撑作用。如今，全国每个家庭的生活都离不开私营资本贡献的商品及服务，私营资本已进入并影响每个公民的生活，这是改革开放前根本不可设想的。可以肯定地说，今后，私营资本会越来越大、越来越多地影响和提高每个公民的生活水平。

表1　　　　　1990年以来私营资本贡献的产值和社会商品零售额　　　（单位：亿元）

年份	1990	1991	1992	1993	1994	1995	1996	1997	1998	1999	2000	2001
产值	121.8	147	205	422	1154	2295.2	3227	3923	5853	7686	10739.78	12316.99
社会商品零售额	43	57	91	190	512.6	1006.3	1459	1855	3059	4191	5813	6245

资料来源：《中国私营经济年鉴》（1978—1993年），香港经济导报社1994年版，第323页；《中国私营经济年鉴》（1996年），中华工商联合出版社1996年版，第32页；《中国私营经济年鉴》（2000年），华文出版社2000年版，第397页；国家工商行政管理局：《私营企业基本情况统计》2000年、2001年年报。

第二，贡献越来越多的税收，增加国家财政收入。

将表2同表1联系起来并加以对比，可以清楚地看出，私营资本贡献的税收显然同其贡献的总产值及社会商品零售额不成比例，反映出私营经济偷税漏税情况比较严重。尽管如此，私营资本贡献的税收仍逐年猛增，1999年即达494.52亿元，是1994年的13倍多。

表2　　　　　　1994年以来私营资本贡献的税收情况　　　　　（单位：亿元）

年份	工商税	流转税	企业所得税	个人所得税	合计
1994	17.52	15.97	2.49	0.329	36.3129
1995	35.5	31	5.94	1.34	73.83
1996	60.23	38.05	1.27	6.7	16.32
1997	90.49	80.72	16.8	3.97	192.06
1998	163.84	124.38	23.32	6.5	318.04
1999	254.96	196.67	3.45	9.4	494.52
2000	414.4151	329.8	58.059	14.9430	817.306

资料来源：《中国私营经济年鉴》（二〇〇〇年版），华文出版社2000年版，第399页。

私营资本贡献的税收，日益构成国家财政收入的重要来源。同改革开放前相比，这是一个新增税源。今后只要严格贯彻国家税法，加强征管，打击偷税漏税行为，堵塞各种漏洞，私营资本贡献的税收肯定会大幅度增长。并且，随着私营经济的可持续发展，这个新税源不仅会不断地扩大，而且也能可持续增长。如今中国的中、东部许多地区私营资本贡献的税收已占到当地财政收入的1/3。2002年，上海地方财政收入719.5亿元，而非公有制经济所提供的税收就达350亿元，已占上海税收的半壁江山。广东、浙江、福建等一些私营经济发达省份比这个比重还要高。随着私营资本贡献财政收入的增加，国家用于公共事业的建设资金也会不断增加，从而迅速提高全体人民的公共福利。

第三，造就了一批私营企业家，促进了中国企业家市场的形成与发育。改革开放前，中国虽然也有市场、企业，却没有真正意义上的企业家和企业家市场。因为在计划经济体制下，企业是政府行政机构的附属物，不是独立的市场主体，市场体系不健全，企业领导人完全听命于政府，不是具备独立市场主体资格的企业法人。他们不能自由流动，也不能由市场来选，因而不成其为真正的企业家。当代中国私营资本原始积累的一个大功劳，就是培养、锻炼和造就了一批私营企业家。他们最早冲破计划经济体制与观念的束缚，最早走出公有制经济领域，最早破除"恐资病"，将个人积攒起来或借贷而来的货币转化为资本，大胆创办私营企业。他们是私营资本的人格化，具有强劲的追求利润最大化的内在动因和敢冒风险的市场竞争意识，具有经营管理企业的素质与才能，是一批发展市场经济的领军人物。他们的出现，使中国产生了经营者职业化趋向，使企业家市场真正形成并逐渐发育起来。

第四，扩大就业，成为重大的社会稳定器。扩大就业是私营资本原始积累的一个最基本最重要的功能。私营资本原始积累规模越大，增长速度越快，雇佣的劳动力就越多。由于它不需要国家一分投资，只要有私营资本原始积累成长的良好环境，就可以增加就业。这从1989年以来我国对私营企业开始依法登记后的从业人员增长情况便可以看得一清二楚，见表3。

表3　　1989年以来私营企业从业人员增长情况　　（单位：人）

年份	投资者人数	雇工人数	合计	年份	投资者人数	雇工人数	合计
1989	21421	1640051	184275	1996	1704519	1006814	1713
1990	24131	1478062	1702193	1997	2041832	1450807	13492639
1991	241394	159756	1838950	1998	2638253	14462590	1710843
1992	303095	2015347	231842	1999	323818	1669160	19915478
1993	513780	3212513	3726293	2000	3953480	201475	2406495
1994	89296	5594416	6483712	2001	4608348	2530296	2713864
1995	13960	82010	95970				

资料来源：《工商行政管理汇编》，国家工商行政管理总局，2001年，第74页；《中国私营经济年鉴》（1978—1993年），香港经济导报社1994年版，第116页。

从1989—2001年的13年时间，私营资本投资者人数由21.4万人增加到460.8万人，增长了20多倍；雇工人数由164万人猛增到2253万人，增长近13倍，总从业人数由185万人增长到近2714万人，增长近14倍。

可以肯定地说，私营资本原始积累不仅解决了社会上待业青年、农民打工者和闲散人员的就业问题，而且拓宽了就业渠道，成为国有企业、集体企业下岗职工再就业的重要渠道。特别是在国有企业和集体企业生产经营困难、破产企业增加的情况下，它日益成为下岗职工再就业的主渠道。在缓解公有制企业改革尤其是国有企业改革压力、为社会的稳定与安定团结起到至关重要的作用。据有关资料显示，到2001年年底，我国私营企业安置下岗职工就达58.61万人，其中有近10万下岗职工作为投资人创办了私营企业。仅1990—1999年的10年间，国有单位从业人员净减少174万人，集体企业净减少1837万人；同期个体私营企业却净增2796万人。

到 2001 年，个体私营企业从业人员超过 7474 万人。近年在国企改革和经济结构调整中，民营企业年均创造近 30 万个工作岗位。私营资本原始积累的社会稳定器作用将随着我国经济体制改革的深化会越来越大。

三 加速私营资本原始积累和积累是走向共同富裕的一条快捷之路

西部 12 个省市区，面积占全国的 71%，而国内生产总值却只占全国的 18%。而广东省的面积不足 18 万平方公里，仅占全国面积的 1/53 多一点，而创造的国内生产总值却达 1 万亿元之多，其人均国内生产总值已远远超过全国平均水平，是西部地区的 3—4 倍。到 2001 年，全国还有近 30 万人没有解决温饱问题，这些人绝大部分在农村、偏远落后实现全体人民共同富裕，是社会主义的本质和根本目标。邓小平明确指出："社会主义的本质是解放生产力，发展生产力，消灭剥削，消除两极分化，最终达到共同富裕。"①有的同志认为，加速私营资本原始积累会发展与扩大剥削，这岂不与社会主义的本质和根本目标相矛盾、相违背吗？实际上，它不仅不与社会主义的本质和根本目标相矛盾、相违背，反而正是社会主义的本质与根本目标所规定与要求的。

条条大路通罗马。实现共同富裕这个社会主义根本目标，可有许多条道路。发展社会主义公有制经济，可以实现社会主义的根本目标，达到共同富裕；同样，加速资本原始积累，发展私营经济也是实现社会主义根本目标的一条途径。实践证明这是实现社会主义根本目标，达到共同富裕的一条更快捷的途径。因为它不需要国家任何投资，是人民自己积累货币并将其转化为资本，是人民自主型的一种真正的"资本主义"经济。由于其内在的动力强劲持久，存在追求利润最大化的"永动机"，因而它要比公有制经济增长速度

---

① 《邓小平文选》第三卷，人民出版社 1993 年版，第 373 页。

快得多；又由于它有优越的体制与灵活的机制，可以保持旺盛的竞争能力与发展活力，因而能在更短时期内创造出消灭剥削的物质基础与条件。私营资本能够更快地促进社会生产力发展，为消灭剥削创造物质条件，这不正是与社会主义的本质和根本目标的要求相一致吗？不也正是达到共同富裕的有效途径吗？

中国改革开放的实践表明：哪个地区私营资本原始积累规模大、发展快，哪个地区生产力发展就快，人民生活就富裕得快；反之，哪个地区私营资本原始积累规模小、发展慢，哪个地区生产力发展就慢，人民生活就富裕得慢，甚至摆脱不了贫困状态。从东、中、西部来看是如此；从南、北来看也是如此。东北是中国的老工业基地，公有制经济在该地区一直占绝对优势，但东北地区的私营资本原始积累与东南沿海地区比较不仅规模小，发展速度也慢，职工收入水平和人民生活的富裕程度简直差得太多了。事实无可辩驳地证明：私营资本原始积累以及在此基础上发展起来的私营资本积累是实现全体人民共同富裕的一条更快捷的道路。

四　私营资本原始积累发展与建设小康社会

从前面的分析可以看到，当代中国私营资本原始积累对中国社会实现小康，是作出了巨大贡献的。小康社会每前进一步，都有私营资本原始积累的推动。在建设小康社会的 20 年中，私营资本创造了 4 万亿—5 万亿的产值和社会财富，贡献了几千亿的财政收入，安置了几亿人（次）就业，成了新的经济增长点，扩大了就业与再就业领域，优化了国民经济结构，促进了市场竞争与市场发育，给整个国民经济注入了生机与活力。在国有企业经济效益严重下滑、破产企业增加、在国民经济结构中所占的比重大幅下降、下岗失业人员大量增加的情况下，私营资本的上述贡献意义更为重大。可以肯定地说，没有私营资本的贡献，中国仅用短短 20 年时间就实现小康是不可想象的，甚至是不可能的。

全面建设小康社会，更是离不开私营资本原始积累的发展。私营资本原始积累对中国小康社会的建设及现代化的实现，将会起更大的作用。我国现在已达到的小康还是低水平的、不全面的、发展不平衡的小康。所谓水平低，是说我国的经济总体水平和人均水平与发达国家比较起来还比较低。2000年我国人均国内生产总值只有80美元，2002年接近10美元，仅相当于日本人均国内生产总值的2.3%，大约相当于美国人均国内生产总值的1%。在世界上仍属于中下等收入国家的水平。所谓不全面，是说目前我国的小康尚没有覆盖经济社会的所有方面。在经济方面所达到的小康也基本上限于对人们生存消费需要的满足，对人们的发展性消费及享受性消费还远远没有得到有效的满足。现在农村收入水平下降，剩余劳动力增加并转移的难度加大，城乡失业人口大量增加，就业与社会保障的压力都加大，自然资源破坏严重，生态环境恶化，经济社会发展的矛盾日益突出，民主与法制建设和思想道德建设等方面还存在许多不容忽视的问题，所有这些都表明我国现在的小康是很不完全的。所谓发展不平衡，是说全国各地区之间、城乡之间的差别很大。有的地区已远远超过了小康水平，有的地区接近小康水平，还有的地区则还没有摆脱贫困状态。我国东、中、西部大致上是这种状况。随着城镇下岗、失业人数增加，还有近20万人生活在最低保障线以下；还有一部分人口虽然解决了温饱问题，但尚未达到小康水平。

改变上述状况，把中国社会建设成为一个发展比较平衡的、全面的、高水平的小康社会，没有中国私营资本原始积累的更大发展是绝对不可能的。仅以社会总产值与社会商品零售额为例就足以说明问题。2001年，全国社会商品零售额为37595亿元，其中仅私营经济就贡献了6245亿元，约占1/5。今后，随着国民经济战略重组及格局调整，国有经济从一些领域退出，私营经济对更多领域和部门的进入，私营资本对社会总产值及社会商品零售额的贡献的更进一步加大，已是无可置疑的。据有关资料显示：在80多个社会行业中，允许国有资本进入的有72种，外国资本准入的有62种，而民间资本准入的只有41种。从2002年1月1日起，中国原油进口贸易被联合石油、联合石化等四大国有贸易商垄断的局面被彻底打破，石油贸易对私企打开了大门。按照世贸规则，中国必须全方位开放。中国有关部委负责人明确表示：对外开放应率先对内开放，对外资开放的领域，对国内私营企业也要开放。私营资本不仅大大拓宽了国内行业，而且大步向国际资本市场进军。2001年国内企业在香港上市集资180亿港元，其中民（私）营企业占到了一半的份额。据有关人士估计，在未来的几年，将有30家民（私）营企业在海外上市。实践愈来愈清晰地表明，民（私）营经济已成为影响中国经济全局及未来发展走向的力量，将成为社会主义市场经济的强大生力军。因此，谁以为只依靠公有制经济发展来达到全面的、高水平的小康社会，肯定是片面的，这样会大大延缓我国建成全面的、高水平小康社会的进程与速度。只有像党的十六大报告所指出那样："毫不动摇地巩固和发展公有制经济，毫不动摇地鼓励、支持和引导非公有制经济发展"，让公有资本与私营资本两轮并转，比翼齐飞，才能尽快建成全面的、高水平的小康社会，进而才能早日实现共同富裕。

（本文发表于《税务与经济（长春税务学院学报）》2005年第3期，被中国人民大学复印报刊资料《乡镇企业·民营经济》2005年第8期全文转载）

关于放手发展吉林省私营经济的几个问题

一 放手发展私营经济的必要性和迫切性

在邓小平南方谈话精神的鼓舞下，全国各省市竞相解放思想，大胆放手发展私营经济，使私营经济发展又出现了一个高潮。不少省市的私营经济出现了超常规发展，如广东、上海、江苏、浙江，就连经济发展比较落后的山西，私营企业也获得突破性发展。1993年1—5月，月均增加私营企业225户，到1994年年底私营企业可望达到5700户，从业人员达12万人。而吉林省的私营企业却增长乏力。1991年年末，仅为2026户，到1992年上半年降到1844户。从1992年下半年开始回升，直至今日仍未出现高速增长。1993年8月，吉林省政府召开了全省个体私营经济座谈会，并出台了《关于加快个体、私营经济发展的若干规定》（即36条），省委领导在讲话中还特别强调：加快私营经济发展，首先要解放思想，突出一个"放"字。为什么时间已过了近一年，吉林省的私营经济还没有出现其他省份那样的超常规增长呢？这是值得我们进一步思考的问题，也是我们进一步强调放手发展私营经济的必要性和迫切性的缘由。

（一）放手发展私营经济，是吉林省经济跃上新台阶的需要

1992年6月，中共吉林省委工作会议提出，全省动员，拼搏三年，提前三年完成"八五"计划；1993年3月，省党代会又作

出决议，要把吉林省建成一个发达的边疆近海省。其实质和目标，都是为了使全省经济跃上一个新台阶，不仅在数量上有一个大的发展，而且在质量上有一个大的提高。实践证明吉林省国民经济要上新台阶，个体与私营经济作为市场经济的一支重要力量，也必须上新台阶。总结全国各地改革开放与发展社会主义经济的实践经验，不难看出：哪里思想解放，改革开放步子大，对个体和私营经济放得开、搞得活，哪里的市场调节作用就发挥得充分，哪里的经济就发展得快；所以，放手发展私营经济，乃是保证全省国民经济跃上新台阶的重要举措。这里，关键问题是落实，有一个真"放"与假"放"的问题。只有真"放"，放到底，放到实处，私营经济才会实现迅猛增长，进而促进全省经济跃上新台阶。

（二）放手发展私营经济，也是安排农村剩余劳动力，扩大城镇就业的迫切需要

据国家工商局有关部门透露，如果没有私营经济，国家至少每年要拿出400亿元人民币安排2000多万人就业。发展私营经济，无须国家拿一元钱，便可大量安排农村剩余劳动力，扩大城镇就业，实乃"无本万利"，何乐而不为呢？吉林省随着农村承包制的广泛推行与深入发展，农业劳动生产率显著提高，每年都有几万乃至十几万农业剩余劳动力游离出来。城镇初高中毕业生能够升入上一级学校的也是少数，大部分要成为待业者。在国家资金有限、无力统一安置他们就业的条件下，在城乡大力创办私营企业，可以直接吸纳他们就业。在农村，创办私营的乡镇企业，可以使农民"离土不离乡"，既能切实提高农民的生活水平，快步奔小康，又有利于农村劳动者队伍的稳定与素质提高，避免产生盲目的"民工潮"涌向城市，加剧城市的负担和压力。在城镇，创办私营企业，可以有效地把社会待业青年组织起来，或兴办第三产业，或向新的产业部门开拓和进军，这不仅直接增加了社会生产力，增加了社会财富，而且更有利于社会的安定与进步。在一些私营经济较发达省份，已吸纳十几万乃至几十万人就业，而吉林省直至1992年上半年，私营企业仅有25420人从业，这仅是山西省的1/5，还赶不上广州一个市的水平。所以，我们必须有紧迫感，放手让私营经济有一个超常规的发展。

（三）放手发展私营经济，是改变全省不合理的经济结构、促进公有制经济加快改革的需要

与全国一样，吉林省原有的所有制结构是十分单一的，即为公有制的"一统天下"。实行改革开放的方针以后，出现了个体和私营经济，改变了所有制结构单一的格局。但由于改革开放14年来全省非公有制经济发展迟缓，尤其是私营经济发展严重滞后，全省的所有制结构仍存在明显的缺陷，即非公有制经济所占比重太小。1991年全省私营企业的注册资本只相当于国营集体企业注册资金的0.5%，大大低于全国平均水平。我国的私营经济是一种特殊类型的资本主义性质的经济。虽然它与社会主义公有制经济有相统一的一面，是社会主义公有制经济的有益补充，但不可否认，它仍然是与社会主义公有制经济相矛盾、相对立的，是社会主义公有制经济的竞争对手。它的存在与发展本身，就对社会主义公有制经济产生一种强大的压力和推力。结果出现了这样的局面：公有制经济对生产和经营不能独家垄断了，对市场也不能独占；垄断与停滞被打破了、消除了。有了私营经济这个竞争对手，公有制企业再也不能人浮于事、松松垮垮，生产经营不计成本，不计消耗，铺张浪费，效率低下，产品几十年一贯制，不图革新与进取。而必须锐意改革，开拓进取，讲求效益，提高效率。可见，把私营经济完全看作破坏与瓦解社会主义公有制经济的一种异己力量是不恰当的，更不符合我国实际。可以说，我国社会主义初级阶段的所有制结构，没有私营经济，是不完整的；只有私营经济发展速度加快，才能促进公有制经济改革僵化体制、增强活力、提高效率，实现持续的增长与繁荣。

（四）放手发展私营经济，也是增加全省财政收入、加速实现产业结构合理化的迫切需要

虽然经过前几年的治理整顿与结构调整，吉林省的产业结构开始向好的方面转化，但结构缺陷并未根本改变。这主要表现在：第一，农业的物质技术基础薄弱，抵御不了严重的自然灾害，缺乏持续发展的后劲。第二，能源、交通和基础设施严重落后，已成为制约全省经济跃上新台阶的"瓶颈"；以服务业为主体的第三产业发展滞后，其产值在国民生产总值中所占比重与经济发达省份相比，差距较大，与西方发达国家相比更是相去甚远。第三，作为全省的支柱产业——汽车、化工、农业，其优势都没有得到有效发挥。农业产量很高，但收益率很低，高产穷县很多。汽车、化工两大产业，由于生产设备及生产工艺没有彻底更新改造，目前尚未真正起到全省经济腾飞的"龙头"作用，并没有把全省整个经济带飞起来。要根本改变吉林省产业结构的上述缺陷，需要巨额的资金投入。资金从哪来？从根本上说，要依靠我们自身的积累。在现阶段国有大中型企业效益不高、负担沉重、陷入困境的情况下，放手发展私营经济，增加财政收入，不失为积累发展资金的一项良策。1991年，全国有私营企业9.8万户，向国家缴纳税金179亿元。1992年年底，全国私营企业上升到13.9万户，向国家缴纳的税金也增加到200亿元。在吉林省，由于私营企业总量少，规模小，发展速度慢，因而上缴利税不仅总量小，而且增长速度也慢。再加上对私营企业的管理很差，偷税漏税严重，许多该收上来的税款没有收上来。这就不能不严重影响全省财政收入的增长。据专家估计，仅此一项吉林省财政收入一年就少3亿—5亿元。用这笔资金，几年工夫便可使吉林省的能源、交通运输业和基础设施面貌焕然一新，弥补产业结构的缺陷，大大加速产业结构的合理化进程。

从上可见，私营经济在吉林省国民经济发展中的地位提高了，作用加大了，它已不是简单的社会主义经济的"补充"了，而是发展社会主义市场经济的一支重要经济力量。看不到这一点，便不可能充分认识放手发展私营经济的必要性和迫切性。这也是近些年来

吉林省没有真正放宽政策、放手发展私营经济的一个理论认识根源。

放手发展全省的私营经济，还必须进一步解放思想，消除干部和群众中的"恐资病"和"惧私症"。至今仍有人认为，发展私营经济就是发展资本主义，尤其是一些领导干部敢于大胆利用外资，却不敢运用内资；敢于同外国资本家合作，却不敢同私营企业主共事。一提私营企业主，他们便想到为富不仁的资本家，便深恶痛绝，而根本看不到他们促进社会生产力发展的方面。所有这些，恰恰是"恐资病"遗毒的表现。"恐资病"仍然是当前我们放手发展私营经济的一大障碍。

放手发展私营经济，会不会动摇社会主义公有制经济的主体地位，改变我国的社会主义性质和方向？这是不少人最担心的问题，也是一些领导干部对私营经济发展不敢放手的重要原因之一。一个国家的社会性质，并不取决于这个国家有多少种所有制形式，更不在于这个国家是否有私营经济，而主要是由这个国家占主体地位的所有制形式所决定的。我国现阶段具有全民、集体、个体、私营及国家资本主义等多种所有制形式，只有占主体的社会主义公有制才决定我国的社会性质。其他经济形式不管怎样发展，只要社会主义公有制的主体地位未从根本上改变，我国的社会主义性质就不会改变。目前，私营经济在吉林省所有制结构中所占的比重还很小，尚不足5%。放手让其超常规发展，比重上升到10%，甚至达到15%，也不会改变公有制经济的主体地位。据了解，广东的非公有制经济（包括个体、私营经济、三资企业）已超过30%，并没有改变广东省的社会性质。恰恰相反，广东是充满了生机与活力的社会主义的广东。

放手发展私营经济，绝不是撒手不管，更需要加强调节、管理与控制。行政手段固然不能完全取消，但更主要是依靠经济手段来诱导，运用法律手段来规范，运用政策法规进行导向。一切阻碍放手的观念要破除，一切阻碍放手的老框框要打破，一切阻碍放手的政策要改变，一切阻碍放手的行为要克服。

二 关键：放宽政策

吉林省私营经济能否真正健康迅速地发展起来，关键在政策。"政策收紧，私企关门；政策放宽，私企发展；政策一变，私企收摊"。可见政策对私营经济的发展起着决定性的作用。

目前，在全国私营经济迅猛发展的形势下，怕来"第二次社会主义改造"戴"资本家"帽子的私营企业主确实不多了。但是担心党和国家的政策变化却大有人在。据有关方面对384户个体和私营企业的问卷调查，结果仍有162人担心政策会改变，占42%，还有67人回答"会变"，占17.4%。由于这种心态支配，许多人不敢大干、快干，经营行为短期化。这种状况也反映出我们的政策仍然偏紧，大有放宽的必要。

首先，要放宽经营范围。吉林省私营经济之所以发展不起来，很重要的原因，是许多范围和领域不允许私营企业涉足，有些重要商品的生产与经营根本不许私营企业问津。现在，我们必须在生产经营方面对私营企业实施放宽政策。第一，允许私营企业经营除军工产品、毒品、文物及其他违禁品以外的任何商品。第二，允许私营企业跨地区、跨行业搞多种形式的经营。凡是国家没有明令禁止的行业，都应允许私营企业进行生产与经营，既可以批发，也可以零售，任何部门和个人不得进行限制。第三，允许私营企业开展各种形式的横向经济技术联合，可以承包、租赁、兼并、购买国营企业和集体企业。第四，允许私营企业长途贩运市场需要的生产资料、生活资料及农副产品，任何地区和部门不得进行封锁和限制。

其次，要放宽税收政策。有的同志认为，我们现在的税收政策够宽的了，不然为什么会有那么多的偷税漏税的？这是一种不正确的认识。偷税漏税的存在与税收政策的宽紧确有一定关系。一般来说，较紧的税收政策，偷税漏税要难一些；较宽的税收政策，偷税漏税要容易一些。但偷税漏税不仅与税收政策的宽紧有关，更重要的是与税收政策的执行状况有关。吉林省对私营经济的税收政策，总的来说是偏紧，即该放宽的没有放宽，而该严紧却没有紧起来。实践证明，较好的税收政策，应该是其本身比较宽松，这有利于培养和发展"税源"，增加财政收入。较宽松的税收政策如果在执行过程中松松垮垮，再任意放宽，则必然使该收上来的税款收不上来，也会产生并助长大量偷税漏税行为。鉴于全省的实际情况，一方面要在执行税收政策从严上下功夫，堵塞一切漏洞，尽可能把所有该收上来的税都收上来，另一方面，也要适当放宽对私营经济的税收政策。根据吉林省政府《关于加快个体、私营经济发展的若干规定》，我认为可以考虑以下几点：第一，为鼓励和发展全省高新科技产业，对创办高新科技产业的私营企业，可否在初创时期（如头三年）予以免税照顾。第二，为发展全省外向型经济，鼓励私营企业加入国际市场竞争，创办外向型私营企业，可否也予以一定时期（如1—2年）减免税照顾。第三，对新办安置城镇待业青年、残疾人的私营企业，也可否比照集体、乡镇企业予以减免税照顾。第四，对纳税有困难的新办生产型企业，在办厂初期可适当减免税收。第五，私营企业开发新产品，应予免税照顾。第六，对引进应用大专院校、科研单位科技成果的私营企业，对其生产的新产品列入省以上科委、计经委试制计划的，也可比照全民集体企业，给予减免税。税收政策放宽一些，表面上看会少得税收，但实际上由于涵养了税源，从长远的观点看，则会大大增加税收收入。

再次，要放宽信贷政策。贷款难，贷巨款更难，这是私营企业家们一致的反映。由于大多数私营企业设备简陋，生产工艺落后，规模小，生产水平低，自身积累能力差，所以生产经营资本短缺，急需国家在资金上予以支持。他们对银行贷款的呼声越来越强烈。《中华人民共和国私营企业暂行条例》明确规定，私营企业可以在银行或者其他金融机构按照国家有关规定开立账户。符合规定条件的，可以申请贷款。但吉林省有些地方只准私营企业在信用社开户，不能在专业银行开户，并且以种种"理由"和借口不予贷款。不少经营艰难的私营企业，由于得不到贷款的支持，被迫歇业。1992年上半年全省私营企业歇业91户，其中有相当一部分是属于这种情况的。为此省政府已作出决定,各级金融组织要对私营企业放宽贷款限制,明确提出要为"私营企业开户和资金结算提供方便条件"。我认为,对私营企业所需资金,应根据其经营规模和效益确定贷款额度,实行抵押贷款。经过银行批准,还可建立个体、私营企业资金互助会,吸收个体户和私营企业存款,解决他们的资金周转需要。

最后,取消那些对私营企业的歧视性的规定和措施。这也是当前吉林省对私营经济发展放宽政策的一项具体内容与实际步骤。有的地区和部门对私营企业开办和扩建急需的征地做了歧视性规定,致使不少私营企业征用不到场地而被迫歇业。有些部门和单位在举办产品展销和物质交流大会时,不准个体工商户和私营企业参加。在职称评定、产品评优、人员评先表优等方面,即使是生产名、优、特、新产品,出口创汇多,效益多,给国家贡献大的,也不予考虑。甚至有些地方规定不许进经济技术开发区,进后也不能与全民企业及集体企业享有同等的待遇及优惠。更有甚者,有的单位和个人肆意侵犯私营企业的合法权益,动辄挖路、断电、拆设备、封门,迫使一些私营企业停产瘫痪。这些歧视私营企业的规定与措施不彻底取消,泛谈放宽政策也是一句空话,更不可能有效地促进私营经济的快速发展。

三 放手让个体户变成私营经济

在现实经济生活中,我们常常碰到褒扬个体经济而贬抑私营经济的说法与做法。提倡大力发展个体经济,没有异议和恐惧心理;但一提放手发展私营经济,却疑虑重重,甚至惊恐万状。这是不正常的,也是不正确的。造成这种状况的原因,固然是多方面的。从思想上来说,无疑是"恐资病"在作怪。宁肯让个体户把赚到的钱锁在柜子里,或干脆吃光用尽,顶多也只是存在银行里,也绝不允许他们增加投资,扩大生产经营规模,增加雇工,变成私营企业。这即或不是"左"的思想表现,也是一种不正确的思想观念,实乃是一种不利于社会生产力发展的举措。从理论上看，我认为是对私营经济与个体经济的关系缺乏科学正确的认识。

个体经济与私营经济是两种不同的经济形式。前者是劳动者自己占有生产资料、自身参加劳动的个体私有制，后者是非劳动者的私有制。正如马克思所说，一个是靠自己的劳动挣得的私有制，即以各个独立劳动者与其劳动条件相结合为基础的私有制；另一种则是资本主义私有制，即以剥削他人的但形式上是自由劳动为基础的私有制。但这绝非是说，私营经济比个体经济坏，或者说个体经济优越于私营经济，而恰恰相反，用唯物主义观点看，个体经济是一种小商品经济，私营经济是一种大商品经济，私营经济是比个体经济更先进、更具优越性的一种经济形式。原因有三点。第一，私营经济突破了个体与家庭劳动的限制，可以在更大的范围内组合与优化生产要素，实行严格的分工与专业化协作，从而提高劳动生产率；第二，私营经济还可以突破个体户在资金、技术等方面的限制，通过股份制或合作经营等方式广泛聚集社会资金，可以采用先进的技术装备进行大规模的生产经营，提高企业的规模效益；第三，私营经济不像个体小商品经济那样，以满足自身的消费需要为生产经营目的，而是以资本的不断增值为生产经营的目的。追求利润的最大化，是其生产经营的内在根本动因，也是推动私营经济不断发展的强大动力机制。所以说，私营经济是一种比个体经济更适应市场经济需要，更能促进现代商品经济发展的一种经济形式。据此，我们就完全有理由放手大胆地促进个体经济向私营经济发展与转变。

目前，吉林省是具备这个转变的有利条件的。首先，全省个体工商户的数量还是比较巨大的。1991年年底，达到31.2万户，从业人员达44.4万人，目前已达40万户左右，从业人员达50多万人。按平均每户积累货币5万元计算，总计可达200亿元。促进个体户们联合起来，将货币转化为资本，进行联合投资，或成立合伙私营企业，或成立股份有限公司，大力发展乡镇企业，完全是可以做到的。这对发展农副产品加工业，对发展第三产业，对农业社会化服务体系的建设，尤其是对农村的工业化建设，是具有不可估量的作用的。其次，全省城乡存在着大量的剩余劳动力，随着市场经济体制的建立和劳动力市场的开放，劳动力日益商品化，劳动就业市场化，这就为货币变资本，使个体经济变为私营经济提供了可靠的条件。我们的各级经济管理部门要解放思想，积极顺应个体户转变为私营企业的要求，促进这个转变的加速实现。

促进个体经济向私营经济转变绝不意味着否定个体经济，更不是说个体经济发展不重要了。在我国，私营经济基本上是在个体经济的基础上产生的，所以只有个体经济有较大的发展，私营经济才能充分发展。而私营经济的充分发展，又会进一步要求和促进个体经济发展。如同私营经济发展要上新台阶一样，吉林省的个体经济也要在今后三年内跃上一个新台阶。

（本文发表于《长白论丛》1994年第4期）

论对私营经济消极作用的限制

一 限制的必要性

江泽民同志在庆祝新中国成立四十周年的讲话中明确提出了对私营经济采取既鼓励又限制的方针。他说:"我们的方针,一是要鼓励他们在国家允许的范围内积极发展;二是要运用经济的、行政的、法律的手段,加强管理和引导,做到既发挥它们的积极作用,又限制其不利于社会主义经济发展的消极作用。"对不利于社会主义经济发展的私营经济消极作用进行限制的问题,不仅具有重大的深远的历史意义,而且也充分体现了客观规律发展的要求。

首先,对私营经济消极作用进行限制,是由私营经济本身的特定性质所决定的。党的十三大报告中讲:私营经济是存在雇佣关系的经济形式。这个概括是对的,并没有什么错,但它没有确定私营经济是一种什么样性质的经济形式;而只有正确地科学地确定私营经济的性质,制定对它的方针政策才有科学可靠的理论依据,才可能是正确的、全面的。否则,必然要出现偏差。事实恰恰充分说明了这一点。由于我们没有明确规定私营经济的性质,因而在实践上实行了单一鼓励其发展的方针,而对其消极作用视而不见,见而不谈,在实际工作中不予解决。我认为,现在该是明确其性质的时候了。私营经济同个体经济大不相同,二者不能混淆或等同。个体经济不是一种独立的社会经济形式,它总是要依附于一定社会形态中占主导地位的社会经济形式。在社会主义条件下,它依附于社会主义公有制经济，成为社会主义公有制经济的"必要的有益的补充"。但私营经济却不同。根据雇佣劳动制度就是资本主义剥削制度的基本原理，私营经济是属于私人资本主义经济形式的范畴。它是一种独立的社会经济形式，在我国目前阶段，虽然受到社会主义公有制经济的巨大外部影响，但这种影响并没有改变它的本质属性。私营经济在本质上是一种与社会主义公有制经济相矛盾、相对立的体现剥削关系的经济形式，不像个体经济那样依附于社会主义公有制经济；如果对其不加限制，任其自由发展，那就势必会瓦解社会主义公有制经济。

其次，对私营经济消极作用进行限制，是由其具有不利于社会主义经济发展的消极作用决定的。我们承认私营经济的资本主义性质，并不否定它与社会主义公有制之间具有并存性，更不是否定它在我国现阶段生产力水平较低情况下存在的客观必然性，也不等于否定它对社会主义的一定积极作用。列宁在苏联推行新经济政策时期曾明确提出让"资本主义作为社会主义的助手"。

在我国现阶段，私营经济起码在促进生产、活跃市场、扩大就业、更好满足人民生活需要等方面起到了"社会主义的助手"的作用。但私营经济的作用绝不是单一的，而是双重的。即它除了上述积极作用一面，还有消极作用一面。只讲一面而忽视或否定另一面，都是片面的、错误的。正是由于私营经济在客观上具有积极和消极两重作用，因此就必须对它实行既鼓励又限制的方针。

再次，对私营经济消极作用进行限制，是确保社会主义公有制的主体地位不受侵犯和动摇、坚持全体人民共同富裕的需要。邓小平同志曾指出，我们在改革中必须始终坚持两条根本原则：一是坚持公有制占主体，二是坚持共同富裕。我们发展私营经济，一定要遵循这两条根本原则。目前，从总体上说，我国私营经济的发展，无论从规模上、范围上，还是在国民经济中所占的比重及地位上，都还没有达到侵犯和动摇社会主义公有制的程度或地步，但是，局部地区、个别行业或部门私营经济已十分严重地损害了社会主义公有制的主体地位，劳动者共同富裕的原则已受侵蚀，代之以明显的贫富两极分化。我国沿海个别地区，私营经济已占该地区经济的一半以上，某些行业80%以上是私营经济。在那里，社会主义公有制主体地位不仅受到威胁，而且连立足之地也难保了。对这种状况不加以限制，就会产生不良的"示范效应"及连锁反应，从而产生社会主义公有制的主体地位被侵犯和动摇，使全体人民共同富裕化作泡影的可能。这不是危言耸听，也不是杞人忧天，而是十年改革实践向我们亮出的"黄牌"。

最后，对私营经济进行必要的限制，也是避免新资产阶级产生的需要。理论界有的同志认为，我国的私营企业者"没有也不可能发展成为一个独立的阶级，更不会形成一个资产阶级"。我认为，这个断语恐怕过于绝对化了。实际上，在社会主义国家（当然包括我国），私营企业主发展成为一个独立的资产阶级，并不是绝对没有可能的。在这方面，东欧国家的变化不能不引起我们深刻的理论思考。共产党领导地位的丧失和政治多元化的施行，有没有深刻的经济社会原因？肯定是有的。波兰和匈牙利在改革推进过程中一再放宽私营经济政策，对私营经济的发展丝毫不加以限制，所以私营企业者迅猛增长。仅到1986年年底，波兰非农业领域的私营单位就达500263个，从业人员1036777人。目前在波兰已有300多万人依靠非农业领域私有部分的收入维持生活。这在一个只有三千多万人口的国家，不能不说是一个很大的数字。匈牙利科学院院长、著名经济学家伦德·伊万指出，匈牙利目前各种私营企业分别占农业产值的1/3，服务业收入的50%以上，建筑业收入的80%，国民收入的1/3。这两个国家存在的较大比重的私营经济和私人资产者，无疑是这两个国家政治多元化得以施行的一个重要的经济基础和社会基础。恐怕谁都不否认，在目前的中国，私人资产者阶层已经形成，出现了一些十万富翁、百万富翁、千万富翁，甚至出现个别亿万富翁，拥有几万元资产的私营企业主已不足挂齿了。在这种情况下，如果不保持清醒的头脑，仍单纯片面地对私营经济一味鼓励而毫不加以规范和限制，任其自流发展，那么，私营企业主这个阶层一旦演变为一个独立的阶级，东欧一些国家政治多元化的局面就有可能在中国出现。由此看来，江泽民同志在目前国际大气候和国内小气候下提出对私营经济的限制问题，不仅非常及时，适合我国现阶段的国情，而且对于中国高举马列主义、毛泽东思想的旗帜，坚持走中国特色社会主义道路，防止资产阶级"和平演变"阴谋得逞，巩固和发展中国特色社会主义制度，都具有极其深远的意义。

二 限制什么？

对私营经济进行"限制"，绝不是限制其任何发展，更不是否定和取消私营经济。"鼓励它们在国家允许的范围内积极发展"，这是我们党和国家的既定方针。这里所说的"限制"，主要是指对私营经济超出国家允许的范围的活动加以限制，并且是国家的法律、方针和政策上的限制。也就是说，凡是在国家法律、方针、政策所允许的范围内，私营经济可以积极发展；凡是国家法律、方针、政策所不允许的范围，私营经济不允许存在和发展。即便在国家法律、方针和政策所允许范围内，私营经济的发展也必须接受国家各有关部门的管理与监督，服从国家的指导与调节。为了避免一提"限制"就产生滥加限制、影响和妨碍私营经济正常发展的现象，我认为有必要对"限制"做具体规定。具体说来，它主要包括以下几个方面内容。

（一）限制其剥削范围与剥削程度

首先，从范围上看，对于关系国民经济命脉和涉及国民经济发展全局的行业、部门及其经济活动，绝不容许私营经济介入。例如银行、铁路、邮电、钢铁、能源等部门和行业，绝对不能由私营经济掌握和经营。对那些有关国计民生的重要产品的生产和经营，也要牢牢掌握在国家手里，严格限制私营经济的参与。基本上使私营经济在非国计民生领域、小商品生产及服务行业中从事生产与经营，以防止其在国民经济中无限扩张势力范围，扩大其剥削。其次，从剥削手段上来说，要坚决限制私营企业过度延长工作日，提高劳动强度。延长工作日，提高劳动强度，是私人企业主进行绝对剩余价值生产、加深对雇工剥削的有效手段。雇工创造的剩余价值大量被雇主所攫取和占有，国家必须强化税收手段，通过累进税制将剩余价值的相当部分转为国家财政收入，以便为全体人民增进福利，减轻和限制雇主对雇工的剥削程度。

(二) 限制其不利于社会主义经济发展的消极作用

私营经济受剩余价值规律所支配，其唯一的目的与动机是赚钱发财。其行动准则是大利大干、小利小干、无利不干。它侵蚀和破坏社会主义经济规律发挥作用的条件，使其难以发挥正常的作用。从生产经营上看，它具有严重的自发性、盲目性，产生出极大的对社会主义有计划商品生产的冲击力、破坏力，干扰社会主义有计划商品生产的正常运行，造成社会主义经济的混乱无序状态。同时，它还同社会主义公有制经济争原材料、争能源，以小挤大，以劣挤优，进行不合理竞争；不利于产业结构的调整和优化，不利于资源的合理有效利用与配置，从而造成巨大的社会浪费。从交换环节来看，私营经济的消极作用这一面表现得更为明显、突出。第一，与公有制经济争夺市场。由于私营企业拥有独立的所有权和完全的自主权，对市场的应变能力极强，因而在同公有制经济争夺市场的斗争中，往往能够得手。一些不法经营者利用市场供求关系和价格的变化，采用贿赂手段套购国家计划内物资，转手倒卖，从中牟取暴利；或者采取囤积居奇、哄抬物价、欺行霸市，逃避工商、物价、税务管理部门的监督等办法，占领市场。第二，损害消费者利益，甚至坑害消费者。有些私营商业采用欺骗手段兜售伪劣商品，卖假药、假酒，干出图财害命的勾当。至于以次充好、短斤少两，损害消费者利益，则是司空见惯的。再从分配环节来看，容易造成分配不公，产生两极分化。私营经济的分配原则是按资分配，这种分配原则就是以雇主与雇工对生产资料占有的不平等、不公平为前提的。实行这种分配方式的结果必然是雇主越来越富，而雇工则相对贫困。同时，这种分配关系，还会对公有制经济产生一种有害的辐射作用，妨碍按劳分配原则在社会范围的贯彻及实现。从消费环节来看，私营经济中一是存在寄生性消费，二是存在超前性消费。这两种消费不仅不利于社会主义积累的增长，而且对社会主义消费也是一种腐蚀剂。如果不加以限制，必然会损害社会主义的消费关系，反过来对社会主义生产起瓦解和破坏作用。

(三) 限制和打击其各种违法活动

资本的本质属性是唯利是图，社会主义社会中存在的资本也不例外。"资本害怕没有利润，或利润太少，就像自然界害怕真空一样，一旦有适当的利润，资本就胆大起来。如果有10%的利润，它就保证到处被使用；有20%的利润，它就活跃起来；有50%的利润，它就铤而走险；为了100%的利润，它就敢践踏一切人间法律；有300%的利润，它就敢犯任何罪行，甚至冒绞首的危险。"上述情况，在我国现阶段私营经济中明显存在。其违法活动，可以说是多方面、多种形式的。从经济方面来讲，主要有四种。第一，违背国家税收法律，严重偷税漏税。目前我国的私营企业普遍偷税漏税，有人估计80%以上的私人企业偷税漏税，偷税漏税已成为个体户和私营企业发财致富的手段。第二，违反国家劳动法，雇用童工和虐待、甚至毒打工人。第三，违反国家矿产资源法、环境保护法，滥采滥挖，严重地破坏了国家矿产资源和生态环境。我国湖南省矿产资源十分丰富，素有"非金属之乡""有色金属之乡"美称。近年来，由于乡镇企业的迅猛增长，私营的小矿、小窑遍地开花。它们无组织无计划地乱挖乱采，生产工艺落后，管理水平低下，给环境、生态、资源带来严重的破坏性后果。第四，违反国家企业管理法，不经国家工商管理部门登记注册，开办地下私营工厂、商店等，或者采取不合法手段挂靠国营单位或公开盗用集体企业的招牌，逃避国家有关部门的管理和监督。前一个时期，我国商品经济运行失调，社会经济秩序紊乱，其中一个重要原因就是私营企业各种违法活动猖獗，我们打击和限制不力。它们的种种违法活动，往往都是打着"改革开放""搞活经济""发展生产力"等合法旗号干的，因而具有较大的欺骗性。这就给我们打击和限制私营企业的违法活动带来较大的困难。但是，为了保证私营企业在国家允许的范围健康积极地发展，打击和限制其违法活动绝不能手软，更不能中止。

三 怎样限制？

对私营经济进行限制的根本目的，是更好地发挥其对社会主义经济的有益的必要补充的作用，促进社会生产力的迅速发展，以便不断地提高全体人民的物质文化生活水平。如果以为"限制"就是采用种种措施和办法不让私营经济存在和发展，甚至根本取消私营经济，那就大错特错了。

对私营经济进行限制，一是要合理化，二是要规范化，三是要体系化。所谓合理化，就是该限制的限制，不该限制的绝不能限制，限制要准确、合理、适当，不能滥加限制。所谓规范化，首先是指国家对私营经济的限制措施和政策要有相对稳定性，不能朝令夕改；其次是指国家对私营经济的限制措施和政策在全国各个地区应具有统一性，不能这个地区宽松，那个地区严紧，更不能一个地区一个样。所谓体系化，就是指国家对私营经济的限制措施和手段要互相衔接、配套成龙，构成一个完整的有机体系。要实现上述"三化"，国家必须对私营经济进行有效的宏观调控，进行统一的计划指导和管理，再也不能放任自流了。

那么，怎样才能更好地限制私营经济不利于社会主义经济发展的消极作用呢？我认为，结合我国现阶段的实际，主要应抓好以下几方面。

第一，加强行政管理。建议工商部门对私营企业进行一次大普查，重新登记注册。在普查中要着重解决个体经济与私营经济混杂不分、私营经济挂集体经济牌照等问题。凡是雇佣工人达到私营企业数量者，一律不能再作为个体户看待。在工商部门中要专门设立私营企业登记管理处，与个体经济分开进行单独管理。对于假冒集体经济的私营企业，要严肃查处，甚至吊销其营业执照。凡无执照经营的私营企业，如不申报，一律依法取缔。再有，工商部门要监督私营企业建立、健全账户，强化其查账的权力和职能。凡是没有建账立账，没有专职财会人员的私营企业，应限期设账配人，否则，令其停业或收回营业执照。

第二，强化税收调节。首先要改变私营经济和公有制经济税负不公的状况。据测算，我国国有企业销售收入税负率普遍在10%以上，而私营经济和个体经济的销售收入税负率仅有6%左右。税负不公无法保证私营经济与公有制经济之间的公平正常竞争，这也是前一个时期在某些生产的竞争中私营企业取得优势的一个重要原因。其次，要通过累进税收制度调节私营企业主的高收入，尤其是要严格控制其剥削收入，促使和鼓励私营企业进行积累和扩大再生产。再次，要健全税收制度，对征税和减免税的范围要有明确规定。一般地说，私营企业的减免税项要从严控制，并且不能与公有制经济的减免税项差距过大。现在我国的税制很不健全，有的产品享受免税，有的产品不能享受免税，但有些私营企业把几种产品混杂在一起，全部享受免税。正是由于税收制度不健全，所以许多私营企业偷税漏税才能普遍得逞。尽管公有制企业也不乏偷漏税者，但不能不承认私营企业偷漏税者所占的比重要高得多。最后，要整顿税管队伍，提高税务人员的素质。税管队伍力量薄弱，素质较差，有些人利用职权营私舞弊，贪赃枉法，私营企业主正是利用这些弱点，肆无忌惮地进行偷税漏税活动。

第三，利用信贷进行调控。国家要充分利用贷款、利息等信贷杠杆来影响、监督私营经济的发展方向、规模和速度，避免和减少其对公有制经济的冲击与破坏；同时也严格监督私营企业生产经营活动及财务收支状况。凡是同银行建立业务往来、现金存入银行、账目清楚者，银行可根据情况予以贷款，但利息不能低于公有制企业。私营企业到期不能归还贷款，银行可变卖其抵押品，乃至没收其财产。银行要通过供应资金和收回资金以及变动私营企业贷款利率等方式，将私营企业的生产经营活动限制在国家政策和法令许可的范围之内，以便更好地发挥其对社会主义经济的补充作用。

第四，严格进行法律规范。我国虽已颁布和实施了私营企业法，但贯彻执行得并不得力，并且，一些与其相关的配套法律以及某些法律细则尚没有建立起来。这就使有关管理部门难以依法对私营企业进行监督和调控，甚至眼睁睁看见其从事违法活动也无能为力。这种状况必须根本改变。要采取切实有效措施，尽快将对私营企业的管理和调控纳入法律规范的轨道。

实现对私营经济消极作用的限制，措施很多，以上只是择其要者加以简要说明。这些措施并不是孤立的，可以互相结合、配套运用。

我们讲对私营经济的限制，并不是说党和国家对私营经济的方针政策变了。允许私营经济合法存在和发展，是社会主义初级阶段的长期方针，不是权宜之计。在平息北京反革命暴乱之后，党中央一再申明，对私营经济的政策不会改变。现在提出对私营经济消极作用进行限制，本来就是发展私营经济方针的一个重要组成部分，其目的是使私营经济获得更健康的发展，更好地为社会主义服务。

（本文发表于《社会科学探索》1990年第3期）

我国私营经济发展的新态势

我国私营经济是20世纪70年代末、80年代初新产生的一种经济形式。它同旧中国的民族资本没有内在的必然联系，是我国改革开放的产物。近15年来，它虽然几经曲折，也曾遭受不应有的礼遇，但它以其特有的机制与功能顽强地生长，并获得了长足的发展。令人瞩目的是，自1992年夏季以来，全国各地在邓小平南方谈话精神鼓舞下，私营经济发展出现了十分可喜的变化，呈现出一些良好的新态势。

一 走出徘徊阶段，出现超常规增长

1987年年底召开的党的十三大，公开承认私营经济，并允许它与其他经济成分同时并存、共同发展。1988年召开的全国人大七届一次会议通过修改宪法的形式，进一步肯定了私营经济的合法地位、合法权益及合法发展，并于同年底国家工商行政管理部门在全国开始对私营企业进行登记注册工作。从此，私营经济进入了公开合法发展的阶段。

但是，自1989年东欧一些社会主义国家相继解体，国内的"左"的思潮抬头，加之治理整顿偏差的负效应，致使私营经济发展受到严重冲击，出现停滞、徘徊的局面。1989年年底，私营企业只有9万户，从业人员185万人。到1990年仅增至9.8万户，从业人员达192万人。1991年，私营企业达10.8万户，从业人员反而下降到184万人。1992年春，邓小平南方谈话像一股强劲的春风，掀起了中国改革开放的新高潮，也带动了私营经济的超常规发展。仅到1992年年底，私营企业就猛增到14万户，比上年增长30%多，从业人员达232万人，比上年增长26%左右。到1993年年底，全国私营企业达到23.8万户，从业人员达372.6万人，无论是户数还是从业人员数量，均比1991年增长1倍多。可以说，这是私营经济登记以来发展最快一个时期，并且各地普遍增长，第一次出现没有一个省市停滞或下降的局面。仅到1993年6月底，广东私营企业就增加11743家，比上年同期增长2.5倍，总数近4万户，居全国之首。北京、海南、安徽、黑龙江、上海、湖北、新疆、江苏等省、自治区增长幅度都在100%以上，吉林省的增长幅度也高达66%以上。

二 资产规模扩大，总体实力增强

近年来，私营企业一改过去积累率低、规模小、经营分散的模式，出现了积累率高、上规模、上档次、集中管理与经营的新格局。据全国首次私营企业抽样调查资料表明，现私营企业60%有盈利，他们规模扩展欲望强烈，追求高积累率，图大的，干大的，因此企业规模扩大很快。如在浙江温州、福建石狮、河北清河等地区私营企业积累率高达50%以上，不少企业已经完成"原始资本积累"过程，进入了快速发展阶段，一些企业资产达到大中型企业规模。企业总资产超百万元的由上年年底的855户增长到1993年6月底的4072户，增长了376%，有些地区还出现了资产规模达千万元大户、亿元大户。浙江省诸暨市店口镇共有居民9223户，其中"百万富翁"占100多户。全国抽样调查的1432户样本企业，开办时注册资金在百万元以上的仅占4%，到1992年年底上升到23.8%，实际使用资金在百万元以上的则达33.7%。截至1993年6月，全国私营企业注册资金总额已达452.9亿元，比上年同期增长225%。到1993年12月底，注册总资金已增至680.5亿元，不少省份增长更快，广东增长6倍，辽宁省增长1.38倍，北京、江苏也都增长1倍以上。与1992年同期比较，户均注册资金由12.6万元猛增到24.6万元，增长95%。注册总资金增长和户均注册资金的增长从两个侧面说明了私营经济实力在快速增强，它已经成为发展我国市场经济的一支不可忽视的力量。

三 产业结构趋向合理，开始向科技产业、高新技术产业发展

由于私营经济是在公有制经济的缝隙中产生，同时又作为公有制经济的补充形式出现的，因而它从产生那一天起就有一个结构是否合理的问题。

从区域结构来说，南北差距、东西差距、沿海与内地的差距正在改变与缩小。原来南方私营经济发展较快，北方严重滞后，现在北方也大步赶了上来；原来东部沿海地区私营经济比较发达，现在西部内地各省区私营经济落后的局面正在迅速改变。从动态来看，各地区私营经济的发展正趋向合理化。

从城乡结构来看，农村私营经济占绝对优势的状况正在改变，城镇私营经济大幅度增长。由于个体经济首先在广大农村得到恢复与发展，因而在个体经济分化基础上产生的私营经济在农村所占比重很大。据统计，农村私营经济约占全国私营经济的80%左右。后来，随着城市的开放与政策的放宽，加之私营经济"农村包围城市"战略的实现，城镇私营经济也迅猛发展起来，使城乡比例过于悬殊的局面大有转变，正朝着城乡布局合理化方向发展。

再从三大产业结构来看，第三产业私营经济比重大幅度上升，这也是私营经济结构趋向合理的一个重要标志与表现。到1993年6月底从事第三产业的私营企业达7.6万户，比上年同期增长了130%。它在私营企业总数中所占的比重由原来的30%上升到41.9%。有的省份发展更快，超过了全国的水平。江苏省从事第三产业的私营企业比上年底增长160.5%，占全省私营企业总数的

43.1%；辽宁省的这个比重高达 48.9%，北京更多，达 61.7%，广东省的新增私营企业中，从事第三产业的占 63.9%。在第三产业中，私营科技咨询发展更快，已由上年同期的 1209 户发展到 3871 户，增长了 220%。不少私营企业开始涉足科技产业和高新技术领域，生产和创造出许多名牌产品，如周林的频谱仪、朱祥杰的名牌皮鞋、缪存良的高档贴墙纸、石山麟的高能电池、王祥林的高效肥料"喷施宝"等。私营科技研究机构也如雨后春笋遍布全国各地。仅福州市就有私营研究所 82 家，研究领域涉及机械、电子、冶金、能源、化工、生物、环保等 10 多个门类，获得专利 100 多项，其中获国家大奖的就有 5 项。

四 由家族式管理向现代企业管理方式转变或过渡

处于初创时期的私营企业，尤其乡镇中的私营企业，大多数是在家庭经济的基础上吸收亲朋好友入股创办与发展起来的。有的丈夫当厂长，妻子当会计；有的兄长当厂长，弟妹们当副厂长；有的父亲当厂长（经理），儿子跑业务。雇工们也都与业主有千丝万缕的联系。据全国首次私营企业抽样调查资料显示，在私营企业管理人员中，除投资者本人外，19.2% 与投资者有亲属关系，另有 15.4% 的人是投资者介绍进入企业的，真正从社会上招聘来的只占 46.6%，不足一半。雇工当中也有 36.6% 的人与投资者沾亲，还有 14.4% 的人是投资者的邻居或朋友。血缘、亲缘、地缘关系是维系私营企业内部人与人之间相互关系的重要纽带。这种状况是同我国生产力水平低，商品经济不发达，以及封建传统与封建文化观念影响较重分不开的。随着商品经济的发展，这种具有浓重的封建家族色彩的企业管理制度越来越不适应现代市场经济发展的需要，因此，一些有文化、有头脑、有现代市场经济意识的私营企业家开始冲破封建家族的羁绊，摒弃家族式管理，大胆推行现代企业管理方式。

五 敢于公开兼并中小型公有制企业，或与公有制经济联合经营，扬长避短，优势互补

私营企业从它产生的那一天起，就同公有制经济存在着对立统一的关系。它作为公有制经济的有益的必要的补充，与公有制经济共存共荣；同时，它不能离开占主体地位的公有制经济而孤立存在与发展，也无法摆脱公有制经济的支配与影响；并且，它的存在与发展对公有制经济的发展也有一定的促进作用。但是，不可否认，私营企业同公有制经济是存在着矛盾的，这表现为它们之间的关系是激烈的竞争关系。第一，与公有制企业争夺原材料；第二，与公有制企业争能源；第三，与公有制企业争夺投资场所；第四，与公有制企业争夺市场；第五，与公有制企业争夺人才。当上述竞争达到一定程度，便会产生优胜劣汰，出现企业破产与兼并。

优质私营企业兼并劣质中小型公有制企业是党和国家允许的，也是改革开放以来多种经济成分公开平等竞争的产物。在1992年以前，这种情况很少发生。因为，当时国家对私营经济的政策还偏紧，还存在许多限制措施，私营经济发展的社会经济环境很不宽松，所以私营企业主还不敢站出来公开兼并公有制企业。邓小平南方谈话发表以后，人们解除了"恐资症""惧私病"，各地纷纷解放思想，拆关撤卡，为发展私营经济提供了必要的扶持政策，所以"私"吃"公"的现象才不断发生。不妨列举几例。

——1992年10月，从浙江桐庐落后小山村走出来的农民私营企业家、浙江皇家实业总公司老板陈金义，在上海一个拍卖会上用145.1万元一举买下6家国有临街商店，震惊了上海滩，震惊了理论界，也震惊了全国经济界。

——1992年8月，吉林省知名私营企业家、省政协委员、吉林省鸿达装饰工程有限公司董事长兼总经理梁治军，为扩大企业规模，增强实力，毅然吞并了濒临破产的集体企业——辽源市散热器

厂，既解决了200多名职工的工资收入问题，又使企业起死回生，促进了生产力的发展。

——1993年1—9月，河南私营企业邓州老廷实业有限总公司，凭借自己雄厚的科技实力与管理经验，相继吞并了镇办磷肥厂、白灰厂和制管厂三家公有制企业。总经理马廷云励精图治，大胆改革，使企业产品质量达到国家标准，企业经济效益大增，职工月收入达600元。

——1993年7月，武汉首家私营企业集团大地科技开发公司，以分期付款的方式，用4800万元资金，一举买下了我国三大火柴厂之一、内外债达1560万元的武汉火柴厂，不仅给在厂职工增加了工资，还对600多名离退休职工给予每人1.7万元的生活医疗保险。

……

随着改革的进一步深入，尤其是国有企业产权制度改革的全面展开，大量中小型国有企业将被较有实力的私营企业所购买和兼并，或者采取联合经营，扬长避短，优势互补。所以，有关领导部门要因势利导，加强调控与管理，以促进我国的社会资产合理流动，促进社会经济结构的优化。

六　业主队伍构成青年化，人员素质明显提高

我国私营企业主队伍的人员构成是比较复杂的。他们来自社会各个阶层，有工人、农民、知识分子、复员转业军人、离退休干部、个体商贩、企业管理人员、辞职"下海"的机关干部等，可谓"三教九流，五行八门"，应有尽有。他们绝大多数原来都是社会主义的普通劳动者，当然也有一小部分劳改释放人员、解除劳教人员。起初，他们干私营企业的目的与动机并不完全明确，自然也不一致。他们有的是为了摆脱公有制企业"吃大锅饭"、干好干坏一个样的局面，充分施展个人才能，实现个人价值而走上创办私营企业道路的；也有的人离退休后，在家闲不住，为了找点事干，才索

性开办私营企业;有相当多的个体户,经过若干年的苦心经营后,积累起可观数量的资金,在发大财欲望的驱动下,自觉不自觉地干上了私营企业;有些科技人员在原单位"所学非所用",调动工作又不批准,为了"跳槽",才迫不得已干上私营企业;有的机关干部在原单位受压制,得不到应有的提拔与重用,看不惯和不适应那里错综复杂的人事关系,为了发挥自己的才能,主动辞职"下海"干私营企业。尽管他们的初始目的有种种不同,但私营经济发展到今天,我们必须肯定:私营企业主开办私营企业的根本目的与动机是一致的,也是明确的,即赚钱、发财、致富。是这个根本目的与动机,使他们从各个阶层走来,从各个行业走来,聚集成私营企业主队伍,形成一个特殊的利益阶层。

在20世纪90年代以前,在这个私营企业主队伍构成中,中年人居多数,青年人所占比重很小。据调查表明,农村36岁以上的私营企业主占68.57%,城镇占60.67%,30岁以下的不到10%。① 但是,进入90年代以后,却发生了明显变化,大批年轻人走进私营企业主队伍。这主要是因为党和国家的政策变得宽松,取消了种种不必要的限制,在私营企业主收入高、发财快的诱惑下,一些有知识的年轻人干起了私营企业。据全国私营企业抽样调查表明,1432户私营企业的1432位业主中,青年业主有312位(25岁以下的23位,26—35岁的有289位),占总数的21.8%。出人意料的是,与人们传言中"私营业主,不三不四,不学无术,低俗粗野"的评价相反,青年业主基本上是好的,各方面素质都比较好,绝大部分都在高中学历以上,不少人员是大专水平以上。可以肯定,随着私营经济的进一步发展,将会有更多的年轻人加入私营企业主队伍,私营企业主阶层的年轻化趋向将愈来愈明显。

---

① 国家"十五"期间中国私营经济研究课题组编:《中国的私营经济——现状·问题·前景》,中国社会科学出版社1989年版,第40页。

七 摘掉"红帽子",从挂靠单位走出来,名正言顺、大显身手干一场

戴"红帽子",挂靠公有制企事业单位,是我国私营经济发展中普遍存在的一种现象。为什么要挂靠?原因是多方面的。从政治上来说,是怕戴上"资本家""新资产阶级分子"帽子,挂靠公有制企事业单位,不仅可以避免许多政治麻烦,而且还能捞取政治荣誉与政治优惠。从经济上说,可以享受各种免税待遇,获取大量经济利益。另外,还可以利用人们对公有制企事业单位的信任感进行欺骗活动,牟取暴利。所以,私营企业戴"红帽子",挂靠公有制企事业单位,弊端很多。它不仅模糊了企业产权关系,混淆了企业本来性质与面貌,不利于国家进行有效的监管与调控,而且还会造成大量产权纠纷案,影响私营经济的正常发展,也影响社会的稳定,应当尽快加以解决。

怎样解决?有些地方政府采用行政手段进行严格清理,效果并不明显。前"清"后"挂"现象屡屡发生。"挂靠"不仅没有减少,反而有所增加。我认为,应主要采取经济手段,进行利益诱导,即:公开给予利益优惠,让他们在利益的诱导下自动地走出来,摘掉"红帽子"。

我们欣喜地看到,自邓小平南方谈话发表以后,全国各地纷纷解放思想,放宽政策,为私营经济发展创造宽松的环境。尤其是一些鼓励个体私营经济发展政策的不断出台,不少有见识的私营企业主纷纷主动摘掉"红帽子",从挂靠单位大大方方走出来。他们表示:现在政策好了,干私营企业也是发展市场经济,也是光荣体面的,再没有理由缩手缩脚、畏首畏尾了,应当放开手脚,大干一场,为发展社会生产力,实现共同富裕的目标贡献力量。

八　走出国门，参与国际市场竞争，发展外向型经济，为国家多出口创汇

20世纪80年代，我国的私营企业基本上是内向型的。它们很少有到外国创办企业的，并且产品也主要销往国内市场。因此，出口创汇的私营企业较少，创汇额也不多。

进入20世纪90年代以后，许多私营企业不仅引进外资，与外资联合创办出口导向企业，而大胆走出国门，或创办跨国公司，或在国外设置分支机构，直接参与国际市场竞争和国际经济循环。据统计，到1992年底，我国出口创汇的私营企业达2230家，出口创汇额95722万元，分别比上年同期增长78.3%和77%。与外商举办合资、合作的私营企业有300多家。另据9省区的17个口岸城市统计，参加边境贸易的私营企业达1477户。私营企业走出国门，积极参与国际市场竞争，便于我国早日加入世界关贸总协定，能够为我国经济与国际经济全面接轨奠定基础和铺平道路。同时，也能够造就一批世界知名的大私营企业家。上述八大变化，表明我国私营经济已进入了一个新的发展阶段。它已被纳入社会主义市场经济体系建设的范畴，进入了持续、健康、快速发展的轨道，再想否定它、消灭它已成为不可能的了。认识我国私营经济发展的新变化和新态势，意义十分重大。它不仅有助于我们认识和揭示我国社会主义初级阶段私营经济发展运行的规律，掌握它的基本走向和发展趋势，而且便于我们制订行之有效的各种政策及法规，引导、调节和监督它沿着为社会主义市场经济服务的方向发展。

（本文发表于《社会科学探索》1994年第4期）

论私营经济在农村社会经济发展中的地位和作用

一 充分发挥农村私营经济对农村经济发展的重要作用

农村私营经济一产生,便使农村的经济结构发生了重大的变化,即由原来的单一的公有制经济变成了多种经济成分共同存在与发展。

农村经济结构中,不仅有集体经济、合作经济、全民与集体的混合经济,还有个体经济、私营经济以及中外合资或合作经济。私营经济是这个多元化的体系中的一个有机组成部分,是农村经济大家庭的合法一员,否定它、排斥它、打击它,取消它,都是错误的,也是法律所不允许的。

在农村经济结构中,私营经济同其他经济成分的经济政治地位是平等的。尽管上述各种经济成有产生先后、力量大小,比重多少、本身属性、制度体制、运行机制等许多方面的不同,但它们在经济政治上的地位都是相同的,即相互处在平等地位。从经济上说,大家是各自独立的经济主体,在市场经济中开展平等竞争,实行等价交换、平等互利的原则,反对特权和独家垄断。从政治上来说,无论是从事哪种经济成分的业主,都享有社会主义的民主权利。私营企业主(外资企业主也一样)虽然从事剩余价值生产,存在雇工剥削行为,但他们只要在法律允许的范围内从事生产经营活动，在政治上拥护社会主义，拥护党和国家的各项方针、政策，就仍然属于人民的范畴，同公有制企业的人员一样有选举权与被选举权，有参政议政、平等从事政治活动的权利。对私营企业主和其他社会成员应一视同仁，不能抱有政治歧视，对其进行排挤与打击。现在，全国农村已有许多私营企业主成为县、乡人民代表大会代表、政协委员，甚至还有一些先进代表成为地、省和全国人大的代表或政协委员，这说明农村私营企业主政治地位不断提高。但也有不少地方由于受左的思想影响与干扰，恐资病与惧私症严重，把私营经济当作农村社会主义经济的异己力量来排斥，进而在政治上对私营企业主采取种种歧视政策。

农村私营经济从它产生那一天起，就不是作为拾遗补阙的补充地位出现的，而是处在公有制经济的竞争对手的位置上。在改革开放之前，整个农村经济被人民公社的集体经济所包揽，连个体经济的残余都不允许存在，更不要说私营经济了。人民公社的集体经济成了农村经济的唯一经济形式，它垄断了一切生产和经营，没有其他经济形式与其竞争，这就难免产生僵化与腐朽，丧失生机与活力。列宁曾经指出，任何垄断都必然产生停滞腐朽的趋势。社会主义农村经济的垄断，亦是如此，私营经济在农村大地上一经出现，便打破了这种垄断局面。它作为一个强有力的竞争对手站立在公有制经济面前，以其独特的经济体制和经营机制，使公有制经济感到了不同寻常对立面的存在，产生了危机感与巨大的外在压力。"一大二公"人民公社制度已经不适应农村生产力发展的要求了，其劳动生产率远不如私营经济高。有竞争，才有活力，有比较，才有鉴别。在比较中，农民认识到，对"一大二公"人民公社制度必须进行改革，必须增加农民对财产的关切度，使农民从自己的切身利益上关心自己的劳动成果，所以他们才自觉不自觉地冲破原有的人民公社制度的束缚，大胆地实行包干到户的农业生产责任制。有私营经济作为强有力的竞争对手，农村公有制经济就必须不断改革进取，想方设法提高劳动生产率，否则，它就会在竞争中吃败仗、被淘汰。这在客观上促进了公有制经济求改革，图发展，增强生机与活力，避免出现停滞腐朽的趋势。从改变农村经济旧格局这个角度说，私营经济的存在与发展确实有其他经济成分不可替代的积极作用。

农村私营经济的存在与发展，对整个农村经济的发展具有愈来愈大的积极作用。这主要表现在以下几个方面。

第一，促进了农村产业结构调整与优化，增加了农业总产值。由于私营企业主要是兴办农副产品加工、搞商业和运输业、服务业，使农村第二、第三产业也迅速发展起来，这不仅优化了农村产业结构，而且大大增加了农业总产值，使农村经济对整个国民经济的贡献率也大大提高。

第二，加速了农民摆脱贫困，走上富裕之路。农民创办私营企业，尤其是众多农民集资联办私营企业，只要产品适销对路，打开市场，有良好的经济效益，业主们就会获得丰厚的营利，尽快地走上富裕之路。同时，作为雇工和农民也改变了几千年来面向黄土背朝天、在"地垅沟里找食吃"旧传统和旧的生活方式，开始依靠工资收入来维持与改善自己的生活。随着私营企业的发展，其收入不断增加，家庭的生活水平也会逐步提高，并较快地走向富裕。在边远贫困落后的地区，大力发展农村私营经济，更是摆脱贫困的一条现实可行之路。

第三，能直接吸纳农业剩余劳动力就业，对调节民工潮、减轻城市就业压力具有重要的作用。农村实行承包制以后，游离出大量剩余劳动力，到20世纪80年代末已有近8000万农民转入非农产业，大部分转入乡镇的私营企业。据专家估计，到20世纪末，还将有1.5亿—2亿的农业剩余劳动力从农业生产中游离出来，对城市的就业造成巨大的压力。解决就业问题的一个重要出路就是尽力创办和发展农村私营企业，由私营企业来吸纳剩余劳动力。这不仅可以使农民离土不离乡，直接扩大就业，发展和繁荣本地经济，而且避免农民的盲目流动，解决民工潮给社会经济发展带来的严重干扰与冲击，缓解农民盲目进城打工给城市就业造成的巨大压力。

第四，增加地方财政收入，促进农村各项事业全面发展。农村私营企业的存在与发展，拓展了农村纳税主体及渠道，改变了单一农业税的税收来源及税收格局，大大地增加了地方财政收入。地方财力的增加，便可用来发展本地的文化、教育、卫生、医疗等公益事业和其他社会保险、福利事业，促进农村经济社会生态之间协调发展。

第五，为国家创造更多的外汇收入，促进我国农村经济走向世界。许多农村私营企业利用本地的资源优势，开发名、特优产品，打入国际市场，为国家换取大量外汇。随着我国对外开放的扩大，农村经济也要面向国际市场，加入发展外向型经济的行列。其中私营经济要充当排头兵，因为它无论从体制上说还是从运行效率上讲，都具备担当这个角色的功能与优势。

第六，促进农村工业化和城市化，有利于缩小城乡差别。农民集资创办私营企业，从事各种农副产品加工，从事农机生产、修理和加工，从事化工、塑料、建材等生产，会直接使农村工业迅速振兴和发展起来，加速农村工业化的进程。工业的发展要求商业、服务业、交通运输业、邮电通信业的相应发展，这就会使农村的道路、电力、邮电、建筑、供水等方面都发生重大变化，使农民的生活方式发生大的改变。

二 农村私营经济对我国农村社会关系变革的重要影响

农民是当今中国最基本最重要的劳动群体之一，不仅数量上在全国人口中占绝对优势，而且耕耘着几乎全国所有的耕地、牧场及水域。他们与农业息息相关，同土地有着深厚的感情与联系，是中国农村社会的主体和主宰。由于农村私营企业是由广大农民在广袤的农村土地上创办的，这就不能不引起农民这个庞大的劳动群体发生变化。

新中国成立以来，我国的农民劳动群体大体上经历了三次重大变化：第一次是土地改革运动。第二次是农业集体化运动。第三次是"包干到户"责任制的实行，使农村个体经济恢复和私营经济产生。农村生产队解体了，农民从集体中取得了长期（30—50年）土地使用权和经营权。长期的土地租赁关系，使农户成为独立的经济单位，一家一户自主地进行生产与经营。虽然与集体化前的单干户有所不同，但毕竟有了相当大的经济自由和经营自主权。个体经济的恢复与私营经济的产生，使农民这个劳动群体内部开始发生重大的变化与分化。一部分农民（主要是有文化、懂技术、会管理、商品经济意识强的农民）首先冲破传统观念与传统生产方式的束缚，从农业生产中分离出来，干个体户，创办私营企业，产生了两个新的群体：一是个体劳动者群体，二是私营企业主群体。这是从事不同性质劳动的群体，即前者从事的是个体劳动，而后者则从事的是雇佣劳动。随着农村个体私营经济的产生与发展，又有相当一部分农民从农业生产中走出来，到村、乡、镇的私营企业里去当雇工，于是便产生了一个新的劳动群体农业——雇佣工人。他们承包的那份土地，或由家庭的其他成员耕种，或者转包给亲友耕种，有的干脆有偿转让给种粮大户，自己则专心在私营企业充当雇工。

从上可见，前两次变化基本上是农民劳动群体整体地位的变化，这个群体内部基本上保持了一致性，即各成员相互之间的身份还是一样的，都是实实在在的农民。第三次变化可以说是极为深刻的，因为它使农民劳动群体内部各个成员的身份及地位发生了重大变化。由农民变成了商人、小业主、私营企业主及农业雇佣工人，这完全是农村个体私营经济发展的产物。农村的社会关系不再像以前那样单纯了，不单是农民与农民和农民与干部之间的关系，又产生了诸多新关系：一是农民与商人的关系，二是农民与个体业主的关系，三是农民与私营企业主的关系，四是农民与农业雇佣工人的关系，五是私营企业主与农业雇佣工人的关系，六是私营企业主与个体业主的关系，七是私营企业主与商人的关系，八是农业雇佣工人同商人的关系，等等，展现出了一幅多元化、错综复杂的人与人之间相互关系的图画。这给我国农村社会的领导机关提出了新的课题和新的任务，要保证农村社会健康、稳定发展，必须正确处理好各种不同劳动群体之间的利益关系，调节其矛盾，促进其团结协作，为繁荣和发展农村经济共同努力。

三 要注意防止和解决农村私营经济发展带来的一些消极作用问题

农村私营经济的产生，确实对农村经济及社会发展带来重大的积极影响与作用，并且随着农村私营经济的发展，这种影响和作用也将愈来愈大。

但必须看到，农村私营经济在发展过程中也产生了一些不容忽视的消极作用。针对我国农村私营经济发展出现的种种问题及消极作用，国家必须采取强有力措施，加强管理与规范。

第一，加强行政管理与规范。县、乡工商行政部门担负着对农村私营经济进行管理与规范的责任，一方面要为私营企业的创建提供便利，另一方面也要严格审查企业法人资格及企业开办条件，认真进行登记注册，对不具备私营企业条件的，坚决不予注册登记，更不能发放营业执照。对于那些假冒集体经济的私营企业，要认真进行清理，还其本来面目。教育和鼓励人们堂堂正正、大大方方干私营企业，避免假冒引起不必要的产权纠纷。对那些无照经营的私营企业，一律依法取缔。

第二，强化税收调节。首先，对于那些偷税漏税的私营企业，要严肃查处，除追缴税款以外，还要依法进行制裁。其次，要进一步完善税收制度、堵塞漏洞。再次，加强税管队伍建设，提高税务人员素质。最后，农村各级组织还要组织私营企业主进行税法学习，举办税法讲座，提高他们依法纳税的意识，使他们认识到"纳税光荣，偷漏税可耻"，做一个合法经营者和光荣纳税人。

第三，加强财务管理与规范。《中华人民共和国私营企业暂行条例》明确规定：凡是私营企业都必须建立正常的财务制度，设立专门财务管理人员，建立正常财务收支账目。农村私营企业也不例外，必须坚决贯彻这个规定。凡是没有建账设立财会人员的私营企业，有关主管部门应限期设账配人，否则，令其停业或吊销其营业执照。不然的话，私营企业偷税漏税的行为根本无法制止，国家蒙受的损失也会愈来愈大。

第四，进行严格的法律规范。市场经济是一种法制经济，没有法制，市场经济必然大乱。对农村私营经济的调节与管理，亟须纳入法制轨道。对违反国家劳动法，雇用童工者；对凌辱、虐待和毒打雇工者；对无限度延长工作日，随意克扣雇工工资者；对滥采滥挖，破坏国家矿产资源者；对污染环境、破坏农业生态平衡者，等等，都要依据国家有关法律予以制止，并视情节轻重给予处罚。目前，我国对私营企业的立法很不完善，尤其是对农村私营企业如何依法治理尚无一部完整的法规。农村私营经济的迅猛发展，急需各地出台一批切合本地实际的具体的私营企业管理法规及实施细则。只有私营企业都自觉地依法规范自己的生产经营行为，同时国家也依法管理农村私营经济活动，农村私营经济的发展才会真正步入健康发展的快车道，才会在中国农村现代化建设中发挥出更大的作用。

（本文发表于《经济纵横》1996 年第 7 期）

发展个体私营经济与强化税收调节

一 个体私营经济将成为国家税收的重要来源

改革开放以来，我国的个体私营经济获得了长足的发展。尤其是1992年春邓小平南方谈话发表以后，个体私营经济更是以超常规的速度迅猛发展。1992年年底，全国个体工商户达1533.9万户，到1994年年底猛增到3000多万户；1992年年底，全国有私营企业13.9万户，到1993年6月增至18.4万户，到1994年6月即达到32.8万户。据统计，仅改革开放的14年中，个体私营经济共创工业产值4300亿元，实现营业额11800亿元，向国家缴纳税金951亿元。在全国的农贸市场中，有7%的经营者是个体户。实践越来越清楚地表明，个体私营经济已成为我国国民经济的一支重要力量，它不仅在增加社会财富、满足人民多方面需要、扩大就业等方面发挥愈来愈大的作用，而且日益成为国家税收的主要来源。现在不少地区个体私营经济的纳税额已占到当地财政收入的三分之一。并且，随着个体私营经济的发展，这个比重还要上升。

个体私营经济成为我国税收的重要来源，是党和国家调整所有制结构、大力发展非公有制经济的结果，也是我国所有制结构趋向合理化、税收来源多元化的重要表现。

我们说个体私营经济将愈来愈成为国家税收的重要来源，是有充分依据和理由的。

第一，党和国家长期发展个体私营经济的方针政策，具有充分的可靠性、稳定性和连续性，能够为个体私营经济的持续、健康、快速发展提供一个良好的环境，使个体私营经济发展速度加快，数量增多，比重提高，从而为国家缴纳的税款逐步增加。

第二，随着国有企业改革的深入，将会有一大批国有中小企业通过产权交易变成民营经济或私营经济。尤其是那些资不抵债、濒临破产的企业，应加速其产权分解的步伐，实行股份化改造，允许个体户和私营企业主购买股份。这不仅有助于国家卸掉一批亏损企业、增加财政补贴的包袱，而且在客观上也扩大了个体私营经济发展的领域与空间，拓展了国家财政收入的来源。

第三，由于个体私营经济具有产权明晰、机制灵活、运行高效等特点，在发展中显示出明显的生机与活力，经济效益越来越好。依据社会资源最优配置原则，今后将会有较多的社会资源配置到个体私营经济中去。个体私营经济资金短缺、设备陈旧、技术落后，管理水平低下的状况，将会有很大的改善，个体私营经济的整体素质会有明显的提高。个体私营经济整体实力增强，其纳税能力也必然大大提高。

第四，由于人们思想观念的解放，不再为"姓社""姓资"等传统观念所束缚，大批科技人员、离退休干部、经济管理人员、青年知识分子"下海"搞个体私营经济，使个体私营企业员工队伍素质明显提高，涌现出一大批有文化、有胆识、懂技术、会管理，敢冒风险、勇于开拓的个体业主和私营企业家。他们依法纳税，合理经营，敢赚大钱，又十分热心赞助教育及其他社会公益事业，是个体私营经济中的先进典范与楷模。在他们的示范作用下，个体私营经济中会逐步形成"纳税光荣，偷税可耻"局面的。这样就会减少国家的税款流失，增加国家的财政收入。

总之，随着个体私营经济范围扩大，数量增多，速度加快，比重上升，档次提高，实力增强，必然要成为我国国民经济新的增长点，成为发展社会主义市场的一支生力军，也不可避免地要成为国家税收的一个重要的稳定来源。各级税务部门应当清醒地看到这一点，积极自觉地促进个体私营经济的快速发展。每个税务人员都应认识到：每增加一个个体户或私营企业，就增加了一个纳税人，就能为国家、为全体人民增加一份利益。因此，满腔热忱地促进个体私营经济发展，应是每个税务工作者的光荣职责。

二 个体私营经济的偷税漏税行为及其整治

偷税漏税行为是市场经济中的一种"常见病""多发病"。有些人认为，偷税漏税行为只是个体私营经济所特有的，实乃是一种偏见。其实，当今许多公有制企业乃至大名鼎鼎的国有企业也不乏偷漏税者。但实事求是地讲，在我国现阶段，个体私营经济的偷税漏税行为更为严重。据统计，我国有80%左右的个体私营企业偷漏税，每年偷漏税款在100亿元以上，偷漏税甚至已经成为个体户和私营企业发财致富的手段。有的业主公开讲："靠什么发财？靠赚税钱！"

个体户和私营企业主偷税漏税的手段，可谓五花八门，各种各样。概括起来，主要有以下几种：其一，建假账、开假发票、隐瞒营业额。其二，根本不设账，设账也是两本账，使税务部门无账可查，即便查也是假账。其三，挂靠免税单位，如挂靠机关、学校、社会团体等。长春市八里堡某一小学就挂靠个体私营企业80多户。其四，搞无证经营，游街串巷，"打一枪，换一个地方"，让税务部门无从查找。其五，隐藏个人收入，偷逃个人所得税。据统计，全国每年偷逃个人所得税额近100亿元，其中个体户和私营企业主占一半以上。其六，搞"地下经济"，从事违法生产与经营。有的个体户和私营企业搞地下食品加工、烟酒生产、制造与销售伪劣假冒商品，牟取暴利。

在个体私营经济发展过程中，为什么会产生大量偷税漏税行为？究其原因，我认为主要有以下几点。

第一，体制"空档"。目前我国正处在新旧两种体制交替过程中，刚刚开始由传统计划经济体制向社会主义市场经济体制过渡。由于旧的计划经济体制尚未被根本破除，新的市场经济体制还未建立，两种体制同时并存，不断地产生摩擦与碰撞。尤其是在两种体制之间存在着许多谁也不管的"真空地带"即体制"空档"。个体私营经济作为改革开放后新产生的一种经济成分恰好处在这个"空档"当中，管理它的新体制尚未产生，旧体制又否定它，排斥它，或管不了它，因而它在这个"真空地带"能自由地活动，能轻而易举地偷税漏税，实现最大限度追求个人利益的动机与目的。

第二，法律漏洞。所谓法律漏洞，是指法律体系中存在着违反立法计划的不完善状态，即法律应该规定却未有规定的状况。我国虽然早颁布并实施"个体工商户条例"和"私营企业暂行条例"等法规，但这都还只是大原则上的规定，各地还都缺乏具体实施细则，特别是还缺少与其相配套的一系列有关法规。另外，我国目前整个民法领域也还存在许多漏洞，使个体经营者与私营企业主有"空子"可钻。例如，我国民法只有财产租赁的规定，而无融资性租赁的规定，我国土地使用权制度尚欠缺"空间土地使用权"的规定；《中华人民共和国经济合同法》中仅规定了法定解除，尚未规定约定解除；等等，这都形成法律漏洞。正是由于我国目前法制不健全，尤其是个体私营经济方面的立法严重滞后，法律漏洞颇多，所以才使得许多个体户与私营企业的偷税漏税行为得逞，并有愈演愈烈之势。

第三，利益驱使。马克思指出，任何经济活动都同经济利益有关。个体私营经济的偷税漏税行为，更是为经济利益所驱使与支配。追求个人收益最大化，是个体私营经济一切经济行为的根本目的与动机。偷税漏税就是他们为实现这个目的与动机而采取的一种越轨行为、违法行为。马克思在《资本论》中指出："资本害怕没有利润或利润太少，就像自然界害怕没有真空一样。一旦有适当的利润，资本就胆大起来。如果有10%的利润，它就保证到处被使用；有20%的利润，它就活跃起来；有50%的利润，它就铤而走险；为了100%的利润，它就敢践踏一切人间法律；有300%的利润，它就敢犯任何罪行，甚至冒绞首的危险。"这种情况，在我国现阶段个体私营经济中并非不存在。许多个体户和私营企业主明知偷税漏税是犯罪，但为 100% 和 300% 的利润的驱使，甚至不惜"铤而走险"，不惜"冒绞首的危险"。

第四，管理不及。我国的税收征管，一直是个薄弱的环节。实行税制改革后，国税与地税在许多税管环节上事权不清，责任范围不明晰，有利争抢，无利推让，"扯皮"现象越来越多。尤其是有关集贸市场、个体户与私营企业的税收问题，"争战"得不可开交。这反映出我国税管体制不顺、税管队伍整体素质不高，难以适应新税制的要求。不仅如此，税务部门的征管力量明显不足，诸多地方管理不及，这也是造成一些个体户与私营企业偷税漏税得逞的原因之一。目前全国有 3000 多万个体户、30 多万户私营企业，一个税务专管员要管理 500 户以上，还有几百万分布在社会上各个部门、各个行业身份不定的个人所得税纳税人，确实管不过来。

为了整治个体私营经济的偷税漏税行为，国家必须强化积极调节功能，以防止大量税款流失，增加国家财政收入，壮大国家经济实力。为此，我认为，必须加大力度，采取以下整治措施。

第一，深化改革，加速体制并轨。20 世纪 90 年代以来，由于我国改革力度加大，市场价格基本放开，价格体制、物资供应体制、商品流通体制、外汇体制等基本上取消了双轨制，实现了统一并轨。但是，旧的价格体制、物资供应体制、商品流通体制及外汇体制仍未从根本上摆脱传统计划经济体制的束缚。适应社会主义市场经济要求的新体制尚未建立起来。体制并轨的任务并没完成，还需要通过深化改革来实现。只有传统的计划经济体制彻底废弃了，同时，社会主义市场经济新体制又建立起来了，体制"空档"才可能消除，从而偷税漏税这个渠道才会堵住。当然，这只是从相对意义上讲，并非能绝对地"堵死"。因为要绝对消灭体制上的"空档"恐怕是不可能的。并且，也要清楚地看到，实现这个目标需要长时期的改革与发展，所以，我们只能扎扎实实地努力工作，不断深化改革，不断堵塞漏洞，尽最大可能防止与减少偷税漏税现象发生。

第二，完善法规，堵塞法律漏洞。市场经济是法制经济；没有一整套完善的法规体系，市场经济便不能健康有序地运转。首先，各地要依据国家颁布的个体私营经济的法律法规，充分考虑本地的特点与实际情况，制订各种具体配套法规及实施细则，进一步明确个体户和私营企业主的民主权利及纳税责任和义务，堵塞一切可能发生的偷税漏税的渠道或漏洞。其次，加速经济立法，弥补市场经济法制的"空白"。例如，个体户和私营企业的个人财产也应受到法律保护，但目前还没有一部真正的法规保护之，强行摊派、敲诈勒索、变相侵占的现象屡屡发生，使得个体户与私营企业主不敢放心大胆地赚钱发财。再有，对一些个体户和私营企业主花天酒地、挥霍无度，也应制定相应的法规加以制约与规范。否则，不仅不利于社会经济的发展，也有损于个体户私营企业主的社会形象。

第三，运用政策诱导个体私营经济追求"阳光下的利润"。"追求阳光下的利润"是著名私营企业家牟其中的格言，其意是追求"合法利润"，不赚违法钱，黑心钱。不容许个体私营经济追求利润最大化，无异于取消个体私营经济，但绝不允许他们不择手段偷税漏税，而要运用政策对他们进行引导，引导他们合法经营、照章纳税，合法赢利。应当加强对个体户和私营企业主的政策教育，使他们认识到是党和国家的富民政策把他们引上了致富之路，增加自觉纳税意识，多多纳税报效国家。在个体户和私营企业主中要营造一种氛围：偷漏税可耻，自觉纳税光荣，违法赚钱可耻，合法赢利光荣。

第四，加强税管队伍建设，提高征管水平。首先，应尽快解决征管队伍人手不足的问题，逐步增加征管人员。目前国家机关许多部门机构臃肿，人浮于事，拿着工资干不了什么事。与其让这些人干闲着，莫如将他们"分流"出去干税务征管，若能把每年流失掉的几百亿税款收上来，这就是了不起的效益与功绩。其次，要努力提高税务征管人员的素质，包括提高他们的文化水平，执法意识、税务理论知识，执行政策的能力等。要通过举办各种学校、培训班，运用各种宣传媒介，普及税法，大力传播税务理论知识。这既有利于提高税务征管人员的征管水平，也有助于提高全体公民的纳税意识。最后，各级税务部门的领导要狠抓管理。这些年来，领导们把主要注意力放在改制上，这是对的。但一些领导同志忽视了管理，尤其忽视了对征管队伍的严格管理，这不能不说是征管队伍素质下降的一个重要原因，应引起各级税务部门的领导们高度重视，要认真把管理抓起来，搞上去。

（本文发表于《学理论》1995年第8期）

论私营经济与诸种相关经济形式的关系

在人类社会中，任何一种经济形式都是不可能孤立存在的，它必然要以不同的方式，从不同的侧面或角度与其他各种经济形式发生一定的联系或关系。私营经济也毫不例外，从它产生的那一天起，就与民营经济、个体经济、市场经济、公有制经济等发生着这样或那样的经济关系。从理论与实践的结合上搞清私营经济与上述诸种经济的关系，对于发展私营经济、正确处理私营经济与其他诸种经济形式的关系、促进各种经济形式的全面健康发展，无疑具有重要的现实意义。

一　私营经济与民营经济

首先，对私营经济与民营经济必须加以区别。区别之点在于："私"与"民"。"私"与"公"是相对应的，而"民"与"官"相对立。就是说，私营经济是与公营经济相对而言的，而民营经济则与官营经济相对来讲的。官营属于公营，但并非公营的全部或唯一形式，它仅是公营的一种形式。集体经营显然也属于公营。民营则是除官营以外的一切经营方式，它不仅包括私人经营，也包括集体经营。可见，民营＞私营、公营＞官营，它们之间不能完全等同或替代。因此国内学术界有人主张用民营经济取代私营经济是不科学的。

其次，更重要的是，私营经济不仅仅是一个经营方式上的概念，它还是一个内含所有制关系的范畴。《中华人民共和国私营企业暂行条例》规定，私营企业"是指企业资产属于私人所有、雇工8人以上的营利性的经济组织"。这里起码有以下几层含义：第一，从所有制上说，企业资产属于私人所有，即生产资料私有制。第二，从相互关系上说，业主是雇主，员工是雇佣工人，它们之间是雇佣劳动关系，并且以雇工8人为界限，只有达到8人，才称得上私营企业。从生产经营目的上说，是以追求利润为目的，营利是其基本属性。如果对私营经济仅仅从经营方式上理解，那显然是很肤浅的，其结果必然把其内在的深层的所有制关系及雇佣劳动关系掩盖起来，不利于对其本质的认识与揭示。

最后，需要指出的是，公有制经济可以搞民营，即：可以是集体经营，也可以由个人经营（如个人租赁、承包），这里面所有制关系（即生产资料所有权）可以保持不变，只是经营方式发生变化。但如果是公有制经济变成私营经济，那就不仅仅是经营方式发生变化，而是所有权关系发生根本性改变，是经济性质变化了，从上可见，"公有私营""公有民营"在我国市场经济条件下都是可行的，可以说是对公有生产资料在经营运作方式上的一种变革与尝试。民营化≠私有化。但是，公有制经济的私营经济化，那就是私有化，在我国是不可行的，也是不允许的。

总之，我并不否定和主张取消民营经济概念，只是说它与私营经济在内涵本质上有区别，不能用它取代私营经济范畴。如上所述，如果把私营经济中"私营"二字仅从经营方式来理解，毋庸置疑私营经济范畴自然也包含经营层面的意思，在这个意义上私营经济与民营经济确有一定的一致性。所谓"民营"包括"私营"也仅就此而言的。

二 私营经济与个体经济

从理论上说，私营经济与个体经济同属一个大范畴，即私有制经济范畴。因此，二者具有紧密的联系和同一性。私有制经济具有的属性、品格及特征，二者都应具备，无一例外。

但是，必须看到，私营经济与个体经济二者具有明显的差异即它们是两种不同形式的私有制。现实经济生活中，我们常常称"个体私营经济"，把二者放在一起，从二者的同一性上说是可以的。但绝不可因此否认其二者的差异性。个体经济是以个体劳动为基础的一种经济形式，而私营经济则是以雇佣劳动为基础的一种经济形式。正如马克思所说："一个是靠自己劳动挣得的私有制，即以各个独立劳动者与其劳动条件相结合为基础的私有制"；另一个是"资本主义私有制，即以剥削他人的但形式上是自由的劳动为基础的私有制"。可见，二者体现的生产关系不同：前者体现小商品生产者之间互相劳动的关系，而后者则体现着资本主义剥削关系。

在现实经济生活中，由于我国长期批判资本主义，人们普遍存在"恐资病"，一听"剥削"二字便毛骨悚然，因而认为私营经济比个体经济更难以接受，甚至存在贬抑私营经济而褒扬个体经济的现象。这是很不正常的，更是不科学的。事实上，私营经济是一种比个体经济更具优越性的经济形式。这主要体现在四个方面：第一，个体经济一般以家庭为生产劳动单位，以个体劳动为基础，规模狭小，技术落后，效率低下。而私营经济则突破了家庭个体劳动的限制，可以在较大范围实行联合劳动与经营，生产技术与管理水平也要比个体经济先进一些，因而劳动生产率要高于个体经济。第二，私营经济可以采取现代企业组织形式，与生产的商品化、社会化相联系，生产专业化程度高，经营管理制度较健全，经营管理水平也较高，这是个体小商品生产不可比拟的。第三，个体小商品经济以满足自身需要为生产经营目的，其动力机制远不如私营经济那样强劲有力。私营经济不以满足自身的消费需要为目的，其目的是资本的不断增值，是对利润最大化的无止境的追求。这种强大的动力，推动私营经济更快地发展，也是它比个体经济更能适应和促进商品经济发展的根本原因。第四，个体经济由于受规模、资金、技术等方面的制约，难以采用先进的技术装备，难以采用现代科学技术成果及现代先进的经营管理方式，而私营经济由于规模较大，资金和技术力量都远远强于个体经济，因而在采用现代科技成果、现代先进的经营管理方式等方面都要优越于个体经济，能在更大程度上推进科学技术进步，促进社会生产力发展。

在历史上，资本主义私营经济是在否定个体小商品经济基础上产生和发展起来的。小商品生产者之间进行激烈竞争，一部分破产沦为无产者，另一部分发财致富成为资本所有者，在两极分化的基础上产生了资本主义私营经济。

在我国社会主义初级阶段，情况与上大不相同。我国的私营经济基本上是在个体小商品经济基础上自发产生并发展起来的，但它不是以小商品生产者两极分化为条件的。中国私营经济的原始资本积累虽然其间也带有一些血腥味儿（如靠种种非法手段积累和聚敛资本等），但基本上还是以公平、合法手段实现的，依靠勤劳、智慧、技能等成为私营企业主的占大多数。

正如由于我国的私营经济是在个体经济基础上自发产生的，因此，我们完全可以推动和促进个体经济向私营经济的转变。具体来说：第一，让个体户投资兴办各种私营企业。经过改革开放20年的发展，广大个体工商户都已积累起数十万元、上百万元资本，创办小型生产性、流通性、经营性企业，已经具备条件。只要各地政府提供便利，便可以办到的。第二，鼓励个体工商户联合创办各种有限责任公司或股份合作制企业。许多小资本联合成大资本，可以办大企业，干大事，赚大钱，发大财，结果会促进生产力大发展。第三，鼓励有实力的个体户参与国有中小企业的改革，大胆收购或兼并国有小企业，实行资产重组，实现资源优化配置。这样，既加速了国有中小企业的改革，又促进了私营经济的快速发展。

三 私营经济与公有制经济

(一)"对立论"

这是党的十一届三中全会以前我国对私营经济与公有制经济关系的基本理论观点和看法。这种理论认为,私营经济与公有制经济是根本对立、水火不相容的,有你没我,有我没你。建立公有制就必须否定私有制,实行私有制必然排斥公有制。甚至认为,私有制是"万恶之源",一切"假、恶、丑"的东西盖源于私有制。"文化大革命"时对私有制的批判,可以说达到了绝对化的极点。受这种极"左"的思想理论的影响,人们陷入了一种理论误区:公有制＝社会主义,私有制＝资本主义。私有制是社会主义的对立物和异己力量,它与社会主义是绝对不相容的。这种理论给中国的社会主义建设带来极大的危害和损失。最重要的表现就是:它使中国过早、过快地消灭了私有制,形成了单一的僵化的公有制体制,严重地束缚了社会生产力的发展。

(二)"补充论"

这是改革开放以后到党的十五大召开之前我国对私营经济与公有制经济关系的基本观点与看法,党的十一届三中全会确立了解放思想,实事求是的思想路线,为我国的改革开放奠定了思想基础,并在思想理论上开始纠正过去"左"的错误。中国的经济改革,首先在所有制结构上取得突破。农村家庭联产承包制的普遍推行,为城乡个体经济的恢复与发展创造了有利的环境和条件。党和国家已深切地认识到单一公有制的所有制格局已不适应扩大城乡就业,发展生产力的要求,开始允许个体私营经济的存在与发展。由于实行对外开放,引进外资,"三资"企业也迅速发展起来。到1989年召开党的十三大则明确指出:个体私营经济是社会主义公有制经济的必要的有益的补充。党和国家坚持在以公有制为主体的条件下实行多种经济成分共同存在与发展的方针。从"对立论"到"补充论",我们党和国家对私有制经济与公有制经济关系的理性认识经过较长时期的实践探索才发生了重大的进步。"补充论"承认了个体私营经济与公有制经济存在的一致性,不是完全对立与根本否定的关系。这对促进我国个体私营经济发展,改变单一公有制的所有制结构,起了重要的积极作用。

(三)"平等论"

这是党的十五大以后我国对私营经济与公有制经济关系的基本观点和看法。私营经济与公有制经济无论在经济上还是在政治上地位平等,这是对私营经济在国民经济中地位与作用的大提升。1992年春邓小平南方谈话发表后,全国私营经济获得了超常规发展,无论在数量上还是在质量上均有很大增长。实践已经突破了"补充论"。所谓"补充",即给公有制经济"拾遗补阙"。凡公有制经济不能干的或不愿干的经济活动,国民经济发展中的各种"空缺"由个体私营经济来"补充"。党的十四大以后,个体私营经济更是迅猛发展,它们在国民经济中的地位与作用日益提高和增大,在增加社会财富、扩大就业、增加税收、出口创汇、满足人们日益增长的多方面需求等方面,都远远超出"补充论"。实践表明,它已经成为同公有制经济同族同辈的"大兄弟",不再是起"补充"作用的"小字辈"了;它已经成为同公有制经济并驾齐驱、平等竞争、共同发展的一支生力军。党的十五大顺应历史及经济发展的大趋势,果断地将个体私营经济的地位与作用进行大提升,把它们同公有制经济一起确定为我国社会主义初级阶段基本经济制度的重要内容,这是对私营经济与公有制经济关系认识上的重大的质的飞跃。从此,私营经济再也没有任何理由遭受歧视了,因为党和国家已真正地把它与公有制经济摆到了平等的地位上。

私营经济与公有制经济的地位平等,绝不意味着二者完全一致,没有任何矛盾了。而恰恰相反,它们是一个矛盾统一体。私与公是矛盾着的双方,二者互相依存,互为条件,互相联系,互相制约，这是统一的一面。另一方面，二者又互相排斥，互相对立，这是矛盾的一面。私营经济在原材料来源、能源供应、投资场所、商品销售市场、劳动力需求及人才交流诸方面都与公有制经济存在密切的联系。可以说，离开公有制经济在上述诸方面的配合与支持，私营经济是不可能存在与发展的。但不可否认，私营经济与公有制经济在上述诸方面确实存在着矛盾。第一，它与公有制经济存在争夺原材料、争夺能源的矛盾；第二，它与公有制经济在争夺投资场所、争夺商品市场的矛盾日益激烈；第三，它同公有制经济在争夺高素质的劳动力及科技人才的矛盾也日益突出；第四，随着对外开放的进一步扩大与私营经济实力的增强，它与公有制经济争夺出口商品市场的矛盾也会日趋明显。因此，采取正确的方针政策协调与解决好私营经济与公有制经济的矛盾关系，对于二者的健康发展，对于整个国民经济的持续增长，都具有至关重要的意义。

四 私营经济与市场经济

私营经济与市场经济具有天然的联系及融合性。因为它们二者都离不开市场，都是由市场来配置资源的经济形式。私营经济生产的产品，要得到社会的承认，必须拿到市场上去销售，通过销售被消费者购买，其产品价格得到实现，才有可能进行再生产。可见，私营经济本身就是一种市场经济。私营经济是须臾不能离开市场的，一旦离开了市场，它所需要的原材料无法购进，它所需要的劳动力无处雇佣，它所需要的资本与信息无法获取，它所生产出来的商品无法销售，等等，总之离开了市场它一天都不能生存。所以说，私营经济是天然地与市场经济结合在一起、融合在一起的。为什么会是这样的呢？最根本的原因在于二者具有统一的经济基础，即生产资料的私有制。市场经济历史上就是在私有制基础上产生的，私营经济本身就是一种私有制经济。质的同一性决定着它们的内在兼容性和融合性。

党的十五大报告指出，私营经济"是社会主义市场经济的重要组成部分"。这是我党对私营经济与市场经济关系的一个重大理论突破与创新。它突破了私营经济与社会主义市场经济相对立、不可融合的传统观念，摆脱了传统经济学关系姓"社"、姓"资"的束缚，从市场经济角度把私营经济与公有制经济囊括在社会主义市场经济体系之中，从而为发展社会主义市场经济增添了新的力量和新的增长点。

（本文发表于《现代经济》1999年第1期）

中国国情与私营经济的产生

一百多年前，革命导师马克思和恩格斯曾预见社会主义社会实现生产资料公有制，消灭了私有制经济。但实践的发展却超出了马克思和恩格斯的预见，在中国社会主义初级阶段，私营经济仍然存在、仍然在产生和发展。实践与理论的"背叛"、实践中提出的新问题，迫使我们思考和探索：我国社会主义初级阶段私营经济的产生是偶然的，还是具有客观的必然性？它的产生与中国的国情有什么关系？所有这些，都是我们考察私营经济不能绕开而且是必须回答的。

一 社会主义初级阶段与私营经济的产生

分析私营经济的产生，同分析任何经济成分的产生与发展一样，离不开对国情的认识和分析。正确认识我们中国国情，是探讨和阐明私营经济产生与发展的基本前提和根本立足点。而要正确认识中国国情，就需要从马克思主义的社会主义革命理论讲起。

早在100多年前，马克思和恩格斯依据他们所创立的科学社会主义理论，考虑到当时欧美资本主义发展的实际情况，做出了以下推理和科学预见：社会主义革命要在生产力发展到资本主义生产关系无法容纳的顶点时才发生，因此社会主义革命要首先在那些资本主义最发达的国家里同时发生并取得胜利。这样，马克思和恩格斯所设想的社会主义社会就是完全消灭了私有制经济的社会，是生产资料归社会所有、没有商品生产和商品交换、实行高度发达的产品计划经济、全社会统一按劳分配、彻底消灭剥削关系和剥削现象的社会。他们明确指出："共产党人可以用一句话把自己的理论概括起来：消灭私有制。"① 所以，在马克思和恩格斯设想的社会主义社会，是根本不可能存在私营经济的。

列宁所创立的社会主义社会，也是否定和不允许私营经济存在的。

在十月社会主义革命胜利后，列宁力图按照马克思、恩格斯社会主义的模式去实践，把苏联建成一个消灭私有制、消灭剥削的社会主义国家。由于列宁逝世得早，这个任务并没有付诸实践，也没有实现。

列宁的后继者——斯大林，在列宁逝世后，领导苏联人民建设世界上第一个社会主义国家。由于没有经验可循和借鉴，因而只能照搬马、恩的模式。为了实现社会生产资料的公有化，斯大林在城镇推行了国有化，在农村推行集体农庄化。不要说私营经济，就连个体经济也予以消灭。

在我们中国建立起来的社会主义，虽然也是马克思列宁主义的科学社会主义理论在中国的胜利，但它毕竟与马克思、恩格斯所设想的社会主义不同，与列宁和斯大林领导苏联人民建设的社会主义也不同。因为我们中国的社会主义是从半殖民地半封建社会脱胎而来的超越了资本主义的发展阶段，其物质技术基础十分落后、低下。党的十一届三中全会以前，我们无论在理论上还是在实践中，看不到也不承认我国的社会主义与马克思和恩格斯所设想的社会主义及列宁所实践的社会主义的重大差异，教条式地照搬马、列和斯大林的社会主义模式，并认为不实现马、列和斯大林的社会主义模式就不称其为社会主义。这在"名义"上似乎是坚持了社会主义，实际上却扭曲了社会主义。

社会主义社会同任何社会一样，其发展是一个自然历史过程。它必然经历一个由幼稚到成熟、由低级到高级的运动过程。列宁经

---

① 《马克思恩格斯选集》第一卷，人民出版社1972年版，第265页。

过苏联社会主义建设的实践后,明确提出"初级形式的社会主义"和"发达的社会主义"。这是就一般意义上划分的,因而具有普遍指导意义。

那么,我国现阶段究竟处在社会主义社会的哪一发展阶段呢?显然不是社会主义的发达阶段而只能是社会主义的初级阶段。党的十三大报告明确指出:"我国正处在社会主义的初级阶段。"并对这个阶段做了科学的规定:"它不是泛指任何国家进入社会主义社会都会经历的起始阶段,而是特指我国在生产力落后、商品经济不发达条件下建设社会主义必然要经历的特定阶段。我国从50年代生产资料私有制的社会主义改造基本完成,到社会主义现代化的基本实现,至少需要上百年时间,都属于社会主义初级阶段。"

正是由于我国现阶段处于社会主义的初级阶段,生产力落后,商品经济不发达,所以,私有制经济包括个体经济和私营经济都不可能消灭。

"社会主义消灭私有制",对这个命题必须辩证地科学地理解,即不可绝对化、凝固化。从社会主义的根本任务和最终目的来说,它是要彻底消灭私有制的,即社会主义最终要消灭私有制。但它不可能一下子消灭,而只能逐渐地一步一步地消灭。私有制的灭亡同其产生一样,也是一个自然的历史过程。它是随着社会生产力发展到一定阶段而产生的,也必须在社会生产力水平达到一定高度和水平的时候才能灭亡。对此,马克思曾做了一系列深刻精辟的论述和说明。马克思讲:"只有在废除私有制所必需的大量生产资料创造出来之后才能废除私有制。"① 马克思还指出:"在采掘工业中私有制和劳动还是完全一致的;在小工业中以及到目前为止的各处的农业中,所有制是现存生产工具的必然结果;在大工业中,生产工具和私有制之间的矛盾才第一次作为大工业所产生的结果表现出来;这种矛盾只有在大工业高度发达的情况下才会产生。因此,只有在

---

① 《马克思恩格斯选集》第四卷,人民出版社1972年版,第219页。

大工业的条件下才有可能消灭私有制。"①

马克思还强调指出:"无论哪一种社会形态,在它们所能容纳的全部生产力发挥出来以前,是绝不会灭亡的;而新的更高的生产关系,在它存在的物质条件在旧社会的胎胞里成熟以前,是决不会出现的。"②

从上述论述可见:

第一,任何一种生产关系,在它所容纳的生产力全部充分发挥出来以前,是不会灭亡的。私有制作为一种生产关系,也毫不例外,只要它还适应生产力发展的要求,就还有生命力,就不会灭亡。这不能由人们的主观好恶决定。

第二,在"小工业"中,"私有制和劳动还是完全一致的",即它还是适应小工业的生产力水平的,因而,只要社会上存在"小工业",私有制就还有存在与发展的条件。

第三,私有制是同高度发达的大工业相矛盾的、不相容的。"只有在大工业的条件下才能消灭私有制。"

第四,消灭私有制,必须具备一定的物质条件。那就是把废除私有制所必需的大量的生产资料都创造出来,把现有的生产扩大到建立公有制经济所必需的程度。

在我国社会主义初级阶段,虽然现代大工业有了空前的发展和进步,但广大城乡仍存在着大量的"小工业"。"小钢铁""小煤炭""小水泥""小化肥""小机械""小轻纺",几乎所有的工业部门中都存在相当数量的以手工劳动为基础的小企业。这就是私有制经济包括个体经济和私营经济存在的根本物质技术条件。超越宏观的物质技术条件,企图过早地消灭私有制,无论是在外国还是在我国,都有过深刻的历史教训。

苏联十月社会主义革命胜利后不久,列宁在推行"战时共产主义"时,便想在苏联彻底消灭一切私有制。不仅要废除一切资本主

---

① 《马克思恩格斯选集》第一卷,人民出版社 1972 年版,第 72 页。
② 《马克思恩格斯选集》第二卷,人民出版社 1972 年版,第 83 页。

义和私有制,而且"禁止建立私人菜园,禁止私人饲养小牲畜和家畜等",把个体经济也消灭。但是,事实与规律是无情的。过"左"的实践,给经济建设带来巨大的损失和困难。实践使列宁认识到,在生产力落后的俄国,要取消商品经济,彻底废除私有制是不现实的,是违背客观经济规律要求的。因此,他及时提出了新经济政策,允许资本主义自由贸易的发展,允许私有制商品经济乃至资本主义商品经济在一定范围内的存在和发展。

我们中国在20世纪50年代仅用四年多一点的时间就完成了对生产资料私有制的改造,方向是对的,成绩是主要的,但问题也是很多很大的。其一,对私有制的改造时间过短、过快,存在严重的"左"倾冒进;其二,对私有制的消灭,是干净、彻底、一刀切,企图搞纯而纯的社会主义,没有把消灭私有制作为一个渐进的历史过程来对待。按照陈云同志当时的主张,个体手工业、个体商业及传统的资本主义工商业都应适当地保留一些,以便让它们"钻"社会主义的"空子",弥补社会主义公有制经济之不足。这些正确主张不仅没有被采纳及贯彻执行,反而被视为"右倾"加以打击。尤其是在以后的"文化大革命"中,又大力铲除资本主义残余,把个体经济当作资本主义加以批判和否定,甚至采用种种强制手段压制个体经济和私营经济的生长。结果造成我国长期所有制结构单一,没有各种经济成分之间的竞争与激励,使得社会主义经济丧失了应有的生机与活力。

即便如此,我国的私营经济还是以各种方式顽强地"破土而出",生长出来,表现出了惊人的生存能力。这是因为任何主观力量都必须遵从客观经济规律的要求和作用,都改变不了私营经济产生的客观必然性。

二 私营经济产生的客观必然性

对我国现阶段私营经济产生的客观必然性,我们可以从必要性与可能性两个方面来理解。

首先，我们来看私营经济产生的必要性。

第一，允许私营经济的存在和发展，是发展商品经济、实现自然经济半自然经济转变为发达商品经济的需要。人所共知，旧中国是个半殖民地半封建国家，生产力十分落后，商品经济很不发达。新中国成立以后，我们在一个相当长的时期内又把商品经济当作资本主义来批判和否定，致使商品经济的发展受到极大的限制，至今我国的商品经济仍很不发达，自然经济、半自然经济仍占相当的比重。据统计，我国经济的商品化程度仅为50%—60%。农村经济的商品化程度更低，仍为30%左右。资本主义阶段可以超越，但商品经济阶段不可超越。商品经济的充分发展是社会经济发展不可逾越的阶段。其所以不可逾越，实质上是说社会生产力发展本身是一个客观过程不能超越。首先，是因为人们不能自由地选择自己的生产力。每一代人所得到的生产力，都是前一代人已经取得而传下来的，它成为后人继续前进的基础。其次，是因为生产力是人们的生产实践和科学试验能力的结晶。而这种能力的形成和发展，只能是日积月累，是一个渐进的过程，即便是产业革命的时期，也都是以几十年计的。最后，是因为生产的商品化、社会化是人类社会经济运行方式发展的必经阶段，是实现我国现代化的必要条件。在一个自然经济、半自然经济占优势的国家，是不可能实现社会主义现代化的。在我国允许私营经济存在与发展，可以直接有效地扩大商品经济的范围和比重，促进自然经济和半自然经济的崩溃或解体。

第二，私营经济的产生，是改变我国单一经济结构，实现多种经济成分共同发展的需要。长时期以来，我国由于受"左"的指导思想的干扰和影响，一直追求纯而又纯的所谓"一大二公"，结果形成僵化的单一公有制结构。以雇佣劳动为基础的私营经济的产生，使社会主义公有制经济有了对立面，改变了我国单一公有制的所有制结构。不可否认，个体经济的产生对改变我国单一公有制的所有制结构是起了重要作用的，但仅此还不够，只有私营经济产生并获得发展，我国单一公有制的所有制结构才算是根本改变，我国的所有制结构才算得上真正的多元化、混合化。

第三，私营经济的产生，也是实现国家工业化的需要。工业化是现代化的基础和前提，也是现代化的一项重要内容。没有国家的工业化，现代化也就难以实现。实现国家工业化，绝不是单纯地提高工业产值在国民经济总产值中的比重问题，而是一个把整个国民经济建立在大机器工业基础之上的问题。它不仅包括城市经济的工业化，而且包括农村经济的工业化。我国是一个落后的农业大国，11多亿人口，有9亿多在农村，基本上是用手工工具搞饭吃。要使农村经济也较快地实现工业化，除了国家的支持和帮助以外，我们认为，一个行之有效的途径就是依靠私人资本的积累来兴办乡镇小工业，走小工业到大工业的发展道路。为此，允许私营经济的存在和发展就成为十分必要的了。

其次，我们再来看在我国现阶段私营经济产生的可能性。

第一，个体工商经济的存在和发展，为私营经济的产生提供了重要经济基础和肥沃的土壤。马克思指出："从资本主义生产方式产生的资本主义占有方式，从而资本主义的私有制，是对个人的、以自己劳动为基础的私有制的第一个否定。"[①] 由此可见，资本主义私有制经济就是在否定个体小私有制商品经济基础上产生的。在无产阶级掌握政权以后，还是不是如此呢？列宁认为，在从资本主义向社会主义过渡的时期，"小生产是经常地、每日每时地、自发地和大批地产生着资本主义和资产阶级的"[②]。应当看到，我国现阶段的个体小商品经济同列宁讲的"小生产"有所不同，它不同资本主义经济相联系，而同社会主义公有制经济相联系，成为社会主义公有制经济的必要的有益的补充，也不像资本主义条件下那样剧烈地破产和分化，但无论如何也不能否认它仍然是产生资本主义的一个重要经济基础。这主要表现在：现阶段我国城乡的私营经济基本上是从个体小商品经济发展而来的。个体劳动者随着他们从事生产经营规律的扩大，人手要增加，请两三个帮手已满足不了生产经

---

① 《资本论》第一卷，人民出版社1975年版，第832页。
② 《列宁选集》第四卷，人民出版社1972年版，第181页。

营的需要，于是，就产生了扩大雇工的要求。这种要求随着个体户的生产经营的发展不断地得以实现。首先，农村实行联产承包制以后，尤其是"包干到户"以后，极大地调动了农民生产积极性，农业劳动生产率获得较大提高，产生并游离出大量的农业过剩劳动力，这就为私营经济的雇工生产与经营提供了充足的人力条件。其次，我国的个体生产者具有较强的致富欲望，因而起早贪黑，苦心经营，节衣缩食，克勤克俭，便积累起一定数量的资本。在致富欲望的驱使下，他们的资本积累越来越多，雇佣工人的数量也大量增加，这样，个体生产者就变成了私营企业主，私营企业就产生了。

第二，农村财产关系的变化，财产主体由集体转为农户，这也为私营经济的产生提供了现实的经济条件。我国农村，在所有制方面的社会主义改造基本完成以后，长期实行"三级所有，队为基础"的人民公社制度。财产的主体一直是集体即生产队，农户的私有财产极少。到改革前的1978年，每个农民平均拥有住房3.64间（估价不超过500元），年末储蓄余额32.09元，实物储存（如粮食、禽畜）也很少。农业生产资料基本上都归集体所有，农户仅有镰刀、锄头、锨头一类简单低值的小型手工工具，有相当多地区的农民还欠国家（银行）和集体（信用社和社队）大量债务。20世纪80年代初起步的农村经济改革，并没有以重建农户所有权为目的，但是"包干到户"的责任制施行以后，却在实际上使农村的财产关系发生了重大的变化。随着人民公社财产制度的解体，生产队——这个农村生产资料和财产的占有主体也名存实亡了。农业最基本的生产资料——土地，实行长期的"所有权与经营权相分离"，即所有权归集体，经营使用权长期归各个农户。大牲畜、大中型农机具如车、马、拖拉机等，一般都折价卖给农户，这部分财产的所有权由"公"转化为"私"。对于社队企业的固定资产，有的折价变卖，有的承包给个人经营。变卖的社队企业，一般被农户合伙购买，转变为私人合伙企业，即私营企业。目前，我国农村除土地和大型水利设施以外的其他生产资料，如汽车、拖拉机、机器设备等，许多均为农户私人所有。并且，农户私人占有的生产资料呈扩大的趋势。据国家统计局有关资料推算，农户私有财产1985年比1981年增长168倍，年均递增27.37%。又据国家统计局农村抽样调查总队调查，农村生产资金拥有量已由集体为主变为农户为主。1987年，农户拥有的生产资金占农村生产资金的比重，从1980年的9%提高到54.2%。① 从农业机械总动力看，属农户所有的已占53.4%。② 这些都为农村私营经济的产生提供了有利的经济条件和物质技术基础。

第三，城镇商品经济的搞活与一些政策的放宽，也为私营经济提供了有利的生存空间。在这一段时间里，我国曾允许国家机关干部辞职或停薪留职兴办各类公司，允许离退休干部在公司兼职，并且允许银行给这各类公司发放贷款，这样一些私营企业即应运而生。如：哈尔滨市昌宁给水设备厂就是典型一例。该厂厂长石山林，原为哈工大毕业生，"文革"中遭迫害被投入监狱。粉碎"四人帮"后落实政策，他被安排在黑龙江商学院任教。他自行改装并设计了一套自动给水设备，然后以此为凭取得银行几十万元贷款，辞去大学讲师的职务，在哈尔滨市郊区的一片荒地上，建起了一个给水设备厂。现在成为产值上千万元，利税几百万元，雇工几百人的大私营企业。

由上分析可以看出，在我国整个社会主义初级阶段，私营经济的存在与发展，不仅是十分必要的，而且具有现实的可能性。因此说，它的产生和发展具有客观的必然性。不承认这种必然性或违背这种必然性，必将受到惩罚。

三 私营经济的催生因素

我国私营经济的产生并不是偶然的、孤立的。它是在社会主义初级阶段的大历史背景下，在许多错综复杂的因素作用下产生的。

---

① 张厚义、秦少湘：《我国私营经济的现状》，《中国农村经济》1988年第12期。
② 高珮义：《我国农村经济发展的制约因素与对策》，《南开学报》1989年第2期。

其中，既有经济方面的因素，又有政治方面的因素；既有政策方面的因素，又有法律方面的因素；既有客观上的因素，又有主观方面的因素。正确认识私营经济的催生因素，可以有效地克服和排除私营经济发展的阻碍，促进私营经济健康地向前发展。

第一，安定团结的政治局面，为我国私营经济的产生提供了宽松的大环境。1979年年底召开的党的十一届三中全会，是新中国成立后历史上的一个重大转折，党的工作重心已经转移到社会主义现代化建设上来。党的实事求是的思想政治路线，有力地排除了各种"左"的错误的干扰，人们解放思想，冲破重重禁区，寻求各种发展社会生产力增加社会财富的途径和方式。在上海，一些老民族工商业者把落实政策所得的资金集聚起来，首先向国家提出举办利国利民的"实业"。由此，城市私营企业开始重新产生。在四川、安徽等地，在"包产到户"搞得早、搞得较彻底的地方，一些先富裕起来的农户也开始兴办农村的私营经济，可以说，私营经济完全是"十年动乱"之后人心思安、人心思治、人心思富的安定团结的宽松的政治环境的产物。没有这个宽松的政治环境，私营经济不要说不能产生，即使是产生了，也会被否定或消灭掉。

第二，法律上的承认和保护，也是保障我国私营经济生长的一个重要因素。法律属于上层建筑，不能成为任何经济成分产生的根本原因，但它对任何经济成分的产生与发展都具有重大的反作用，即具有阻碍作用和促进作用，我国的私营经济，并非一萌生就得到法律的认可和保护的。是随着改革开放的深入发展逐步得到认可的。1987年年底召开的党的十三大公开承认私营经济的存在与发展，承认私营经济的合法权益，这就为在法律上承认私营经济开辟了道路。1988年全国人大第七次会议，依据党的十三大的提议，以修改宪法的方式，正式从法律上确认了私营经济的合法存在与发展，确认了私营经济的合法地位与合法权益。从此，我国私营经济便以前所未有的速度成长和发展起来，成为国民经济中颇有生机的一种经济力量。

第三，经济政策的扶持与鼓励，也为我国私营经济的生长提供了有利的条件。打倒"四人帮"以后，我国政府制定了宽松的个体经济政策，为个体经济的充分发展提供了广阔的天地，直接促进了私营经济的发展。面对大量的待业人口，国家采取了国家、集体、个人一齐上的就业政策，鼓励私营企业吸纳待业人口，扩大劳动就业，这也促进了私营企业的产生与发展。国家还对那些符合社会产业结构合理化要求的私营企业，实行信贷扶持政策，只要它们的产品适销对路，对社会主义公有制经济有拾遗补阙的作用，就予以信贷上的支持。对那些国营经济不愿生产和经营的产品，或国营经济和集体经济都难以顾及的小商品生产，只要私营企业愿意生产和经营，国家就予以税收上的优惠，或免税，或减税，实行有利于私营经济产生及发展的税收政策。此外，国家制定了一些保证私营企业原材料供应、促进商品销售、防止向私营企业乱加摊派的有关政策，等等。所有这些经济政策都十分有效地促进了私营经济的产生，并引导其沿着为社会主义服务的方向健康发展。

第四，思想观念的转变，社会舆论的支持，也对我国私营经济的产生及发展起了重大的推动作用。以往，人们谈"私"色变，对私营经济中存在的剥削现象疾恶如仇；现在人们不再恐惧私营经济，对剥削现象也能从发展社会生产力的高度予以理解；虽然人们也谈论私营经济的种种弊端，但更多的是理智地认识私营经济在社会主义初级阶段的积极作用。人们的思想观念的巨大转变，为私营经济的生长和发展提供了一个宽松有利的社会舆论环境。

最后，还必须看到，私营经济在我国的产生并非一帆风顺的，也经历了曲折和斗争。全党全国人民在理论和实践上承认社会主义初级阶段私营经济产生与发展的客观必然性，这是对马克思主义的社会主义理论的一个重大突破。它打破了社会主义社会是纯而又纯的传统观念，为建设多种经济成分共同发展的有中国特色的社会主义奠定了坚实的基础。

(本文发表于《吉林财税高等专科学校学报》1992年第1期)

吉林省非公有制经济发展研究

一 民营经济发展的基本态势

吉林省是全国整体发展水平的"标志性省份",这主要体现为"三个大约2%"。一是国土面积近19万平方千米,大约占全国的2%;二是总人口为2700万,大约占全国的2%;三是2002年的GDP达到2234亿元,大约占全国的2%。在全省经济发展格局中,民营经济已成为推动全省经济持续快速发展的一支劲旅。党的十五大,特别是党的十六大以来,全省各级党委和政府高度重视民营经济的发展,积极改善民营经济发展的软环境,确立了人民政府既是为国有经济服务的政府,也是为民营经济服务的政府的理念,使民营经济呈现出前所未有的发展态势。

(一) 发展速度明显加快

2002年年底,全省民营企业总户数为44万户,从业人员248.9万人,同比增长23.2%,占全省社会从业人员总数的21.3%。其中,长春市民营企业总户数为24.8万户,从业人员88万人。2002年全省民营经济完成增加值632.9亿元,同比增长36.5%,占全省GDP的28.2%;实缴税金45.6亿元,同比增长41.1%,占全省一般财政收入的18.6%;完成固定资产投资155.9亿元,同比增长58.8%。2003年上半年,全省民营经济实现增加值375.8亿元,比上年同期增长25.6%。长春市民营经济所创造的GDP占全市经济总量的比重达36.2%,比去年同期提高了3.5个百分点;实缴税金

12.5亿元，同比增长35.8%。全省民营科技企业4600户，实现技工贸总收入450亿元，占全省民营企业营业收入的22.9%。这些指标，虽然放到全国、特别是民营经济发达地区并不十分突出，但是，这样的发展速度，是在这样两个前提条件下取得的：一是吉林省作为老工业基地，国有经济所占比重高达80%以上；二是全省民营经济创造的GDP份额是在有一汽集团、吉林石化、吉林油田和长春客车厂等大型中直企业的情况下取得的。一汽集团是我国进入世界500强的11家企业中唯一的制造业企业。2002年一汽集团产品销售收入8451046万元。2003年汽车销量达90万辆，同比增长33.2%，产销量居同行业之首。长春轨道客车公司产品销售收入为150208万元。2003年吉林石化全年共实现产值194亿元，同比增长46.1%；实现销售收入193亿元，同比增长44%；实现税金16亿元。2003年吉林油田全年产油475万吨，实现利润28.55亿元，上缴税费11.05亿元。由此可见，吉林省民营经济发展到这个水平是相当不错的。

(二) 总量增长幅度较大，已成为促进社会生产力发展的重要力量

目前全省营业收入超千万元的民营企业327户，超亿元的企业27户。长春市有民营企业集团80家，其中，注册资金超亿元的有7户，超千万元的有108户，年销售收入500万元以上的工业企业有277户。2002年全市民营经济实现GDP达372亿元，比1997年的66亿元翻了两倍半，拉动全市经济增长近3个百分点。党的十五大以来，年均增长速度达30%。2003年上半年实现增加值218.5亿元，同比增长21.5%，高于全市经济增长8.7个百分点。梅河口市近两年盘活存量资产5.5亿元，吸引域外资金上亿元，年新增产值2亿元以上，民营经济占全市GDP的60%，有效地带动了全市经济总量增长，加快了富市裕民步伐。在江源县有"三个70%"让江源人引以为豪：民营经济总量占全县经济总量的70%；民营经济对财政的贡献率达70.2%；自1998年以来，民营经济投资占全县投资总量的 70.5%。目前全县具有一定规模的民营企业已发展到 279 户，从业人员达 3.92 万人，总资产和销售收入超千万元的企业达 17 户。在总量上三分天下有其二的格局已初步形成。由此可见，民企已成为经济发展的重要增长极和经济社会发展中一支不可替代的重要力量。

（三）民营企业已成为县域经济投资的主渠道、项目开发的一支劲旅

截至 2003 年 6 月底，全省民营企业共开发项目 1432 个，其中投资千万元以上的项目 679 个，亿元以上的项目 81 个，累计完成投资额 132.1 亿元。据初步核算，2003 年全省全年完成的民间投资达 413.8 亿元，增长 15%，占全社会固定资产投资的比重达 42.8%。这些投资项目不仅规模大，而且科技含量高，并且成为招商引资的重要渠道。近年来，镇赉县着眼于安商富商，为招商引资、开发项目大力整治软环境、营造政策"洼地"，四年共引进项目 343 个，引进域外资金 18.7 亿元，从而使这个县 2002 年的 GDP 达到 15.2 亿元，财政收入达 1.97 亿元，分别比 1999 年增长 1 倍和 1.4 倍。通化市专门成立了重点项目办公室，并从财政中拿出 1000 万元来谋划项目发展。仅 2003 年全市民营企业新开工千万元以上的项目就达 47 个，总投资达 20 多亿元，创历史新高。同时，还为 2004 年规划了 25 个重点项目，让大项目挑大梁，让民营企业在项目开发中挑大梁。在中央首批批准的 100 项支持东北老工业基地建设项目中，长春市争取到 5 个项目，总投资额为 24.9 亿元，贴息贷款额度为 15.9 亿元，这 5 个项目的获得者均为民营企业。2000—2002 年，蛟河市引进了 1000 多户民营企业，其中千万元以上的项目就达 37 个，引资 26.6 亿元，从而使 2002 年蛟河市民营经济实现增加值达 25.2 亿元，增长 13.3%，占全市 GDP 的 60%，实缴税金占全市财政收入的 76%。2003 年，磐石市共引进开发项目 285 个，实际到位资金 17.3 亿元，其中，投资 1 亿元以上的项目就有 4 个。大安市 2003 年实施 17 个重点项目，拉动 GDP 增长

1.4个百分点。由此可见，各地加大招商引资力度，广纳民间资本，实行投资主体多元化。民营企业已成为吉林省县域经济投资的主渠道，拉动全省经济快速增长的一支劲旅。

（四）从业领域明显拓宽，民营科技企业进入领域不断拓展

"九五"期间民营经济还大多集中于劳动密集、科技含量低的第三产业和加工配套业。仅为一汽配套零部件的企业就达168户。党的十五大以来，全省民营企业已参与国民经济80多个产业，尤其是大量进入第二产业、高新技术领域和新兴产业。全省民营科技企业已发展到4600户，从业人员达到10万人，实现科工贸总收入为350亿元，产值超亿元的企业有20多户。长春市有民营科技企业1750多户，分布在光电子、微电子、软件与信息服务、医药、新材料等领域，鸿达电子、迪瑞制药、天药科技、振国药业、茂祥药业等已在国际国内处于领先地位。据调查，财务代理、税务代理、商标代理、律师事务所、信息咨询、评估等18类中介机构中，民营企业占95%以上；国家控制的金融、电信、公交等行业和领域也已有民营企业参与经营。

（五）社会贡献逐年加大，在县域经济中已渐成主导力量

2002年，吉林省国有企业的总资产贡献率为4.52%，而股份有限公司、私营企业、港澳台投资企业和外资企业分别为8.64%、10.69%、10.33%和30.98%。1997年以来，长春市民营经济创造的增加值占全市GDP的比重从12%上升到36.2%。2001年民营经济上缴国家税收10.5亿元，比上年增加45.8%，比1997年增加3倍。2002年民营经济上缴国家税收20.26亿元，平均每年递增40%。县（市）区民营企业完成的增加值已占整个县域工业增加值的94%。朝阳区上缴税收总额中，民营经济占了83%。民营经济已成为各级财政的重要支撑。自1997年以来，长春市民营经济从业人员达90.6万人，每年平均吸纳3万人就业，占全市劳动力总数的三分之一，成为安排城市国有企业下岗职工、大中专毕业生及

农村富余劳动力转移的重要渠道。民营企业在缓解就业矛盾、支持国有企业改革、拓宽农民增收渠道等方面，发挥了积极作用。我们在调查中发现，民营经济对县域经济的贡献很大，已成为拉动县域经济增长的主导力量。在这里仅列举几个县就可见一斑。蛟河市民营经济的贡献，占GDP的60%，占财政收入的76%；江源县民营经济的贡献，占GDP的70%，占财政收入的70.2%，占投资的70.5%；伊通县有民营企业1.6万户，实现产值14亿元，上缴税金3200万元。

二　值得重视的经验和做法

近年来，吉林省民营经济取得了较快发展，各地在实践中创造了许多有益的做法和值得重视的经验。

（一）成立机构，出台政策

党的十五大以后，各市、州先后成立了以市（州）长为主任的民营经济发展指导委员会，下设一个正局级办公室。五年来，各地民营办积极履行综合、协调、指导、服务的职能，为民营经济发展做了大量的规划、引导、服务和排忧解难的工作。各地先后出台了一系列鼓励民营经济发展的政策，各相关部门也相继出台了一系列与之相配套的改进工作承诺举措。一个"尊商、重商、安商、亲商"的社会风气正在形成。

（二）积极改善环境，创造发展空间

民营经济园区是吉林省民营经济发展的一个亮点，民营经济园区发展已呈现出百舸争流的喜人局面。在这个小特区里，实施封闭管理，由园区管委会一个窗口对外，实行一门式办公。在这里，基础设施条件好，企业税费较轻，政府办事效率较高，深受民营企业家的欢迎。2002年，吉林省共有民营经济园区105个，这105个民营经济园区的经济增长高于全省民营经济平均速度5个百分点，实

缴税金占全省民营经济的 30% 以上。长春市共有民营经济园区 25 个，总规划面积 75 平方公里。截至 2002 年年底，园区共有企业 4093 户，占全市民营企业总数的 27.7%，实现增加值占全市的 25.3%，缴纳税金占全市的 38%。其中，绿园区合心高新科技园区 2003 年上半年入园民企 42 户，实现税收 1500 多万元。蛟河市天岗经济开发区已成为省级开发区，那里的石材加工企业也由 2000 年的 7 户发展到现在的 156 户，年产石材荒料 30 万立方米、石材 60 万平方米，产品不但在东北、北京等地占有很大的市场份额，而且出口到日本和德国。现在正谋划建设 25 千米石材走廊，争取用五年时间建成东北最大、全国前五名的石材生产加工销售集散地。吉林市高新区全力打造民营经济这一品牌，现有入园民营科技企业 205 户。2003 年上半年，民营经济完成产值 28 亿元，工业增加值 11 亿元，比上年同期增长 24.7%。2003 年上半年，全省民营经济园区已发展到 107 个，完成增加值 55.8 亿元，实现营业收入 161.8 亿元，实现利税 14.4 亿元，同比增幅均在 20% 以上。省级园区共完成投资 32 亿元，其中，投资千万元以上的园区有 56 个，超亿元的有 7 个，其带动作用十分明显。民营经济园区的建设，对城郊经济发展起到了意想不到的作用。现在，这些园区已成为城郊经济增长的加速器，吸纳富余劳动力的蓄水池，解决"三农"问题的有效载体。

(三) 全力推动，切实服务

全省各级党委、政府都非常重视民营经济发展，千方百计为民营经济发展服务。长春市领导都非常重视民营经济的发展，仅 2002 年到民营企业调研办公就达 74 次，召开各类座谈会 9 次。市里每年都对民企 50 强和先进民营企业予以表彰。市政协两次对全市民营经济发展环境进行民主评议。2003 年 6—8 月，市政协组成六个专题调研组，先后走访了 16 户民营企业和银行系统、司法系统、市政务中心，召开了由 158 名民营企业家参加的 31 个座谈会，听取了 15 个市直重点部门的情况介绍，采取问卷调查、公开电话、暗访和网上评议等多种形式进行社会调查。在评议中，大家一致认为，近几年来，长春市民营经济发展环境建设取得了很大进步，政府部门的服务意识明显增强，在审批体制改革上也做了很多探索，精简机构，减少审批项目，实行"一站式"办公等，这些都有效地改善了民营经济发展环境。在服务方面，全省各级政府纷纷变管理职能为服务职能，加大服务扶持的力度。一是改革行政审批制度。长春市、白山市、江源县、镇赉县等地大力推行"一站式办公，一门式办照，一条龙服务"的并联审批制度及首问责任制，突出了服务意识。二是设立软环境治理办公室和投诉中心，为民营企业解惑答疑，排忧解难。长春、通化等地先后在纪检监察部门设置了相应机构且颇有成效。三是主动深入企业，帮助企业争名创优，开拓市场。在白山市，市领导经常深入实际，专门研究民营经济发展问题，帮助企业协调解决生产中遇到的困难，谋划解决企业扩建遇到的问题。企业是经济的主体，兴衰成败事关地方经济发展和群众切身利益。市有关部门跳出部门利益的小圈子，服务经济发展的大格局，努力营造廉洁高效的政务环境。进一步提高办事效率，精简行政审批项目，落实首问责任制，做到"一个窗口"对外、"一站式"审批、"一条龙"服务。各县（市）区科学制定本地民营经济发展规划，出台优惠政策，多方引进项目，积极筹措资金，为民营经济发展创造宽松环境，提供全方位服务。

（四）党委重视，政策扶持

白山市出台了《市委、市政府关于加快民营经济发展的意见》，提出对民营经济实行"国民待遇"，进一步淡化所有制观念，真正做到"三看""四不限"，即不论成分看地位、不限比例看发展、不看性质看贡献；在符合国家法律法规和产业政策的基础上，不限投资领域、不限发展速度、不限经营规模、不限经营方式。市委要求各级干部必须正视现实，切实增强忧患意识和加快发展的紧迫感，扬长避短，积极拼争，营造为民营经济服务光荣、发展民营企业光荣的浓厚氛围，真正把投资者和纳税人看成上帝，真正让民营企业在政治上有地位、社会上有声音、事业上有发展、利益上得实惠，在全社会形成亲商、重商、护商的良好风气。长春市委、市政府真正把加快民营经济发展摆上了重要位置，纳入重要议事日程。一是把发展民营经济作为践行"三个代表"、坚持"执政为民"的具体措施来抓；二是把民营经济的发展作为促进老工业基地振兴的重要举措来抓；三是把民营经济的发展作为富民强市目标的核心战略来抓；四是把民营经济的发展作为解决就业矛盾的根本措施来抓；五是把民营经济的发展作为解决"三农"问题的重要途径来抓。这些举措的实施，已经取得了明显的成效。2002年年底，长春市民营经济户数为24.8万户，从业人员90万人，实缴税金20.2亿元，占全市财政收入的比重为18.5%；在有一汽、长客两大中直企业的情况下，民营经济创造的GDP仍占全市GDP的32.6%，2003年6月，已占到了36%，年均增速为30%。这里需要特别提到的是，2003年9月1日，市委、市政府召开了一个专门部署加快民营经济发展的广播电视动员大会，做出了《关于进一步加快民营经济发展的决定》（简称"58条"）。大会采取电视直播的方式，除中心会场外，还设立了六千个分会场，10万个收视点，直接收听收看的人数在120万人以上。可以说，对于加快民营经济发展，上上下下形成了共鸣，达成了共识，增强了紧迫感，加快了发展步伐。

　　党的十六大以后，长春市各地根据新精神、新形势，清理了一些旧政策，出台了一些新政策，使促进民营经济发展的政策更有针对性，更具体，更有力度，亮点更多。总的来讲，就是要鼓励自主发展，让百姓唱主角，企业做主体，政府搞服务。具体做到"四个坚持""两个突破"。"四个坚持"就是坚持"三放开"，即放开政策、放开领域、放开手脚；坚持"三不限"，即对民营经济不限发展比例、不限经营规模、不限经营方式；坚持"三自由"，即鼓励民营经济在城乡自由投资，进入各行业自由经营，以各种形式自由发展；坚持"五平等"，即同其他所有制经济实行登记申报平等、税费标准平等、金融贷款平等、市场准入平等、部门服务平等。"两个突破"：一是在从业领域上的新突破。民营经济的从业领域已从"有限准入"转变为"非禁即入",就是除国家明令禁止进入的领域,都可以进入;实行"外入内准",就是允许外资进入的经营领域,同样准许民营经济进入;实行"国控民参",就是在少数需要国有经济控股的领域,在保持国有股的相对控股地位的同时,可以吸纳民营企业参股。二是在财政支持方面的新突破。"58条"的第11条规定:设立民营经济扶持资金。2003年长春市财政安排周转金1000万元作为垫底资金,扶持组建民营企业贷款担保公司。每年由财政安排一定数额的资金对50强民企、纳税超千万元的纳税大户、安置就业500人以上的企业、出口创汇200万美元以上的外向型企业和各类先进民营企业、名牌产品及驰名商标予以奖励,并给予重点支持。

三 民营经济发展中的问题

从总体上讲,吉林省的民营经济已走进了一个健康发展的春天。但是,在发展中仍存在一些不容忽视的问题。

(一) 国有经济比重高、市场化程度低

到2001年年底,吉林省国有及国有控股工业企业拥有资产占全省规模以上工业的86.2%,高于全国平均水平21.3个百分点;外商及港澳台商投资的工业企业资产仅占10%,比全国平均水平低10.2个百分点;而个体和私营经济发展水平比全国更低,私营企业总户数、从业人员、注册资金只占全国总量的1.58%、2.2%、0.68%,私营企业注册资本未达到全国平均水平的一半,注册资金百万元以上的企业仅占全国的2.76%。总体水平一直排在20位以后。虽然目前国有经济已下降到82.5%,但仍高于全国平均水平20个百分点。南方民营经济发达地区平均每95人就有1人从事民营经济,而吉林省民营经济最发达的长春市平均480人才有1个人从事民营经济。由于所有制结构不合理,使经济市场化进程缓慢,市场配置资源能力严重不足,对外开放程度低,制约了吉林老工业

基地的振兴。

(二) 发展差距大、结构不合理

2002年,全省民营经济实现增加值仅占全省GDP的28.2%,在全国排在第21位。作为全省民营经济发展最快的长春市,民营经济实现增加值占全市经济总量的33%。在全国15个副省级城市中排在第13位,与沈阳市民营经济增加值相差近1倍。在东北地区四个副省级城市中排在最末一位,沈阳市为690亿元,大连市为450亿元,哈尔滨市为430亿元,总量均高于长春市。再和南方城市比,比宁波少200亿元,比苏州少228亿元,比烟台少234亿元,比杭州少500亿元,比温州少773亿元。产业结构分布主要表现为科技型企业少,外向型企业少,第一、第二产业企业少,上市企业少。仅就长春市而言,民营科技企业仅占民营企业总数的13%,创造的经济总量仅占民营经济GDP的17.5%,出口创汇型企业仅有62户,与厦门市相差近9倍。在第一产业中民营企业仅占总户数的1.3%,说明长春市农村民营经济发展严重滞后,至少未引起足够的重视。在第二产业中制造业的户数仅占总户数的10.9%,而传统服务行业却高达66%。目前,东北板块上市公司有131家,吉林省有36家,其中4家为ST;辽宁省拟上市公司有41家,吉林省只有14家。这样一个产业格局,说明吉林省民营经济基本上是一个商品输入而财富溢出的内敛型经济。如果把吉林省的民营经济放到全国的大格局中来比较,就会发现,我们真的落后了,这主要表现在以下几方面。一是总量偏小,比重过低。改革开放初期,吉林省经济发展水平高于浙江,然而,20年后的今天,吉林的经济总量只有浙江的33%。其中,浙江个体私营经济总产值已达7426亿元,吉林省只有370亿元,不到浙江的5%;浙江个体私营企业总户数为117.6万户,吉林省44万户,为浙江的25%;浙江个体私营企业从业人员为621万人,吉林省为161.5万人,是浙江的26%。与同为老工业基地的上海市相比差距仍然是明显的。上海市人均私企产值3731元,吉林省只有438元,仅为上海市的

11.7%；吉林省现有私营企业3.26万户，而上海市2003年上半年就新增私企4.3万户；目前上海全市每两家企业中就有一家私营企业，每3名职工中就有一人在私企就业，连接长江三角洲各地的上海高速公路，有七成是由民营资本打造的。二是企业规模偏小，规模大实力强的民营企业少。吉林省民营经济总数刚刚接近山东、江苏、浙江、广东四省平均数的一半，其中民营企业总户数仅相当于四省平均数的10%略多，规模以上企业的户数仅相当于四省平均数的7%，实际税金是四省平均数的13%，四省民营企业集中度达到50%以上，而吉林省不到20%。三是产业层次不高。从事第二产业的太少，从事高新技术产业的更少。四是县以下民营经济的实力太弱。在县以下相当多的国有和集体企业关停的同时，民营经济没能及时发展起来，这是吉林省多数县级财政一直困难的主要原因。

（三）某些职能部门权力利益化，导致民营企业社会交易成本过高

一是部门权力内部化。据有的县（市）民企人士反映，某些职能部门存在着国家权力部门化、部门权力利益化、部门利益合法化和私人化的问题。还有些具有行政职能、靠收费过日子的事业单位，一直是在"收费养人，养人收费"的怪圈里运行。据长春市政府一位负责同志讲，目前长春市的收费项目在东北三省省会城市中是最多的，要比沈阳市多1600多项。二是一些部门漠视民企的疾苦不作为。有的民营企业家把这些问题归纳为"五个最"：最麻烦的是审批，最关心的是税赋，最痛恨的是罚款，最头疼的是检查，最困难的是贷款。这些问题，导致了民营企业的社会交易成本过高，影响了民营经济发展。

（四）中间环节"中梗阻"，使政策落实不到位

各级党委、政府主要领导是非常重视民营经济发展的，中间环节却出现了"中梗阻"，主要表现在以下方面。一是一些职能部门从小团体的本位利益出发，对政策"偷工减料，避重就轻"。二是某些部门的政策法规，只强调对客体的种种约束和自己的无限权力，对他人严对自己宽，搞双重标准。三是职能转变滞后，执法不规范。这主要体现在两个方面：一方面，部门职能错位，服务意识淡薄。他们到企业检查不是出于帮扶企业的目的，而是千方百计找毛病，"醉翁"之意在罚款。另一方面，某些部门的许多收费项目，都有自己的自由裁量权，弹性很大，这既造成了待遇不平等，也易于滋生权力寻租。九台区有的民营企业反映，长春到九台，几十公里设三个收费站，阻碍了人、财、物的流动。安龙泉设立的东荣收费站专收外地车辆的过路费；饮马河收费站道路成本早已收回，可收费站仍在"坚守岗位，履行钱责"。

（五）认识问题仍然是最紧迫的问题

这次调研中发现的问题不外乎是体制性问题、政策性问题，但是根子还是认识上的问题，就是对发展民营经济是富民强省的重要途径的认识还不够。思想是行动的基石。没有创新、大胆、活跃的思想做基础，就不可能有积极向上、敢为天下先的行动。我们与发达地区的差距，并不在于资源的多寡，只在于认识上的落后。浙江省人均资源全国排倒数第三，而人均 GDP 却多年稳居全国第一。江苏省土地面积在全国排在第 24 位，人口总量排在第 4 位，人口密度排在第一位（714 人/平方千米），但却是全国三个 GDP 超 1 万亿元的省份之一。广东、江苏、浙江这三个民营经济发达省份创造的经济总量占全国 GDP 的 27%。所以，只有思想解放了，认识提高了，共识形成了，我们才能以更广阔的思路、更创新的思维、更开拓的举措，来推进发展。解放思想，提高认识，尤其是提高各级政府领导及职能部门同志的认识，这是当前民营经济发展的一个重要前提。如果那些居庙堂之高者思想不解放，那么，谁来引领处江湖之远的百姓思想的解放？如果我们能在全社会形成一个"尊商、重商、安商、亲商"的社会风气，营造一个大改革、大发展的社会氛围，吉林省民营经济一样可以从"草根"成长为参天大树！

四　浙江民营经济发展对我们的启示

浙江特别是温州，以发展民营经济成为新的标杆，而超级活跃的浙商更是民营经济的第一推动力。浙江并没有像一汽集团那样能创造当地工业增加值80%以上的叱咤风云的大牌企业，靠的是"以民资、民智、民力"为主体的全国人数最多、比例最高、分布最广、影响最大的民营企业群体。浙江省的民营企业家发达前十之八九是一介布衣，鲁冠球出身铁匠，徐文荣是个农民，南存辉摆摊修鞋，胡成中一介裁缝，汪力成一个丝厂临时工，项青松是个农机工……正是他们白手起家，艰苦创业，使浙江的民营经济从"草根"长成了参天大树。所以，浙江的经验可资借鉴。

其实，浙商的资本故事并没有什么深奥之谜不可解。我们把它概括为"二小""六低""二强""一个开明"。

"二小"。一是企业规模小。浙江省企业的平均规模要比全国平均水平小1/4，一直到2002年年底，才有一家年销售额超百亿的企业。二是产品小。在温州，其支柱产品，如皮鞋、服装、眼镜、打火机、低压电器、剃须刀、锁头、纽扣、别针等，全部是抓在手里就可以拿走的东西。

"六低"。一是起点低。基本上都从无资金、无技术、无市场的"三无"起步，白手起家。二是低调。只做不说，或者是多做少讲。浙商普遍不擅表达，创造新概念、新名词不是他们的专长，但浙商特别重视操作层面的东西。三是知名度低。在浙商中很难见到像秦池、爱多、太阳神、巨人、康巴斯等"明星企业"昙花一现的现象和广东潮汕的潮商"集体虚脱"的情况，而能见到的多是长寿企业。四是文化程度低。浙商70%以上是初中以下学历，近80%的人出身于农民。五是产业层次低。他们的产品都是科技含量低、资金门槛低的产品，产业层次都特别传统，但做出的东西却趋于时尚。六是企业组织形式低。他们的企业组织形式主要集中于股份合作、个人合伙和家族企业等。

"二强"。一是市场能力强。在温州,虽然他们做的是大家都能做的小商品,但是他们做出的商品是最具竞争力的,全世界都做不过温州人。温州人做的打火机,逼得韩国、日本的大公司只好歇业;逼得欧盟的反倾销和防火墙诉讼的官司打到了WTO,结果欧盟妥协了。杭州娃哈哈集团1989年上儿童营养液,1991年上果奶,1996年进军矿泉水,1998年推出非常可乐,2001年搞茶饮料。每一个产品,他们都不是第一个吃螃蟹的人。但是,他们做一个赚一个。而今,纯净水市场份额他们占全国第一,非常可乐直逼百事可乐。二是顽强的创业精神。浙商对于我们,最难学的可能就是他们那种不屈不挠、愈挫愈奋、时时刻刻都想着生意、都念着创业的精神。甚至有人说,温州人的头发都是空心的,都预留了发展空间。浙江人白天当老板、晚上睡地板的精神,着实值得我们学习。

"一个开明"。温州的制度变迁和"温州模式"的制度安排的主要推动者,就是温州地区区委、政府的开明而有为的正确决策:保护民营企业产权,提供公共产品和服务,组织参与基础设施建设,解决外部环境问题。在"温州模式"的生成过程中,袁芳烈、董朝才和刘锡荣这三位市委书记起了不可磨灭的作用。

正是基于上述因素,浙商成了中国人气最旺的财富群体。在1999年全国民企500强中,浙江占112家,超过1/5,总量居全国第一;其中前10强中有4家。2000年达到了171家,一个省就占了1/3强,在前10强中又增了1家。2000年《福布斯》中国内地富豪排行榜前50强中,浙江有9位,占近1/5。2001年《福布斯》中国内地100位首富中,浙江占17位;而在《新财富》400位富豪中,浙江有63位,居第一位。2002年,浙江私企有24.73万户,注册资本2515.43亿元,户均注册资本87.19万元,年产值亿元以上的有334家,注册资本14万元以上的有3348户。其个体私营经济总量、销售总额、出口创汇额、民企500强户数等指标均居全国第一。

吉林省的人均资源拥有量远远优于浙江,他们能从"草根"长成"参天大树",从"草根经济"壮大为"森林经济"。我们为什么不能？在2000年和2001年《福布斯》中国内地富豪排行榜中，就有3位吉林省人：张兴民（海南兴宝集团，个人资产4.8亿美元，2000年排在第4位）、张思民（深圳海王集团，个人资产3.13亿美元，2000年排在第9位）、石山麟（北京昌宁集团，个人资产1.15亿美元，2001年排在第51位）。当他们走出吉林后都成功了。在我们这为什么不行？是谁妨碍了我们致富？不是别人，正是我们自己！

五 进一步促进民营经济发展的建议

民营经济是吉林省新的经济增长带，是最富生机与希望的经济成分，是实现全面建成小康社会目标，解决民富、国企改革和就业三大难点问题的重要依托。贯彻党的十六大、党的十六届三中全会精神，要把发展民营经济作为富民强省的重点工程来抓、把改善经济发展软环境作为关键战役来打。坚持以民有、民营为基础，集中民资、民智，实现民享、民富，充分发挥民营经济在富民强省中的重要作用。

（一）进一步解放思想，建设一流环境，再掀发展高潮

思想认识问题是根本性的问题。解放思想，转变观念，应着重解决四个问题：一是引导全省干部群众摒弃"恐资病""怕私病"，站在巩固与发展我国社会主义基本经济制度的新高度来大力发展民营经济。非公有制经济是社会主义市场经济的重要组成部分，并已成为我国社会主义基本经济制度的重要组成部分。因此，发展非公有制经济，就是干社会主义，就是在巩固和发展我国的社会主义基本经济制度。发展非公有制经济更是富民强国的宏基伟业，完全应放心、放手、放量，大胆地干。二是顺应市场经济大趋势，确立民营经济在全省县域经济发展格局中的主体地位。谁在经济发展格局中居主体地位不是人为规定的，而是在竞争中自然形成的。县域经济发展的大趋势必然是民营经济居优势、占主体。因此，要克服歧

视民营经济的错误认识，冲破重国企、优外资、轻民营的错误观念，破除束缚民营经济发展的种种弊端，真心实意地为民营经济发展提供服务。三是强化舆论宣传，营造浓厚的重商亲商创业致富的社会氛围。通过新闻媒体广泛宣传发展民营经济方针政策和重要举措，努力在全省营造对民营经济思想上放心、放胆；行动上放手、放开；政策上放宽、放活，齐心协力、专心致志、共同发展民营经济的浓厚氛围。真正让民营企业在政治上有荣誉、社会上有地位、经济上有实惠、法律上有保障。四是举全省之力发展民营经济，形成发展合力。营造发展民营经济人人有责、人人为发展做贡献的氛围，合力支持，热心服务，实现跨越式发展。

(二) 深化改革，消除体制性障碍

制约民营经济发展的问题，多数都能在体制上找到原因。为此应做好以下三个方面的工作：一是深化机构改革。结合改革机构，理顺关系，健全民营经济发展工作机构；转变职能，提高服务意识；强化监督，依法行政，严厉查处侵害民营企业利益的公务人员。二是清理和修订限制民营经济发展的法律法规和政策。对涉及民营企业的收费项目、审批事项进行一次全面清理，能砍掉的坚决砍掉，能不收的坚决不收，保留的收费和审批项目要通过媒体向社会公布，切实把负担减下来。严格收支两条线制度，严禁与私人利益和小集团利益挂钩。三是放宽市场准入，允许非公有资本进入法律法规未禁入的基础设施、公用事业及其他行业和领域。给予民营企业同等国民待遇。

(三) 加大扶持力度

借鉴外地经验，由财政拨款建立民营经济发展基金，对民营企业予以创业资助、科技成果转化资助和重大项目贷款贴息资助。创业初期减免各种行政性收费，降低门槛。试行企业预备期制度。从民营经济税收中拿出一部分吸收民企资本成立贷款担保公司，市场化运作，缓解民营企业融资难的问题。在民营企业快速发展时期，

对贷款给予贴息，对税收大户给予现金奖励。

（四）加快民营工业园区建设

建设民营工业园区，既是促进农业工业化和农村城市化的重大战略，也是改善民营经济发展环境的重要举措。应把握好三个环节：一是科学规划。对原有民营工业园区进行整合，先重点建设20个；要以中心镇为依托，做到园镇结合，协调发展，注重发挥区位优势和资源优势。二是加强基础设施建设，加大投入，建设好的硬环境。坚持投资主体多元化，谁投资，谁所有，谁收益。三是制定优惠政策。凡来园区办企业的，在土地规划、项目审批上优先办理；年纳税总额地方留用部分，在一定时间内奖励企业；市级园区实行地方性行政事业费零收费政策。

吉林大学课题组
负责人：潘　石
成　员：年志远　胡岳岷　徐　充　刘忠和　莫　衍
执笔人：潘　石　胡岳岷

（本文载于《振兴吉林老工业基地重大问题研究Ⅰ》，吉林人民出版社2004年版）

个私经济，税源充沛

据统计，1996年全国当年征收的个体私营经济税收收入达448.45亿元，这一数字比1986年的49.62亿元增长了8倍。11年间，全国个体私营经济累计为国家上缴税收达2400亿元。与此同时，个体私营经济的税收在全国工商税收中的比重也呈不断上升的趋势。统计表明，1986年，全国个体私营经济的税收占工商税收的比重仅为3.88%，而到1991年年末，这一比重已上升到7%。在地方各级财政收入中，个体私营经济税收所占的比重更高，省、自治区、直辖市一级一般在10%左右，地市一级一般在20%左右，县一级般为30%，高的超过了40%，甚至50%。这说明，个体私营经济税收成为各级财政收入的重要来源，并成为振兴地方经济和改善财政收入的重要途径。

一 个体私营经济成为我国税收的重要来源

这是党和国家调整所有制结构，大力发展非公有制经济的结果，也是我国所有制结构趋向合理化、税收来源多重化的重要表现。

说个体私营经济将愈来愈成为国家税收的重要来源，是有充分依据和理由的，主要是党和国家长期发展个体私营经济的方针政策，具有充分的可靠性、稳定性和连续性，能够为个体私营经济的持续、健康、快速发展提供一个良好的环境，使个体私营经济发展速度加快，数量增多，比重提高，从而向国家缴纳的税款逐步增加。

随着国有企业改革深入，将会有一大批国有中小企业通过产权交易变成民营经济或私营经济。尤其是那些资不抵债、濒临破产的企业，应加速其产权分解的步伐，实行股份化改造，允许个体户和私营企业主购买股份。这不仅有助于国家卸掉一批亏损企业、增加财政补贴的包袱，而且在客观上也扩大了个体私营经济发展的领域与空间，拓展了国家财政收入的来源。

由于个体私营经济具有产权明晰、机制灵活、运行高效等特点，在发展中显示出明显的生机与活力，经济效益越来越好。依据社会资源最优配置原理，今后将会有较多的社会资源配置到个体私营经济中去，个体私营经济资金短缺、设备陈旧、技术落后，管理水平低下的状况，将会有很大的改善，个体私营经济的整体素质会有明显的提高。个体私营经济整体实力增强，其纳税能力也必然大大提高。

随着个体私营企业员工队伍素质明显提高，涌现出一大批有文化、有胆识、懂技术、会管理，敢冒风险、勇于开拓的个体业主和私营企业家。他们依法纳税，合理经营，逐渐减少国家的税款流失，增加国家的财政收入。

二 个体私营经济的偷税漏税行为及其整治

偷税漏税行为是市场经济中的一种"常见病""多发病"。有些人认为偷税漏税行为只是个体私营经济所特有的，实乃偏见。其实，当今许多公有制企业，乃至大名鼎鼎的国有企业也不乏偷税漏税者。但实事求是地讲，在我国现阶段，个体私营经济的偷税漏税行为更为严重。据统计，我国有80%左右的个体私营企业偷漏税，每年偷漏税款在100亿元以上，偷漏税甚至已经成为个体户和私营企业发财致富的手段。有的业主公开讲："靠什么发财？靠赚税钱！"

个体户和私营企业主偷税漏税的手段,可谓五花八门,各种各样。概括起来,主要有以下几种:第一,建假账、开假发票、隐瞒营业额;第二,根本不设账,设账也是两本账,使税务部门无账可查,即便查也是假账;第三,挂靠免税单位,如挂靠机关、学校、社会团体等。长春市八里堡某小学就挂靠个体私营企业80多户;第四,搞无证经营,游街串巷,"打一枪,换一个地方",让税务部门无从查找;第五,隐藏个人收入,偷逃个人所得税。据统计,全国每年偷逃个人所得税额近100亿元,其中个体户和私营企业主占一半以上;第六,搞"地下经济",从事违法生产与经营。有的个体户和私营企业搞地下食品加工、烟酒生产、制造与销售伪劣假冒商品,牟取暴利。

在个体私营经济发展过程中,为什么会产生大量偷税漏税行为?究其原因,我认为主要有以下几点。

——体制"空档"。目前我国正处在新旧两种体制交替过程中,两种体制之间存在着许多谁也不管的"真空地带",即"体制空档"。个体私营经济作为改革开放后新产生的一种经济成分恰好处在这个"空档"当中,管理它的新体制尚未产生,旧体制又否定它、排斥它,或管不了它,因而它在这个"真空地带"能自由地活动,能轻而易举地偷税漏税,实现最大限度追求个人利益的动机与目的。

——法律漏洞。已颁布并实施"个体工商户条例"和"私营企业暂行条例"等法规,但这都还只是大原则上的规定,各地还都缺乏具体的实施细则。特别是还缺少与其相配套的一系列有关法规。另外,我国目前整个民法领域也还存在许多漏洞,使个体经营者与私营企业主有"空子"可钻。由于我国目前法制不健全,尤其是个体私营经济方面的立法严重滞后,法律漏洞颇多,所以才使得许多个体户和私营企业的偷税漏税行为得逞,并有愈演愈烈之势。

——管理不及,这也是造成一些个体户与私营企业偷税漏税得逞的原因之一。目前全国有3000多万介体户、30多万户私营企业,一个税务专管员要管理500户以上,还有几百万分布在社会上各个部门、各个行业身份不定的个人所得税纳税人确实管不过来。为了整治个体私营经济的偷税漏税行为，国家必须强化税收调节功能，以防止大量税款流失，增加国家财政收入，壮大国家经济实力。为此，我认为，必须加大力度，采取以下整治措施：

第一，深化改革，加速体制并轨。

第二，完善法规，堵塞法律漏洞。各地要依据国家颁布的个体私营经济的法律法规，充分考虑本地的特点与实际情况，制订各种具体配套法规及实施细则，进一步明确个体户和私营企业主的民主权利及纳税责任和义务，堵塞一切可能发生的偷税漏税的渠道或漏洞。其次，加速经济立法，弥补市场经济法制的"空白"。

第三，运用政策诱导个体私营经济追求"阳光下的利润"。不赚违法钱、黑心钱。不容许个体私营经济追求利润最大化，无异于取消个体私营经济，但绝不允许他们不择手段偷税漏税，而要运用政策对他们进行引导。引导他们合法经营、照章纳税、合法赢利。应当加强对个体户和私营企业主的政策教育，使他们认识到是党和国家的富民政策把他们引上了致富之路，增强自觉纳税意识，多多纳税报效国家。在个体户和私营企业主中要营造一种氛围：偷漏税可耻，自觉纳税光荣；违法赚钱可耻，合法赢利光荣。

第四，加强税管队伍建设，提高征管水平。

（本文发表于《中国资产新闻报》1997年6月25日）

个私单干何如联手大干

目前,在我国个体私营经济发展过程中,成千上万的个体户经过激烈的竞争与分化,开始自觉或不自觉地向私营企业转变,这是一个十分可喜的新现象,各级政府应积极主动地大力促进这个转变。现在,我国个体经济的迅速发展,已为个体户向私营企业的发展和转变提供了现实的条件。到 1996 年年底,我国个体工商户已达 3000 多万户,私营企业 82 万家,若有 10% 的个体户联合起来,按平均 10 户开办一个私营企业,那么全国的私营企业便会增到 110 多万家,这是一个多么巨大的增长!这个转变是一举两得的:既能迅猛促进私营经济的发展,也能带动个体经济的繁荣,何乐而不为呢?

我国的私营经济尽管大多数企业经过了原始积累时期,但仍处在起步阶段,它在国民经济中所占的比重自然很小,整体素质也比较差,远远适应不了国民经济跃上新台阶的需要。这主要表现在:企业规模小,设备简陋,生产工艺水平低下,基本上满足于小打小闹,无力扩大再生产,难以形成规模效益。绝大部分企业靠家族式管理,丈夫当厂长,妻子当会计,兄弟姐妹跑供销,没有健全的财务制度及其他规章制度,经营管理混乱,经营管理水平相当低下。企业技术落后,人才缺乏,难以创造出名、新产品,更难以向高新技术领域进军。不少业主缺乏外贸知识,文化档次低,不具备参与国际市场竞争的能力与水平。加速个体经济向私营经济转变,会大大改变上述状况,因为:众多的个体小商品生产者联合起来,把分散的小资金变成集中的大资本,可以办大企业、大集团,干大事业，形成大的规模效益，真正达到收益最大化。这种做法本身，不仅实现了新办私营企业的股份化、联合化、集团化，而且还会促进已有的私营企业上档次、上速度，加速我们的集团化进程，从而促进私营经济整体素质进一步提高。

实现个体经济向私营经济的转变，有助于私营企业加入国际市场竞争，促进我国外向型经济的发展。

个体户是一家一户为一个生产经单位，力单势薄，既无先进技术设备，也无雄厚资金，根本无力进入国际市场。但是众多个体户联合成私营集团公司，则有力量加入国际市场竞争。目前我国已有上万家私营企业走出国门，采取独资或合资的方式，或创办跨国公司，或在国外设置分支机构，不仅为国家创造了大量外汇收入，而且也锻炼出一批懂得国际贸易理论与实践的大私营企业家。加速个体经济向私营经济转变，会有力地促进更多的私营企业走出国门，这无疑会推动我国外向型经济的发展。

应特别指出的是，我们主张个体经济向私营经济转变，并不是否定个体经济，而恰恰是为了更好地促进个体经济发展。因为只有个体经济充分发展了，才有更可靠的基础与条件实现个体户向私营企业的转变。

靠个体户自发地转变或成长为私营企业，是一个很缓慢的过程。为了加速这个转变，我国各级政府部门必须充分发挥其职能作用。

国家各级工商行政管理部门要积极促进个体工商户联办联营，并简化创办私营企业手续。城建、卫生、公安、税务等部门也要为个体工商户的联营提供便利，取消各种关卡和限制措施。

各地政府应依据本地实际情况，通过合理的产业政策，引导个体户联手发展"短线"、高新技术产业；通过正确的税收政策，引导个体户联手开发新产品，创名优产品，为国家多提供税收；通过提供有力的信贷支持，帮助个体户联手创办跨国公司，发展外向型经济。

任何经济活动都是为了追求物质利益。个体经济由于追求自身有限利益的满足,因而其发展动力不足,而私营经济由于其目的是无止境地追求利益最大化,因而充满了强劲的发展动力。政府要采取各种经济手段,包括予以各种优惠与便利,驱动个体户走出家门,冲破小生产的限制与束缚,打破"小富即安"的意识,到大市场经济中去拼搏,干大私营企业,当大富翁,做大私营企业家。

由个体户向私营企业转变,不能"一窝蜂"地乱来,而必须在国家的法律规范下有序进行。要依照个体户们的意愿与要求,按照自愿互利的原则进行,切不可强迫命令,更不能"一刀切",层层下达指标。要严格法纪,防止在这个转变中发生侵犯个体户权益的行为,同时也要避免个体户偷漏税现象。

在个体户向私营企业转变过程中,各级商会担负着重要的架桥、联姻作用。各级工商联及商会组织,对本地的个体经济和私营的发展状况都十分了解,个体户及私营企业主也都很信任它们,把它们视作自己的组织。因此,各级工商联及商会要深入调查研究,积极组织个体户互相学习,沟通信息,创造条件;促进它们之间的经济合作与经济联合。

(本文发表于《中国资产新闻报》1997 年 8 月 13 日)

"挂靠"之道行不通

目前，我国私营企业"挂靠"集体企业和国有单位的现象相当严重，并且还有日益增加的趋势。在沿海一些经济发达省区，相当多的私营企业挂"合作企业""乡镇企业""集体企业"的牌子，还有不少企业挂靠在民政部门、学校、商业、工业管理等部门。这种现象在内陆地区也相当普遍。在福建泉州，有1500多家集体企业，而名副其实的并不多；重庆市约有80%的私营企业有"挂"关系；长春市（包括所辖县市）约有挂靠企业1万多户，仅该市八里堡一个小学就挂靠80多家私营企业。

国家允许私营经济合法存在与发展，为什么还会大量出现私营企业"挂靠"现象？除了政治上的考虑，主要是为了捞取经济实惠。众多私营企业挂靠公有制单位，一个很重要的目的在于享受免税优惠，获取更大的经济利益。以前国家税收政策曾规定，国有企业适用5%的比例税率，集体企业适用8级超额累进税率，最高为55%，而个体户和私营企业适用10级超额累进税率，最高税率可达84%。私营企业挂靠国有及集体单位，就是为了躲避高税率，寻求低税收益。还有，国家对福利性城乡集体企业、校办企业、知青企业等实行种种减免税政策，私营企业挂靠集体企业就可直接享受这方面的政策优惠。同时，也可以躲避有关部门对私营企业种种不合理的收费及滥摊派、滥罚款。其次公有制单位接收私营企业"挂靠"有利可图。许多公有制单位财政拨款减少，经费拮据，连开支都难保，更无福利可言。为了弥补经费不足、增加本单位的收入及职工福利，便积极接收挂靠，收取挂靠费已成为他们"创收"的一个重要来源。

私营企业"挂靠"公有制单位,存在诸多的弊端,对国民经济发展的消极作用愈来愈大。

第一,它模糊了企业的经济性质,掩盖了私营经济的客观属性和真实面貌,不但削弱了私营经济的稳定性,也干扰了国家的正常经济秩序,给国家对不同经济成分的有效管理与调控带来困难。

第二,它模糊了产权关系。私营企业本属私有制范畴,其财产归业主私人所有。一旦它挂靠公有制单位,便在外在形式上取得公有制的产权形态,这就导致产权关系模糊或扭曲。这种"明公暗私"的状况,不仅使政府有关部门的统计数据不能真实反映客观存在的经济结构及其运行态势,妨碍国家对经济结构的正确判断及合理调整,影响国家经济监控部门的正确指导和有效调控,而且引发大量的产权纠纷,影响企业的正常生产经营,更影响社会的法治及安定。

第三,造成国家和地方大量税款流失。据统计,全国每年因私营企业挂靠公有制单位损失的税款,少则几十亿元,多则几百亿元。

第四,败坏公有制单位的形象和声誉。一些私营企业凭借公有制招牌,招摇过市,或大搞走私贩私,或生产经营伪劣假冒商品,或进行不正当竞争甚至进行诈骗活动,业主捞取了好处,却严重损伤了公有制单位的形象和声誉。

第五,助长腐败现象的滋生和蔓延。私营企业主为了达到挂靠的目的,往往采取请客、送礼甚至行贿等手段,而一些单位则通过提供场所、卖图章、卖发票,接受挂靠而获利,并将获得的钱款存入本单位"小金库",或为小团体谋"福利",或供少数掌权者挥霍。

鉴于上述情况,国家应制定有关政策,采取强有力的措施,尽快解决私营企业"挂靠"问题。根据目前我国的实际,我们认为主要应采取以下对策。

首先,要进一步落实有关政策,强化利益诱导作用。政策和策略是党的生命。私企"挂靠"问题能否很好地解决,关键在政策。

国家尤其要运用好各种优惠政策的利益诱导作用,引导私营企业自动从挂靠单位走出来,大大方方追求"阳光下的利润"。现在最迫切的是政策如何进一步落实问题。私营企业应享有的税收优惠,一定要给予,并且要到位;要真正做到私营经济与公有制经济在税负上的平等,以实现公平竞争。凡是符合国家产业发展方向,对安置待业人员及下岗人员、能增加人们收入及社会财富者或开拓高新技术产业、开发新产品及名优产品者,银行应予以贷款支持,切实改变对私企信贷歧视的状况。当然,为确保银行资金的安全,对私企定要实行风险抵押贷款。另外,取消那些对私企的种种歧视性规定和限制性措施,取消名目繁多的滥罚款、滥收费和滥摊派,营造一个较宽松的环境。

其次,运用行政手段进行严格的清理整顿。这也是解决私营企业"挂靠"的一个行之有效的实际步骤。国家工商管理机构要组织力量,会同有关部门,对现有的集体企业、国有企业及事业单位进行一次全面清查,凡是挂靠的私营企业要一律从这些公有制单位剥离出来,并真正明晰其私有的产权关系。为了避免"前清后挂",从根本上杜绝"挂靠"现象继续发生,必须进行必要的立法,运用法律法规来加以规范和解决。法律法规要明确规定:"挂靠"是一种所有制关系的"假冒",同搞"假冒商品"一样,属于一种非法行为,从事"挂靠"的双方都要承担一定的法律责任。对接受"挂靠"的公有单位,不仅要没收其全部"挂靠"所得,处以相应的罚金,而且还要追究有关责任者的责任;对搞"挂靠"的私营企业,更要依法进行相应的经济制裁;工商管理部门要依法把好企业登记注册关,对为私营企业进行"挂靠"的有关工作人员,要视情节轻重予以处罚。目前,私营企业大量挂靠公有制单位已成为国家税款大量流失的一个大黑洞,不采取严厉的法律手段,是难以从根本上堵塞住的。当然,也要通过健全立法,保护私营企业的财产不受侵犯,这样才能更有效地保证私营企业主不再去"挂靠"。

(本文发表于《中国资产新闻报》1997年10月15日)

工业化与城镇化进程中吉林省民营企业发展模式选择

一 关于工业化与城市化的范畴界定

(一) 工业化

《新帕尔格雷夫经济学大辞典》第二卷对工业化概念的诠释具有权威性及合理性。它把工业化解释为工业在国民收入和劳动人口中的份额连续上升的过程，其基本特征为：第一，国民收入中第二产业所占的比例提高；第二，在第二产业就业的劳动人口的比例有增加的趋势；第三，整个人口的人均收入也随之增加。尤其对发展中国家来说，工业化必定是这样一个经济与社会演进过程，其结果是农业国转变为工业国。由于这个定义科学准确地描绘出工业化概念的内涵及典型特征，便于在实际中掌握与应用，尤其是工业在国民收入中所占比例及第二产业中就业人口增加的比例等指标，便于具体考量与测度，具有极强的可操作性，所以本文采用这个工业化的定义。

(二) 城市化

我国的城市化一定是符合中国国情的城市化，是具有中国特色的社会主义城市化。我国的城市化绝不能走"大城市化"之路。中外的城市化实践已证明：世界上几乎所有的大城市均无例外地存在

"大城市病"——住房紧张，房价越涨越高；交通拥堵，汽车尾气排放增加；就业困难，失业人口增多；公共设施短缺，公共服务差；环境污染严重，居民健康水平下降；食品安全风险加大，居民生活质量倍受影响；城市垃圾、污水、废气、水泥森林成了一切大城市难以治愈的"公害"。倘若我国城市化走发展扩张"大城市化"之路，势必加剧大城市的各种"公害"，使"大城市病"日益加剧，降低城市化的作用与经济社会效应。因此，我国现代的城市化应走中小城市化之路。本文正是基于我国中小城市化背景下来探讨吉林省民营经济发展路径问题的。

二 吉林省民营企业发展模式问题

（一）吉林省民营企业要采取多种发展模式

改革开放前吉林省工业基础较好，改革开放后全省人民努力奋斗，工业化水平已越过工业化初期阶段进入了工业化中期，在全国31个省市区列第11位。

从表1可以看出，吉林省的工业化综合指数为40，远高于中、西部地区，但省内工业化水平却严重不平衡。

表1 　　　　吉林省工业化程度与其他省份比较

阶段		四大经济板块	
后工业化阶段（五）		—	上海（100）、北京（100）
工业化后期（四）	后半阶段	—	天津（94）
	前半阶段	东部（72）	广东（77）、浙江（75）、江苏（73）
工业化中期（三）	后半阶段	—	—
	前半阶段	全国（42）东北（41）	辽宁（49）、福建（47）、山西（44）、吉林（40）、黑龙江（36）、河北（34）

续表

阶段		四大经济板块	
工业化初期（二）	后半阶段	中部 (24) 西部 (20)	内蒙古 (33)、宁夏 (32)、湖北 (31)、重庆 (28)、陕西 (28)、青海 (22)、新疆 (22)、云南 (22)、河南 (22)、甘肃 (20)、江西 (19)、安徽 (19)、四川 (18)、海南 (17)
	前半阶段	—	广西 (13)、贵州 (11)
前工业化阶段（一）			西藏 (0)

注：括号中的数字为相应的工业化综合指数。

资料来源：陈佳贵、黄群慧、钟宏武：《中国地区工业化进程中的综合评级和特征分析》，《经济研究》2006年第6期。

从表2可见，长春市的工业化综合指数居于全省最高水平，数值达62.27；其次是通化、吉林，数值分别为39.18和37.88，接近40；工业化水平较低的有3个地区：白山、四平和辽源，工业化综合指数分别为29.19、28.23和20.58。吉林省只有长春市的工业化综合指数高于全国及东北的平均水平。

长期以来，吉林省城市化水平一直位居全国前列，但进入21世纪以来，增速却比较缓慢。2010年城市化达到54.80%，仅比2004年增加2.5%，大大低于全国的平均增速。全国城市化水平2010年为49.95%，比2004年的41.76%增加了8.19个百分点。

表2　　　　吉林省各市（州）工业化综合发展指数

地区	长春	吉林	四平	辽源	通化	白山	松原	白城	延边
综合值	62.27	37.88	28.23	20.58	39.18	29.19	35.41	33.59	34.17

资料来源：陈晓红、李飞、宋玉祥：《吉林省新型工业化道路的区域差异与发展模式研究》，《经济纵横》2006年第10期。

表3 吉林省城市化水平变动及其与其他省份比较单位 （单位:%）

年份	吉林	黑龙江	辽宁	东北三省	全国
2000	49.7	51.9	54.2	52.4	36.22
2004	52.3	52.8	56	53.9	41.76
2005	52.52	53.1	58.7	54.77	42.99
2006	52.97	53.5	58.99	55.53	44.34
2007	53.16	53.9	59.2	55.81	45.89
2008	53.2	55.4	60.1	56.88	46.99
2009	53.32	55.5	60.35	57.53	48.34
2010	54.8	57.02	62.12	57.78	49.95

资料来源：王劲松，内部研究报告《吉林省城市化发展形势分析与预测》，2011年。

吉林省工业化与城市化在全国处于中、高等水平，而民营经济处于全国低等水平。我们认为：吉林省民营企业的发展不能采用按部就班的自发发展模式，而一定要采取政府强力推动的发展模式，一定要采用超常规的跨越式发展模式。只有这样，才能从根本上改变吉林省民营企业发展与吉林省工业化与城市化发展水平严重不协调、不相适应的状况，从而使民营企业发展不致拖扯工业化与城市化的后腿，促进全省工业化与城市化进程进一步加速。

（二）吉林省民营企业跨越式发展模式的主要内容与特征

工业化、城市化与民营企业发展，这三者之间是相互联系、相互促进的。以往很长一段时间，由于我们没有清晰地认识到这一点，或将它们对立起来，或将它们看成截然分开、毫不相干的东西，因而在实践过程中没有将它们密切联系与结合起来。

事实上，工业化与城市化水平较高，这是吉林省的后发优势，更是吉林省实现民营经济跨越式发展,进而带动整个吉林省经济实现后发腾飞的雄厚物质基础。只要全省人民上下一心,增强信心,去掉妄自菲薄,去掉盲目性,把民营经济发展与工业化、城市化进程有机结合起来,以工业化、城市化带动民营企业发展,再以民营企业发展促进工业化、城市化,实行工业化、城市化、民营企业三者联动,一体化整体推进,基于工业化与城市化的吉林省民营企业跨越式发展目标模式是完全可以实现的。

第一,跨越式发展模式的特征之一是避免"长三角"与"珠三角"发展民营企业的老路,即乡镇企业"先污染,后治理"、"村村点火,户户冒烟"的路子,由政府有计划组织城市工商资本及城市民营资本在全省乡镇投资兴办农、工、商企业,使乡镇企业发展一开始就与社会主义新农村建设结合起来。从起步始就避免那种"村村点火,户户冒烟"的乡镇企业发展路子,既可避免乡镇企业没怎么发展好却严重污染了农业生态环境的局面,又使社会主义新农村建设从一开始就与工业化建设相融合。可见,这种跨越式发展模式并不仅仅是速度上的跨越,更重要的是发展质量的跨越,宁肯乡镇企业的数量少些,也要让其发展质量好些。自 2008 年在国际经济危机严重冲击下,"长三角"与"珠三角"大批乡镇企业倒闭,就是由于只追求数量型乡镇企业发展的结果。因此,我们一定要汲取上述教训,务必在"质量第一"理念下,促进吉林省民营乡镇企业更快与可持续发展。

第二,跨越式发展模式的另一个特征是,吉林省民营企业发展可以围绕国有企业尤其是中央国有企业集群并辐射式网状发展。"长三角"与"珠三角"的民营经济发达省区一般都是国有经济所占比重较低,国有企业数量少且规模也不十分巨大。与此不同,吉林省国民经济中国有企业所占比重较大,尤其是中央国有大企业较多(如一汽、吉化等),这为吉林省民营企业围绕国有大企业配套集群发展提供了可靠的物质基础与生存空间。中央直属国有企业技术装备十分先进,科技力量雄厚,产品科技含量高。民营企业直接为其主打产品进行零部件的配套生产与协作,技术起点高,产品质量要求高,这就使民营企业一开始起步就立足于较高的物质技术基础之上,避免了手工作坊的低水平工业化,使民营企业的工业化水平实现跨越式发展。围绕中央国有企业实现民营企业配套集群并形成辐射式网状发展,这样以"国"带"民",以"民"促"国",形成"国""民"双轮驱动、比翼齐飞的格局,必定能加速吉林经济振兴。

第三,跨越式发展模式的第三个特征是:高起点切入,大力发展低碳经济与循环经济。低碳经济和循环经济是经济发展的一种高级形态,它是经过改革开放乃至新中国成立以来的社会主义经济建设实践逐渐探索的资源节约与强化生态环境保护的新型经济。利用吉林省民营经济的后发优势,凡从今往后兴办与创立的一定规模的民营企业,应尽可能将投资投向循环经济、环保产业及从事低碳经济。这样便可直接跨越高消耗、高成本、高污染行业的发展过程,进入全国低碳经济、循环经济发展先进行列。这对吉林省来说虽然将面临经济发展方式转变的严峻挑战,但却是赶上发达省份的一个前所未有的机遇。

三 吉林省民营企业发展路径研究

(一) 集团化与集群化相结合的发展路径

根据吉林省民营企业规模偏小、档次偏低、分散化、整体实力不强的发展现状,一方面要积极扩大吉林省企业集团的规模,提高企业营运竞争力和营销竞争力。另一方面要重视企业集群化的进一步发展。实践证明,产业集群具有明显的经济社会优势:第一,集群区内企业通过长期博弈,促进共同信任机制形成,有利于发展契约合作,降低交易风险与成本;第二,推动集群区内专业化协作,能够提高企业互补性,提高整体竞争力;第三,集群区内通过企业间知识积累、传递与扩散,能够提高企业集体创新能力。然而,吉林省民营经济产业集群水平很低,主要表现为三方面:首先,产业集群规模过小,缺乏完整的产业链条。从总体上看,吉林省产业链条都较短，脱节现象普遍，且每个链条上都存在薄弱环节，关联性差；其次，缺乏龙头企业的有效带动，没有形成相互依存、相互促进的专业化分工体系。例如为一汽配套的汽车零部件民营产业，尽管已形成一定的集群，但缺乏龙头企业的有效带动，并且汽车零部配件产业的核心研发能力很弱，在全局并没有形成产业优势。最后，没有形成集群区的创新能力。例如吉林医药、农产品深加工中的大部分民营企业依然是主要依靠国内已有的技术和品牌，缺乏创新技术与品牌。因此，吉林省委、省政府必须加强对民营企业集群化的领导。

（二）加速企业产权改革进程

随着我国市场经济的进一步深化、买方市场比重的增大以及家族式企业规模的扩大，家族制企业制度已经不能适应企业的发展，并成为阻碍企业二次创业的制约因素。因此，吉林省民营企业加速企业产权改革进程势在必行。

（三）应"走出去"，沿国际化路线进一步发展壮大

加强吉林省民营企业实力，未来应实施"走出去"战略，应鼓励民营企业成为"走出去"投资的主力军，特别要注重发挥民营企业的活力和优势。

（四）走低碳绿色可持续发展路径

根据吉林省产业结构不尽合理的现状，对吉林省的节能管理提出以下政策建议：第一，优化产业结构，提高第三产业比重。第二，调整能源消费结构，依靠创新，发展节能技术和新能源。第三，制定节能规划，推广节能标准，对能源消费需求较大的领域实行监控。

综上所述，在城市化和工业化进程中，民营经济已成为国民经济发展和进一步深化改革的不可缺少的重要组成部分，在吉林省经济发展中也是如此，甚至尤为重要。吉林省在采取促进产业结构优

化和按照市场需求发展的产业政策的同时,应进一步优化民营经济产业结构,提升民营经济产业层次,鼓励民营企业运用高新技术、先进适用技术改造和提升传统产业,积极引导和支持民营经济发展,使之成为吉林省国民经济的主要增长点,带动吉林省整体经济健康快速地发展。

(本文与周凯合写,发表于《长春大学学报》2013年第9期)

我国民营企业信用文化体系建设的对策研究

企业文化是企业在长期生产经营中形成和倡导的一套优良作风、行为方式及价值观念，其作为一种"知识资本"所产生的文化力和生产力已成为企业核心竞争力的重要因素。美国学者戴维·兰德斯在《国家的穷与富》中阐述"如果经济发展给我们什么启示，那就是文化乃举足轻重的因素"。一个企业要想昌盛不衰，文化建设必不可少，而企业文化的精髓离不开"信用"，良好的信用可以带来融资的方便、社会的认可和企业价值的提升，信用文化理应成为企业文化的灵魂。而对于我国民营企业来说，信用文化的确是一种稀缺资源。

一 我国民营企业信用文化缺失的现状

市场经济是信用经济，企业是社会经济的细胞，企业守不守信用，有没有信用文化，决定企业竞争能力的强弱，决定企业生命力的盛衰。邓小平指出："一切企事业单位，一切经济活动和行政司法工作，都必须实行信誉高于一切。"据有关部门统计，几年前在法院审理的所有经济纠纷案件中，合同纠纷案件占92%；企业间签订的合同能够以不同程度履行的不到70%，有些地区不到20%；近年来我国每年订立合同约40亿份，履约的只有50%多一点。由于企业间不讲信誉，互相拖欠货物，构成连环债链的资金占20%。目前，我国尚没有一个具有影响力的信用信誉监控及评价机构，这使一些企业因为信用不高或失信，导致直接和间接经济损失每年5855亿元人民币。

2002年，我国企业在市场交易中因信用缺失、经济秩序问题造成的无效成本已占我国GDP的10%—20%。直接和间接经济损失每年5855亿元人民币，相当于我国财政年收入的37%。每年因为逃费债务造成直接经济损失约1800亿元，由于"三角债"和现款交易增加的财务费用约2000亿元。信用缺失的确成为当前经济生活中的一个突出问题。每年创造GDP比重超过1/3的民营企业所面临的信用危机更为严重。根据资料显示，一国的市场信用经济活动和信用交易规模的变化与该国GDP的变化呈正相关的关系，相关系数达到0.9919，信用规模每扩大1亿美元，能拉动GDP增长2353万美元。在西方国家，90%的贸易是以信用结算，而我国的比例只有20%，因此无论从价值取向还是利益取向，信用已成为市场主体赖以生存和发展的首要条件。

二 我国民营企业信用文化缺失的原因

(一) 民营企业家的信用文化缺失分析

在构建民营企业信用文化中，企业家承担着特殊的责任。现代企业家的素质包括领导者个人的领导素质和驾驭市场的才能，尤其是有实施战略性市场决定的能力和创建与培育企业文化的能力。一位出色的企业家应当成为对投资者、对员工、对社会公众负责的社会活动家和示范者。现代企业的经理人员只有将伦理责任有机地整合于企业发展的远景规划和策略中，才能赢得更多的社会信任，才能取得更好的经济成效。

民营企业与民营信用文化是一种共生的形态，有民营企业就有民营企业信用文化。优秀的民营企业家都清楚地认识到要建设一个好企业，就要创造一种不同于其他企业的优秀而独特的企业信用文化。企业家是企业信用文化的设计者，他们以自己的哲学、理想、价值观等融合而成的个性，精心塑造企业信用文化的目标、模式、内容、战略决策。

随着市场经济的快速发展，中国企业的信用状况从整体上来看有所好转，信用水平也在不断地提高，但不容乐观。根据中国企业家调查系统在全国范围内组织的第九次中国企业经营者问卷（共4695位参加）调查结果显示，大多数企业经营者已完全认识到市场经济条件下企业信用的重要性，企业在商务活动中已经开始重视信用文化资本的管理。企业经营者普遍认为，目前企业家品格对企业家信用资本管理有着重要的影响，同时认为现行体制环境、法律环境、企业管理水平和传统文化对企业信用的影响也相当重要。

(二) 信用文化资本在市场交易中缺失的分析

市场经济中最基本的活动就是交换活动，信用文化资本对实现交易的目的、降低交易的费用、缩短交易过程具有十分重要的作用。首先，从交易的目的来看，信用使交易主体获得了现代社会分工带来的比较利益，而这种利益必须通过交换才能实现。因此，要使交换能够正常进行，要求交换双方都要让对方相信自己，让对方觉得交换对自己是有利的，而要达到这一点，要求交换双方都必须讲信用，不能搞欺骗，把比较优势产生的利益从潜在利益变成现实利益，实现交易的目的。其次，从交易成本来看，信用能真正降低企业的交易费用，提高市场的运行效率。商品经济的发展过程也是人们寻求降低交易成本、提高交易效率的过程。以信用为支撑的货币特别是体现银行和国家信誉的纸币的出现，使人们找到了解决问题的切入点，人类社会商品交换的规模和范围由此开始了高速的发展。信用水平高，就能减少交易摩擦，提高经济效益。再次，从交易过程来看，信用能缩短交易过程，使交易双方获得双赢的结果。从博弈论的观点出发，当交易只是进行一次时，交易双方的博弈与"囚徒困境"一样，都会采取欺诈策略，构成优势策略均衡。而现实中的交易却不是一锤子买卖，正常的市场交易必然是经过多次的讨价还价。

根据中国企业家调查系统在全国范围内组织的第九次企业经营

者问卷调查显示，有 76.2% 的人认为，"违约"是主要问题；有 42.4% 的人认为，"制造假冒伪劣产品"是主要问题；就"拖欠货款、贷款、税款"问题而言，反响较大的行业主要是建筑业占 9.4%，制造业占 79.3%，采掘业占 78.7%，煤气及水的生产供应业占 78%，批发零售贸易业占 76.3%；就"违约"问题，反响较大的行业主要是电力业占 48.6%，社会服务业占 47.65%，交通运输仓储业占 45.7%。

以上情况表明信用资本在市场交易中缺失，不利于市场经济的建设。

三 建设具有中国特色民营企业信用文化体系的途径

（一）加强品牌建设，促进民营企业信用文化建设

民营企业的品牌建设是一项长期的系统工程。品牌是企业在公众的信任度、美誉度、知名度的集中体现，是民营企业的无形资产，是企业良好社会形象的重要内涵和核心竞争力的构成要素。企业不断提升自己的信用度，有助于品牌开发。品牌是民营企业在生存、发展中创造的企业信用文化的优秀成果，是传达企业信用的一种建设模式，因此品牌建设是推动民营企业信用文化发展的助力器。

（二）培育民营企业家信用文化

培育民营企业家信用文化能充分体现企业家的价值观。民营企业信用文化是建立在企业领导者才干的基础上的，信用度高的企业家可以通过个人强烈的影响力来消除组织中的不信任，从而建立一个以信任为基础的环境。民营企业家积极主动地参与民营企业信用文化建设，会在企业生产经营中起到积极的推动作用。根据有关资料显示，企业家留下的信用文化传统可在企业内保留 10 年，例如：Bill Hewlett 和 David Packard 创造的一套价值观念和方法，虽然经过

50年的变迁，惠普公司内部仍然保持着高度信任的文化。

(三) 民营企业信用文化建设要注重"人本管理"

世界上没有两片完全相同的树叶，每一家民营企业的资本原始积累、创业路径、地理位置、竞争环境都有所不同，因此其价值观、企业精神也有所不同，都拥有各自的特色。随着我国市场经济的逐步健全，如今民营企业的发展不仅要有一定文化修养的劳动者，还需要高素质的综合智能，用丰富的人力资本优势替代物质资本和技术资本的优势，即"人本管理"。将"人本管理"的文化管理模式作为民营企业信用文化建设的重点，加大员工的智力投资，给予发展空间，做到"感情留人、事业留人、待遇留人、文化留人"。改变传统的人事管理为人力资源管理，完善培训机制，培养员工的创造力和对工作的满意度。

(四) 加强民营企业内部信用管理制度建设

民营企业内部信誉管理属于微观层面的制度建设，可通过在企业内部建立专门的信誉管理机构，以监控企业在经营过程中的信用行为，减少企业失信行为，避免信用风险，并建立完善的信用管理制度。例如健全会计制度，信守合同，加强财务管理，依法纳税，提高自身信用额度，以规避经营风险和降低交易成本，对客户信用状况进行收集、调查、整理等，为客户提供优秀的服务，取信于消费者。

(五) 加强信用道德建设和法制建设

信用具有法律和道德的双重含义。一方面加强道德建设，另一方面加强法制建设，将经济主体的发展同社会进步、人民素质的普遍提高结合起来，以服务树立企业形象，用道德树立典范，使社会效益和企业效益同步增长，使企业员工清醒地认识到，信用文化建设是企业最大的无形资产，积极营造"我为人人，人人为我"的和谐氛围。

总之，民营企业信用文化体系的建设是企业体制的一个非常重要的组成部分，它是一个企业或组织在自身发展过程中形成以价值为核心的独特的文化管理模式，是一种凝聚人心以实现自我价值、提升竞争力的无形力量和资本。优秀的民营企业信用文化，对内形成一种团结友爱、信任合作、积极进取的和谐的民营企业氛围具有很强的感召力和凝聚力；对外树立了良好的民营企业形象，使其具有极强的亲和力。

（本文与张晓辉合写，发表于《长春大学学报》2007年第1期）

吉林省民营科技企业管理体制与制度创新的目标及对策建议

从1984年第一家民营科技企业长春洗净设备研究所挂牌成立以来，吉林省民营科技企业历经20多年的曲折道路，获得了长足的发展，取得了可喜的成就。2004年，经科技管理部门认定的各类民营科技企业达50000多家，实现技工贸收入累计2300多亿元。迄今为止，全省民营科技企业已近6000户，年平均产值达230多亿元，出现了一大批年产值超亿元的大户，专职从业人员达12万多人，无论在数量上、质量上都有了飞跃发展，现已成为全省民营经济发展的中坚与骨干力量，在全省科技进步与经济社会发展中的作用越来越大，是吉林省实现全面小康，建设和谐社会的一支不可忽视的重要力量。

但是，我们也清醒地看到，与南方经济发达省区比较，吉林省民营科技企业发展仍存在诸多差距：一是起步晚，速度慢，规模小，总量不足；二是政策支持不到位，实效差；三是创新意识差，创新能力低；四是科技市场不发育，人才匮乏并流失严重；五是对外开放程度低，企业没有形成集团化、国际化。要缩小并消除这些差距，步入全国民营科技企业发展先进行列，根本途径和出路就是大力推进吉林省民营科技企业管理体制与制度的创新。

胡锦涛同志在党的十七大报告中指出："深化科技管理体制改革，优化科技资源配置"，"鼓励技术创新"，"把增强自主创新能力贯彻到现代化建设各个方面"，所以，贯彻落实党的十七大精神，进行管理体制与制度的创新，已成为吉林省民营科技企业发展的第一要务，也是促进吉林省国民经济又好又快发展的迫切要求，更是建设创新型国家的根本需要。基于上述认识，本文对吉林省民营科技企业管理体制与制度创新目标及其实现提出如下若干对策建议。

一 科学地确立吉林省民营科技企业管理体制与制度创新的近期、中期及长远目标

以往，吉林省民营科技企业管理体制与制度创新基本上是由各个企业盲目自发进行的，不仅各个地区之间发展不平衡，而且还处于无序状态。无论是各个企业还是全省总体，民营科技企业管理体制与制度创新都没有一个比较完整的发展规划，更没有纳入全省国民经济管理体制与制度创新总体规划。为使吉林省民营科技企业管理体制与制度创新有计划、分步骤、有序地进行，政府有关管理部门应全力推动各个民营科技企业制定管理体制与制度创新近期、中期与长远目标规划，并在此基础上制定全省民营科技企业管理体制与制度创新总体近期、中期及长远规划。这种规划应是以企业自觉规划为基础的，并且是指导性的，其目的在于规范全省各地区民营科技企业管理体制与制度创新的自主性及灵活性。因此，这种规划不能强行命令民营科技企业执行，而只能供其参照运作。

（一）吉林省民营科技企业管理体制与制度创新的近期目标（近5年，2012年）

1. 基本明晰产权关系

一项调查表明，江苏的私营企业中只有31.3%是家族制企业[①]，而吉林省民营科技企业80%以上为家族制企业。家族制企业的显著特征是家族成员之间产权边界模糊不清，极易产生产权纠纷与摩擦，影响企业的健康快速发展。为此，必须在近5年内，基本

---

① 陈海飞：《江苏私营经济发展现状分析》，调研报告，2007年。

上明晰企业的产权关系。无论是非家族企业还是家族企业，均要做到划清"你""我"界限，明晰产权关系边界，采用各种手段，主要是运用经济手段，让那些戴"红帽子"和戴"洋帽子"的企业自动"摘帽"，改变产权关系模糊、产权边界不清的状况。

2. 由家长一人决策转为家族成员共同决策

这是家族企业实现科学民主决策的基础及必要步骤。吉林省不少民营科技企业从表面上看，也有董事会、经理人，甚至还有设监事会的，但实质上不过是一种摆设，绝大多数为老板一个人说了算，家长一人决策。这种一人决策的体制不可能保障决策的科学与正确。让家族成员参与决策，易被老板接受，毕竟是由集体决策替代一人决策，可向民主决策迈进。

3. 可引进一些中层管理人才及经理人员

吉林省民营科技企业"封闭""排外"现象比较严重，企业内各级关键岗位和经理层绝大部分控制在家族成员手中，很少聘用"外部人"。有计划引进一些中层管理人才及经理人员，这是民营科技企业治理结构走向合理化的必要措施，是为企业引进高层管理人才及职业经理做好准备及创造条件。

4. 建立健全企业财务制度

无论是非家族型企业还是家族型企业，都要利用3—5年时间，改变丈夫当经理、妻子管财务，或父母管财务、儿女当经理等局面，引进专业会计人员，建账设账，规范财务管理，杜绝二本账、三本账现象。

5. 建立科技人才及中层管理人员的激励与约束机制

科技人才是民营科技企业的中坚与核心，企业的科技进步与科技创新从根本上来说主要依靠科技人员来进行与实现。中层管理人员是民营科技企业管理体制与制度创新的骨干力量，如果这部分人不"玩活"，发生"中梗阻"，高层管理决策就会落空，一切管理体制与制度创新活动便难以展开，企业自然也就无法健康发展。所以，从物质利益上加大对他们的激励力度，不断进行管理方式的变革与创新，就显得至关重要。当然，无论何种激励措施，都要有相应的约束机制与之相匹配。任何失去约束的激励都不会取得成功。

6. 建立稳定的员工队伍，提高员工的科技素质

针对民营企业员工流动性较大、队伍极不稳定的实际状况，务必要经过 3—5 年的努力，建立并健全一套稳定员工队伍的机制与制度。只有员工队伍稳定了，才可能有计划、有步骤地对员工进行科技方面的系统培训，包括举办各种科技补习班、培训班、专业进修班，选送骨干进入大中专学校深造，系统地学习与企业发展有关的各种科技文化知识。以上目标可以说是民营科技企业管理体制与制度创新的基础性准备性目标，是为民营科技企业管理体制与制度的更大创新奠定良好基础与准备充分物质条件的过程。只有这个近期目标圆满实现，才能更好地达到中期目标。①

（二）吉林省民营科技企业管理体制与制度创新中期目标（5—8 年，2020 年）

第一，在产权关系明晰化基础上，实现产权结构开放化、合理化。产权关系明晰，产权边界清楚，这仅仅是民营科技企业产权制度改革与创新的起步阶段，还必须以此为基础继续向前推进，使产权结构由一元化变为多元化，由封闭化变为开放化，并使多元化的产权各自所占的比重合理化，形成一个合理、优化的产权结构，其标志就是这个产权结构的运行会带来最优效率。

第二，决策机制民主化、科学化。在这个阶段，企业一定要由家族成员共同决策转变为非家族的董事会民主决策。这是避免家族规则代替企业规则的决定性步骤。只有企业一切重大事项都按照企业章程、规则及民主程序来决策，才可能实现决策机制科学化，才可能符合市场运行规律，取得预期效果。

第三，实行高层管理职位开放，引进与聘用高层职业经理，真正实现所有权与经营权的分离。尤其是那些家族型民营科技企业，

---

① 王胜今、于逢良：《人力资本所有者在知识型企业中的地位分析》，《人口学刊》2006 年第 3 期。

这是迈向现代企业制度的关键性步骤。中外企业制度变迁表明，企业高层管理职位能否对外开放，是企业管理制度创新的显著标志之一，也是经理革命的一项重要成果。二战后资本主义国家企业发展的实践表明，高层职业经理掌握企业经营权，顺应了市场经济发展的客观要求，使企业发展进入了一个前所未有的"黄金时代"。因此，吉林省民营科技企业家一定要审时度势，顺应市场经济发展的客观要求，实现企业高层管理职位的全方位开放，让真正有管理才能的职业经理人掌握企业的经营大权。

第四，在健全企业财务制度基础上，实现财务开放。这是民营科技企业尤其是家族型民营科技企业建立现代企业制度的必要条件与必经之路。财务开放是民营科技企业最不愿意做的事情。但是经过产权制度改革，企业股权及高层管理人员职位一经开放，财务管理必须相应开放。首先必须对股东开放，多方股东有权对企业财务收支状况进行了解与监督，以保障自身利益得以实现；其次，企业若上市筹资，则必须对社会公众开放。社会公众购买企业股票，作为公众股股东有权了解企业财务运营状况及盈亏等，以便更好地行使股东的所有权。

第五，对高级专家及高层管理人员实行股权激励，让他们以技术及管理才能入股，每年年终按技术贡献及管理贡献大小取得股权收益。这种做法将高级专家及高层管理人员的收入同企业经营绩效及收益紧密挂钩，会激励他们自觉为实现企业效益最大化而奋斗，实践证明是一种行之有效的激励机制。吉林省民营科技企业务必要经过这个阶段努力构造出这种激励机制。

第六，在全面提高员工队伍科技文化素质基础上，培育并造就一支敢于攻关善战的科技研发力量。要远学"微软"、近学"联想"，肯于并舍得在新产品、新技术开发上投巨资，花大力气，创世界一流技术，造世界知名品牌，做变"中国制造"为"中国创造"的领头羊和排头兵。以上中期目标，要经过5—8年时间到2020年实现。这个目标可以说是吉林省民营科技企业管理体制与制度创新的最关键阶段，它要使吉林省民营科技企业在管理体制与制度上发生质的蜕变，彻底摆脱家族管理体制羁绊，向现代企业管理制度转变。①

（三）吉林省民营科技企业管理体制与制度创新的远期目标（2020年以后）

第一，将吉林省民营科技企业建成标准规范的产权明晰、决策民主、治理结构合理，产权、职位、财务三开放，充满生机与活力的现代企业制度。

第二，争取有30—50户大民营科技产业集团在国内沪、深股市上市，成为引领全省民营经济发展的"领头羊"。

第三，争取有10—20户知名的民营科技企业集团到中国香港及美国纳斯达克上市融资，参与国际市场竞争，成为吉林省民营科技产业的"明星企业"。上述目标，应从现在就开始列入省级规划，积极创造条件，争取提前落实并实现。尽管有很大困难及阻力，但有省政府强有力的扶持、推动，有民营科技企业的奋力拼搏，上下拧成一股绳，齐心协力，披荆斩棘，我们相信该目标是可以实现的。

二 对吉林省民营科技企业管理体制与制度创新的几点对策建议

要顺利实现吉林省民营科技企业管理体制与制度创新的近、中、远期目标，一定要树立正确的指导思想，选择切实可行的发展路径，那就是：坚持以党的十七大会议精神为指针，以科学发展观为统领，以提高企业经济效益为中心，坚决走节能减排的集约发展之路，使民营科技企业不断地上规模、上档次、上质量、上水平，争取在2020年跻身全国民营科技产业发展先进行列。为此，我们提出如下对策与建议。

---

① 王艳华：《立足创新，提高企业核心竞争力》，《当代经济研究》2007年第4期。

(一) 提高企业自主创新的意识与能力

自主创新意识及能力低下,是吉林省民营科技企业最突出的问题,也是与东南沿海经济发达地区民营科技企业的根本差距之一。吉林省知识创新能力较强,在全国得分排序名列第 4 位,但在全国企业技术创新能力排序中却排位第 18,不仅低于广东、上海、江苏、北京、山东、辽宁、浙江等发达省区,而且明显低于湖北、河北、安徽、湖南、陕西、河南、海南等欠发达省区。[①] 要尽快实现吉林省民营科技企业近、中、远期发展目标,赶上或超过发达省区民营科技企业发展,唯有走自主创新之路,大幅度提升企业自主创新意识与能力。

自主创新的内涵包括原始性创新、集成创新和引进消化吸收再创新。企业自主创新必须处理好这三种创新的关系。原始性创新是基础,它要求企业要敢为天下先,做一个拓荒者,创立自己的独立知识产权与技术专利,确立自己的品牌,这是企业兴旺发达、长盛不衰的根本。但原创性创新难度大,所需投入多、成本高昂,所需时间长,因而在短时间难以奏效并取得收益与回报。集成性创新与引进消化吸收再创新则是企业自主创新的有效捷径。因为这两种创新相对来讲所需投资较少,成本也不那么高,所需时间也相对较短,所以我们认为,吉林省民营科技企业的自主创新应以集成创新与消化吸收再创新为主、原创性创新为辅,全面提升企业自主创新的意识与能力。为此,企业要去掉对政府的依赖性,增强自觉性;变过去的被动创新为现在的主动创新;去掉传统守旧积习,树立开拓创新精神,让企业所有人员认识到"创新兴企业兴,创新弱企业弱",营造人人自觉图创新、求发展的良好局面与氛围。

(二) 建立创新型政府,为吉林省民营科技企业管理体制与制度创新营造良好的大环境

政府在吉林省民营科技企业管理体制与制度创新中的作用是十

---

① 王浩、王继红:《吉林省区域创新能力分析》,《东北亚论坛》2006 年第 4 期。

分重大的。认为民营科技企业管理体制与制度创新只是企业自己的事，与政府无关，尤其是认为当今是市场经济，自主创新的主体是企业，政府无须管那么多，这种认识与看法显然是不对的。须知，政府担负着民营科技企业管理体制与制度创新的大环境的治理、维护与良好环境的创造。所以，民营科技企业管理体制与制度欲行创新，则政府必须先行创新。没有一个创新型政府，民营科技企业管理体制与制度的创新几乎是根本不可能的。首先，政府要由原来的"管制型"政府创新为"服务型"政府，要为民营科技企业管理体制与制度创新实实在在服好务。当然，这里的服务与管理并不矛盾，其立足点是服务，在服务中管理。无论是管理与服务均主要依靠政策来实现，而不能单纯依靠行政手段来进行。其次，政府要不断通过政策创新来促进科技市场的创新，为民营科技企业管理体制与制度创新提供一个良好的市场环境。政府是各种科技政策的制定者、创新者，肩负培育科技市场、发展科技事业的重任。以往，政府职能严重错位，常常去管不该自己管的事，而应属自己职能范围的事却没有管好，所以应通过政府的改革创新，全力抓好各种科技政策的制定，以便更好地规范与发育科技市场，消除各种市场壁垒，反对垄断行为，促进科技发展要素有序流动，使民营科技企业从科技市场上得到管理体制与制度创新所必需的一切要素支持。最后，政府要创新为一个法治的政府，要依照法制程序来规范社会行为，为民营科技企业管理体制与制度创新创造一个良好的社会法治环境。不要说民营科技企业的管理体制与制度创新这样一场较深刻的社会变革，就连民营科技企业的日常生产经营活动也常常遇到社会上各种非法行为的干扰与破坏。治理非法行为，惩治违法活动，为民营科技企业管理体制与制度创新营造一个良好的社会法治环境，主要责任在政府。政府既是立法者又是执法者，政府如果不依法行事，不建成一个法制型政府，社会秩序必然混乱，不要说民营科技企业管理体制与制度创新难以实现，就连民营科技企业正常生产经营活动也无法进行。所以，建设法治型政府实乃是民营科技企业管理体制与制度创新的根本要求与重要前提条件。

（三）培育科技企业家市场，让科技人才自主自由流动，以使民营科技企业形成良性用人机制与制度

目前，吉林省的科技企业家市场发育很不完善。吉林省在全国市场化排名中仅列第18位，不仅远远落后于浙江（第2位），也低于近邻辽宁（第10位）。[1] 由于受国有经济比重过高之影响，特别是传统计划经济体制惯性约束，市场封闭状况仍较严重，人才流动的种种壁垒仍较多，大量破产国有企业科技人员大量外流，却极少进入吉林省民营科技企业，致使吉林省民营科技企业迟迟发展不起来，而民营科技企业发展不起来便没有实力及高福利待遇吸引高素质科技人才，由此形成了一个"马太效应"，即民营科技企业发展水平低——难以吸引高素质科技人才——科技人才缺乏，难以支持民营科技企业发展的不良循环。这个不良循环一旦形成，犹如"陷阱"一样，很难跳出来。解决这个问题的最根本的策略是实行高收入、高福利吸引。2002年吉林省在全国城镇居民家庭人均可支配收入中排位第30名，[2] 至今仍没多大改变。如此之低的收入，如何能吸引科技及管理人才来吉林兴业发家呢？又如何不能使科技及管理人才"孔雀东南飞"呢？天下熙熙皆为利来，天下攘攘皆为利往。这完全符合马克思主义的物质利益规律。马克思指出："人们奋斗所争取的一切，都同他们的利益有关"。[3] 所以，省内民营科技企业要打破"小打小闹"的"小富即安"的观念，冲破家族模式的种种束缚，敢于启用现代企业制度的先进用人体制，尽可能多地把社会上各种专业科技人才聘为己用。为此，要加强人才中介机构建设，建立吉林省人才流动及交流网络平台，兴办各种人才猎头公司，建立各种专业技术人才档案库，有针对性地为民营科技企业提供人才咨询建议与服务。同时，要鼓励大、中专毕业生自主创办民营科技企业或自觉地到民营科技企业就业，要在福利待遇、评职

---

[1] 曹荣庆：《振兴东北老工业基地的浙江视角》，《东北亚论坛》2006年第4期。

[2] 朱艳丽、焦述英：《民营经济发展给地方政府管理带来的挑战——以吉林省为例》，《东北亚论坛》2007年第1期。

[3] 《马克思恩格斯全集》第一卷，人民出版社1956年版，第82页。

晋级、选先评优等方面予以倾斜支持。

（四）广开投融资渠道，为全省民营科技企业管理体制与制度创新提供雄厚有力的金融保障与支持

民营科技企业具有高投入、高风险、高成长性的特点，其管理体制与制度创新，会使这个特点进一步彰显与放大。因此，要保障其管理体制与制度创新获得实质性进展并取得成功，务必有足够的资金保障与支持，以化解或减少其高风险，获得高成长性。这就需要广开投融资渠道，建立健全民营科技企业管理体制与制度创新的金融保障体系。然而，吉林省民营科技企业的投融资渠道一直比较狭窄，且渠道单一、不通畅，各种阻塞时有发生。当务之急是疏通渠道，拆关撤卡，让民营科技企业有一个健康、通畅的投融资渠道，使其投资能有好项目、好场所，并且能够融通到必要的资本。同时，还要广开投融资渠道，凡是国家没有明令禁止的投资领域，都应允许民营科技企业进入，一切合法的融资手段及渠道，都应允许民营科技企业使用。除了鼓励民营科技企业上市融资，实行抵押贷款及进行合法的民间融资外，吉林省可借鉴兄弟省份的经验，建立民营科技企业风险投资基金、民营科技企业风险投资担保基金，试办民营科技企业合作股份银行等，建立与完善民营科技企业信用担保体系及融资体系。

（五）推动民营科技企业规模化、集团化和国际化

这是民营科技企业管理体制与制度创新的必然选择与根本路径。吉林省民营科技企业不仅规模小，而且分布比较分散，生产经营集中度很低，基本没有形成规模化的产业集群。民营科技企业管理体制与制度创新绝不是单纯为创新而创新，而是要以此为契机，进一步改变吉林省民营科技企业"小而散"的状况，实现规模化的产业集群。首先，民营科技企业要配合国有企业的优势，形成规模化的产业集群。比如在通化形成生化药业及葡萄酒的产业集群，在长春形成汽车、客车、摩托车等行走机械工业的产业集群和以"光谷"为依托的光电子产业集群，在吉林形成化工、化纤的精深加工及综合利用的产业集群，在全省形成国有—民营密切配合与合作的具有规模优势的产业集群。其次，全省民营科技企业自身要加速资本积累和资本积聚，甚至打破地区之间的行政界限，实行资本集中，组建若干个大科技发展集团公司，在全国亮出独具吉林特色的科技品牌产品及冲向国际市场的"拳头产品"。民营科技企业只有集团化，才能有雄厚的资本进行新产品、名优产品的研发，才能创新生产技术与生产工艺，进而提升企业经营管理水平及经济效益。如果长久处在"小而散"的状态，那用不了多久，势必被激烈的市场竞争所淘汰，这是确定无疑的。最后，在集团化的基础上，实现国际化生产与经营，参与国际市场竞争。中国已经加入WTO多年，世界经济一体化浪潮正拍打民营科技企业的大门。民营科技企业若不被浪潮所吞没，唯有踏浪而上，把自己做大做强，在管理体制与制度建设上与国际贸易规则接轨，掌握国际市场的各种"游戏规则"，并善于用国际法规保护自己，只有这样，才会在国际科技发展中占有一席之地，在激烈的国际竞争中不断发展与壮大自己。吉林省民营科技企业在国际化方面已经迈出了前进的步伐，但与东南沿海先进省区相比尚有很大差距。主要问题在于没有实行充分的联合与合作，分散出击，各打各的，甚至"自相残杀"，结果缺乏联合效应与规模竞争力。所以，各级政府要大力促进民营科技企业联合，推行专业化分工与协作，联手闯国际市场，同时加强国际交流与合作，唯此才能顺应国际经济一体化的大趋势，才会占领世界经济发展的"制高点"与"先头阵地"。

(本文发表于《东北亚论坛》2008年第4期)

吉林省民营科技企业发展滞后的法律政策因素分析

在全国民营科技企业发展中,吉林省是相对滞后的,不仅低于全国的平均水平,更是远远落后于经济发达省区。2003年,全国民营科技企业总数124937家,吉林省仅为4750家,只占全国的3.8%;到2007年,全国民营科技企业数已上升到162337家,吉林省仅增550家,达5300家,占全国的比重由3.8%反降为3.26%。2003年,全国民营科技企业创造的技工贸总收入39105亿元,吉林省为1087亿元,只占全国的2.8%;2007年,全国民营科技企业创造的技工贸总收入增长到98640亿元,而吉林省只增长到2200亿元,占全国的比重仅为2.2%,比2003年反降0.6个百分点,差距进一步拉大。与全国先进省区相比,吉林省民营科技企业的发展更是明显滞后。2007年,广东省民营科技企业技工贸总收入达6644.88亿元,是吉林省的3倍多;江苏省民营科技企业更是领先,其创造的技工贸总收入已近12000亿元,是吉林省的5倍多。目前,全国80%以上的科技创新成果是由民营企业(尤其是民营科技企业)承载的,而吉林省这个比重只有30%左右;全国有65%的发明专利和80%的新产品,是由民营企业占绝大多数的中小企业提供的,[①] 而吉林省上述比重也不足40%。可见吉林省民营科技企业的创新能力及发展水平均比较落后。

---

① 黄孟复:《深入贯彻落实科学发展观,促进非公有制经济又好又快发展》,在全国工商联第10次会员代表大会上的报告,2007年11月17日。

造成吉林省民营科技企业发展滞后的因素有很多,有技术基础陈旧方面的因素,有改革开放滞后的因素,也有体制制约的因素,更有资本短缺、创新动力不足等方面的因素,但我认为,对民营科技企业主体资格与市场准入的法律认定偏严,对民营科技企业扶持与支持力度不够、政策偏紧,实效差,是两个极其重要的深层次原因。由于人们以往对这两个方面的问题认识不够或根本就无所认识,因而有必要进行详细的分析与论证并提出相应的对策建议。

一 主体资格与市场准入的法律认定偏严:吉林省民营科技企业发展滞后的法律因素分析

对民营科技企业主体资格与市场准入的法律认定,不仅是对民营科技企业法律地位的确立与保障,而且关系到民营科技企业的生存与发展。这个法律认定门槛一定要适中,如果门槛过高,就会制约与影响民营科技企业的产生与发展,使那些本应是民营科技型的企业却被挡在了"门外",不能享有民营科技企业应有的地位与待遇;而如果门槛过低,则会使民营科技企业的产生与发展过滥、过乱,使许多非民营科技企业混入民营科技企业。上述两种情况,均不利于真正民营科技企业的健康快速发展。笔者认为,吉林省对民营科技企业主体资格与市场准入的法律认定,总体上是门槛过高、认定标准偏严的。下面,我们通过对吉林省与江苏省、广东省及黑龙江省的差异比较来加以说明,见表1。

表1 吉林省和江苏省、广东省、黑龙江省民营科技企业主体资格认定办法的比较

比较内容	吉林	江苏	广东	黑龙江
经营者	吉林省辖区内注册的企业	公民、法人及其他组织	经营者必须为非政府组织或个人;经营人员应接受知识产权、科技法规、技术政策等方面培训,并取得合格证书	自筹资金、自愿组织、自主经营、自负盈亏,依法创办和经营的经济实体

续表

比较内容	吉林	江苏	广东	黑龙江
经营条件	资产负债率不超过70%；技术性收入占年总收入的20%以上；每年用于新产品的研发费用不低于销售额的3%（开业不足年不受此项限制）	经工商行政部门登记注册的企业；企业注册经营10年以上	企业经营1年以上，运行机制良好，取得一定的经济社会效益或科研工作成绩	符合国家产业政策、技术政策和环境保护政策；科技研发投入占企业年收入的2%以上
经营方向	以技术创新为主旨，以新产品研制、开发、生产和技术转让、技术咨询、技术服务为主要方向	符合国家产业政策和技术政策及其发展方向	无固定要求	以科技人员为主体，以技术密集型产品研制、生产、销售以及技术开发技术转让、技术咨询和技术服务为主要业务
从业人员	具有大专以上人员占职工总数的比例不低于30%，直接从事研发科技人员占职工总数的比例不低于10%	科技人员占企业从业人员20%以上	与业务经营范围相适应的大专以上科技人员（包括同等学力应占专职从业人员（不含生产工人）的30%以上	科技人员占企业职工总数的20%以上

资料来源：1.《吉林省促进科技企业发展条例》，2004年11月24日。

2.《黑龙江省民营科技企业条例》，2002年6月13日。

3. 倪杰、吴钧、吴远征：《江苏与广东民营科技企业发展的比较研究》，《企业经济》2009年第9期。

从表1明显可见：

第一，在企业经营主体资格认定上，立法的侧重点还是存在一定差异的。江苏省强调企业经营主体必须是"公民、法人及其他组织"，广东省则突出强调企业经营主体必须是"非政府组织或者个人"，并限定"应接受知识产权和科学技术政策方面的培训，并取得证书"，显然要比江苏省更加严格，门槛要高一些。强调"非政府组织"，具有很大的科学合理性，因为现实中有很多政府直接创办的科技企业冒充民营科技企业，或者一些政府官员直接或间接插手创办"民营科技企业"，从外表上看，牌子是"民营"的，实质上仍是"官办"的，这类企业不能认定为"民营科技企业"。再者，"接受知识产权与科技政策方面的培训并取得证书"，这又突出了科技企业与其他一般企业的不同点，显现其科技特色。广东省对民营科技企业经营者的界定，既强调了其"民营性"，又突出了企业的"科技性"，因此，无论从法学意义上还是从技术经济学上都具有严谨的科学性。这种"严"严得好，既限制了企业的"官办"性，又保证了其"民营"性。而吉林省对民营科技企业"经营者"的认定却过分强调"吉林省辖区内"这种把空间地域看作企业经营者存在第一位的要素，显然存在一定偏颇。它不利于吉林省民营科技企业做大做强，走向"省辖区外"乃至国际市场，实现跨地区及跨国创业发展。相比之下，江苏省和广东省就没有把立法重点放在是否"省辖区内"，而注重其经营者身份实质，这显然有助于对民营科技企业经营者身份的认定与规范。

第二，在民营科技企业经营条件的认定上，上述各省之间也存在明显差异。在民营科技企业经营条件的认定上，广东省的要求比较宽松，门槛设置较低，企业进入相对比较容易。运行机制良好并取得一定经济社会效益，这种设定也较有弹性及活性，因此十分有助于一般民营企业转入科技型企业，而民营科技企业又享有许多一般民营企业所没有的政策优惠及相关鼓励措施，显然这对推动民营经济的科技进步具有重大激励与促进作用。江苏省的"企业注册经营10年以上"，这对民营科技企业的市场准入要求时间过长，条件有些苛刻，大有让民营企业熬到一定年头才能认定为民营科技型企业的主观故意，这在一定程度上制约了江苏省民营科技企业的发展。本来江苏省民营科技企业发展的各种经济环境及社会条件并不比广东省差，但其企业平均收入却明显落后于广东省。

如表2所示，广东省民营科技企业平均收入逐年增加，由2004年的0.5亿元提高到2007年的1.01亿元；而江苏则相反，呈现递减趋势,由 2004 年的 1.16 亿元,下降到 2005 年的 0.98 亿元,2006 年的 0.68 亿元和 2007 年的 0.61 亿元。并且,广东省平均每家民营科技企业对于全省技工贸总收入的贡献值也大于江苏省。相比之下,吉林省和黑龙江省对民营科技企业经营条件的认定都比较具体,要求也很明确,并且十分严格。两省都对民营科技企业科技研发投入有明确具体的要求,黑龙江省要求研发投入"占企业年收入2%以上",而吉林省则要求"研发费用不低于销售额的3%",这两项要求基本差不太多,都是硬杠、硬指标,只不过吉林省的指标更高、更硬罢了。这在很大程度上反映了吉黑两省在民营科技企业经营条件的要求与认定上要求更高、更苛刻。我们认为,这也是吉黑两省民营科技企业发展受到很大掣肘、迟迟进入不了健康发展快车道的一个重要原因。尤其值得指出的是,吉林省在民营科技企业经营条件的认定上,还设置两个更高的门槛:一是企业"技术性收入要占年收入的20%以上",二是企业"资产负债率不超过70%",这两项技术经济指标是江苏、广东两个民营科技企业发展较先进的省份所没有的,即使邻近的黑龙江省也没有此两项硬性规定。一般来讲,对科技型企业要求技术性收入占总收入达到一定的比例(如20%)并不过分,问题在于立法规定没有必要采取"两头堵"的办法来进行限制。既然在投入方面设置了"研发费用不低于销售额的3%",这就等于限定了企业科技产品的技术性及科技含量,在企业的产出收入方面就没有必要加以限定。再者,纵观江苏、广东及黑龙江三省关于民营科技企业条例均无"资产负债率"的硬性指标规定,而吉林省在民营科技企业经营开办条件上特意加上"资产负债率不超过似乎是创新之举实则是加高了一般民营企业进入民营科技企业的门槛由于民营科技型企业较一般民营企业能够享受到更多的政策优惠及利益保护,现在门槛加高了,许多一般民营企业便无法越过门槛进入。所以,我们建议省人大在修订民营科技企业发展条例时,修改上述两项规定,使民营科技企业经营条件设置的门槛降低,会更有利于吉林省民营科技企业像江苏、广东一样快速发展。

表2　　2004—2007年江苏、广东两省民营科技企业平均收入情况比较

（单位：亿元）

	2004 年	2005 年	2006 年	2007 年
江苏	1.16	0.98	0.68	0.61
广东	0.50	0.61	0.86	1.01

资料来源：倪杰、吴钧、吴远征：《江苏与广东民营科技企业发展的比较研究》，《企业经济》2009年第9期。

第三，在民营科技企业从业人员规定上，上述各省之间也有一定的差异。科技企业必须以科技为主导，或从事科技产品生产，或从事科技产品营销，或从事科技咨询与服务，总之必须以科技活动为主体或主要业务。这样规定企业的经营方向是十分必要的。在此项规定上，吉林省、黑龙江省基本上一致，所不同的是吉林省突出"以技术创新为主旨"，黑龙江省强调"以科技人员为主体"；江苏省则规定得比较原则，讲"符合国家产业政策和技术政策及其发展方向"即可，没有具体化，这样原则性规定可能更有助于灵活运作，给民营科技企业进入认定带来可操作的空间。至于广东省在此方面无固定具体的要求，恐怕也出于此种考虑。企业的经营条件和经营方向均要靠人来保证及实现。科技型企业必须有足够数量与质量的科技人员来运营管理。所以，在民营科技企业的门槛设定及市场准入方面，规定有一定比例的科技人员是十分必要的。没有科技人员的企业是不能认定为科技企业的，无论国企还是民企都是一样的。在这一点上，江苏省与黑龙江省是相同的，他们都认定企业"科技人员占企业职工总数的20%以上"，不达到这个比例，就不能认定为"民营科技企业"。吉林省与广东省在此项规定上大体相同，他们均规定企业中具有大专以上科技人员占职工总数的30%以上（或不低于30%），吉林省还特别强调了企业从事科技研发人员的比例不低于10%，这实际上又比广东省加了一道门槛。本来广东省这项规定就比较严格一些了，吉林省强调研发人员不低于10%，这就限制得过于严苛了。企业研发人员素质高，有效率，且队伍精干，

不一定非达到10%的比例不可，应具体分析对待，切不可所有企业"一刀切"。

二 吉林省民营科技企业发展滞后的政策因素分析

改革开放以来的实践表明，我们在调研中也发现：政策是否宽松，其扶持与支持力度大小，是影响民营科技企业发展的决定性要素。京、津、沪及"珠三角""长三角"地区之所以民营科技企业发展速度快、质量优，一个重要因素就在于这些地区的政府不仅有比较完善的促进民营科技企业快速发展的政策体系，更重要的是这些地区的政府对民营科技企业的政策支持比较到位，无盲区，力度大，落得实，因此收效明显。[①] 而我们吉林省并不缺少对民营科技企业扶持与支持的政策体系，自20世纪90年代以来，从省政府到各地区、县乡政府出台了一系列扶持与支持民营科企业发展的政策措施，仅省政府就颁布了《关于推进民营科技企业发展的意见》《吉林省促进科技企业发展条例》及《吉林省科技人员领办、创办科技企业从事科技服务活动的若干规定》等20多项政策规定。[②] 问题的关键在于，这些政策扶持与支持流于一般号召，不落实、不到位，实效差。这主要表现在以下方面。

（一）"鼓励与扶持"的政策规定，过于原则化、一般化，无可操作细则

比如，《吉林省促进科技企业发展条例》第三章讲"鼓励与支持"共八条，其中前五条（第七、八、九、十、十一条）都讲一般性扶持原则，只有第十二条讲"科技企业"享受的"优惠政策"，而这一条中的6种情况又一般地讲些"免征营业税""两年

[①] 倪连山：《进一步解放思想，把民营经济做大做强》，载《吉林省民营经济发展报告2006》，吉林人民出版社2007年版，第32页。

[②] 崔兴隆：《民营科技企业发展的理论与实践》，载《吉林省民营经济发展报告2006》，吉林人民出版社2007年版。

内免征企业所得税"等,尤其是第十三条讲"各级人民政府对做出突出贡献的科技企业和有关人员给予表彰与奖励",缺乏有力度的可操作的细化规定,下级政府及有关管理部门往往无所适从,也只能一般传达一下,讲一讲而已。

(二) 政策本身不到位,存在政策"盲区"

在调查中,我们发现:吉林省在扶持民营科技企业上,在人才引进、资金支持、知识产权、货款抵押等方面还存在着"盲区"。特别是在民营科技企业融资方面还存在非国民待遇常常遭遇所有制歧视,融资渠道不畅,融资普遍困难,即便有较好的发展项目也常因资金困难而无法上马。

(三) 政策落实不到位

一方面,政府对有关政策宣传不到位,造成企业对政策信息了解不到位,存在政策信息"盲区";另一方面仍然存在政策不落实的状况,个别地区还存在科技经费被用来抵税、被截留等违规现象。再有,一些民营科技企业对有关科技企业政策在本企业的落实也缺乏必要的信心,被动地等待落实,缺乏积极主动争取落实。还有,政府制定的促进民营科技企业发展的政策确实很好,但却遭遇到有关主管部门的"中梗阻",他们为追求自身利益,常常以政策做筹码向民营科技企业要"好处",没有"好处"便把政策搁置起来。

(四) 政策缺乏必要的稳定性及连续性

随着时代的发展与经济状况的变化,有些政策的调整是合理的,也是必要的。但这并不否定政策的相对稳定性与连续性。无端随意性的政策变化往往会给民营科技企业带来许多负面影响。如包装标准的变动过于频繁,再加环境保护标准的过多变化,都会给企业带来严重不适应及过多的负担和麻烦。因此,每一项政策的出台既要立足现实又要瞻前顾后,去掉随意性,增强其稳定性及连续性。

总而言之，与经济发达省区比较而言，吉林省对民营科技企业的政策总体偏紧，执行落实不到位，尤其是各种鼓励与扶持政策和各种优惠政策不到位，更没有真正落到实处，这可能是导致吉林省民营科技企业发展滞后的又一个重要原因。

三 结论与对策建议

综上分析可见，科技立法与政策，对科技企业的发展具有至关重要的决定意义与作用。它同其他任何法律及政策规定一样，是一种"超硬"性约束，在相当大程度上决定着科技企业的存亡与发展，决定它的发展规模与速度。它会在两个方向上发挥巨大的作用：一是在正方向上发挥积极的促进作用，二是在反方向上发挥消极的阻碍与破坏作用。所以科技立法与政策制定一定要科学合理。而做到科学合理的中心与关键环节，则是宽严适度。为了促进吉林省民营科技企业健康快速发展，特提出以下几点建议。

（一）及时调整民营科技企业立法，为民营科技企业健康快速发展营造宽松的法律环境

首先，要调整立法的主导思路与指导思想。任何法律规定都体现立法者的意志。立法者的主导思路与指导思想不仅要贯彻于法律规定之中，而且在很大程度上决定立法本身的科学合理性及其宽严度。传统计划经济的立法，其主导思路及指导思想是立足于"统"与"管"，结果将国民经济活动控制得很"死"，缺乏生机与活力，而市场经济的立法，其主导思路与指导思想则是立足于"放"与"引"，目的是放任与引导市场主体自主进行经济活动，把国民经济搞活。当今吉林省科技立法偏严，恰恰反映出立法者的主导思路与指导思想停留在传统计划经济立法的主导思路与指导思想范畴。对民营科技企业，其立法的主导思路与指导思想，必须从大力发展与搞活国民经济的角度，立足于"放"与"引"，即大胆放心地让其进入市场，引导其健康发展，而绝不能立足"统住"与"管死"。

关于民营科技企业股份制改造的若干问题思考

股份制是一种社会化的企业组织形式。作为一种现代企业制度，它是商品经济充分发挥的产物。它是通过各种不同额资本的集中而进行联合生产与经营，并按投入资本的份额参与经营管理和收入分配的形式；它是对产权的一种确定，并作为一种经营方式，其本身没有确定的社会经济性质，它仅是与社会化大生产和商品经济发展相联系的一种经济组织形式。

既然如此，我国的民营企业就完全可以实行股份制改造。这种改造不仅是社会化大生产的要求，更适应社会主义市场经济发展的需要；不仅有助于促进国有经济与民营经济的平等竞争与互相融合，而且有助于民营经济上档次、上规模、上水平，对增强国民经济总体实力大有好处。

本文拟就我国民营科技企业股份制改造中的若干现实理论与实际问题进行初步探索，提出一些思考性意见，以把该问题的研究引向深入。

一　关于企业股权形式问题

（一）可否设立"原企业集体股"问题

就目前民营科技企业登记注册的情况看，它们在企业经济性质一栏中大多填写"集体所有制性质"。其中有些是真正的集体所有制，但不少是名不符实的。《中华人民共和国城镇集体所有制企业条例》第四条规定：在集体所有制企业中，劳动群众集体所有的财产占有企业全部财产的比例，一般情况下不应低于51%。据此，一些省市工商部门规定：凡注册为集体所有制的企业，必须有主办单位的50%以上的投资，否则只能算私营企业。为此，有不少个人集资的民办科技企业只得找一个"主办单位"，先将自己的资金上交给主办单位，然后再由该单位下拨给企业，以取得集体性质的营业执照。许多民营科技企业的初始投资来源极其复杂，初始投资人难以明确。一旦这些集体性质的民营科技企业实行股份制改造时，那些由原始资本经营而产生的资产积累，其产权如何来界定呢？这是民营科技企业股份制改造实践中的一大悬而未决难题。在改革开放中，1991年以来，还出现了一些无主管单位的集体所有制民营科技企业，它们在股份制改造中，同样地面临着这一难题。凡注册为"集体"性质的企业，其公共积累都是不可分的。按照国家有关规定，无主管集体企业的注册资本，必须由8个以上自然人以其个人资产出资组合。开业经营的3年内，企业要将投资人的本金加15%的利息陆续退还本人，退还本息之后积累起来的财产，属该企业全体劳动者所有。即使这些投资人不收回本息，将其投入扩大再生产，在企业进行股份制改造时，也不能将积累的财产划归这些投资人。于是，一些企业便有意回避这一难题——存量资产在终极产权上的界定问题，不是通过改组设立公司，而是另外新设公司。由于新设公司的业务范围和主要产品技术都同老企业相近或相同，其自然人股东的利益是实实在在的，因此就出现了老企业的业务逐渐转入新公司之中。老企业则业务萎缩，甚至成为仅以持股为业的"空壳"企业。

这些"空壳"企业的大量存在，又给工商管理、税务管理和科技企业优惠管理带来了混乱。这里直接涉及下面这个前提假设："进行股份制改造的集体所有制民营科技企业，保留原企业存量资产（即不分割）作为原企业集体股，投入改组后的公司享受股东权益"。如果这个假设成立，则"企业存量资产的终极产权界定"，似乎就没有必要，但这个假设无论在法律上还是在实践中都难以成立。首先在法律上难以成立。如果将该企业改组成股份制企业，按照股份制企业的有关规定，则必须自行中止，而中止企业的原来全体职工也就不构成企业法人或成为团体法人。《中华人民共和国民法通则》所规定的能独立承担民事诉讼权利的"人"有国家机关、事业单位、社会团体、企业等法人和自然人，而没有"自然人集体"。既然企业法人不复存在，则原企业资产成为无主财产，法律如何承认和保护这些财产？其次在实践中也无法操作。一方面谁来代表这部分人行使股东权益？难找答案。另一方面这些股份权益又如何在这部分人中进行分配？问题还是回到了"企业存量资产的终极产权界定"问题。实际上，如果上述"假设"真的实行，由于集体所有制民营科技企业初始设立的复杂性，会使其中的一部分国家利益甚至部分个人利益受损。可见，在集体所有制的民营科技企业进行股份制改造时，是不应设立"原企业集体股"的。而国有或私有的民营科技企业，由于产权明晰，在股份制改造中不会存在上述问题。

(二) 关于法人股和自然人股问题

基于上述分析，我国民办科技企业在实行股份制改造时，主要应考虑下述两类股东：

其一，法人股东；其二，自然人股东。

法人股东是指向民营科技企业进行投资或拥有企业股权的机构持股人。具体包括：第一，代表政府各级国有资产管理机构的投资公司；第二，具有法人地位的机关、事业单位和社会团体；第三，各种基金组织，像共同基金、养老基金以及科教文卫基金，等等；第四，一般企业法人股东，即任一企业均可成为其他企业的法人股东。

自然人股东是指具有公民权利的自然人（以其个人合法财产向民营科技企业投资形成的股份）。他们可以是本企业的职工，也可以是社会公众。

股东享有股权。它是指人们因投资认购公司股份成为公司股东而拥有的各项权利的总和。从权利结构上分析，它反映的是一种内部法律关系，其权力仅及于公司内部，是一种内部管理活动中形成的社会关系的法律表现形式，包括公司与股东之间以及股东相互之间的权利义务关系。笔者认为，民营科技企业实行股份制改造后，股权的基本内容应该包括：第一，表决权。股东有权参加公司权力机构——股东大会并行使表决权，以表明对公司业务的个人意向，从而对公司业务施加影响。因为任何公司重大决策都是股东集体表决的结果。第二，选举权。股东有权选举或被选举为公司领导人或其他业务执行人员。第三，检查权。股东有权随时检查公司业务状况，监督公司的业务活动，以保证其投资效益的合理性和安全性。第四，股利分配权。股东有权根据所持公司股份数额请求公司发放股息或红利，获取投资股益，从而实现其投资的根本目的。第五，剩余财产分配权。在公司解散或破产时，股东有权针对公司债务清偿完毕后的公司财产余额，请求按所持股份比例合理分配。第六，股份转让权。股东有权通过适当的方式和程序转让其所持全部或部分公司股份。民营科技企业中出现的职工虚股，在经济学上亦称"影子股"，即相对实股而不需花钱得到的股，如工龄股、岗位股、劳动股等，这些股随职工的调离退出而消失，故不能继承和转让。第七，根据法律或公司规定的其他权利。

(三) 关于无形资产的折股问题

民营科技企业的股份制可采取多种组织模式，但无论何种形式，其资产存量无非是两大部分：有形资产和无形资产。前者包括固定资产、货币、实物等，后者包括科技成果、专有技术、专利、技术诀窍、商标权、名誉权等，其载体可以是个人，也可以是一个独立的实体。在民营科技企业的股份制改造中，根据"股权平等"的原则，需要明确无形资产的折股计算以及如何计算无形资产的股份额。

应当指出，民营科技企业是技术密集、知识密集的独立经济实体，企业生存发展的核心是企业自身拥有的技术和人才，其外在物化形态是高新技术产品。产品的市场竞争力，表现着企业发展的能力。因此，民营科技企业在实行股份制时，必须考虑无形资产的价值和折股问题，以真正体现出尊重知识、尊重人才、尊重科学；真正体现出科学技术就是第一生产力。笔者在这里论述的是无形资产的知识产权的价值和折股问题。

我们知道，知识产权（Intellectual Property）亦称"智力成果权"，是指对科学、技术、文化艺术等领域从事智力活动创造的精神财富所享有的权利。它属于无形财产权，不占有一定的空间，并具有专有性、地域性和时间性等特征。知识产权主要包括两类：第一，工业产权，如发现权、发明权、专利权、专有技术权、商标权等。第二，著作权（版权）。这些知识产权严格受到法律的保护。民营科技企业所涉及的无形资产主要是工业产权。

工业产权作为无形的投资入股，从法律意义上讲是指技术投资入股。所谓技术投资入股，就是法人单位特别是科研单位或个人以科技成果折合成资金或股份，向企业进行投资，联合开发新产品，并按确定股份的比例承担风险，分享效益。它是使科技成果尽快转化为现实生产力、保障科研单位和科技人员应得利益的一种最为有效的形式。不过，这种作为入股的技术必须是已能在生产上直接应用的技术，以及虽未经试用但非试验性的技术（联合协作攻关的科研项目除外）；必须是技术入股方合法持有的，并对该技术的成败负责。任何第三者对该技术提出异议，均由技术投资入股方负责处理。如果由于技术入股方的原因致使技术不能实施，造成股份公司损失，或产品没有商品价值而达不到预期的经济效益，技术入股方理应承担赔偿的经济责任。

关于无形资产（指技术入股的估价及估价标准）问题在民营科技企业的股份制改造中是一个比较复杂而又关键的问题。无形资产即技术的价值应定得相对合理，定得太高，会影响以有形资产投资方的积极性，不利于股份制企业多渠道向社会集资参股；定得太低则影响技术投资方的积极性，不利于企业的市场竞争和发展。在实际操作过程中，无形资产的价值计算一般可分三种：第一，根据无形资产所有者和企业双方议定的价格计算，这种价值计算应该有一个可衡量的准则，即该项技术成果业已产生和预计产生的社会、经济效益。无疑，无形资产的价值与其预计效益是成正比的。第二，从法律上看，无形资产无论是作为技术进行转让还是技术投资，都应实行一个标准。技术转让费普遍被作为这种标准，即一项技术作为许可实施转让时的使用费也就是该项技术作为投资时的估算价格。若把这笔技术费作为投资，那么技术投资方实际所得应为：技术股本 +（技术股本 × 平均利润率 × 企业年限）。第三，由于民营科技企业的平均利润率大大高于银行利率，再加上年限较长，所以，技术投资入股对法人股东和自然人股东有着强大的吸引力。当然无形资产毕竟是潜在形态的东西，必须物化为商品才能实现其价值，因此，双方在商定其价值时不能估计得过高。在计算中，是按先折算技术占总股份的比例，还是先计算技术的价值再折算成股份，这在实际操作中会出现两种不同结果。例如，西安高新技术开发区一家民办科技企业，其有形资产价值为120万元，但该企业的"看家本领"是生产某种特殊材料专有工艺技术。在试行股份制时，如预先设定无形资产占股份30%，则有形资产为70%；折算成货币资金，无形资产则为51万多元。反过来，如先折算无形资产价值再折算成股份，则情形会大不一样。

笔者认为，要制定技术投资估价的适当标准和规则是很困难的。从法律角度讲，不仅要重视制定技术估价的会计计算方法，更重要的是要从该项技术是否符合国家产业政策及经济技术需求的总目标出发，评估具体的技术投入。估价无形资产的价值最主要的是能够确定入股的技术将产生的经济效益和社会效益。无形资产以先行计算其实际价值然后折股计算最为适宜。值得注意的是，民营科技企业中的入股技术随着时间的推移渐渐贬值并进入公知领域，因此对技术的价值及入股所占比例，均应考虑这一因素。目前我国的实施情况是不做这种期限规定，技术股所占注册资本总额比例一般不超过20%。

(四) 关于劳动股的设置问题

民营科技企业是以高新技术为基础，以市场为导向，集技工贸一体化的经济实体。民营科技企业的组成人员基本上是专业技术人员，这些专业的科技人员是民营科技企业得以生存和发展的关键。因此，在民营科技企业的股份制改造中，不仅要允许技术入股，而且要承认劳动力这一生产要素为投资品。企业管理干部、工程技术人员、生产工人都属于劳动力作价范围。我们可根据其贡献大小、技术高低考评劳动实绩，结合工龄长短折算劳动股份。生产工人尽可能实行计件定额工资，工程技术人员按照其承揽项目核定工资，厂长（经理）和管理干部按岗位责任考核，按责任大小确定系数。劳动股一年一定，职工个人拥有的劳动股相当于全年发放的工资与奖金之和。具体股份就是这个之和与企业每股股票面值的比率。按劳参与分配，职工按其劳动实绩不仅得到作为"按劳补偿"的基本工资，而且参与利润分红（因为，这种股份是虚股，在经济学上亦称"影子股"，故利润分红只能出自企业奖励基金）。基本工资部分是对职工个人劳动在企业内部进行评价的结果，其评价标准是劳动产品使用价值的质与量；劳动分红部分是在市场对企业总体劳动进行评价的结果（企业实现的经济效益）中职工应得份额。如果企业亏损，劳动入股者也应同资金入股者一样，承担相应的负亏责任，负亏金可在职工的劳动收入中采取分期扣留的办法建立。劳动股一经量化就与资金股同股同利，以同样形式参与分配。同时按劳参与管理，职工根据劳动股的多少，决定其在股东大会上的有效表决票数。职工离岗后劳动股也自行消失。在民营科技企业中设置劳动股就是充分考虑了科技人员的劳动力价值，从而提高科技人员劳动的积极性。

二 关于企业存量资产的终极产权界定问题

以前我国企业的会计制度均采用资金平衡表，在企业的资金来源一方没有严格区分企业的自有资本和负债，这无疑给我们进行民营科技企业的产权界定和评估资产带来诸多不便。实行新的会计制度后，按股份公司制度的资产负债结构分清企业的资产列支结构，划清企业的资本负债关系，股份公司的"总资产＝公司负债＋公司自有资本"。我们要划分资产归属，首先要划出企业的债务资产，即"公司负债＝公司总资产－公司自有资本"。从法律上看，公司负债属他人资本，不应在公司股份制改造中的资本分割之列，而公司总资产减去负债之后剩余的公司自有资本才是我们进行股权分割的内容。

公司的自有资本包括下述内容：一是公司的股本（指公司的开办费或原始投入）二是当企业在经营中产生利润，并在扣除所得税和股本分红后剩余下的生产发展基金、公积金或后备金等为资本增值，又叫累积留存收益。在规范的股份公司法律制度中，企业的股本和累积留存收益均为股东权益，或曰所有者权益。

我国民营科技企业在实行股份制改造中，要对企业存量资产的终极产权进行界定就要明确三个问题：其一，企业的股本即企业原始资本的归属；其二，企业历年提取的公益金、职工福利金和奖金留存的属性判断及归属；其三，国家扶植金的处置。

（一）企业原始资本的归属

我国民营科技企业原始资本的投入有多种情况，但最为普遍的有两种情况。其一，企业的创办人或主管部门的实际投入。在这种情况下，企业的初始投资产权关系明确。这样，可遵守市场经济条件下资本收益的原则即谁投资谁收益。只要创办人筹集的资金最初明确是投资于该企业，并承担该企业的风险，日后不管该企业资产的"雪球"滚到多大，均属创办人或主管部门作为股东的权益；其二，企业从开办之日起，其开办费或注册资金就是以这个企业负债的形式出现的，即公司借钱包括贷款或利用工程项目款及其他借款办公司本身。尽管这在规范的市场经济制度下难以想象，但在我国的民营科技企业中却十分普遍。这种企业因没有明确的初始投资人，产权关系较为模糊。因此，企业在赢利后，用利润偿还贷款、工程项目及其他借款后，而由这些借款所形成的资产就笼统地变成了企业所有。由于这些企业大都是集体所有制性质，似乎职工人人都有而又人人没有，他们对财产的所有者身份以及对财产的如何处置和分配的多少都是无法确定的；他们既不是自然人股东又不是法人股东，无法独立承担民事责任的权利与义务。故将这部分在试行股份制之前企业滚动积累的财产笼统地划归企业集体所有，是不利于民营科技企业的股份制改造的。更何况这部分资产还有科技人员技术投入的创造。但是，由于民营科技企业人员流动频率很高，且每一个职工来自企业的工龄、贡献都不一样，使得这部分资产在具体分割上有一定难度。因此，可做以下规定：第一，对这类企业的自有资本可划归一部分为集体企业发起人（申报时应为8人以上）所有；第二，也可划归一部分为国有资产管理部门，或原主管部门所有，作为公司中的股权，比例多大可根据具体情况而定；第三，剩余部分由该企业的现有职工按照工龄、贡献的大小进行分割，应规定最高限额，且就此按照《个人收入调节税暂行条例》的规定，交纳个人收入调节税，以此作为职工在公司中的股权。

（二）企业历年提取出的公益金、职工福利金和奖金留存的属性及其归属

与我国以前会计制度分类中笼统地把税后利润中的生产发展金、后备金、公益金、福利金和奖金等五项基金统称为企业留利的提法不同，在民营科技企业的股份制改造中，必须注意把生产发展金、后备金与公益金、职工福利金、奖金严格区分。从法律上看，生产发展金、后备金为股东权益，它应进入公司的自有资本；而福利金、公益金、奖金等则为公司负债即公司的股东主体对雇员主体的负债。它所表明的是，这笔钱提出后在一定期限内补偿给公司的劳动者群体或作为劳保福利或作为生活福利。同时在股份公司的会计制度下，福利金同劳动者的工资一样不应出自利润，而应摊入成本。对已提留出的职工福利金的处置，可结合目前国家用工制度改革、住房制度改革和保险制度改革的基本方向，一律按职工的工龄、贡献之别，分配在每个职工的名下，由公司统一为其购买养老保险、失业保险和住房基金。这将有利于民营科技企业彻底打破"铁饭碗"，搞活企业用工制度。为此，在民营科技企业大面积推广股份制后，建立以专门吸收各股份制企业职工的福利金和保险金的科技企业养老基金管理公司和失业保险公司，就显得特别重要。

（三）国家扶植基金如何处置

国家给予科技开发企业包括民营科技企业许多优惠政策，其中很重要的一条就是减免税，由企业自行使用，有关部门监督。

作为国家扶植基金，实质上是国家把企业应交的税款作为对企业的再投入，且这种投入是无偿的。既然作为无偿投入，在企业进行股份制改造时，财税部门不应强求将此资产作为国家公股参股，而应尊重企业意见。应当指出，国家对民营科技企业的这种税收优惠如同对外商来华投资的优惠一样，仅说明国家大力扶植这一行业。因此，我们不可能把对外商的"免二减三"后形成的资本增值部分看作国家股权。与此同理，民营科技企业的这部分资本净值，亦不应追加到国家产权中去。如果考虑到民营科技企业实行股份制发展前景良好，国家财政或通过有关国家投资公司以资金或其他形式参股是完全可行的，但不能强制把减免的税款作为国家投入参股，否则，就失去了减免税的"刺激效应"和积极意义。

为此，在试行股份制过程中，需要把握三点。其一，每年按实际计划征税款和减免税款，单独划出应减免税款，专列会计科目，用于企业发展。其二，这部分国家扶植基金单独专项使用，不作为国家公股。其三，企业资产增值部分，应按实际入股份额，折算成股份增值。

需要指出的是，对那些初始投资产权不明确而其经济性质又是集体所有制的企业或者是名为集体而实为私营和个体的民办科技企业，在进行股份制改造时，就必须追加国家产权，因为这些企业的产权若全部以量化的方式分到个人头上，就说明这些企业的原始私人属性。在我国税法中，私人企业的税赋与集体企业不同。而这类企业从创立之日起，实际上就是私人属性而享受集体企业的税收政策，因此在这类企业股份制的改造中，可按《私营企业条例》35%所得税率对企业重新进行税额计算，划分出应上缴国家的部分，国家的国有资产管理部门可以将其作为在企业中的参股。

三　我国民营科技企业股份制改造亟待解决的几个问题

民营科技企业的股份制改造，是一项系统工程，涉及多方面的配套改革，在实施中亟待研究解决如下一些关键性的问题。

(一) 建立独立的资产评估机构和国有性质的高科技投资公司

我国民营科技企业实行股份制改造，首要的问题就是要对企业多年积累的资产进行评估。而目前由于没有这样独立专门的评估机构，股份制试点企业的资产评估往往由企业主管部门和财政部门以及企业自身进行，带有很大的随意性。笔者认为，随着经济改革的深化发展，随着民营科技企业股份制改造的大面积推广，独立的资产评估机构应逐渐成为一个专门的行业。这不仅是因为企业实行股份制需要它，企业的租赁经营、拍卖、兼并、破产等都需要这一行业的发展。因此，有必要从法律上规定资产评估机构的地位、性质及其职责，明确各个评估公司都是独立的企业，是为企业运营服务的企业。并制定出相应的管理办法，以约束企业资产评估的随意性和不确定性，把企业资产评估及营运纳入法制轨道。

还需要指出的是，民营科技企业的资产评估后分割给国家的股份，国家如何接受的问题。笔者认为，应组建国有性质的高科技投资公司，隶属于各级国有资产管理局领导，专门负责接受在民营科技企业股份制改造时分割给国家的股份，逐渐成为民营高科技企业的股东，并在每一年度从股份制企业中获取股利收入。当然，高科技投资公司的这一代表政府股东职能应与税务部门代表政府的税收职能分开，高科技投资公司所具有的这一政府股东职能可从企业中获取利润。利润的高低是弹性的，主要取决于企业的经营效果，这部分收入应用于民营科技事业的拓展，即再投资民营科技的高科技生产领域。而由税务部门代表的政府商品经济管理者职能则从中获取税收，税率是刚性的，不依企业的经营效果所决定。税务部门的这部分收入主要用于上缴财政。为此，国家或地方政府应该制定相应的法律制度，依法明确高科技投资公司的这种地位、性质和职能，保证评估机构和公司在法制规范下健康运作。

（二）加强技术投资的法律保护

我们知道，科技投入是民营科技企业得以生存和发展的主要原动力，很多民营科技企业就是由自身科技人员的科技投入加适当的贷款或借款建立起来的。所以，技术是民营科技企业发展的最主要的支柱。前面已经谈了，民营股科技企业实行股份制改造，应当将无形资产即技术进行折股，并将其量化到投入者身上，依一定折价比例使投入者占有企业的股权。那么，这种投资人投入的技术在民营科技企业股份制改造时，应如何得到法律上的保护呢？笔者认为，投入的技术在企业股份制改造时，不仅要受到《中华人民共和国技术合同法》及其实施条例、《中华人民共和国专利法》《中华人民共和国商标法》的保护，而且还需要在立法上进一步明确下列法律保护。

1. 技术保密条款

技术作价投资入股后，技术股东和股份制企业对这种投资入股的技术资料应负保密责任，否则，会影响企业效益。保密期限可以规定，可以协商，也可以视该项技术的情况而定，一般以该项技术"进入公知领域"之日为界。

2. 后续技术的反馈

技术估价投入后，股份制企业在使用该项技术过程中如有改进和发展时，按照国内外惯例，技术投资方可以使用已改进的后续技术。不过这种后续技术的作用应当是对等的，反馈是相互的。

3. 投入技术的再转让再投入权

民营科技企业实行股份制时，应对投入技术的所有权或使用权做出明确规定。若投入的是所有权，则该技术归股份制企业所有，投入方享有该技术所有权折价后的企业股权，股份制企业可视社会需要和本企业的利益进行重复投资入股或重复使用；若投入的是使用权，则技术投入方保留该技术的所有权，并享有该技术使用权折价后的企业股权，投入方可在合法条件下，利用该技术进行再投资入股或转让，而股份企业无权进行重复投资入股或转让。

4. 技术既然作价成为股份制企业的投资总额的组成部分，那么在股份制企业发生清算或亏损时，技术投资也应与其他形式投资入股一样按照股份制企业章程的规定，参与分配，承担责任

保护知识产权，制定和实施有关技术投资、入股的管理条例和法规法律，建立健全维护技术投资、入股的法制环境，逐步形成技术投资入股关系的规范化、法律化，对于民营科技企业的股份制改造有着现实和长远的重要意义。

（三）民营科技企业主要应办成有限责任公司，其设立应采取核准登记的法人成立程序

在民营科技企业股份制改造中，股份公司的设立，应采取核准登记的法人成立程序，由政府专门机关严格审查其成立资格，杜绝"皮包公司"出现，防止买空卖空、转手倒卖的投机现象，以保证民办科技业是从事相对而言的高新技术产品的开发、研制、生产和销售，而不是专门生产非科技开发产品的民办科技企业。为此，国家应该在法律上进一步做出具体规定。

我国的民办科技实业在进行股份制改造时，其采取的公司登记形式主要是有限责任公司还是股份有限公司呢？笔者认为，主要应采取有限责任公司的法律形式，而后可逐步办成股份有限公司。我们知道，股份制企业以其注册资金认缴和募集的方式，分为不向社会发行股票的有限责任公司和向社会发行股票的股份有限公司两种，所谓有限责任公司是指由股东共同出资但不会公开发行股票，

每个股东以其所认缴的出资额对公司承担责任，公司以其全部资本对公司债务承担责任的企业法人。所谓股份有限公司是指注册资本由等额股份构成并通过发行股票筹集资本，股东以其所认购股份对公司承担责任，公司以其全部资产对公司债务承担责任的企业法人。有限责任公司和股份有限公司在法律特征上的主要区别有六点。第一，有限责任公司的股东，仅就其出资额对公司负责；而股份有限公司的股东是以所认股份对公司负责。第二，有限责任公司的股东人数一般都有最高人数的限制。如《日本有限公司法》第八条第一款规定："股东总数不得超过五十人。"我国《有限责任公司规范意见》第九条规定："公司必须有二个以上三十个以下的股东方可设立。因特殊需要，公司股东超过三十个的，须经公司审批部门批准，但最多不得超过五十个。"而股份有限公司的股东只有最低人数的限制，无最高人数的限制。所以，股份有限公司的股东人数可能成百上千。第三，有限责任公司的注册资本额要求较低，一般只需几十万元。如我国《有限责任公司规范意见》第十条规定："公司注册资本的最低限额：生产经营性公司五十万元；商业、物资批发性公司五十万元；商业零售性公司三十万元。"科技开发、咨询、服务性公司十万元。而股份有限公司的注册额必须是达到法定的资本额，一般要有上千万元。如我国《股份有限公司规范意见》第十二条规定："公司注册资本的最低限额为人民币一千万元，在外商投资公司，注册资本应不少于人民币三千万元。"第四，有限责任公司不能公开募集股份，不能发行股票，有限责任公司的股东也有各自的份额以及股份的权利证书，但它称作股单。股单和股票不同，股票是一种有价证券，可以在证券市场买卖，而股单只是一种权利证书，所以它不能买卖。这一点与股份有限公司可以公开募集股份、发行股票则完全不同。第五，有限责任公司股东出资的转让，有严格限制，股东出资转让应由公司批准，并在公司登记；有限责任公司的经营情况，因不涉及社会上其他公众的利益，其经营状况也没有必要公开。这些都是其非公开性的表现，与股份有限公司有着明显的区别。第六，有限责任公司的设立程序要比股份有限公司简便得多。只有发起设立,而无募股设立;其发起可以由一人或几个人所为,股东的出资金额在公司成立时必须缴足;有限责任公司的股东可以作为公司的雇员直接参加公司管理。而股份有限公司因分有发起设立和募集设立,因而其设立程序较为复杂,而且股东对于公司的经营管理一般不能参与。

从以上不难看出:有限责任公司一般适合于较小范围的、较低程度、较小规模的集资需要,因而其组织形式适合于中小型企业;而股份有限公司的任务是在更加广泛的地域上,向众多的资金持有者募集资金,以形成资金较为雄厚、组织比较稳定、持久的企业组织,能从事较大规模的生产经营活动,因而其组织形式更适合于大中型企业。

(四) 进一步发育和完善证券市场,加强证券交易立法

股票上市是民办科技实业扩大资金来源、增加经济实力的好机会。因此,不仅要有发行市场,而且逐步要有流通市场。这样,才能充分发挥股份制的效应。股份制企业发行股票其经济作用主要体现在三个方面:第一,筹集社会资金。股票作为集中资金的有力杠杆,使企业得以迅速扩大生产规模,不断改进生产技术,使需要巨额资本的企业和部门得以迅速建立、发展。第二,改善经营管理。由于股票投资的不可撤回性,使得股票持有人除了廉价转让股票外,只能通过对企业的经营管理行使法定的监督权以防止股票利益的丧失,这就从客观上有利于改善企业的经营管理。因为企业经营的好坏是通过股票价格的涨落反映出来,从而给股东提供监督的信息,给职工带来改善经营管理、提高经济效益的压力和企业破产、职工失业的威胁。这个监督比政府对企业监督作用要大得多。第三,调节社会生产。股票具有可转让性,其实际价值的高低和流转的动向直接与企业的经营效果密切相关。这就使股票具有一定的自发调节社会生产、调节社会财力、物力、人力在不同经济部门中的分配的功能。

民营科技企业实行股份制改造,要更好实现股份制的上述效

应，就必须从法律上采取以下措施。

第一，进一步完善与规范股票交易市场。对股市国家金融机构要加强统一管理，防止在股票交易中的过度投机活动。除了运用法律手段（其中包括刑罚手段）来加强对股票交易的控制之外，还要对股票交易征税，充分运用各种经济杠杆的作用，减少股票交易的消极影响。

第二，保障股票可以在法定场所中自由转让和及时兑现。在目前的情况下，应该由人民银行认可的证券机构来控制和管理股票的转让，承担股票变现业务，把整个股票交易纳入国家金融管理体制，加强对股票市场的经济管理和法律监督。

第三，建立有效控制股份公司经营状况的制度，以明确股份公司负责人的法律责任。用法律手段督促公司负责人在经营中注意经常保有与股份发行总额相当的公司财产。禁止以小额资本从事大宗买卖，规定明知无履约的能力而故意签订经济合同进行经济诈骗的行为的法律责任。要扩大和完善对股份企业的监督制度，严格奉行股份企业必须向公众公开经营状况原则，建立起企业公开制度。

（本文发表于《社会科学探索》1997年第1期）

私营企业"挂靠"的成因及对策

目前，我国私营企业"挂靠"集体企业和国有单位的现象相当严重，并且还有日益增加的趋势。在沿海一些经济发达省区，相当多的私营企业挂"合作企业""乡镇企业""集体企业"的牌子，还有不少企业挂靠在民政部门、学校、商业、工业管理等部门。这种现象在内陆省区也相当普遍。

在福建泉州，有 1500 多家集体企业，而名副其实的并不多；重庆市约有 80% 的私营企业有"挂靠"关系；长春市（包括所辖县市）约有挂靠企业近万家，仅该市八里堡某个小学就挂靠 80 多家私营企业。

国家允许私营经济合法存在与发展，为什么还会大量出现私营企业"挂靠"现象？我认为，主要有以下几方面的原因。一是在政治上找"靠山"和"避风港"。一些私营企业主对搞私营经济仍有顾虑，怕政策有变，怕日后戴"资本家"和"新资产阶级分子"的帽子。"挂靠"到公有制单位，戴上"红帽子"，掩盖其私营企业主身份，不仅可以躲避许多政治麻烦与风险，甚至还可以利用红色招牌获取一定的政治待遇和政治资本。二是为了捞取经济实惠。众多私营企业挂靠公有制单位，一个很重要的目的在于享受免税优惠，获取更大的经济利益。以前国家税收政策曾规定，国有企业适用 55% 的比例税率，集体企业适用 8 级超额累进税率，最高为 55%，而个体户和私营企业适用 10 级超额累进税率，最高税率可达 84%。私营企业挂靠国有及集体单位，就是为了躲避高税率，寻求低税收益。还有，国家对福利性城乡集体企业、校办企业、知青企业等实行种种减免税政策，私营企业挂靠集体企业就可直接享受这方面的政策优惠，同时也可以躲避有关部门对私营企业种种不合理的收费及滥摊派、滥罚款。三是公有制单位接收私营企业"挂靠"有利可图。许多公有制单位财政拨款减少，经费拮据，连开支都难保，更无福利可言。为了弥补经费不足，增加本单位的收入及职工福利，便积极接收挂靠，收取挂靠费已成为他们"创收"的一个重要来源。

私营企业"挂靠"公有制单位，存在诸多的弊端，对国民经济发展的消极作用愈来愈大。第一，它模糊了企业的经济性质，掩盖了私营经济的客观属性和真实面貌，不但削弱了私营经济的稳定性，也干扰了国家的正常经济秩序，给国家对不同经济成分的有效管理与调控带来困难。第二，它模糊了产权关系。私营企业本属私有制范畴，其财产归业主私人所有。一旦它挂靠公有制单位，便在外在形式上取得公有制的产权形态，这就导致产权关系模糊或扭曲。这种"明公暗私"的状况，不仅使政府有关部门的统计数据不能真实反映客观存在的经济结构及其运行态势，妨碍国家对经济结构的正确判断及合理调整，影响国家经济监控部门的正确指导和有效调控，而且引发大量的产权纠纷，影响企业的正常生产经营，更影响社会的法治及安定。第三，造成国家和地方大量税款流失。据统计，全国每年因私营企业挂靠公有制单位损失的税款，少则几十亿元，多则几百亿元。第四，败坏公有制单位的形象和声誉。一些私营企业凭借公有制招牌，招摇过市，或大搞走私贩私，或生产经营伪劣假冒商品，或进行不正当竞争甚至进行诈骗活动，业主捞取了好处，却严重损伤了公有制单位的形象和声誉。第五，助长腐败现象的滋生和蔓延。私营企业主为了达到挂靠的目的，往往采取请客、送礼，甚至行贿等手段，而一些单位则通过提供场所、卖图章、卖发票，接受挂靠而获利，并将获得的钱款存入本单位"小金库"，或为小团体谋"福利"，或供少数掌权者挥霍。可见，私营企业挂靠公有制单位，对公有制单位是一副作用极坏的腐蚀剂，十分不利于公有制单位的廉政建设。

鉴于上述情况,国家应制定有关政策,采取强有力的措施,尽快解决私营企业"挂靠"问题。根据目前我国的实际,我认为主要应采取以下对策。

第一,要进一步解决思想理论认识问题。由于我国长期把资本主义私有制视作"万恶之源",致使干部群众患有严重的"恐资病"和"惧私症"。邓小平指出:"改革开放迈不开步子,不敢闯,说来说去就是怕资本主义的东西多了,走了资本主义道路。"[①] 一些私营企业主之所以挂靠公有制单位,就是怕人说搞资本主义,怕戴"新资产阶级分子"帽子,说到底,是思想深处有"恐资病"和"惧私症"在作怪。因此,改革开放迈开步子,解决私营企业挂靠问题,必须下功夫消除人们(尤其是私营企业主)的"恐资病"和"惧私症"。这就需要对私营企业主进行党的基本路线和政策教育,使他们从思想上认识到党和国家发展私营经济的方针和政策一百年不会改变,不会对他们进行"社会主义改造",更不会戴"新资产阶级分子"的帽子,思想上消除了"恐资病"和"惧私症",就不会再去寻求挂靠了。思想是受理论所左右和支配的,故而要解决私营企业挂靠问题,还必须解决理论认识问题,即破除"私营经济是社会主义经济的异己力量"的陈旧观念,确立起"私营经济是发展社会主义市场经济的重要生力军"的新意识。理论认识端正了,思想解放了,私营企业挂靠问题的解决,才会有可靠的前提与保证。

第二,要进一步落实有关政策,强化效益诱导作用。政策和策略是党的生命。私企挂靠问题能否很好解决,关键在政策。国家尤其要运用好各种优惠政策的利益诱导作用,引导私营企业自动从挂靠单位走出来,大大方方追求"阳光下的利润"。现在最迫切需要解决的是政策如何进一步落实的问题。私营企业应享有的税收优惠,一定要给予,并且要到位;要真正做到私营经济与公有制经济

---

① 《邓小平文选》第三卷,人民出版社 1993 年版,第 372 页。

在税负上的平等,以实现公平竞争。凡是符合国家产业发展方向,对安置待业人员及下岗人员,能增加人们收入及社会财富者,或开拓高新技术产业,开发新产品及名优产品者,银行应予以贷款支持,切实改变对私企信贷歧视的状况。当然,为确保银行资金的安全,对私企一定要实行风险抵押贷款。另外,取消那些对私企的种种歧视性规定和强制性措施,取消名目繁多的滥罚款、滥收费和滥摊派,营造一个较宽松的环境。这就能促进私营企业不再挂靠或从挂靠单位走出来。

第三,运用行政手段进行严格的清理整顿。这也是解决私营企业"挂靠"的一个行之有效的实际步骤。国家工商管理机构要组织力量,会同有关部门,对现有的集体企业、国有企业及事业单位进行一次全面清查,凡是挂靠的单位进行一次全面清查,凡是挂靠的私营企业一律从这些公有制单位脱离出来,并真正明晰其私有的产权关系。尽管这种清理是强制性的,但也务必要以说服教育为主。一方面要教育公有制单位的领导,向其讲清"挂靠"对国家经济发展带来的危害;另一方面要说服私营企业主从保护自身的财产权利出发,主动自觉地与"挂靠"单位脱钩,树立良好的私企形象。通过清理整顿,对私营企业主进行一次党的基本路线教育,使他们真正认识到,党的基本路线一百年不变,发展个体私营经济的方针政策长期不变,可以放心大胆地干,用不着东躲西藏,没有必要去"挂靠"。

第四,依法进行规范。为了避免"前清后挂",从根本上杜绝"挂靠"现象继续发生,必须进行必要的立法,运用法律法规来加以规范和解决。法律法规要明确规定:"挂靠"是一种所有制关系的"假冒",同搞"假冒商品"一样,属于一种非法行为,从事"挂靠"的双方都要承担一定的法律责任。对接受"接靠"的公有单位,不仅要没收其全部"挂靠"所得,处以相应的罚金,而且还要追究有关责任者的责任;对搞"挂靠"的私营企业,更要依法进行相应的经济制裁;工商管理部门要依法把好企业登记注册关,对为私营企业进行"挂靠"的有关工作人员要视情节轻重予以处罚。

目前，私营企业大量挂靠公有制单位已成为国家税款大量流失的一个大黑洞，不采取严厉的法律手段，是难以从根本上堵塞住的。当然，也要通过健全立法，保护私营企业的财产不受侵犯，这样才能更有效地保证私营企业不再去"挂靠"。

(本文发表于《社会科学探索》1997 年第 6 期)

马克思、恩格斯：科学对待私有制

党的十五大报告指出，个体私营经济是社会主义市场经济的重要组成部分，要继续鼓励和引导，使之健康发展。为了从理论的高度加深对党的十五大报告的理解，从根本上保障整个社会主义初级阶段个体私营经济健康发展，系统学习马克思和恩格斯关于私有制问题的科学论述，无疑具有重大的现实意义。

一

从私有制自原始社会末期在地球上产生以来，虽然几经改变形态，但始终是不断地向前演进、逐步发展，越来越发育和成熟。在以往长达几千年的历史中，私有制作为一种基本的生产关系和社会经济制度，被历代统治者——奴隶主、封建主及资本家阶级所强力维护、巩固和发展着。因为私有制是他们赖以生存的根本经济基础。历代统治者的代言人，为了效忠于主子，总是千方百计地制造种种理论为私有制进行辩护和歌功颂德。在他们看来，私有制尤其是资本主义私有制是人类社会最理想的、最合理的一种社会制度，因而也是一种"永恒"的社会制度。

在马克思、恩格斯之前，空想社会主义理论家对私有制进行了猛烈的抨击和批判。1516年，英国的托马斯·莫尔写了一本颇有影响的书——《乌托邦》。莫尔在这本书里设想的"乌托邦"是没有任何私有财产的"公有制社会"。在这个社会中，私有制被彻底废除，所有的生产资料如土地、房屋、生产工具等统统都是公有的，消费资料也是公有的。为了杜绝人们的私有观念，甚至连住房也要每隔10年要调换一次。每个人都劳动，实行"各尽所能，各取所需"，消灭了寄生虫，人人生活自由而富足。他强烈谴责资本主义的原始积累，无情地揭露资本主义私有制的罪恶，严正地指出："假使私有制度存在，假使金钱是衡量一切的标准，我以为国事的进行就不可能公正顺利。""如果每个人都有他自己的财产，幸福是不能达到的。当每个人可以假借法律去拼命捞钱，那就不管一个国家有多大的财富，所有的财富总是落到少数人手里，被他们分掉，其余的人就变得穷苦不堪。"还讲："我深信，只有废除私有制度，财富才可以得到平均公正的分配，人类才能有福利。如果私有制仍然保留下来，那么，大多数人类，并且是最优秀的人类，会永远被压在痛苦难逃的悲惨重负之下，我承认这个重负或许可以减轻几分，但是把它完全卸除是绝对不可能的事。"[①] 他们之所以对私有制深恶痛绝，一个很重要的原因在于，他们把私有制尤其是资本主义私有制看作是万恶之源，是与社会主义绝对不相容的。英国大空想社会主义者欧文指出，私有制使人变成魔鬼，使全世界变成地狱，资本家由于掌握了权力和资本，因而工人创造的大量财富被他们据为己有，而工人阶级却日益贫困和痛苦。

应当而且必须看到，空想社会主义者对私有制及资本主义的批判，有其积极的一面，即揭露了资本主义私有制血腥剥削和压迫，指明了私有制对社会生产力发展的阻碍，并非人类社会永恒合理及最美好的社会制度。但由于他们对私有制的批判是站在"公平、正义"等道德立场，而并非站在社会客观存在的基本矛盾发展规律基础上，因而必然是一种非理性、非科学的批判，其设想的完全消灭私有制的"社会主义"也不能不陷入纯粹的"乌托邦"，即空想。这一点连他们自己也意识到了。

马克思和恩格斯并没有轻率地否定空想社会主义者对私有制及

---

① [英]托马斯·莫尔：《乌托邦》，戴镏龄译，商务印书馆1982年版，第55—56页。

资本主义的批判，而是冷静地、科学地对待他们的整个理论。空想社会主义者对未来社会制度的设想，有不少是富有创造性的。例如，圣西门认为，为了克服资本主义社会的无政府状态，必须有计划地组织社会生产；再比如，傅立叶认为，要用自由选择工作代替旧的社会分工；欧文提出，未来社会消灭三大差别等，这些都闪烁着社会主义思想的光辉。恩格斯说从他们那里"看到了天才的远大眼光"①，高度评价他们是"社会主义的创始人"②。当然，这并不意味着马克思和恩格斯完全赞同空想社会主义者对私有制及资本主义私有制的评价和批判。

马克思和恩格斯是以辩证唯物主义和历史唯物主义的世界观和方法论科学地看待私有制和资本主义私有制的伟大典范。他们不像资产阶级庸俗经济学家那样极力为私有制和资本主义私有制辩护，也不像空想社会主义者那样根本否定私有制和资本主义私有制。他们科学地论证了私有制和资本主义私有制产生的历史必然性，说明了其历史进步性和历史暂时性，指明其被社会主义公有制所取代的历史必然性，所以说，马克思和恩格斯关于私有制及资本主义私有制的思想理论是最严正、最科学的，至今仍是我们对待和认识社会主义初级阶段私有制经济的光辉指南。

二

马克思和恩格斯对私有制的分析，是采用从一般到个别的方法，沿着所有制→私有制的轨迹和思路来进行的。

首先，马克思把所有制看作劳动主体即劳动者对劳动的客观条件的占有关系。他指出："一切生产都是个人在一定社会形式中并借这种社会形式而进行的对自然的占有。"③ 在著名的《哥达纲领

---

① 《马克思恩格斯选集》第三卷，人民出版社1972年版，第300页。
② 《马克思恩格斯全集》第二卷，人民出版社1957年版，第455页。
③ 《马克思恩格斯选集》第二卷，人民出版社1972年版，第90页。

批判》中更是明确地指出："只有一个人事先就以所有者的身份来对待自然界这个一切劳动资料和劳动对象的第一源泉，把自然界当作隶属于他的东西来处置，他的劳动才成为使用价值的源泉。"① 劳动者对客观劳动条件——劳动资料和劳动对象的占有关系，就是人们通常所说的生产资料归属关系。但这种关系不是孤立产生和存在的，它是"在一定社会形式中并借这种社会形式"而产生和存在的，因而它不是一种简单的人与物的关系，而是劳动者从事生产的经济关系，是劳动者以所有者的身份来运用和与物质生产条件相结合的形式。

其次，马克思还把所有制看作是财产关系，并认为财产关系包括双重关系。他明确指出："财产最初无非意味着这样一种关系：人把他的生产的自然条件看作是属于他的、看作是自己的、看作是与他自身的存在一起产生的前提；把它们看作是他本身的自然前提，这种前提可以说仅仅是他身体的延伸。其实，人不是同自己的生产条件发生关系，而是人双重地存在着：从主体上说作为他自身而存在着，从客体上说又存在于自己生存的这些自然无机条件之中。""这些自然生产条件的形式是双重的：（1）人作为某个共同体的成员而存在；因而，也就是这个共同体的存在，其原始形式是部落体，是或多或少发生变化的部落体；（2）以共同体为中介，把土地看作自己的土地……"② 这就清楚地告诉人们，财产关系表现为二重关系：一是劳动者对客观物质生产条件的占有关系，即物质生产条件对人（劳动者）的归属关系；二是人（劳动者）与共同体成员之间的关系，即生产中结成的人与人之间的经济关系。前一种关系是借助于后一种关系而存在与实现的，而后一种关系则是前一种关系存在的前提。概括起来说，就是在物质生产中及因此而产生的人与人之间的相互经济联系或经济关系当中，才有对物质生产条件的所有关系及占有关系。这就是马克思关于所有制的完整的内

---

① 《马克思恩格斯选集》第三卷，人民出版社1972年版，第5页。
② 《马克思恩格斯全集》第三十卷，人民出版社1995年版，第484页。

涵。那种认为所有制仅是物质生产条件对人（劳动者）的自然的归属关系，是不符合马克思关于所有制双重内涵的理论的，是片面的，因而也是不科学的。

最后，马克思在科学界定所有制内涵的基础上，具体分析了私有制及资本主义私有制。这种分析也是从一般上升到特殊、从抽象上升到具体，即先分析私有制一般，而后再分析私制有特殊——资本主义私有制。马克思在 1844 年写的《经济学—哲学手稿》中讲："私有制，作为外在化了的劳动底物质的概括的表现包含着两个关系：劳动者和劳动，他和他的劳动生产品以及他和非劳动者底关系，非劳动者和劳动者以及和他的劳动生产品底关系。"① 从这段论述中可以看出，马克思认为一般意义上的私有制包含着两个方面的关系。第一个方面，从劳动者的角度考察有劳动者和他的劳动（力）的关系、劳动者和他的劳动产品的关系、劳动者和非劳动者的关系。第二个方面，从非劳动者（剥削者）的角度考察有非劳动者和劳动者的关系、非劳动者和劳动者的产品关系。无论哪个私有制社会，奴隶制社会也好，封建制社会也好，资本主义社会也好，都存在上述错综复杂的生产关系。这里应当指出的是，马克思在这里讲的劳动者和他的劳动的关系，实际上是劳动者和他的劳动力及劳动条件的关系，因为在马克思的早期思想和著作中还没有把劳动与劳动力区别开来。马克思这里没有专提劳动者与生产资料的关系，实际上已把它作为劳动条件包含在其中了。分析了一般意义的私有制之后，马克思具体考察了资本主义私有制。他明确指出："私有制不是一种简单的关系，也绝不是什么抽象概念或原理，而是资产阶级生产关系的总和（不是指从属的、已趋没落的，而正是指现存的资产阶级私有制）。"② 把资本主义私有制作为资产阶级生产关系总和，是马克思的一贯思想。他在《哲学的贫困》中还指出："在每个历史时代中所有权以各种不同的方式、在完全不同的

---

① ［德］卡尔·马克思：《经济学——哲学手稿》，人民出版社 1956 年版，第 65 页。
② 《马克思恩格斯选集》第一卷，人民出版社 1972 年版，第 191 页。

社会关系下面发展着。"① 因此，给资产阶级的所有权下定义不外是把资产阶级生产的全部社会关系描述一番。

马克思关于私有制的理论绝不仅仅在于科学界定私有制和资本主义私有制的内涵，更重要的部分则是区分私有制的不同形式。除了对私有制作了奴隶主私有制、封建主私有制和资本家私有制的大区分以外，还对私有制的不同色层进行了细分，这是马克思的一个重要贡献。马克思指出："私有制作为公共的、集体的所有制的对立物，只是在劳动资料和劳动的外部条件属于私人的地方才存在。但是私有制的性质，却依这些私人是劳动者还是非劳动者而有所不同。私有制在最初看来表现出的无数色层，只不过反映了这两极间的各种中间状态。"② 还指出："政治经济学在原则上把两种极不相同的私有制混同起来了。其中一种是以生产者自己的劳动为基础，另一种是以剥削别人的劳动为基础。它忘记了，后者不仅与前者直接对立，而且只是在前者的坟墓上成长起来的。"③ "从资本主义生产方式产生的资本主义占有方式，从而资本主义的私有制，是对个人的、以自己劳动为基础的私有制的第一个否定。"④ 从上述论述中可以看出，私有制起码有三个"色层"，即三种具体形式：一是个体私有制，它是"以生产者自己的劳动为基础"的私有制；二是资本主义私有制，它是一种"以剥削别人劳动为基础"的私有制；三是介于二者之间的"中间状态"，即小业主私有制，它是业主既参加劳动又带有一定程度剥削的私有制。将私有制这样细分，有助于区分社会的不同阶层，准确地确定他们在社会上的地位与作用，便于无产阶级政党在革命与建设中采取有区别的适当的政策，防止"一刀切"的错误发生。这样区分，对区分我国现阶段个体户与私营企业更具有实际意义。严格来讲，目前我国的许多个体户就是以自己劳动为基础的私有制，私营企业则是以雇佣劳动为基础的资本

---

① 《马克思恩格斯选集》第一卷，人民出版社1972年版，第144页。
② 《资本论》第一卷，人民出版社1975年版，第829—830页。
③ 《资本论》第一卷，人民出版社1975年版，第832页。
④ 《资本论》第一卷，人民出版社1975年版，第833页。

主义私有制，介于二者之间的便是小业主私有制。对资本主义私有制的历史作用给予充分肯定和高度评价，这是马克思关于私有制理论的一个重要组成部分。马克思和恩格斯在《共产党宣言》中明确指出了资本主义私有制在历史上起过的非常革命的作用：第一，它"把一切封建的、宗法的和田园诗般的关系都破坏了"①。对于战胜封建主义制度，它起了决定性的作用。第二，它"把医生、律师、教士、诗人和学者变成了它出钱招雇的雇佣劳动者"②。第三，它把家庭关系"变成了纯粹的金钱关系"③。第四，它"使生产工具，从而使生产关系，从而使全部社会关系革命化"，"生产的不断变革，一切社会关系不停的动荡，永远的不安定和变动，这就是资产阶级时代不同于过去一切时代的地方"。④ 第五，它创立并不断开拓国际市场。马克思讲："不断扩大产品销路的需要，驱使资产阶级奔走于全球各地。它必须到处落户，到处创业，到处建立联系。资产阶级，由于开拓了世界市场，使一切国家的生产和消费都成为世界性的了。"⑤ 第六，它使精神产品公共化，创立了世界文学。马克思明确地讲："各民族的精神产品成了公共的财产。民族的片面性和局限性日益成为不可能，于是由许多种民族的和地方的文学形成了一种世界的文学。"⑥ 第七，它创造了世界文明。"资产阶级，由于一切生产工具的迅速改进，由于交通的极其便利，把一切民族甚至最野蛮的民族都卷到文明中来了。……它按照自己的面貌为自己创造出一个世界。"⑦ 第八，它创立了巨大的城市，"使乡村屈服于城市的统治"，"使很大一部分居民脱离了乡村生活的愚昧状态"。⑧ 第九，它造成了全国经济政治的集中统一。"资产阶级日甚

---

① 《马克思恩格斯选集》第一卷，人民出版社1972年版，第253页。
② 《马克思恩格斯选集》第一卷，人民出版社1972年版，第253页。
③ 《马克思恩格斯选集》第一卷，人民出版社1972年版，第254页。
④ 《马克思恩格斯选集》第一卷，人民出版社1972年版，第254页。
⑤ 《马克思恩格斯选集》第一卷，人民出版社1972年版，第254页。
⑥ 《马克思恩格斯选集》第一卷，人民出版社1972年版，第255页。
⑦ 《马克思恩格斯选集》第一卷，人民出版社1972年版，第255页。
⑧ 《马克思恩格斯选集》第一卷，人民出版社1972年版，第255页。

一日地消灭生产资料、财产和人口的分散状态。它使人口密集起来，使生产资料集中起来，使财产聚集在少数人的手里。由此产生的必然后果就是政治的集中。"① 第十，它创造了巨大的社会生产力。马克思高度评价说："资产阶级在它的不到一百年的阶级统治中所创造的生产力，比过去一切时代创造的全部生产力还要多，还要大。"②

三

在对资本主义私有制的历史作用进行科学评价的基础上，正确地指明它的局限性和历史暂时性，指出它发展的客观必然性，即必然被社会主义公有制所取代的历史趋势，这是马克思关于私有制理论的一个核心内容。马克思运用生产关系必须适合生产力发展的原理，指明资本主义私有制在大大促进生产力发展的同时，也锻造了置自身于死地的物质武器——社会化的生产力。"社会所拥有的生产力已经不能再促进资产阶级文明和资产阶级所有制关系的发展；相反，生产力已经强大到这种关系所不能适应的地步，它已经受到这种关系的阻碍；而它一着手克服这种障碍，就使整个资产阶级社会陷入混乱，就使资产阶级所有制的存在受到威胁。资产阶级的关系已经太狭窄了，再容纳不了它本身所造成的财富了。"③ 马克思在《资本论》中更是明确地指出："生产资料的集中和劳动的社会化，达到了同它们的资本主义外壳不能相容的地步。这个外壳就要炸毁了。资本主义私有制的丧钟就要敲响了。剥夺者就要被剥夺了。"④ 这里必须突出强调以下几点：第一，资本主义私有制的局限性主要表现为它对社会生产力发展的不适应性及阻碍性。就是说，局限性是资本主义私有制所固有的，但它并不是在任何时候、

---

① 《马克思恩格斯选集》第一卷，人民出版社 1972 年版，第 255 页。
② 《马克思恩格斯选集》第一卷，人民出版社 1972 年版，第 256 页。
③ 《马克思恩格斯选集》第一卷，人民出版社 1972 年版，第 257 页。
④ 《资本论》第一卷，人民出版社 1975 年版，第 831—832 页。

任何条件下都表现出来，只是在社会生产力发展到或强大到它所不能适应或容纳的程度时才明显地表现出来。因此，在绝大部分场合或较长的时间里，资本主义私有制的适应性则具有明显的显现和作用。第二，资本主义私有制是个历史范畴，具有历史的暂时性。就是说，它不是有人类社会以来就有的，也不能永恒长久地存在。它的产生、发展直至灭亡是一个自然的历史过程。它产生于封建社会末期，从商品经济的分化中萌发，是对劳动者个体私有制否定的产物。它的灭亡要以生产高度社会化、生产力高度发展为条件。这里的"暂时性"，是指它在历史长河中具有非永久性，并不是说其寿命是短暂的。其寿命长短是由其存在与发展的客观物质条件所决定的。马克思讲："无论哪一个社会形态，在它们所能容纳的全部生产力发挥出来以前，是决不会灭亡的；而新的更高的生产关系，在它存在的物质条件在旧社会的胎胞里成熟以前，是决不会出现的。"[①]"只有在废除私有制所必需的大量生产资料创造出来之后才能废除私有制。"[②] 因此，资本主义私有制的灭亡，也是一个相当长的自然历史过程，绝非短时期所能达到的，因为消灭它所必需的物质条件的创造需要较长的历史时期。第三，资本主义私有制的"外壳就要炸毁""丧钟就要敲响"，还不等于资本主义私有制的"外壳"已经炸毁和"丧钟"已经"敲响"。要炸毁外壳和敲响丧钟，不仅要具备物质条件，还要有敲钟人和炸毁者，即无产阶级队伍。以往，人们对资本主义私有制历史命运的理解，缺乏辩证唯物主义的科学态度，总是企图超越客观物质条件，尽快消灭私有制。事实上，不管什么正义、平等的理想与观念是多么美好、多么崇高，不具备充足的客观物质条件，私有制还是不会灭亡的。恩格斯讲得十分清楚、十分深刻，他说："自从资本主义生产方式在历史上出现以来，由社会占有全部生产资料，常常作为未来的理想隐隐约约地浮现在个别人物和整个的派别的脑海中。但是，这种占有只

[①] 《马克思恩格斯选集》第二卷，人民出版社1972年版，第83页。
[②] 《马克思恩格斯选集》第一卷，人民出版社1972年版，第219页。

有在实现它的物质条件已经具备的时候才能成为可能,才能成为历史的必然性。正如其他一切社会进步一样,这种占有之所以能够实现,并不是由于人们认识到阶级的存在同正义、平等等等相矛盾,也不是仅仅由于人们希望废除阶级,而是由于具备了一定的新的经济条件。"①

在未来的社会主义社会要消灭私有制,并且对消灭资本主义私有制和个体小私有制采取不同的方式,这是马克思和恩格斯关于私有制理论的又一个重要组成部分。马克思、恩格斯设想的未来的社会主义社会,生产力是高度发展的,在此基础上建立的所有制是社会所有制,完全消灭了私有制。他们在《共产党宣言》中公开申明:"共产党人可以用一句话把自己的理论概括起来:消灭私有制。"② 社会主义要"把资本变为属于社会全体成员的公共财产"③。怎样把资本主义私有制变为社会主义公有制?马克思和恩格斯主张采取两种方式:一是暴力剥夺;二是和平赎买。由于剥夺资产阶级占有的生产资料,会遇到他们强烈的反抗,因而必须采取暴力剥夺方式,否则,便不能实现变资本主义私有制为社会主义公有制。当然,这并不排斥对资本家的财产进行和平赎买的可能性。恩格斯指出:"我们决不认为,赎买在任何情况下都是不容许的;马克思曾向我讲过(并且讲过好多次!)他的意见:假如我们能用赎买摆脱这整个匪帮,那对于我们是最便宜不过的事情了。"④ 关于如何消灭个体小私有制,马克思和恩格斯都主张要同资本主义私有制加以区别,不能采取暴力剥夺的方式,只能采取示范和改造的方式。恩格斯明确指出:"当我们掌握了国家权力的时候,我们绝不会用暴力去剥夺小农(不论有无报偿,都是一样),象我们将不得不如此对待大土地占有者那样。我们对于小农的任务,首先是把他们的私人生产和私人占有变为合作社的生产和占有,但不是采用暴力,而

---

① 《马克思恩格斯选集》第三卷,人民出版社 1972 年版,第 321 页。
② 《马克思恩格斯选集》第一卷,人民出版社 1972 年版,第 265 页。
③ 《马克思恩格斯选集》第一卷,人民出版社 1972 年版,第 266 页。
④ 《马克思恩格斯选集》第四卷,人民出版社 1972 年版,第 314—315 页。

是通过示范和为此提供社会帮助。"① 上述论述清楚地告诉我们：对不同形式的私有制的消灭，定要采取不同的政策与策略，切不可"一锅煮"和"一刀切"，更不能操之过急，凭主观好恶行事。马克思和恩格斯的上述思想，至今仍是所有社会主义国家对待消灭私有制问题的根本指针。

（本文发表于《社会科学探索》1998年第1期，被中国人民大学复印报刊资料《马克思主义、列宁主义研究》1998年第6期全文转载）

---

① 《马克思恩格斯选集》第四卷，人民出版社1972年版，第310页。

关于加速发展个体私营经济的几个理论认识问题

近年来,尤其是党的十五大以后,全国各地个体私营经济出现了前所未有的快速增长的良好势头。但是,我们在调查研究中也发现,许多地方的个体私营经济发展带有很大的盲目性,处于严重的非理性状态,还存在一些深层次的理论认识问题阻碍和制约个体私营经济的健康、快速发展。因此,搞清上述理论认识问题,对加速发展我国的个体私营经济是十分必要的。

一 要确立党的十五大报告提出的发展个体私营经济的新观念

党的十五大报告对发展个体私营经济问题虽然论述不多,但其内涵却十分丰富、深刻。报告在把发展个体私营经济作为我国社会主义初级阶段基本经济制度的一个重要内容的基础上,还明确地指出:"非公有制经济是我国社会主义市场经济的重要组成部分。对个体、私营经济等非公有制经济要继续鼓励、引导,使之健康发展。这对满足人们多样化的需要、增加就业、促进国民经济的发展有重要作用。"这段十分凝练精辟的论述,摒弃了传统理论关于个体私营经济性质、地位、作用等方面的陈旧观点,提出了个体私营经济的新定性、新地位、新方针等一系列重大创新观念,丰富和发展了马克思主义的所有制理论。

（一）党的十五大报告对个体私营经济的新定性

个体、私营经济（尤其是私营经济）到底属于什么性质的经济？

党的十五大报告从社会主义初级阶段这个中国最大的实际出发，扬弃了传统的"公＝社会主义性质""私＝资本主义性质"的定性方法，站在市场经济的高度，明确地将我国个体私营经济界定为"社会主义市场经济的重要组成部分"。这是对传统经济学理论的重大突破与创新。

传统的经济理论视私有制为仇敌，认为它是"万恶之源"。"文化大革命"对私有制经济的批判，可以说达到了绝对化的极点。横扫私有制经济残余，大割"私有制经济尾巴"。受这种极"左"的思想理论影响，人们陷入了一种理论误区：公有制＝社会主义，私有制＝资本主义，私有制是社会主义的对立物和异己力量，也是社会主义绝对不相容的。党的十五大报告冲破了这个误区，明确指出社会主义初级阶段需要发展多种所有制经济，包括发展个体私营经济。个体私营经济虽从所有制关系上看是属于私有制范畴的，它们也是"符合'三个有利于'的所有制形式"，是可以"用来为社会主义服务"的。从市场经济角度看，社会主义市场经济同任何市场经济一样，它不仅包括公有制经济，也包括个体私营经济等非公有制经济。把个体私营经济从社会主义市场经济之外，纳入社会主义市场经济体系；把个体私营经济从社会主义市场经济的对立物，转变为社会主义市场经济的同化物与统一体，这无疑是个重大的认识飞跃与理论创新。

这种创新，不仅符合中国实际，而且也有科学的理论依据。毛泽东同志在分析我国过渡时期的国家资本主义提出："中国现在的资本主义经济其绝大部分是在人民政府管理之下的，用各种形式和国营社会主义经济联系着的，并受工人监督的资本主义经济。……它主要地不是为了资本家的利润而存在，而是为了供应人民和国家的需要而存在。……因此，这种新式国家资本主义经济是带着很大的社会主义性质的。"① 个体私营经济虽然与国家资本主义有许多不同之处，但其道理与原则是相通的。连国家资本主义经济都可以定性为社会主义性质的，个体私营经济为什么不可以定性为社会主义市场经济的组成部分呢？从市场经济角度给个体私营经济定性，可以肯定地说，个体私营经济姓"社"，而不姓"资"，发展个体私营经济是干社会主义。只有确立这样的新观念，才能促进个体私营经济的健康大发展。

（二）党的十五大报告对个体私营经济在国民经济中地位的新提升

由"拾遗补阙"的"补充"地位提升到平等竞争、共同发展的地位，从"制度外"提升到"制度内"，这是党的十五大报告对发展个体私营经济的又一个重大理论突破与创新。

党和国家对个体私营经济在国民经济中的地位与作用的认识，是随着时间的推移和改革实践的发展而逐步深化和提高的。党的十三大报告认为，个体私营经济是社会主义公有制经济的必要的有益的补充，在国民经济发展中起"拾遗补阙"的作用。党的十四大报告从发展市场经济角度，强调了多种经济成分平等竞争、长期共同发展，但仍讲个体私营经济居辅助地位，是公有制经济的"补充"。所谓"补充"，即是公有制经济干不了的或不愿干的经济活动，国民经济发展过程中的各种"空缺"，由个体私营经济来"补充"。实际上，自党的十三大以来，尤其是邓小平南方谈话发表之后，个体私营经济的地位与作用随着它们实力的扩大与增强而日益提高和增大。在增加社会财富、满足人们需要、扩大就业、增加税收、出口创汇等方面发挥愈来愈大的作用，对国民经济发展作出了巨大贡献。据统计，1986—1996 年个体私营经济累计上缴国家税收 2400 多亿元。到 1997 年年底，全国登记注册的个体工商户达 2850 万户，从业人员 5442 万人，总产值 4553 亿元，营业额 14200 亿元；

---

① 《建国以来重要文献选编》第四册，中央文献出版社 1993 年版，第 312 页。

私营企业已达 96 万户，从业人员 1349 万人，总产值 3923 亿元，营业额 3087 亿元。仅 1997 年，全国个体私营经济就为国家纳税 540 亿元。可见，个体私营经济已不再是简单地起辅助与"充实"作用的"小字辈"了，它已成为同公有制经济平等竞争、并驾齐驱、共同发展的一支生力军，构成我国社会主义初级阶段基本经济制度的不可缺少的重要组成部分。

（三）党的十五大报告提出发展个体私营经济的新方针

党的十五大报告明确指出，对个体私营经济"要继续鼓励，引导，使之健康发展"，这是一个新方针。"新"就新在它取消了"限制"两字。"限制"的取消，使我国对发展个体私营经济的方针发生了重大的变化。

以往，在党和国家的有关文件及领导人的讲话中，对个体私营经济都讲既要鼓励其积极发展，又要限制其消极作用。即对个体私营经济实行既鼓励又限制的方针。本来这里讲的"限制"是限制其消极作用，无可厚非，但是，各地在贯彻执行这一方针时，往往对其中的"限制"一词发生误解，以为是限制私营经济发展。具体表现是，不仅限制私营企业的发展规模和雇工人数，而且在经营领域、经营范围、土地占用、企业兼并、进出口经营权、人员流动、选先评优、职称评定等方面，都存在一些不必要的限制。实践证明，这些不必要的限制，束缚和阻碍了个体私营经济的健康快速发展。

为了从根本上避免对发展个体私营经济方针内容上的误解，江泽民同志在党的十五大报告中一改既往，取消了"限制"的提法，明确把我国发展个体私营经济的根本方针概括为六个字："继续鼓励、引导"。这样做，不仅在理论上更严谨、更科学，而且在实践中更有利于个体私营经济的健康、快速发展。这里，不提"限制"一词，绝不是对个体私营经济发展过程中出现的"不利于社会主义经济发展的消极作用"不闻不问，听之任之，而是更应加强管理与引导。"引导"，就是引导个体私营经济为社会主义服务，这其中仍然包含着对个体私营经济发展过程中出现的种种问题及消极作用加以规范和纠正。只有全面科学地理解"继续鼓励、引导"这个新方针，才能卓有成效地促进个体私营经济沿着为社会主义服务的方向快步前进。

二 要正确认识"私"吃"公"

(一)"私"吃"公"是多种经济成分竞争激烈的必然产物

近几年，随着国有中小企业产权制度改革的全面展开，市场竞争日趋白热化，企业兼并与破产的步伐加快，"私"吃"公"的现象时有发生，并有扩大之势。

如何看待这种现象？一些干部群众或惊慌失措，或百思不解，或群而怨之，或竭力阻之。

实际上，现实经济生活中发生的"私"吃"公"现象，是市场经济中各经济成分共同发展、激烈竞争的必然结果。在市场经济条件下，各种经济成分的企业为了获取和实现自身利益的最大化，必然参与激烈的市场竞争。市场竞争的最高法则是优胜劣汰，它不问你姓"社"姓"资"，也不问你是公有制企业还是私有制企业，只要你决策失误，经营不善，竞争失利，就要被淘汰或被吞并。因此，"私"吃"私""公"吃"公""公"吃"私"，乃至"私"吃"公"，都是难以避免的，也都是市场经济运行中的正常现象。

在我国，"私"吃"公"现象的发生，无疑是私营经济与公有制经济矛盾关系的集中反映与表现。从哲学上讲，私营经济与公有制经济是个矛盾统一的关系。就统一方面来说，它们二者在一定条件下互相依存，互为条件，作用互补。以往很长一个时期，我们否定私有制与公有制的依存性，看不到它们二者之间的统一性，把私有制与公有制截然分开，根本对立起来，违背了马克思主义哲学的基本原理。改革开放后，我们认识到了社会主义初级阶段私营经济存在的必然性及其与公有制经济的依存性，承认私营经济与社会主义公有制经济的平等性，坚持了马克思主义的辩证唯物论。可是，近一个时期以来，有的同志为了抬高私营经济的地位与作用，竟然抹杀或否认私营经济与公有制经济的矛盾性，这也是要不得的，甚至是有害的。在现实经济生活中，私营经济同公有制经济除了伙伴关系（同一性、统一性）以外，还存在着矛盾与争夺关系。这主要表现在三个方面：第一，它与公有制经济争原材料、争能源；第二，与公有制经济争劳动力、争技术力量及科技人才；第三，与公有制经济争投资场所和商品销售市场。这种争夺关系说到底是经济利益的争夺，它发展到一定程度，便使矛盾激化，形成"你死我活"的局面。"私"吃"公"就是这种利益争夺关系的集中反映和体现。

我国目前发生的"私"吃"公"现象，与经济体制没有实现根本转轨有着直接关系。目前我国正处在计划经济体制向市场经济体制转轨过程中，计划经济体制尚未破除，市场经济体制还没有建立。私营经济与市场经济体制具有天然的适应性、兼容性，因此它可以放开手脚，自由发展，自然充满生机与活力。而我国的公有制经济尚未从根本上摆脱传统计划经济体制的羁绊，与市场经济体制的适应性、兼容性问题还未完全解决，尤其是国有企业的政府机构附属物的状态基本没有改变，其"手脚"仍被"捆绑"着，没有成为独立的法人实体，不能独立自主地进行生产经营，因此，其生机与活力难以得到有效释放与发挥。与市场经济体制相适应的私营经济效率不断提高，而受计划经济体制严重束缚的公有制经济效益日益下滑，这不能不说是目前我国"私"吃"公"现象发生的一个深层原因。

（二）要依据"三个有利于"原则评价"私"吃"公"

对我国发生的"私"吃"公"现象进行评价，绝不能凭借主观好恶，而必须依据唯物主义，依据邓小平同志提出的"三个有利于"的原因。

从经济学角度看，"私"吃"公"行为对私营经济的发展、对公有制经济的改革与发展，均有一定的积极作用和意义。

第一，它直接有利于私营企业上规模，上档次，搞集团化，实现规模效益。私营企业兼并公有制企业，不仅解决了生产经营场地不足的困难，补充了经过一定培养训练的员工和技术人员，实现扩大再生产，而且可以组建多元化的生产经营公司，搞集团化经营与管理，以获取最佳的规模效益。

第二，它能够有力地促进公有制经济加速改革体制，提高效率。"私"吃"公"的发生，对公有制经济造成一种强大的外在压力，促使其加速改革体制，强化内在动力机制与激励机制。如果它还因循守旧，不思进取，产品仍"几十年一贯制"，人浮于事，不计成本，不计消耗，铺张浪费，不讲究效益，不提高劳动生产率，那就必然被私营经济这个强有力的竞争对手所击败，或兼并，即"吃"掉。因此，"私"吃"公"的存在，可以有效地防止公有制经济停滞、僵化，使其加速体制改革，焕发生机与活力，从而提高劳动生产率，促进经济迅速发展。

第三，有利于社会资源的优化配置与经济结构的合理化。在市场经济中，市场机制对社会资源的配置起基础性的作用。市场配置资源的基本原则就是价值规律自动调节资源的分配与流向。哪种商品生产价高利大，哪些企业能使有限的资源获取最大的产出收益，社会资源就会更多地流向哪类生产或企业。在现阶段，由于私营企业的产权关系明晰、财产关切度高、经营机制灵活，劳动生产率和经济效益一般都高于公有制企业，因而社会资源流向私营企业，实乃是一种资源的优化配置。新中国成立后的一个很长时期，我国追求"一大二公"，搞"公天下"，致使所有制结构严重畸形，现今发生的"私"吃"公"，是对以往畸形的所有制结构的一种矫正和调整。"私"吃"公"，使得一部分公有制企业不能充分有效利用的社会资源由私营企业充分运用起来，产生更好的资源效益，显然会大大推动社会生产力的发展。一部分公有制企业从事"长线"产业、"夕阳"产业，产品老化，又不适销对路，它们被私营企业兼并或"吃"掉后，直接有助于产品结构与产业结构的调整。任何一种企业兼并过程（包括"私"吃"公"）都是社会资源配置趋向优化及经济结构趋向合理化的过程。因此，我们对"私"吃"公"不能人为地阻挠，而应因势利导，加强管理与调控。

必须强调指出，我国现阶段发生的"私"吃"公"，只是私营经济中的优质企业吞并公有制经济中的中小弱质企业。从整个国民经济来看，它只是众多企业兼并行为中的一种，并非普遍现象，即使有所发展与扩大，也不会导致私有化，更不可能把整个公有制经济都吞掉。因此，担心"私"吃"公"的发展与扩大会改变公有制经济的主体地位，进而会改变社会主义国家的性质，完全是没有必要的。况且，公有制经济正在深化改革，经过"改制转轨"的深层改革以后，公有制企业变成独立的法人实体和完整的市场竞争主体，加之它们又具有强大的物质基础与科技实力，必将会在激烈的市场竞争中逐步取得优势。到那时，"私"吃"公"将会呈现逐渐减少的趋势，以公有制经济为主的"公私混合"型经济将会明显增加。

（三）要依法规范"私"吃"公"

"私"吃"公"绝不可以随意胡来，而必须依照国家法律及有关政策，按照规定程序有步骤地进行。为了强化对"私"吃"公"的管理，进一步规范"私"吃"公"的行为，使之合法化、制度化，必须注意解决好以下几个问题。

第一，要防止企业财产流失。"私"吃"公"绝不意味着公有制企业的财产被私营企业无偿吞掉。对破产的公有制企业必须进行严格的财务审计与财产评估，对企业的债务及资产作出合理科学的估价，绝不允许对公有资产进行低价处理，以防止公有财产被侵吞。一些公有制企业为了小团体利益，不惜低价拍卖土地给私营企业，致使国有资产严重流失。这是必须注意防止和纠正的。有的公有制企业（尤其是老企业）在被私营企业兼并时，不注意无形资产的评估，结果被私营企业占了大便宜，使公有财产在无意中流失。对于这类问题，有关部门及人员应当给予高度重视。

第二，要培育产权交易市场。"私"吃"公"过程，是公私两种产权的交易过程。要使产权交易公平合理化，必须着力培育一个较发达的产权交易市场。进入产权市场进行交易，必须有明确的产权主体，拥有明晰的产权归属关系，这是培育产权市场的一个必备条件。发达的产权市场，还必须拥有科学公正的资产评估机构和充分开放的市场竞价规则。这是市场健康有序运作、公平交易、防止各种舞弊行为发生的重要保证。同时，还要健全各种产权交易法规体系，以使产权交易纳入法制的轨道，适应现代市场经济的需要。要充分运用计算机网络系统，构建全国统一的产权交易（中心）市场，以使产权在全国统一市场范围内自由流动，实现全社会范围内的产权效应最大化。

第三，妥善安置下岗职工。这是"私"吃"公"过程中非常突出而且比较棘手的一个问题。有的私营企业兼并公有制企业，只兼并财物，而不兼并人，这种将下岗职工推向社会的做法，极不利于社会的稳定，是不可取的。兼并应是完全、完整的兼并，"私"吃"公"只吃物，而不接收与安置人，是不符合兼并的一般规则的。安置破产企业下岗职工，应是"私"吃"公"的前提条件。当然，如何安置应由公私企业双方协商，兼顾私营企业的实力，采取多渠道和多种方式来进行。下岗职工应转变就业观念，不能再固守国家包统分的就业方式，而应适应市场经济需要，自主择业。到私企就业，也是为国家建设作贡献。私企也应充分发挥其吸纳就业的功能，尽可能多地安置公有制企业的下岗职工。

三 要科学对待私有制

要科学地认识和评价私有制，绝不能采用主观标准，而只能使用生产力标准。私有制作为一种生产关系，不管它采取哪一种具体形式，只要是它适合并能促进社会生产力发展的，它就是一种具有优越性的所有制形式，就有其存在与发展的合理性。

只有用马克思主义的辩证唯物主义观点分析和认识私有制，才能科学正确地认识和评价私有制。私有制由于生产资料和财产归私人所有，占有关系直接，没有中介，因此所有者对生产资料和财产的关切度大，生产资料和财产的经营效果与所有者的利益直接相关，其经营体制与经营机制能有效地保障生产资料和财产所有制利益的实现。私有制还是商品经济、市场经济产生与发展的一个必备条件，它与商品经济、市场经济的要求有着天然的融合性、一致性。因此，它会使商品经济、市场经济产生持久的动力与活力。尤其是，私有制高度重视个人近期利益，能充分调动个人的积极性，唤起他们为获取个人利益最大化而奋斗。这是私有制内在的最大优越性。同时，其种种弊端也由此而生。只顾个人赚钱发财，否定公共和长远利益，见利忘义，见利枉法，这都是私有制难以克服的痼疾。优越性与弊端同在，这就是私有制的辩证法即"一分为二"。当一种私有制适应社会生产力发展要求时，它的优越性便明显显现出来，这时其弊端或局限性依然存在，只不过是被其优越性所掩盖。一旦它的弊端及局限性明显表现出来，占据主导地位，它就会对生产力发展形成阻碍与破坏作用。所以，我们的重要任务在于审视私有制在既定的社会条件下是否适合当时生产力水平的要求，是否其优越性占主导方面。运用其优越性，抑制其弊端，这才是正确和科学的态度。

"社会主义消灭私有制"，对这个命题，我们以往的理解过于绝对与偏颇。马克思明确指出："能不能一下子就把私有制废除呢？不，不能，正象不能一下子把现有的生产力扩大到为建立公有制经济所必要的程度一样。因此，征象显著即将来临的无产阶级革命，只能逐步改造社会，并且只有在废除私有制的必需的大量生产资料创造出来之后才能废除私有制"。[①] 可见，消灭私有制不是凭借主观愿望就能达到的，而是由客观物质条件决定的，即消灭私有制所必需的大量生产资料要充分创造出来。我们的教训就在于，不顾中国国情，超越社会发展阶段，否定客观物质条件的制约，一味追求

---

① 《马克思恩格斯全集》第一卷，人民出版社1972年版，第219页。

所有制上的"一大二公",搞"公天下",在对待私有制问题上总是犯"左"的错误。

消灭私有制是社会主义的最终目标。但为了达标这个目标,在整个社会主义的初级阶段乃至高级阶段的一定时期,都必须允许私有制存在和某种程度的发展。这主要是因为,私有制仍是一种适合并能促进生产力发展的所有制形式,它能够创造出使自身逐步走向消亡的客观物质条件来。这正是私有制自身发展与灭亡的辩证法,也是一条不依人们主观意志为转移的规律。

只有具有上述对私有制的科学认识与正确态度,才能从思想理论根基上确立发展个体私营经济的长期性与自觉性,不会随"风"摇摆,更不会重走"左"的老路,从而保证我国个体私营经济持续的健康、快速发展,为繁荣社会主义市场经济做出更大的贡献。

(本文发表于《社会科学探索》1998 年第 6 期)

私营经济：地位·作用·对策

尽管私营经济在目前我国经济结构中所占的比重不大，产值在国民经济总产值中尚不到2%，但它已成为我国国民经济发展中颇具生机与活力的一支新军。无论是在推动经济社会发展方面，还是在提高人民的物质文化生活水平方面，它都发挥着重要的作用。正确认识和评价私营经济在我国现阶段所有制结构中的地位与作用，不仅可以为我们制定正确的私营经济政策提供可靠的依据，而且有利于国家对私营经济的指导、调节、管理和监督，提高我们对私营经济的调控能力与管理水平。

一 全面评估私营经济在我国现阶段所有制结构中的地位

私营经济究竟在我国现阶段所有制结构中居什么地位？长期以来许多论著只是讲它是社会主义经济的有益的必要补充，是辅助经济形式。我认为，这种单一"辅助""补充"论，并没有全面地概括和反映私营经济在我国现阶段所有制结构中应有的客观地位。全面科学地评估私营经济在我国现阶段所有制结构中的地位，起码还应当包括以下几个方面。

第一，私营经济作为一种独立的经济形式，是我国现阶段所有制结构中的一个不可缺少的有机组成部分。这不是由人们的主观愿望决定的，而是由我国社会主义初级阶段的性质所规定的。社会主义可以超越资本主义阶段而建立，但在社会主义初级阶段不可能彻底消灭资本主义。在经济文化比较落后的国家中建立起来的社会主义社会，在其发展的初级阶段，资本主义的存在和一定发展，不仅是十分必要的，而且对社会主义的发展是有益的。正如列宁所说："问题的关键在于我们要懂得：这就是我们可以而且应当容许其存在、我们可以而且应当给予一定限制的资本主义，因为这种资本主义为广大农民所需要，为必须做买卖来满足农民需求的私人资本所需要。必须让资本主义经济和资本主义流转能够照常进行，因为这是人民所需要的，少了它人民就不能生活。"① 私营经济之所以是我国现阶段所有制结构的必不可少的一个有机组成部分，原因还在于：它具有显示社会主义初级阶段特征的功能，缺少了它，社会主义初级阶段所有制结构就是不完整的、残缺不全的、不成体系的，也是不行的。因为除开私营经济以外的其他多种经济成分，在社会主义的中级发展阶段乃至高级发展阶段都可能照样存在和发展，而私营经济则是同成熟的社会主义阶段的质的规定性相矛盾的。能够显示社会主义初级阶段的不成熟性，能够显示社会主义初级阶段生产关系特征的，并不是一般的多种经济成分并存，而是私营经济的存在与发展。在社会主义初级阶段发展私营经济并不是永久地维护它和巩固它，更不是用它来取代社会主义经济，而恰恰是为了最终消灭它创造物质条件。

第二，在我国现阶段的所有制结构中，私营经济同其他经济成分的政治法律地位是相同的、平等的。我国的宪法和私营企业法都明确规定，国家允许私营企业存在与发展，保护其合法权益。侵犯私营经济的合法地位和合法权益，同侵犯其他经济成分的合法地位和权益一样是违法行为，是不容许的。私营企业与公有制企业尽管在所有制性质上有截然的不同，但它们在我国政治生活中的地位是平等的。私营企业主虽然有些剥削行为，但只要他们在国家法律许可的范围内从事生产经营活动，在政治上拥护社会主义，就仍然属于人民范畴，同公有制企业的厂长经理一样，是国家的主人，享有

---

① 《列宁选集》第四卷，人民出版社1972年版，第627页。

社会主义的民主权利。所以，我们在政治上要对私营企业和其他各种企业（包括公有制企业）一视同仁，不能对私营企业和私营企业主进行政治歧视、排挤和打击。

第三，在我国的所有制结构中，私营经济还处于社会主义公有制经济的竞争对手的地位。过去一个很长时期，我国社会主义经济之所以缺乏应有的生机与活力，就是因为公有制经济成了包揽一切生产与经营的社会经济形式，或者说是成了社会唯一的经济形式，没有其他经济形式与其竞争，即没有强有力的竞争对手。私营经济一产生，它就以公有制经济的强有力的竞争对手出现。私营企业主必须是懂管理、善经营、竞争意识极强的人。他们时时刻刻都在盘算如何发展，如何在竞争中取胜，如何不被公有制经济击垮或打败。私营经济无时无刻不在同公有制经济发生矛盾，甚至它在竞争中力图削弱和瓦解公有制经济。但是，有了它作为竞争对手，作为"对立面"，公有制经济便有了外在压力，促使其强化内在动力机制，从而增强了公有制经济的生机与活力，防止公有制经济产生呆板、僵化、停滞的趋势；有了私营经济作为竞争对手，公有制经济再也不能人浮于事，松松垮垮，不计成本，不计消耗，铺张浪费，而必须讲究经济核算，讲求经济效益，不断提高劳动生产率；有了私营经济作为竞争对手，公有制经济再也不能因循守旧，技术与产品几十年"一贯制"，而必须不断地进行技术革新与技术革命，根据市场需要不断地进行产品更新换代，不断进行技术设备的改造，提高技术设备利用率；有了私营经济作为竞争对手，社会主义市场就不再是公有制经济"独家垄断"，激烈的市场竞争不仅能够有力地促进社会主义商品经济的发展，而且十分有利于全体人民的物质文化生活水平的提高。因此，承认并保证私营经济作为公有经济竞争对手的地位，对公有制经济朝气蓬勃的发展是有着重大积极作用的。

第四，在我国社会主义初级阶段的所有制结构中，私营经济应当比个体经济占有更大、更高、更重要的地位。私营经济是一种比小商品生产更先进更具优越性的经济形式。这主要表现在：（1）个体经济以个体劳动为基础,以家庭为基本生产经营单位,规模狭小,技术落后,劳动生产率较低。而私营经济突破了家庭的限制,开始以现代企业作为生产经营的组织形式,能够在较大范围内组合生产要素,进行较大规模的生产和经营,生产技术比个体经济要先进一些,劳动生产率一般也比个体经济高许多。(2) 私营经济与生产的商品化、社会化相联系,可以在更大的范围内实行分工与协作,生产专业化程度较高,这是个体小商品生产所不能比拟的。(3) 私营经济不以满足自身消费需要为目的,而是以资本的不断增殖为目的。对利润最大化的追求,是其永无止境的内在动因,也是推动私营经济发展的强大动力机制。因此,它比个体经济更能适应和促进商品经济的发展。(4) 个体经济数量多,并且十分分散,不仅难以形成规模效益,而且不便于国家对它们的宏观监督和管理。而私经济的生产和资本都比较集中,不仅有一定的规模效益,而且便于国家对它们进行宏观监督与管理。(5) 个体经济由于受资金、技术等方面的限制,难以采用先进的机器设备和先进的科学技术成果。而私营经济由于比个体经济资本雄厚、技术力量强,可以广泛地采用先进的机器设备和科学技术成果,从而促进科学技术的不断进步。(6) 私营经济在吸收社会闲散资金、安排就业、向国家纳税等方面的作用及贡献,都比个体经济要大得多。例如,1987 年沈阳市 42 家私营企业吸收的社会闲散资金、安排就业、向国家纳税数分别比个体工商户高 45.2 倍、21.8 倍和 34 倍[①]。无论是从理论还是从实践的角度看,私营经济对社会生产力发展和商品经济繁荣的作用,都要比个体经济大得多。因此,在社会主义初级阶段,把私营经济摆在比个体经济更重要的位置上,本属题中应有之义。在现实生活中,那种褒扬个体经济而贬抑私营经济的观念与做法,是不对的,应加以抛弃。

---

① 沈阳市政府研究室、沈阳工商局研究室:《沈阳市私营经济产生与发展情况的调查》。

二 要从战略的高度来审视和发挥私营经济的积极作用

列宁在苏联推行新经济政策时期就曾明确提出，要充分发挥资本主义经济对社会主义的助手作用。他指出："这可能被认为是奇谈：私人资本主义能成为社会主义的助手吗？但这丝毫也不是奇谈，而是经济上完全无可争辩的事实。"① 我国私营经济作为一种特殊的资本主义性质的经济形式②，起码在以下几个方面起着"社会主义的助手"的作用。

第一，弥补国有经济和集体经济之不足，有利于满足国家建设和人民生活多层次、多方面的需要。在我国现阶段，公有制经济尚不能把一切生产经营都包揽下来，其提供的产品尚不能满足全体社会成员各个层次、各个方面的所有需要，所以私营经济的这种补充作用就是十分必要的、有益的，也是不可缺少的。这主要表现在：私营企业在行业结构和生产经营项目的选择上，一般都根据市场需要和价格的变化来决定，注意发展"冷门、短线、快货"产品或经营项目，为大工业配套，生产它们所急需的零部件；并且又大多是国有企业和集体企业不便经营或不屑经营的项目，直接起到了拾遗补阙、填补空白的作用。

第二，扩大就业，减轻国家安排就业的负担和压力。从战略上看，私营经济的这个作用无论怎样评价都不过高。我国人口众多，劳动力资源十分丰富，每年都有成千上万适龄劳动人口需要就业。农村推行承包制以后，随着商品经济的迅速发展，产生越来越多的农业剩余劳动力，要求向非农产业和城镇转移，这就更加大了城镇劳动就业的负担和压力。据有关部门统计，国家安排一个人就业，如果安排在国营企业需要投资 2 万元，如果安排在集体企业也要

---

① 《列宁选集》第四卷，人民出版社 1972 年版，第 529 页。
② 潘石：《现阶段我国私营经济的性质剖析》，《中国经济问题》1991 年第 1 期。

5000—8000元。所以，必须充分发挥个体经济和私营经济吸纳劳动就业的重要功能，减轻国家安排就业的负担和压力。

第三，可以把社会上分散、闲置的资金集聚起来，形成较大的生产能力，为国家创造和增加财富。在当前国家建设资金严重不足的条件下，广泛集资创建私营企业，可以有效地把社会上闲置的资金、技术和劳动力充分有效地运用起来，变成现实的生产力，促进生产的发展，增加社会财富。据统计，目前温州农村私营企业雇工达20多万人，如果以每人每年平均创利2000元计算，就等于为社会创造4亿元财富。如果全国农村都能像温州那样，那么社会财富将会有巨大增长。当然，各地不能简单照搬温州模式。

第四，为国家提供较多的税收，增加国家的财政收入。由于私营企业规模大、产值高、盈利多，所以它比个体户向国家缴纳的税金也多。例如，1985年黑龙江省个体户平均纳税119元，而私营企业纳税额平均是个体的6倍多[①]。据中央和国务院调查组的调查，每百元经济收入向国家缴纳税款额，集体企业为6.33元，私营企业则为5.31元，相差1.02元。但是平均每个企业资产规模、开业时间、从业人数均小于集体企业的私营企业，每年向国家缴税绝对额比集体企业的1.18万元高出0.13万元；每一从业人员向国家缴税比集体企业的302.57元高出185.6元[②]。

第五，开发和利用地方资源优势，发展对外贸易，增加出口创汇。我国资源比较丰富，并且各地都有自己的资源优势和独特的开发技术及加工技术。因此，因地制宜地兴办私营企业，可以充分开发和利用地方资源优势，发展外贸出口产品，为国家换取更多的外汇收入。如新疆振华皮毛加工厂，是集资兴办的私营企业，注册资本70多万元。该厂利用新疆皮毛资源优势，经营皮革加工，产品远销日本、西班牙、新加坡等地，几年来为国家创汇84万余元，

---

① 谷春林：《对雇工经营大户问题的探讨》，《学术交流》1987年第1期。
② 国家"七五"期间中国私营经济研究课题组编：《中国的私营经济——现状·问题·前景》，中国社会科学出版社1989年版，第23页。

为新疆私营企业产品打入国际市场，闯出一条新路。还有许多私营企业投资于国营企业顾及不到的行业，如从事土特产的加工、养殖业、传统的手工艺品生产等，可以直接对外出口，为国家创造外汇。随着我国对外开放的发展和对外经济技术交流的扩大，私营经济的这种作用将愈来愈大。

在考察我国现阶段私营经济时，人们充分地注意到它上述的积极作用，无疑是正确的。但是，仅仅局限于此，是远远不够的。我们还应当站在战略的高度，全方位地审视私营经济在我国国民经济中的积极作用。

第一，推动公有制经济的改革，促进公有制经济提高效率。私营企业完全依据市场需要确定自己的生产经营项目，按市场的需要来调节生产，产品和劳务完全进入市场，服从商品经济的基本规律——价值规律的支配。由于它具有自主决策、经营方式灵活、资本周转快、竞争意识强等特点，因而在同社会主义公有制经济的竞争中占有一定的优势。这种优势集中体现在：它的经济效率高于公有制企业。据调查，每百元经营收入扣除经营费用后的盈利，私营企业为21元，而集体企业则为16元，相差5元。再从劳动生产率上看，每一劳动日创造的收入，私营企业为37.08元，集体企业为18.29元，相差18.79元。从费用使用效益上看，每百元费用的盈利，私营企业为26元，集体企业为18元，相差8元①。这种状况，对社会主义公有制经济造成一种强大的压力，促使社会主义公有制企业不断改革企业管理体制，完善企业内部经营机制，以增强企业的生机与活力。例如，天津市南郊区小营盘村有4个村办集体企业，经营状况一直不如该区的私营企业。这种状况迫使区、村政府下气力对村办集体企业进行调整与改革，实行了经营承包制，改革了分配制度，调动了劳动者的生产积极性，使劳动生产率有了较大的提高。

---

① 国家"七五"期间中国私营经济研究课题组编：《中国的私营经济——现状·问题·前景》，中国社会科学出版社1989年版，第22—23页。

第二，对于改革我国的二元经济结构，实现由落后农业国到现代化工业国的战略转变，具有不可代替的特殊作用。改变这种不合理经济结构的关键在于解决好大量的农村剩余劳动力的转移问题。按照1986年的水平，我国乡镇企业每增加一个职工，需要多占用14000元资金，城市工业企业所需资金比这就更多了。不难设想，要解决2亿—3亿离开土地的农民就业问题，需要多么巨大数额的资金。即使工业发达的国家，在一定时期内也拿不出这笔巨额资金。况且，我国现在经济发展水平较低，积累能力很弱，每年用于安排和扩大就业的资金十分有限，根本无力负担这几亿农转非人口就业资金。再说，我国城镇工业基础也十分薄弱，尚急需巨额资金进行技术改造，这就使资金问题异常突出、尖锐。但这仅是问题的一个方面。另一方面值得人们重视的是，我国经济生活中还存在大量的闲置资金。到1991年年底，我国城乡居民储蓄存款高达8000多亿元，个人手中沉淀的现金也有2000多亿元。其中，有相当大一部分是城乡个体户积累起来的收入。过去，我们固于传统理论的束缚与限制，宁肯让个体户把所赚的钱吃光用净，也不允许他们把这些钱用作投资，扩大再生产，以防止所谓"资本主义产生"，结果矛盾长期得不到解决。其实，解决这个矛盾的最好办法就是，允许并鼓励个体户向私营经济转变，让他们把所赚的钱尽可能都用到生产上，即发展私营经济。因为私营经济产生和发展的过程，就是个体生产经营者把一部分消费资金和闲置资金转化为生产资金，追加投资，追加劳动力的过程。这不仅使潜在生产要素变为现实的生产要素，形成新的生产能力，增加社会财富，而且直接有效地扩大社会就业规模，促进农村剩余劳动力向非农产业转移。因此，发展私营经济对于改变我国的二元经济结构，实现由落后农业国到先进工业国的转变，具有重大的战略作用与意义。

三　对私营经济的消极作用要加以限制

这里所说的"限制"，绝不是限制私营经济的发展，更不是否定和取消私营经济,而主要是对私营经济超出国家允许的范围的活动加以限制,对私营经济给国计民生带来的消极作用加以限制。具体来说,就是:

(一) 限制私营经济的剥削范围与剥削程度

首先,从范围上来看,对于关系国民经济命脉和涉及国民经济发展全局的行业、部门及其经济活动,绝不容许私营经济介入。例如,银行、铁路、邮电、钢铁、能源等部门和行业,绝对不能由私营经济掌握和经营。对那些有关国计民生的重要产品的生产和经营,也要牢牢掌握在国家手里,严格限制私营经济的参与。基本上使私营经济在非国计民生领域、小商品生产及服务行业中从事生产与经营,以防止其在国民经济中无限扩张势力范围,扩大其剥削。其次,从剥削手段上来说,要坚决限制私营企业过度延长工作日、提高劳动强度。同时,也要限制私营企业压低雇工工资。

(二) 限制其不利于社会主义经济发展的消极作用

私营经济受剩余价值规律所支配,其唯一的目的与动机是赚钱发财。从生产经营上看,它具有严重的自发性、盲目性,产生出极大的对社会主义有计划商品生产的冲击力、破坏力,干扰和破坏社会主义有计划商品生产的正常运行,造成社会主义经济的混乱无序状态。同时,它还同社会主义公有制经济争原材料、争能源,以小挤大,以劣挤优,进行不合理竞争,不利于产业结构的调整和优化,不利于资源的合理有效利用与配置,从而造成巨大的社会浪费。从交换环节来看,私营经济的消极作用表现得更为明显、突出。(1) 与公有制经济争夺市场。由于私营企业拥有独立的所有权和完全的自主权,对市场的应变能力极强,因而在同公有制经济争夺市场的斗争中,往往能够得手。它们利用市场供求关系和价格的变化,采用贿赂手段,套购国家计划内物资,转手倒卖,从中牟取暴利;或者采取囤积居奇、哄抬物价、欺行霸市,逃避工商、物价、税务管理部门的监督等办法,占领市场。(2) 损害消费者利益,甚至坑害消费者。有的私营商业采用欺骗手段兜售伪劣商品,卖假药、假酒,干出图财害命的勾当。至于以次充好、短斤少两,损害消费者利益,则是司空见惯的。再从分配环节来看,容易造成分配不公,产生两极分化。私营经济的分配原则是按资分配,这种分配原则就是以雇主与雇工对生产资料占有的不平等、不公平为前提的。所以,实行这种分配原则的结果必然是雇主越来越富,而雇工则相对贫困。同时,私营经济中这种分配关系,还会对公有制经济产生一种有害的辐射作用,妨碍按劳分配原则在社会范围的贯彻及实现。从消费环节来看,私营经济中一是存在寄生性消费,二是存在超前性消费。这两种消费不仅不利于社会主义积累的增长,而且对社会主义消费也是一种腐蚀剂。如果不加以限制,必然会损害社会主义的消费关系,反过来对社会主义生产起瓦解和破坏作用。

(三) 限制和打击私营企业的各种违法活动

在我国现阶段,私营经济的违法活动,可以说是多方面、多种形式的,主要有:(1) 违背国家税收法律,严重偷税漏税。目前我国的私营企业普遍偷税漏税,有人估计80%以上的私人企业偷税漏税,我看这个估计只低不高。偷税漏税已成为个体户和私营企业发财致富的手段。(2) 违反国家劳动法,雇佣童工和虐待,甚至毒打工人。(3) 违反国家矿产资源法、环境保护法,滥采滥挖,严重地破坏了国家矿产资源和生态环境。(4) 违反国家企业管理法,不经国家工商管理部门登记注册,开办地下私营工厂、商店等,或者采取不合法手段挂靠国营单位或盗用集体企业的招牌,逃避国家有关部门的管理和监督。对私营经济消极作用加以限制,对私营企业的各种违法活动加以打击,正是为了保护私营企业在国家允许的范围内积极健康地发展,维护私营企业在社会上的声誉和地位,树立它们在人们心目中的良好形象,保证国家利益和全体人民的根本利益不受损害,而不是要把私营经济搞垮。

四 对私营经济的双重对策

以上分析可见，现阶段我国私营经济的作用是二重的，即它既有促进社会主义经济发展，推动社会生产力水平提高的重大积极作用，又具有不利于社会主义经济发展的消极作用。当然，这二重作用并不是等同并列的。毫无疑问，在这二重作用中，积极作用居主导地位，起主导作用。相对来说，消极作用居次要地位。也就是说，在现阶段，我国发展私营经济是利大于弊。正因为如此，我们必须对私营经济采取既鼓励又限制的双重对策。江泽民同志在庆祝中华人民共和国成立四十周年的讲话中明确指出："我们的方针，一是要鼓励他们在国家允许的范围内积极发展；二是要运用经济的、行政的、法律的手段，加强管理和引导，做到既发挥它们的积极作用，又限制其不利于社会主义经济发展的消极作用"。这是一个科学完整的正确方针，只鼓励不限制，或只限制不鼓励，都不符合这个方针的要求。

那么，我们怎样才能更好地鼓励私营经济积极发展，充分发挥其积极作用呢？我们认为，根据我国现阶段的实际情况，主要应抓好以下几条。

第一，明确私营企业的法律地位，保护其合法权益。我国宪法和私营企业法都规定，私营经济是公有制经济的必要的有益的补充，国家允许其存在与发展，并保护其合法权益。这就是以法律的形式明确了私营经济的地位，并使私营企业的权益不受侵犯有了法律依据和法律保障。但仅有上述两个大法的原则规定还是很不够的，尚需各个地区因地制宜地制定一些地方性的实施细则，否则的话，私营企业的法律地位及合法权益就很难保证不受侵犯。前一个时期，我国的私营企业虽然发展很快，但它遇到的困难与阻力是相当大的。这主要表现在：（1）一些政府官员由于受传统观念的影响和束缚，歧视私营企业，把私营企业看作是社会主义的异己力量，不仅从思想观念上对私营企业加以否定和排斥，而且在实际工作中设立种种关卡，阻止私营企业的创建；（2）把私营企业主的合法收入统统视为非法收入，无端加以罚款或没收；（3）把发展私有经济直接等同于搞私有化，把私营企业主等同于旧社会的资本家，认为反私有化就得取消私营经济；（4）有关管理部门凭借职权对私营企业进行卡、拿、索、要，甚至公开或变相搞敲诈勒索。为了从根本上杜绝上述一切侵犯私营企业合法地位及合法权益的现象发生，必须制定一整套私营企业法及其实施细则，进一步对其法律地位、法人资格、权利义务、经济责任、生产经营范围、收益分配、雇工制度、劳动保护、生活福利、监督管理等都做出具体明确的规定。只有这样，才能真正保证私营经济在法治轨道上健康的发展。

第二，鼓励私营企业增雇工人，扩大再生产。既然我们承认私营企业雇佣工人是合法的，雇主对雇工的一定剥削也是合法的，那么我们就不应当也没有必要对私营企业雇佣工人的数量加以限制。如前所述，应当限制的是雇主对雇工的剥削程度，而不是雇佣工人的数量。在我国当前就业问题十分尖锐、十分突出的情况下，更应当鼓励私营企业多多招雇工人，这不仅可以直接扩大就业，而且更利于社会安定。我们要善于运用法律和行政手段，尤其是要善于运用各种经济杠杆，引导私营企业主自动抑制消费、扩大积累、增加投资、扩大生产。为此，要使雇主与雇工的收入分配保持合理的差距，既要保证职工的合法利益不被侵犯，又要使雇主有足够的利润可图，以提高其生产经营的积极性。应当看到，私营企业主在生产经营中付出较多耗费，承担较大的风险，抓准了发大财，抓不准要亏本，甚至破产倒闭，并且不享受国家的各种劳保福利，因此他们的收入适当高一些（例如高于雇工收入的10倍以内），也是合法合理的，不应当有"红眼病"。如果把私营企业主较高（当然不是过高、畸高）的收入切掉，损害他们的个人利益，那就势必挫伤他们的生产经营的积极性，或缩减生产，或干脆歇业，或把资本转入消费，这都对社会生产发展是有害无益的。为了限制私企业主过多地将企业利润转入个人消费，应当设立资产转移税，对抽取资本转入个人消费的部分，实行高额累进税，以促进私营企业主不断扩大积累，不断扩大再生产。

第三，适当的放宽政策。在发展私营经济问题上，历来存在两种倾向：一是"左"的倾向，即惧怕私营经济发展起来会导致资本主义泛滥，甚至导致资本主义制度复辟；二是"右"的倾向，即认为私营经济对社会主义有益无害，应完全放手，任其自然发展。尽管"右"的倾向也存在，但它基本上还没有摆脱来自"左"的方面的影响和干扰。这表现在我们许多干部在执行党的私营经济政策上存有种种戒心和疑虑，怕犯"搞私有化""复辟资本主义"的错误，因而在实际工作中对私营经济施加种种不必要的限制，设置种种不必要的清规戒律。因此，我们还必须进一步解放思想，适当地放宽私营经济政策，取消限制私营经济正常发展的种种障碍，为私营经济的正常发展和运行提供一个良好的社会经济环境。

我们在鼓励私营经济发展的同时，千万不要忘记对其种种消极作用的限制。为此，需要采取如下对策措施。

第一，加强行政管理。建议工商部门对私营企业进行一次大普查，重新登记注册。在普查中要着重解决个体经济与私营经济混杂不分、私营经济挂集体经济牌照等问题。凡是雇佣工人达到私营企业数量者（8人以上），一律不能再作个体户看待。在工商部门中要专门设立私营企业登记管理处，与个体经济分开进行单独管理。对于假冒集体经济的私营企业，要严肃查处，甚至吊销其营业执照。凡无照经营的私营企业，如不申报补发，一律依法取缔。再有，工商部门要监督私营企业建立、健全账户，强化其查账的权力和职能。据重庆与成都两市的调查，目前有70%的私营企业无账，少数有账也是假账，自报的产值和营业额只占实际的一半左右，逃避国家有关部门对其财务监督。凡是没有建账立账，没有专职财会人员的私营企业，应限期设账配人，否则，令其停业或收回营业执照。

第二，强化税收调节。首先，要改变私营经济和公有制经济税负不公的状况。据测算，我国国有企业销售收入税率普遍在10%以上，而私营经济和个体经济的销售收入税率仅有6%左右。税负不公无法保证私营经济与公有制经济之间的公平正常竞争，这也是前一个时期在某些生产竞争中私营企业取得优势的一个重要原因。其次，要通过累进税收制度调节私营企业主的高收入，尤其是要严格控制其剥削收入，促使和鼓励私营企业进行积累和扩大再生产。再次，要健全税收制度，对征税和减免税的范围要有明确严格的规定。一般地说，私营企业的减免税项要从严控制，并且不能与公有制经济的减免税项差距过大。现在我国的税制很不健全，漏洞很多，所以许多私营企业偷税漏税才能普遍得逞。仅1989年，我国查出的偷漏税款就高达80多亿元，私营企业偷漏税者所占的比重最大。最后，要整顿税管队伍，提高税务人员的素质。税管队伍力量薄弱，素质较差，有些人利用职权营私舞弊、贪赃枉法，私营企业主正是利用这些弱点，肆无忌惮地进行偷税漏税活动。

第三，利用信贷进行调控。国家要充分利用贷款、利息等信贷杠杆来影响、监督私营经济的发展方向、规模和速度，避免和减少其对公有制经济的冲击与破坏；同时也严格监督私营企业生产经营活动及财务收支状况。凡是同银行建立业务往来、现金存入银行、账目清楚者，银行可根据情况予以贷款，但利息不能低于公有制企业。私营企业到期不能归还贷款，银行可依法变卖其抵押品，乃至没收其财产。银行要通过供应资金和收回资金以及变动私营企业贷款利率等方式，将私营企业的生产经营活动限制在国家政策和法令的许可的范围之内，以便更好地发挥其对社会主义经济的补充作用。

第四，严格进行法律规范。由于我国目前尚未建立一整套私营经济法规，其他方面的法制也不健全，这就使得一些私营企业有空子可钻。有关管理部门难以依法对私营企业进行有效监督和调控，甚至眼睁睁看见其从事违法活动也无能为力。为此，要抓紧私营经济的立法，尽快将对私营企业的管理和调控，纳入法律规范的轨道。

最后，需要强调指出的是，允许私营经济合法存在和发展，是社会主义初级阶段的长期方针，不是权宜之计。对私营经济消极作用的限制，同对私营经济积极作用的发挥一样，都是我们党和国家发展私营经济方针的重要组成部分。发挥其积极作用与限制其消极作用，二者是密不可分的。当然，二者的目的是一致的，即为了使私营经济沿着为社会主义服务的方向积极健康地发展。

(本文发表于《社会科学战线》1992年第2期)

改革开放：中国私营资本原始积累的大环境

当代中国的私营资本原始积累是中国实行改革开放的必然结果与产物。改革开放之前，中国实行计划经济，人们的收入水平普遍很低，并呈平均化趋势，尤其是推行国家统包统分的政策与限制职工流动的劳动就业制度，劳动者无择业与流动的自由，因而不可能产生私营资本原始积累。始于20世纪70年代末的改革开放，由于打破了传统计划经济体制，开始实行市场经济新体制，人民的收入来源多元化，收入水平普遍提高，城镇居民人均可支配收入由1978年的343.3元提高到1999年的5854元，农民人均纯收入也由1978年的133.6元提高到1999年的2210元，仅用21年时间就分别增长17倍多和16倍多，这就使得大量货币在个人手中积累和储蓄起来。1978年全国居民储蓄存款余额仅为210.6亿元，人均仅为21.9元；到1994年年底则达到21518.8亿元，人均存款达1795.5元；到2001年全国居民储蓄存款已突破8万亿元大关，人均存款超过6000元，比1978年增长270倍。到2004年4月，全国居民储蓄存款已高达11.2万亿元，人均存款近1万元。尤其是这个存款额在城乡之间、行业之间、各个阶层之间及不同社会群体之间分布很不平衡，甚至差距是相当大的，这就为私营资本原始积累的实现准备了充足的货币条件。不仅如此，从农村承包制施行到城镇经济体制改革的步步深入，打破了传统僵化的劳动就业制度，使劳动者有了自由支配自身劳动力的条件，可以自由流动及自主择业。农村大量剩余劳动力的出现与城镇大批下岗失业人员的产生，使货币变资本有可能成为现实，私营资本原始积累由此而产生。所以说，中国私营资本原始积累的产生与发展完全得益于改革开放，是改革开放为中国私营资本原始积累的产生与发展营造了良好的社会条件与环境。

一 农村承包制改革与私营资本原始积累

中国的改革是从农村首先起步的。从安徽、四川发端的农业联产承包制很快推广到全国。家庭联产承包制不仅仅是农村生产经营方式的一次革命，而且是一次极为深刻的农村生产关系的变革。其最显著的特征是使农村的财产关系发生了实质性的变化，即使农村的财产主体由原来的集体变成农户，私有财产大量增加。我国农村在所有制方面的社会主义改造基本完成之后，长期实行"三级所有，队为基础"的人民公社制度。在这种制度下，财产的主体是生产队、生产大队和公社三级，但最基本、最主要的财产主体是集体即生产队，农户家庭的私有财产很少。1978年，每个农户平均拥有住房3.64间（估价不超过500元），年储蓄余额仅有32.09元，实物储存（如粮食、禽畜）也很少。农业生产资料基本上都归集体所有，农户仅有镰刀、锄头镢头一类简单低值的小型于工具，有相当多地区的农民还欠国家（银行）和集体（信用社和社队）大量债务。20世纪80年代初起步的农村改革，并没有以重建农户财产所有权为目的，但是"包干到户"责任制的实施，却在实际上引起了农村财产关系的巨大变化。随着人民公社制度的解体，生产队——这个农村生产资料和财产的占有主体也消散了。除了土地仍归集体所有以外，其他生产资料包括大牲畜大中型农机具等，一般都分掉或低价"卖"给农户，这部分财产所有权几乎是"一夜之间"就由"公"转化为"私"。对于社队企业的固定资产，大部分折价变卖，也有的低价承包出去，不久就变为私人财产，还有的社队企业被私人合伙购买，直接变成私人合伙企业。即便是承包给个人经营的企业，集体也往往采取"脚踢"的办法，即一包若干年，若干年后集体不再对企业拥有所有权。这样，随着企业固定资产的逐渐折旧更新，承包者的私人投资逐年加入并增多，承包期满后，该集体企业就变成真正的私营企业。

目前，我国农村除土地和大型水利设施以外的其他生产资料，如汽车、拖拉机、联合收割机、打谷机、磨米机等，均为农户私人所有，并且今后还会不断地增长。如今的农民已成为农业生产投资的主体，成为农业生产机械的主要拥有者。在农村的财产关系中，公有财产所占的比重日益下降和减少，农户所拥有的私人财产日益上升和增加。这种财产关系的变化，一方面反映了农村私营资本原始积累已经产生和发展，另一方面也为农村私营资本积累更快、更大规模的拓展提供了充足的物质基础与条件。

二　国有企业改革与私营资本原始积累

从改革那一天起，国有企业一直是中国城市经济体制改革的重点。从"放权让利"开始，历经"利改税"、承包制股份制改造和国有资本战略重组，在每一步改革取得实质性进展的同时，都伴有私营资本原始积累的现象发生。尤其值得注意的是，国有经济从高度集中的计划经济体制向较自由的市场经济体制转轨过程中，出现了两种体制摩擦、碰撞的"混乱局面"及法律、体制及政策的"真空"现象。在"混乱局面"和"真空现象"中，大量国有资产被"盗窃"和流失。可以肯定地讲，国有资产被"盗窃"和流失的过程，就是私营资本原始积累的生长过程。

第一，"放权让利"改革使相当一部分获利者得以进行原始资本积累。计划经济体制的典型特征和弊端就是权力高度集中，国家对企业管得过多、统得过死，企业成为国家权力机构的附属物，没有生产经营自主权，更没有独立的自身利益。我国的国有企业改革首先向这种过分集中的管理权力开刀，实行"放权让利"，方向无疑是正确的。国家对国有企业下放管理权限的同时，让利于企业使企业既得"权"又得"利"，极大地调动了企业生产经营的主动性和积极性，在很大程度上增加了企业的生机与活力。但问题是国家在"放权让利"的过程中，一方面"权"与"利"被层层截留，出现了一批以"权"谋"利"的"官倒"，这些"官倒"乘机积累起巨额原始资本；另一方面下放到企业的"权"和"利"，又被企业管理者加以滥用，这又使一批企业管理者借机中饱私囊，积累了大量原始资本。

第二，股份制改革更是为私营资本原始积累的迅速发展提供了有利的条件与空间。深圳、上海两家股票交易市场挂牌成立，开创了中国金融市场的新篇章，也为国有企业的股份制改革掀开了新的一页。但同时，也为当代中国私营资本迅速进行原始积累创造了有利的机遇及发展空间。（1）股票认购证的发行、倒卖炒作，使一些人在几天之内，乃至一夜之间发了大财，实现了资本的原始积累。（2）股票认购、上市、暴炒，股价飙升，使得中国首批股民产生了一大批富翁，类似"杨百万"者不在少数，他们很快就完成了资本原始积累。（3）在企业向公司制过渡、实施股份制改造过程中，一些国有土地被低价转让、大批国有资产价值被低估，并以各种巧立的名目，或"提成"，或"酬金"，或"劳务费"，或"回扣"，等等，通过公开的或隐蔽的形式"化公为私"。这样一大批国有资金就不太费力地流入相关者的腰包，有的甚至很快就转化为股份公司的个人股份，资本的原始积累就如此顺顺当当地实现了。（4）在已经上市的公司中，由于企业管理混乱，治理结构不完善，监督制约机制不健全，所谓"内部人"控制了企业生杀大权，削弱乃至抛开股东的所有者权益，对上市"圈来的钱"进行大肆挥霍与侵吞。其表现主要是：经理层追求个人收入最大化，住豪宅坐豪华车，置豪华办公设备，出国旅游，吃喝嫖赌全报销。不仅如此，还用做假账、注册私人公司等办法侵占公司财产。上市公司亏损的背后均隐藏一伙侵吞公司财物的贪污腐败者，其中也必伴有私营资本的原始积累者。（5）一些公司为了达到包装上市"圈钱"的目的，不惜重金贿赂证券管理部门的官员及工作人员，或送"金卡"，或送"原始股"，或用各式各样的"劳务费""明白费"等来"疏通关系"，打通一切"环节"。可以说，每个上市公司上市的过程均是一伙人发财致富的过程，自然也是一批人实现资本原始积累。

第三，在国有企业"抓大放小"改革过程中，中小企业的出售与拍卖，直接构成了私营资本的原始积累过程。我国现有国有企业30多万家，其中真正在资产规模上属于大型和特大型的企业只占5%，即1.6万家左右，其余28万—29万家均属中小企业。"抓大"就是抓住关系国民经济命脉、在国民经济中起主导作用的大型、特大型企业，因为在国有经济上缴财政总量中这1.6万家户企业要占到85%左右。"放小"就是要将这28万—29万家中小企业普遍进行非国有制改造，使之转制为非国有制，即非国有化。尽管非国有化不能等同于私有化，但毕竟有相当一部分要私有化。而这一部分国有小企业私有化的过程，就为当代中国私营资本公开合法地进行原始积累提供了巨大的生长空间及合法依据。对此，刘伟同志在《中国私营资本》中举例分析得相当精彩深刻。他指出，"如果说：国有企业放小的过程本质是通过市场机制有效实现非国有化改造的过程，那么，同时也就是私营资本得以活跃的过程，尽管这一过程不能简单地等同于纯粹私有化。如果说国有企业放小没有前途，没有希望，那么可以说，不仅整个国有企业改革难以进展，整个国有经济难以真正实现战略转移，进而难以真正提高其对国民经济主导性的战略控制力，而且非国有化进程也将会严重受阻，其中，私营资本的发展空间更将受到极大局限。从某种意义上可以说，在中国当代首先并不是私营资本要进入国有经济的领域，而是国有经济的职能转变和国有企业的改革需要非国有化，其中，也需要私人资本的进入。这是现代中国私营资本之所以具有空前的历史成长空间的最有力的根据。这是历史的恩赐"。[①]

从上可见，任何改革措施都是一把双刃剑，在给国有企业增添生机与活力、提高整个国有经济竞争能力的同时，也使国有企业在体制转轨过程中蒙受了巨大的财产流失，这或许就是改革的成本与

---

① 刘伟：《中国私营资本》，中国经济出版社2000年版，第258页。

代价。理性地看，国有企业改革虽然付出了较高的成本与代价，但在客观上却为个体私营经济让出了较大的生存与发展空间，也为"私营资本的进入"创造了条件。实际上，改革的过程就是原有利益格局的重新调整过程。从国家全局看，国有企业改革支付的正常成本与代价（非正常者除外）通过改革的利益调节机制使新的经济成分——个体私营经济得以生长起来，使国民经济结构由非合理化转为合理化，这也是一种"历史的恩赐"。

三 引进外资对中国私营资本原始积累的影响

引进外资是我国改革开放最早推出的一项战略决策。不管决策者意识到与否，这种决策本身就意味着对"内资"的认可，意味着总有一天要允许内资的生存与发展。因为任何一个国家都不会只允许外资在国内生长而不允许内资生长，除非这个国家处于"非理性状态"或"非正常状态"。无论如何，当今中国人民都要万分感谢改革开放的总设计师邓小平同志。是邓小平同志高瞻远瞩，从战略上为中国私营资本在国内的生长打开了通道，并提供了可靠的基础与依据，才有20多年来中国私营资本原始积累的发展，进而才使今天我们讨论引进外资对中国私营资本原始积累的影响问题成为可能。

引进外资是中国内资产生的一个主要诱因。可以说没有这个诱因，中国的私营资本原始积累过程便难以发生。中国私营资本的产生固然是"内因"决定的，但在一定条件下"外因"也起决定作用。这完全符合事物发展的唯物辩证法原则，正如毛泽东同志所说："唯物辩证法是否排除外部的原因呢？并不排除。唯物辩证法认为外因是变化的条件"。① 毛泽东还运用一定的温度使鸡蛋变小鸡的例子说明这个道理：没有适度的温度这个外部条件鸡蛋无论如何是变不成小鸡的，这时，适度的温度这个外部条件就起了决定作

---

① 《毛泽东选集》第一卷，人民出版社1991年版，第302页。

用。今天，我们回过头去看，越发觉得引进外资这个决策是一个英明伟大的战略决策。因为没有引进外资这个"适度的温度"，在中国是不会孵出"私营资本原始积累"这个"小鸡"来的。

第一，引进外资对内资产生了巨大的示范效应。外资的引进，首先打开了国门，使人们真实地看到了外资的模样。外国资本家并非是面目狰狞、残酷无情、毫无人道的家伙，他们绝大多数遵守中国的法律，进行合法生产经营，并且热心向中国传授先进的生产经营技术与方法。他们虽然从中国人身上赚取了大量的利润收入，但扩大了中国的就业机会，直接使中国人学到了先进的经营管理方法和先进的生产技术，获得的好处远远大于外资的"剥削"。这就使得国人真切感到资本并非那么可怕，也并非那么可恶。尤其是在了解了许多外国资本家的艰难创业过程与不平凡的发家史，更是引起许多人尤其是年轻人的敬佩与学习、效仿。西方国家一些著名的大实业家、金融家一直是国人尤其是青年人学习和效仿的楷模。远一点的洛克菲勒、松下幸之助等不说，近几年知名的大金融家、实业家索罗斯、比尔·盖茨，对当今中国人的影响可谓是相当大的。当今中国许多知名的私营企业家就是在外资的示范效应作用下，怀着实业兴国、誓做大企业家的大志，毅然辞去公职，"下海闯世界"，走上艰辛的资本原始积累之路的。

第二，外资与内资的联合与结合，有效地促进和推动了内资的扩大与发展。外资为了便于在国内熟悉法律制度和生产经营环境，拓展市场，愿意寻求合作伙伴，而内资又是首选对象及目标。内资由于资本、技术管理方法等方面的缺乏，特别需要外国资本的支持。尤其改革开放初期，内资在公有制经济的"夹缝"中生存，更是如此。内资与外资的联合与合作，不仅使内资获得了强有力的支持，更重要的是从外资那里学到了先进的市场经济意识与理念，学到了先进生产经营技术和管理方法，增强了生存竞争的能力，也扩大了发展的实力。可以肯定地说外国资本的进入，大大地加速了国内私营资本原始积累的进程。在当今中国的私营企业家中，有一大批是通过与外资合作生产经营起家的，他们是依靠外国资本力量实现资本原始积累的。这部分人绝不等同于旧中国的买办资本，因为他们是按照中国的法律及政策合法地同外资合作与联合的，没有丧失自身的独立地位，也没有屈从外国资本而牺牲中国的利益。可以毫不过分地说，他们是改革开放较早的受惠得利者，也是中国企业界的精英，更是中国经济走向世界的先行者。由于他们较早地同外资合作，较早地进入了国际市场，积累了同外国资本竞争的经验与教训，因而在中国加入WTO以后，他们会更好地利用外国资本来发展与壮大自己，会利用外国资本加速完成自身的原始资本积累过程，进而到国外去扩大自己的资本积累，成为世界级私营企业家。

以上是外资进入对我国内资发生的积极影响。概括地说，引进外资对我国内资的产生和私营资本原始积累起了巨大的积极促进作用。但是，也不可否认，大量外资的涌入，尤其是有些外资的盲目引进，也给我国私营资本的原始积累过程带来一些不良影响和负面效应。(1)随着外国被淘汰的落后生产设备和技术的引进，西方国家资本原始积累过程中使用的残酷、粗野、带有血腥味儿的方法，如使用童工、无节制地延长工作日、搜身制、血汗工资制等，不仅在合资企业盛行，而且在中国私营资本企业也得到效仿与应用。(2)一批污染环境、破坏生态的生产工艺设备随着外资的引进，进入我国私营乡镇企业，一些私营企业主为追求高额利润不仅大量非法排污，而且不管雇佣工人的身心健康。一些私营企业生产条件恶劣，工人在有毒和严重污染的环境中工作，没有劳动保护与保险措施，也没有卫生保健。这种状况与西方国家工业化以前的资本原始积累过程几乎别无二致。(3)克扣和压低工人工资，这种资本主义国家中资本原始积累惯用的手法，也随着外资的引进而在众多私营企业被普遍采用。这在东南沿海的私营企业可以说是屡见不鲜的，经常有此类事件曝光于媒体。以上负面影响，会随着我国法制的健全和政策的完善逐渐加以节制和克服。我们绝不能因为引进外资对我国私营资本原始积累有消极作用和负面影响而中止引进外资。同其积极效应相比，这个负面效应是微乎其微的。

我认为，在对待外资与内资关系上，我国一直存在一个不正确的倾向，即捧外资压内资。有人形容说："我们对外资是顶礼膜拜，而对内资却用脚踩。"虽然形容并非适当，但却是现实的写照。中国长期批判资本主义，甚至说"不堵死资本主义的路，就迈不开社会主义的步"，视资本主义为恶魔、为洪水猛兽，必彻底消灭资本主义而后快。恐资病、惧资症，在中国不仅广泛存在，而且深入人心。但有一点令人大惑不解：为什么人们不惧外资而惧内资？唯恐外资引不进来，或引进得少，为什么不放开手脚让内资自由地生长和发展？为什么不恐内资生长和发展不起来？说穿了就是惧怕内资生长和发展起来取代公有制，进而变社会主义制度为资本主义制度。其实，这种担心完全是没有必要的，无论从理论上说还是从实践上说都是站不住脚的。因为，邓小平同志早就讲清了这个道理。他指出："我们吸收外资，允许个体经济发展，不会影响以公有制经济为主体这一基本点。相反地，吸收外资也好，允许个体经济的存在和发展也好，归根到底，是要更有力地发展生产力。"[①] 这里虽然没有直接提到私营经济，也是情有可原的，因为他这个讲话是在 1985 年，待到 1992 年南方谈话时，却对轰动全国的私营经济代表人物"傻子瓜子"年广久都予以肯定，说明他对私营经济也是支持的。更为重要的是，邓小平同志为了打消人们的恐资病，还特别强调指出："改革开放迈不开步子，不敢闯，说来说去就是怕资本主义的东西多了，走了资本主义道路，要害是姓资还是姓社的问题。判断的标准，应该主要看是否有利于发展社会主义社会的生产力，是否有利于增强社会主义国家的综合国力，是否有利于提高人民的生活水平。"[②] 我认为，只要坚决认真贯彻落实邓小平上述思想，恐惧内资的问题是可以解决的。实际上，在中国加入 WTO 之后，无论是外资内资都应予以同等的"国民待遇"，不应有"资本歧视"，让它们在平等竞争中更好地为发展我国的生产力、增强我国的综合国力和提高人民生活水平服务。

---

① 《邓小平文选》第三卷，人民出版社 1993 年版，第 149 页。
② 《邓小平文选》第三卷，人民出版社 1993 年版，第 372 页。

四 允许一部分人和一部分地区先富起来的政策是加速私营资本原始积累的强大推动力

社会主义的根本目的和本质，就是实现或达到共同富裕。贫穷绝不是社会主义。党领导人民进行革命和建设，就是为了使全体人民都富裕起来。邓小平同志指出："社会主义的目的就是要全国人民共同富裕，不是两极分化。"[①] 还指出：社会主义的本质，是解放生产力，发展生产力，消灭剥削，消除两极分化，最终达到共同富裕。[②]

共同富裕的目标，不可能同时同步实现。中国 13 亿多人口，幅员十分广大，各地区的自然及资源状况差异很大，尤其是经济发展水平很不平衡，所以不可能同时同步地实现共同富裕。邓小平同志审时度势，在改革开放不久就及时提出允许一部分人和一部分地区先富裕起来的政策。他讲："农村、城市都要允许一部分人先富裕起来，勤劳致富是正当的。一部分人先富裕起来，一部分地区先富裕起来，是大家都拥护的新办法，新办法比老办法好。"[③] 还指出："一部分地区发展快一点，带动大部分地区，这是加速发展、达到共同富裕的捷径。"[④] "共同富裕的构想是这样提出的：一部分地区有条件先发展起来，一部分地区发展慢点，先发展起来的地区带动后发展的地区，最终达到共同富裕。"[⑤] 一部分人和一部分地区先富裕起来，先富带后富，先富帮后富，最终实现共同富裕，这是邓小平同志对马克思主义的科学社会主义理论的重大发展，为我国的社会主义现代化建设指明了方向和道路。不仅如此，允许一部

---

① 《邓小平文选》第三卷，人民出版社 1993 年版，第 110 页。
② 《邓小平文选》第三卷，人民出版社 1993 年版，第 373 页。
③ 《邓小平文选》第三卷，人民出版社 1993 年版，第 23 页。
④ 《邓小平文选》第三卷，人民出版社 1993 年版，第 166 页。
⑤ 《邓小平文选》第三卷，人民出版社 1993 年版，第 373 页。

分人和一部分地区先富裕起来的政策，还是当代中国私营资本原始积累加速发展的巨大推动力量。在计划经济年代，"平均主义"被视为合理的，"冒富者"是被鄙视的；在文化大革命时期，"冒富"者则被当作资本主义加以批判甚至斗争。"穷"被当作"社会主义"，"富"被等同于资本主义。从政策上允许一部分人先富起来，冲破了平均主义的藩篱，砸碎了"富等于资本主义"的枷锁，为全国范围内人们的资本原始积累活动开辟了道路。"谁先富谁光荣，谁先富谁英雄"，在党的允许一部分人先富裕起来的政策鼓励下，广大城乡掀起了一股股勤劳致富、科技致富的浪潮。正是在这个浪潮的推动下，我国城乡私营资本的原始积累活动持续快速地发展。

一部分人先富，具有强大的带动效应和示范效应，使更多的人加入原始资本积累行列，走上脱贫致富的道路。人们看到，在私营企业主个人致富的同时，意味着有一批雇工从私营企业获得的收入增加，起码要高于他（她）被雇佣以前的收入，否则，他（她）就不会接受雇佣。同时，私营企业主的致富会产生强烈的示范与带动效应，引发周边更多的人开动脑筋、寻找致富门路，进行资本的原始积累。这样，一家私营企业的产生、发展，往往会带动一批人；几家私营资本原始积累的成功便会带动一大片私营经济的发展。现在，无论是大江南北还是长城内外，通过发展私营经济而改变本地区面貌，使人们走上脱贫致富之路的典型例子，不胜枚举。所以说，党的允许一部分人和一部分地区先富起来的政策，已经成为当代中国私营资本原始积累健康快速发展的强大推动力量。

[本文发表于《税务与经济》（长春税务学院学报）2006年第1期]

中国私营资本原始积累
"原罪"说辨析

一 当代中国私营资本原始积累进程中
是否存在"原罪"

对于现阶段我国私营资本原始积累是否存在"原罪"问题，理论界存在激烈的争论。一种意见认为，中国私营资本原始积累中不仅有"原罪"问题，而且主张要寻求解决"原罪"问题的出路[①]；另一种意见认为，"在市场经济法价值体系或逻辑体系中，根本不存在所谓'原罪'，也不存在追究'原罪'问题"[②]。不仅如此，在私营企业家队伍中对此也颇有争议，存在两种截然不同的意见。众多私营企业家，甚至一些非常著名的私营企业家都自曝家丑，承认有"原罪"。联想集团总裁柳传志承认联想早年曾经赖过账、走过私；新希望集团总裁刘永好承认自己赚过昧心钱；重庆力帆集团董事长尹明善则坦言，自己对普通工人抱有深深的负罪感，整日如芒刺在背[③]。但也有一些私营企业主根本否认"原罪"。牟其中认为："现实世界上根本没有什么'原罪'，那是神学世界里的事情，我们管不了它。"[④]

私营资本原始积累中"原罪"问题之所以引起这么强烈的反响

---

① 刘阳：《牟其中狱中说"原罪"》，《南风窗》2003年8月15日。
② 杨于泽：《警惕"原罪"掩盖了"现罪"》，《民营经济内参》2004年2月20日。
③ 韩强：《"原罪"是个假命题》，《民营经济内参》2004年2月20日。
④ 刘阳：《牟其中狱中说"原罪"》，《南风窗》2003年8月15日。

及争议，不仅仅是因为它涉及对马克思的资本原始积累理论的认识与评价问题，更重要的是它是当代中国私营经济发展中最现实最敏感的问题，也是政策上比较棘手的一个问题。同时，也涉及法律法规方面的认识与调整问题。由于人们观察问题的角度、立足点及目的不同，因而得出不同的认识与结论，出现争议也是在所难免的。但要使认识趋向科学，必须摒弃私利、偏见，代之以公心、客观与公正。

我们认为，当代中国私营资本原始积累中的"原罪"，绝不是凭人们主观想象或一些人捏造出来的"假命题"[①]，而是现实中客观存在的"真问题"。这绝对是一个不容争辩的事实。作为一个唯物主义者必须老老实实面对事实，承认现实。回避与否认它，认为这样做就可以有利于私营经济发展，不是老实、科学的态度，相反倒不利于私营经济的健康发展。那么我们应如何正确认识并科学合理地对待它呢？在这个问题上，柳传志、刘永好、尹明善等几位大私营企业家是十分理性的，为世人树立了光辉的典范。牟其中与周正毅的金融诈骗案例，也充分地证明了"原罪"是当代中国私营资本原始积累进程中无可否认的真实存在。有的同志可能会说，牟其中与周正毅的金融诈骗均系"现罪"，而非"原罪"。其实，仔细认真研究他们二人的发家轨迹，不难发现他们的"现罪"均是"原罪"的现时暴发与暴露。再说，把"原罪"仅限于严格意义的掘"第一桶金"或赚取第一笔钱时的违法行为，也过于狭窄。私营资本原始积累是一个过程，这个过程是私营资本所有者一系列的赚钱过程，即掘桶金的过程。牟其中与周正毅二人的个人私营资本原始积累过程是否在触犯法律之前完成有待深入探讨，而这两个人的犯罪行为（广义"原罪"）无疑是发生在当代中国私营资本原始积累的进程之中。因为，无论如何都不能认为当代中国的整体私营资本原始积累过程已经终结。

---

① 韩强：《"原罪"是个假命题》，《民营经济内参》2004年2月20日。

二 如何正确认识与对待私营资本原始积累过程中的"原罪"问题

首先,要正确认识与理解马克思的"原罪"思想与理论。马克思在《资本论》中是这样论述原罪的:"这种原始积累在政治经济学中所起的作用,同原罪在神学中所起的作用几乎是一样的。亚当吃了苹果,人类就有罪了。人们在解释这种原始积累的起源的时候,就像在谈过去的奇闻逸事。在很久很久以前,有两种人,一种是勤劳的,聪明的,而且首先是节俭的中坚人物,另一种是懒惰的,耗尽了自己的一切,甚至耗费过了头的无赖汉。诚然,神学中关于原罪的传说告诉我们,人怎样被注定必须汗流满面才得糊口;而经济学中关于原罪的历史则向我们揭示,怎么会有人根本不需要这样做。但是,这无关紧要。于是出现了这样的局面:第一种人积累财富,而第二种人最后除了自己的皮以外没有可出卖的东西。大多数人的贫穷和少数人的富有就是从这种原罪开始的;前者无论怎样劳动,除了自己本身以外仍然没有可出卖的东西,而后者虽然早就不再劳动,但他们的财富却不断增加。"他还强调指出:"原始积累的方法决不是田园诗式的东西",而是"征服、奴役、劫掠、杀戮。"① 这段论述,主要有以下几层意思:(1)马克思借用神学范畴"原罪",用以说明资本主义原始积累中存在着"原罪"。按照基督教义,从亚当、夏娃偷吃了禁果开始,人类就有罪,所以人一生要不断地赎罪,直至死也要祈求上帝原谅。资本原始积累就像人一生下来即有罪一样具有"原罪","原罪"与资本原始积累有着内在的必然联系。(2)经济学上的"原罪"与神学上的"原罪"是不同的。神学上的"原罪"告诉我们,人生是注定要受苦受穷的;而经济学上的"原罪"则显示,"有人根本不需要这样做",即不用受苦受累便可积累财富。(3)原罪是一种少数不劳而获的富

---

① 《马克思恩格斯全集》第二十三卷,人民出版社1972年版,第782页。

有者对大多数的贫穷者的剥削与掠夺,所以马克思说:"大多数人的贫穷和少数人的富有就是从这种原罪开始的"。(4)资本主义的生产方式就是建立在"原罪"基础上的。马克思非常清楚地指出:"要使资本主义生产方式的'永恒的自然规律'充分表现出来,要完成劳动者同劳动条件的分离过程,要在一极使社会的生产资料和生活资料转化为资本,在另一极使人民群众转化为雇佣工人,转化为自由的'劳动贫民'这一现代历史的杰作,就需要经受这种苦难。……资本来到世间,从头到脚,每个毛孔都滴着血和肮脏的东西。"① 以上马克思讲的是资本主义原始积累中"原罪"的必然性,我们切不可简单照搬、机械套用。当代中国的私营资本原始积累根本不同于资本主义的资本原始积累,它是在社会主义社会、在公有经济占主体条件下发生的,它不是一个用暴力剥夺劳动者使劳动者同生产条件相分离的过程,而恰恰基本上是一个"田园诗式"的过程。但中国私营资本原始积累作为资本原始积累的特殊,也不可能不包含资本原始积累一般,或多或少带有资本原始积累的血腥味儿。偷税漏税、走私贩毒、组黑贩黄、制售伪劣假冒等,这些不都是中国私营资本原始积累中的"原罪"行为吗?本文列举的牟其中和周正毅的金融诈骗不更是典型的"原罪"吗?

总之,当代中国私营资本原始积累的过程不是建立在"原罪"基础上的,其过程的基本或主导方面也不是"原罪"过程,但并不是说它已经完全否定或消灭了"原罪"。简单概括地讲,当代中国私营资本原始积累过程中有"原罪",但绝非全是"原罪",更不是私营企业主(家)个个有"原罪"。

其次,剥削≠"原罪",决不能将私营资本企业的一般剥削行为视作"原罪"。"原罪"作为一个特定范畴,它不是指私营资本企业的一般剥削行为,而是指其生产经营活动中的违法犯罪行为。剥削是指雇主对雇佣劳动者创造的剩余价值的无偿占有。任何私营资本企业都不可避免地存在不同程度的剥削,但剥削并不必定有

---

① 《马克思恩格斯全集》第二十三卷,人民出版社 1972 年版,第 828—829 页。

罪。当剥削适应与促进社会生产力发展的时候，当剥削并没有从根本上损害劳动者根本利益乃至有利于劳动者根本利益与长远利益增长或提高的时候，剥削是有理的、有功的。刘少奇同志在新中国成立初期面临国民经济恢复、百废待兴时，为了安排就业、发展经济，就曾主张"剥削有理，剥削有功"，是以科学的历史唯物主义态度对待剥削的典范。当时，如果认定剥削有罪，依法加以惩治，势必影响国民经济的恢复，势必影响广大劳动者的就业，也势必影响广大劳动者的根本利益。从新中国成立到"文化大革命"前，中国一直没有将私营资本企业的剥削行为法定为"剥削有罪"。改革开放后的中国私营资本企业及"三资企业"中无疑都存在一般剥削问题，中国政府及其法律机关也没有将其定为"剥削罪"。因此，我们决不可将私营资本企业的一般剥削行为视为"原罪"。但这并不是说其任何剥削活动与行为均非"原罪"。必须指出，任何违法的剥削活动，如恶意克扣员工工资、打骂及虐待员工、无端延长工作日、实行搜身制等，只要发生在私营资本原始积累过程中，那就毫无疑问是一种"原罪"。

第三，要用历史唯物主义的态度及发展的眼光来看待私营资本原始积累中的"原罪"问题。应当看到，许多私营资本企业的"原罪"问题是在特定或一定历史条件（背景）下发生的，而中国的改革开放是不断深入与扩大的，经济社会发展亦是不断进步的，尤其是中国的法律制度是伴随经济社会的进步而日益改进与完善的。一些旧的维护计划经济体制的法律法规被逐渐清理、修改与废弃，一些新的适应市场经济要求的新的法律法规被不断制订并颁布实施。改革开放初期，乃至党的十五大召开之前，中国在这一较长时期一直把私营资本视作社会主义经济的异己力量，最先是根本排斥，继而权作"补充"，私营资本只能在体制外及基本经济制度外进行原始积累，只能在夹缝中求生存。其生存的机制就在于它自动适应市场化的客观要求，谋取自身利益最大化。这样，它就不可避免地要冲破计划经济体制的种种限制，与维护计划经济体制的法律法规相矛盾并发生剧烈冲突。

有的同志把这种私营资本企业按照市场化原则经营而不得不违反维护计划经济体制的法律法规的行为视为"软性原罪"①，我们认为是不恰当的。这种情况，被当时的法律法规视为"有罪"，情有可原，历史及条件的局限在所难免。但现在用历史唯物主义的态度来看，应当是视为无罪的，更不能认为是"原罪"，尽管是"软性"的，也不科学合理。我们认为，这不仅不应该进行"追诉"，反而应依据适应市场经济要求的新法予以"甄别"，进行"平反""昭雪"。因此，建议开展一次对私营资本原始积累中"原罪"的"追甄"活动，甄别"原罪"的真伪，对证据确凿的"原罪"予以惩处，对那些被冤枉了的一定要"昭雪"、解放，只有这样才能孤立极少数，教育一大片，更好地鼓励私营企业放手大胆发展私营经济。

最后，要重在惩治现"原罪"，预防新"原罪"。对私营资本原始积累过程中以往发生的"原罪"，是不宜开展一场"追查""追诉"运动的，这样会搞得私营企业主（家）们人心惶惶，人人自危，势必影响私营经济的健康发展，应鼓励他们像柳传志、刘永好等大私营企业家那样"自察""自省""自纠"。

2003年的最后一天，河北省政法委出台了《关于政法机关为完善社会主义市场经济体制创造良好环境的决定》，这一"红头文件"被河北政法机关干部称为"30条"。2004年1月2日，河北省委、省政府以冀字〔2004〕1号文件批转了"30条"。该"红头文件"第七条规定：对民营企业经营者创业初期的犯罪行为，已超过追诉时效的，不得启动追诉程序。这无疑是对民营企业经营者最大的法律上的优惠与豁免。为在一省内完善社会主义市场经济体制创造良好环境的初衷无疑是好的，但这种做法本身就有"以党代法、以政干法"的嫌疑。按理，这种规定应由立法机关出台或批准颁布，才具有法律效力。我认为，单独为某一类经营者的犯罪行为启动"豁免权"，直接有违"法律面前人人平等"的根本原则。其他

---

① 毛飞：《三问不追究民企"原罪"》，《民营经济内参》2004年2月6日。

类经营者的犯罪行为，甚至比民营企业经营者要轻许多，能不能也免于"追诉"，予以"豁免"？公民或经营者法律上的不平等待遇，违背宪法的本质与精神，表面上看似乎对调动民营企业经营者的积极性有积极作用，但由此对广大守法民众造成的伤害则是无法估量的，对法律尊严的损伤及对社会发展的负面影响均是相当大的。

牟其中是坚决反对追诉"原罪"的，因为他发家过程中是伴有"原罪"的。他在狱中口吐真言："'原罪论'成为悬在梁上，随时都可能掉到头顶的一把利剑"。此言极是，法律确是悬在任何人（当然也包括牟其中）头上的一把利剑，只要你违背它，它就会落到你头顶。如果免去了"原罪"，牟其中及周正毅之流当然高兴，因为可以"免罪释放"，照做大款，照吞人民血汗，照享荣华富贵。所谓"超过追诉时效的，不得启动追诉程序"，这恐怕也过于绝对。像赖昌星一类名为民营企业家，实为走私要犯，像涉嫌将6亿元人民币转移到国外以亲戚名义开设户头的原上海华晨集团董事长仰融，已于2002年6月出逃美国，这些人"超过追诉时效"也不得"启动追诉程序"吗？我们认为，为完善社会主义市场经济体制创造良好的法制环境，关键不在于追诉还是不追诉民营企业经营者创业初期的"原罪"问题，而在于是否真正保护合法的私有财产，在于是否推行民营企业经营者的"国民待遇"。真正从政治上、法律上予以民营企业经营者"国民待遇"，切实保护他们的私有财产，相信大多数民营企业经营者会合法经营，就不会由于"原罪"而冤枉他们。问题就在于我们由于种种原因，在执法中夸大了"原罪"或错认了"原罪"，冤枉了一些人。所以绝不能搞"原罪"扩大化，更不能搞"原罪"的泛化，一定要对"原罪"问题进行慎重的界定与具体分析。搞得准，追诉也没有什么不可以的。"身正不怕影子斜"，民营企业经营者自身立得直，行得正，合法经营，依法纳税，怕什么"追诉原罪"？怕者心中有鬼。

当然，我们决不主张纠缠"历史旧账"，陷入所谓"追诉原罪"的圈子里去。当前创造良好的发展私营经济的法制环境，首要的任务是做好两方面工作。一是要认真清理阻碍、限制及不利于私营经济发展的旧法律法规。凡是因违背旧法律法规背上"原罪"而蒙冤的，一定要及早予以甄别、平反，鼓励其继续从事合法生产经营，扩大私营资本原始积累；二是要坚决惩治那些利欲熏心、为获取一己之利而损害他人或社会利益的"硬性原罪"、现行"原罪"，预防"新原罪"产生。以往"原罪"若一概不究，予以豁免，极易引发现行"原罪"及"新原罪"发生。因为它会造成一种错觉；反正国家法律有对"原罪"豁免之先例，以后在一定时间还必定对现行"原罪"也加以豁免。这样，踩"钢丝"、撞"法网"的人就越来越多，气焰也会更嚣张，对市场经济秩序及法制环境的破坏也越来越大。因此，"不追诉"的口子不可开。规范与改善发展私营经济的环境有多种途径和办法，为什么非开这个口子呢？开这个口子有百害而无一利。切不可拿严肃的法律当"橡皮筋"，更不可用"红头文件"任意加以更改，而必须经过人民代表大会充分讨论，以法定程序颁布并实施。

理论界总有一些人好走极端，搞绝对化、片面性。现在该是改一改的时候了。当年讨论承包制，有人曾大喊"承包制万岁"，谁反对承包制或讲承包制存在的弊端就认为谁"反对改革"；如今为了大力发展私营经济，改变其"非国民待遇"，去掉种种限制，加之施行种种鼓励政策与措施，本是顺理成章的，但连其发展过程的"原罪"都加以"豁免"，显然是矫枉过正，是从一个极端走向另一个极端。

对当代中国私营资本原始积累中的"原罪"问题，多一些历史唯物的观点，多一点辩证法，去掉唯心论，克服绝对化与片面性，这就是我们的基本看法与结论。

(本文与孙世强合写，发表于《江汉论坛》2006年第6期，被中国人民大学复印报刊资料《社会主义经济理论与实践》2006年第9期全文转载)